用于为最基本目的的最原始情报形式:一名德国士兵正举着步枪寻找可供射杀的敌人。

埃里克·金佩尔,德国人,在美国进行间谍活动。

威廉·C.科尔波,变节美国人,和金佩尔一起执行任务。

西部间谍学校,位于海牙附近,金佩尔和科尔波学习的地方。

汉考克县副警长达纳·霍奇金斯指向缅因州那处满是鹅卵石的沙滩,两名间谍乘坐 U-1230 号潜艇在此上岸。正是达纳·霍奇金斯的儿子哈佛·霍奇金斯,于 1944 年 11 月 29 日的雪夜,在金佩尔和科尔波上岸后不久,发现他们在艰难地前行。

党卫军少校特奥多尔·佩夫根，纳粹间谍机构美国分部的负责人。

在一次文职和后备军官培训活动中，德国驻美国陆军和空军武官弗里德里希·冯·伯蒂谢尔将军（左），正兴趣盎然地听加利福尼亚州蒙特雷要塞指挥官讲话。

在某场对苏作战中，一个德国士兵使用伸缩望远镜观察敌军。

重型装甲车 Sd.Kfz.233（八轮），天线在炮塔上，就好像蝎子尾巴。图为巴尔干战役期间，该装甲车驶过建筑废墟。

埃里希·冯·曼施坦因将军（左）被誉为德国军队最为才华横溢的职业战术家，1942年访问克里米亚前哨站，亲自对情报工作做一些基础调研：正观察敌人的位置和动作。

特奥多尔·罗韦尔上校，空军战略侦察中队的创建者，长期为该中队负责人。

1941年4月，刚入侵希腊和南斯拉夫不久，罗韦尔中队的四名队员站在匈牙利机场一架间谍飞机（道尼尔Do-17）前，查看之前印刷出的报刊。和平时期秘密飞行时涂抹的民用标志已被战时标志取代。两名机组成员还穿着便装，不久后都会换成空军制服。

一架道尼尔Do-17抵达英国海岸线。这是德国空军首款远程侦察机，后被容克斯Ju-88飞机取代，容克斯Ju-88速度更快，飞得更高，航程更远。

双引擎福克－沃尔夫FW-189飞机,战争前期德国在东线用来进行近程侦察的标准飞机。

第1集团军航拍图片按1:400放大后的图片细部。图中显示"比奇东南7千米处（马其诺防线）的穆特豪森铁路3部分火炮发射阵地北部被占领的支线"。图片的评估者指出图中的火炮口径28厘米，炮管长16米，路基得到加固，还有一个转辙器，一辆军火和装备车以及一辆吊车。

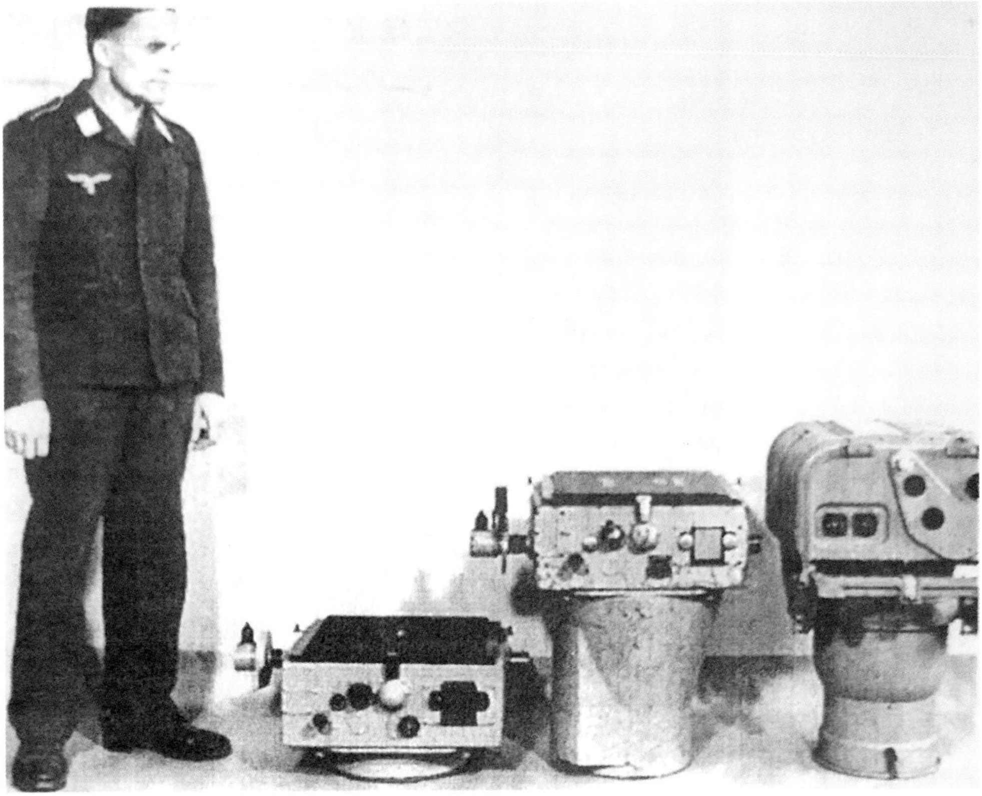

一些较大的德国照相机。

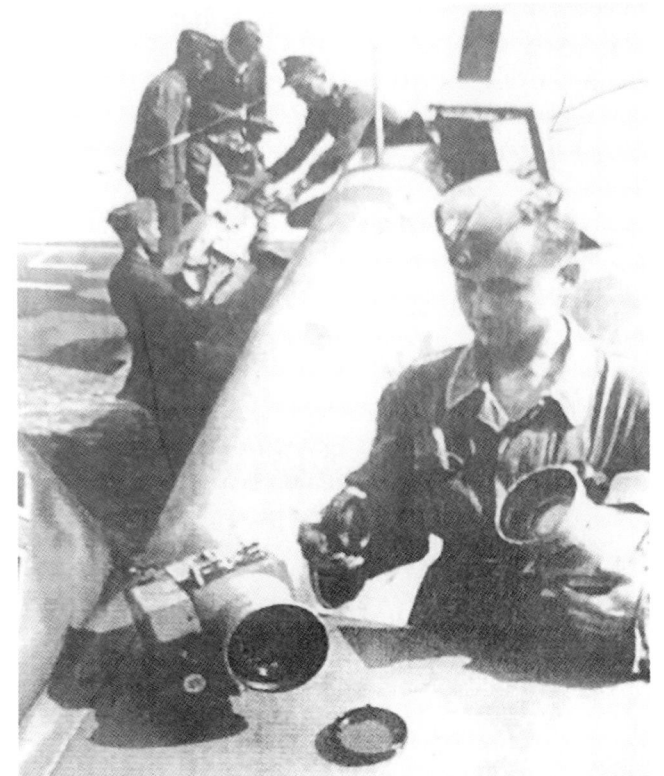

地勤人员在给Me-109飞机安装照相机。

一名俄国战俘认真地与抓获他的德国人交谈。

德国通信情报的三位关键人物。左下，戈特弗里德·沙佩，戈林研究室的创建者和最后一任负责人；左上，威廉·芬纳，最高统帅部密码处的技术核心；右上，威廉·特拉诺，海军电讯监听处的技术核心和英语专家。

德国军事谍报机构阿勃韦尔的局长威廉·卡纳里斯海军上将,因为战争相关工作和反希特勒的态度进退两难,心力交瘁。

汉斯·皮肯布罗克上校(图中已为将军),1935年到1943年间担任阿勃韦尔谍报工作的负责人。

格奥尔格·汉森上校是皮肯布罗克上校的继任者,也接替卡纳里斯成为阿勃韦尔负责人。

党卫军准将海因茨·约斯特,纳粹党对外情报机构的第一任负责人。

1938年左右的瓦尔特·施伦堡，下巴上因为决斗留下的伤疤还清晰可见。他在党卫军的提升从顶替约斯特开始，最后成为纳粹党对外谍报机构的负责人。

德国中央保安局六处现代派风格的总部，位于柏林市中心西南的贝尔克大街32号，在霍亨索伦达姆大道的拐角处。这里以前是一座犹太养老院。

希特勒的间谍

纳粹德国军事情报史

上册

[美] 戴维·卡恩（David Kahn）著
张 岭 郭牧天 译
吕本明 校译

HITLER'S SPIES
German Military Intelligence in World War II

金城出版社
GOLD WALL PRESS
·北京·

HITLER'S SPIES: German Military Intelligence in World War II by DAVID KAHN
Copyright © 1978, 2000 by DAVID KAHN
Simplified Chinese translation copyright © 2021 by GOLD WALL PRESS CO., LTD.
All rights reserved.
本书由作者 David Kahn 独家授权出版。
一切权利归金城出版社有限公司所有，未经合法授权，严禁任何方式使用。

图书在版编目（CIP）数据

希特勒的间谍：纳粹德国军事情报史 /（美）戴维·卡恩 (David Kahn) 著；张岭，郭牧天译 . —北京：金城出版社有限公司，2021.8
书名原文：Hitler's Spies: German Military Intelligence in World War II
ISBN 978–7–5155–2121–3

Ⅰ. ①希⋯ Ⅱ. ①戴⋯ ②张⋯ ③郭⋯ Ⅲ. ①德意志第三帝国—间谍—情报活动—史料 Ⅳ. ① D751.636 ② K516.44

中国版本图书馆 CIP 数据核字（2020）第 261006 号

希特勒的间谍（全译本）
XITELE DE JIANDIE

作　　者	［美］戴维·卡恩
译　　者	张　岭　郭牧天
校　　译	吕本明
策划编辑	朱策英
责任编辑	朱策英　李晓凌
责任校对	李明辉
责任印制	李仕杰
开　　本	710毫米×1000毫米　1/16
印　　张	43.5
字　　数	713千字
版　　次	2021年8月第1版
印　　次	2021年8月第1次印刷
印　　刷	天津旭丰源印刷有限公司
书　　号	ISBN 978–7–5155–2121–3
定　　价	139.00元（上下册）
出版发行	金城出版社有限公司　北京市朝阳区利泽东二路3号　邮编：100102
发 行 部	(010) 84254364
编 辑 部	(010) 64271423
交流邮箱	gwpbooks@yahoo.com
总 编 室	(010) 64228516
网　　址	http://www.jccb.com.cn
电子邮箱	jinchengchuban@163.com
法律顾问	北京市安理律师事务所　（电话)18911105819

目 录

上 册

前 言 /001

第一部分 开 篇 /009

第 1 章 德国间谍在美国活动的高潮 /011

第 2 章 情报的历史与形式 /040

第 3 章 情报领导机构 /058

第二部分 情报来源 /085

第 4 章 外交官 /086

第 5 章 武 官 /092

第 6 章 私营部门 /107

第 7 章 前线侦察 /126

第 8 章 空中侦察 /140

第 9 章 审问战俘 /164

第 10 章 泄密的文件和武器 /181

第 11 章 公共传媒 /190

第 12 章 监听电波 /204

第 13 章　密码破译　/223
第 14 章　潜艇战中的密码破译员　/249
第 15 章　卡纳里斯和他的阿勃韦尔　/260
第 16 章　谍报机构之争　/291

下　册

第 17 章　谍报运作　/315
第 18 章　间谍营　/348

第三部分　情报评估　/425

第 19 章　军事经济　/426
第 20 章　纳粹空军和纳粹海军　/433
第 21 章　第四副总参谋长和作战情报处　/445
第 22 章　情报参谋　/453
第 23 章　东西线外军处　/471

第四部分　案例解析　/497

第 24 章　错误之最　/498
第 25 章　意外之最　/517
第 26 章　失败终局　/535

第五部分　结　尾　/577

第 27 章　惨痛教训　/578

引用说明　/601
译法说明　/603
缩略语表　/605
参考文献　/611
插图致谢　/645
译名对照表　/646

前 言

情报工作始终是我的兴趣所在,而德国军队作为一个光芒万丈的模范代表,也始终让我陶醉其中。德国的军事情报这个主题则刚好将这两个方面结合了起来。探究这支公认的全世界最出色的军队在人类历史上最大规模战争中的军事情报活动,在我看来很有价值。德军的情报工作和其战斗力一样出色吗?德军的情报活动是否配得上德国人的高效之名?日耳曼人在情报方面取得的成果,是否如他们引以为傲的学识那般实在?

这些都是我想研究的问题。我尝试从三个方面去着手我的研究,而且这三个方面此前从未同时在一本有关情报工作的书中出现过。这项研究不仅指间谍活动,还包含各种情报搜集方式(书名中的"间谍"指代的是所有这些方式)。我的研究基于最原始的材料,而不是其他作者关于情报方面的著作。这项研究并不局限于情报活动中的妙计,而是会完整地讲述指挥官们使用(或者忽视)情报的方式。

非常有意思的是,这项针对德国的研究只能以第二次世界大战作为时间节点。因为普鲁士—德意志军队关于第一次世界大战及其之前的文件,都毁于1945年的一场空袭。而且对二战做这样的研究,也最为合适。尽管有许多档案被毁,其中既有偶然因素也有有意为之,留存下来的材料依然相当可观。这些材料之间的重合与印证,让我相信它们准确地勾勒出整个话题的轮廓。尽管细节的遗漏在所难免,但我确信它们未曾漏掉重大事件。盟军战后对战俘的审讯、历史调查委员会的专项调查以及对战争罪行的审判,提供了大量的补充信息。最后要说明的是,仍有许多当事人活在世间,并且在档案记载的帮助下能够采访到他们。

人们经常会问：档案是否能获取到？采访对象是否可信？答案是，档案是能获取到的。二战结束后，美国人和英国人在占领期间用微缩胶卷拍下德国军事部门、行政部门、外交部和党卫军的档案，并保存在华盛顿特区国家档案馆（National Archives in Washington, D. C.）的抽屉里（实际上是在开放书架上），供研究人员查阅。原始档案后来归还给德国的三个主要档案馆——布赖斯高地区弗莱堡军事档案馆（Military Archives in Freiburg-im-Breisgau）、科布伦茨联邦档案馆（Federal Archives in Koblenz）和波恩外交部政治档案馆（Foreign Office's Political Archive in Bonn）。这些档案馆的原始资料一般都可供学者查阅。至于采访，我认为，如果受访者说自己持有反纳粹态度，讲述自己如何救助犹太人，如何得知"霸王行动"[1]的时间和地点，而希特勒又是如何因为不听其劝告而输掉战争的，那就是不可信的。这种谈话我从未拿来作为事情的佐证，只是作为低级的事实性材料或为描述增加色彩。例如，当事人当年办公室的样子，他如何进入谍报行业，如何安排一天的工作，等等。我认为在这些事情上，当事人的谈话可以信赖。

在研究二战时期的德国军事情报时，我自然将精力集中在军队上。由于军队的规模及其结果的重要性，故而军队在军事情报活动中处于支配地位。当然，归根结底，所有部门的谍报活动都是为了确保战场上的胜利，这是真正起决定性作用的因素。我的研究排除了气象、制图、雷达等因素的限制，或是因为它们并未牵涉敌方情报，或是因为技术性太强，而别处已有论述。同样，书中严格去除了诸如共产党"红色管弦乐队"[2]间谍网和反希特勒的抵抗组织等所有反谍报的内容，因为它们有时会向盟军提供情报。本书只研究进入德国的情报，而不包括从德国流出的情报。

所有这些努力获得了怎样的成果？首先是搜集到大量就我所知此前从未见

---

[1] OVERLORD，第二次世界大战期间盟军诺曼底登陆的行动代号。（本书中，无特别说明的注释，均为译者注。）

[2] Communist Red Orchestra，对德国造成极大损失的间谍组织，希特勒的私人秘书也加入其中为苏联提供情报。

诸书报的材料。本书描写了德国情报界的重要人物，不止有卡纳里斯[1]这样举世闻名的海军上将，也有大西洋海战[2]中名不见经传的德军海军密码破译员；不仅有盖伦将军[3]，也有完全不为人知的军队情报首脑。它详细描述了各种情报事迹：空中侦察员飞行在苏伊士运河上空拍摄英国海军舰船集结；前线间谍冒着生命危险，获取对面敌军的情况；武官在提供情报时只投希特勒所好；统计学家根据从坦克底部取出的黄铜号码牌推算出苏联坦克的产量。它近距离展示了盖伦情报机构的曲意逢迎，造假者如何为特务提供假证件，情报部门头目的争权夺利，以及他们如何筹集资金为国外的间谍提供资金支持。它仔细研究了德国情报机构在战争中三个关键时刻的效率：进攻俄国、盟军北非登陆和诺曼底登陆。它还对德国和盟军的情报机构进行了多维度的比较。

大体而言，作品呈现的是一幅关于希特勒的情报机构及其活动成果的图景，换句话说，是整个德国的情报搜集机制。似乎以前没有人做过这项工作（现在我完成了，才知道原因何在）。鉴于情报在当今世界的重要性，我的工作应该有一定的价值。情报工作总是像继子一样遭到歧视，这个问题困扰着所有情报组织。我对该问题进行调查有一个有利条件，即德国军队是这方面的典型。与其他任何国家的军队相比，德国军队的这个问题显得更严重。对不同的情报系统的运作加以比较，我们会发现惊人的差别：一方面是所谓的适当独裁体制的相对高效，另一方面则是传统民主体制的笨拙低效。本书希望通过这三个问题，对政治科学有所贡献。

本书同样希望对历史有所贡献。它试图解释情报在现代社会的重要性为何会提升。它力求解释清楚，为何那个将国际社会玩弄于股掌之中，乃至成为欧

---

[1] 威廉·弗兰茨·卡纳里斯（Wilhelm Franz Canaris，1887—1945），纳粹德国海军上将，1935年出任武装部队军事谍报局局长，在世界各地建立强大的间谍网，为纳粹德国服务，1945年因被卷入刺杀希特勒的事件而被处决。
[2] 大西洋海战（Battle of the Atlantic）是第二次世界大战期间，盟军与纳粹军队在大西洋上展开的一连串攻防作战，时间从第二次世界大战开始到德国投降为止，堪称历史上时间最长、规模最大的海空战斗。
[3] 莱因哈德·盖伦（Reinhard Gehlen，1902—1979）将军，二战期间出任德军在东线的军事情报机构东线外军处处长，冷战时期出任联邦情报局首任局长。

洲主宰的大人物，后来会气急败坏地扔掉办公桌上令他生厌的情报文件。它调查了德国式的狂妄自大对德国情报的影响，并探寻其根源。此外，既然第三帝国[1]情报机构中发生的事情，也曾发生在这个帝国的经济、政治、军事等其他部门，因而对情报部门的探讨可能有助于以小见大地显示出整个纳粹的面目。

最后，本书提供了关于军事情报的一些理论，或许可以警示公众：不加限制的情报活动会产生危险。第三帝国时期，纳粹党的情报活动开始取代外交政策，但结果通常适得其反。在现今的情报机构中，还会有许多人萌生类似的想法。

不过，我所做的全部调研和写作得到的主要成果就是本书。它应该能吸引那些喜欢谍报、纳粹德国或二战故事的男女读者。

写作本书同时面临着一个不寻常的问题：每一次德国情报机构及其枪炮的胜利，就意味着一次正义和自由的失败。我无法用肯定的观点和高超的口才将其美化；我无法带着我在描写盟军时怀有的道德秩序胜利的感觉来终结他们的故事。很多次，壮丽的词句浮现在我的脑海，我也知道许多生动的描述可以用在这里。就像《失乐园》[2]中的一句诗，能够完美地描述空中侦察的情景："……彼时撒旦／正沿冥夜这方的天塘而进／身挂在鸿蒙雾气里／半暗微明。"但是，这样高尚的词句不能用来描绘纳粹德国的罪人和元凶。即使把希特勒比作撒旦，也会暗示他曾经是个天使。因此，我没有使用气势恢宏的语言为篇章的结尾增添色彩，而是采用低调的平铺直叙。

同样，阅读本书也面临一个问题。情报活动大多是机械性的，只不过是来回传递纸片。然而读者必须时刻牢记，在希特勒主宰的德国，这些活动发生在双重恐怖的背景下。一个背景是战争本身，它的真实并不体现在壮观的军事阅兵、象征荣誉的勋章和电影镜头般惊心动魄的爆炸场面，而是父亲和儿子在流血、失明、受冻、挨饿、死亡。另一个背景就是纳粹主义，它的终极现实不是所架设起的高速公路[3]，而是毒气室里遭到屠杀的无数平民百姓。

---

[1] 即希特勒领导的纳粹德国，"第三帝国"之名承袭自中世纪的神圣罗马帝国（962—1806）和近代的德意志帝国（1871—1918）。

[2] *Paradise Lost*，英国诗人约翰·弥尔顿（John Milton，1608—1674）的代表作。

[3] 原文 autobahn，专指德国的高速公路。

因此，本书没有姹紫嫣红的色彩，没有小号悠扬高亢的琴音，没有可供夸耀赞美的形象。本书的色彩是黯淡的，这是纳粹党的颜色，是肮脏的颜色。它的声音，是肢体被炸断时的惨叫，是母亲和孩子被党卫军的机枪扫射时发出的哭喊。它的形象，是用死者鞋子堆成的小山，是瘦骨嶙峋、呆若木鸡的俄国战俘，是戴着黄星布[1]、举起双手的小男孩。这些情景在一本描写德国情报机构的书中不会突出，但也绝不会被遗忘。

本书得到许多人的帮助，他们大都只是充当我的意见的"共鸣板"。但也有些人特别热情，我很荣幸在此向他们表达谢意。

首先感谢牛津大学圣安东尼学院的院长和研究员。在两年的时间里，他们接受我作为高级研究员并给予盛情款待，让我在与各界学者的谈话中获益颇多。尤其感谢德国研讨班负责人安东尼·J.尼科尔斯（Anthony J. Nicholls）的友谊和对我的启发。感谢当时的图书馆管理员安妮·艾布利（Anne Abley）允许我在她那里进行研究工作，查阅了当时尚未进行编目的约翰·惠勒-本内特爵士[2]的文集。

牛津大学现代史钦定讲座教授特雷弗-罗珀（H. R. Trevor-Roper）对本作品的论文答辩阶段进行了指导，使其得以成为哲学博士学位的研究课题。对于他的鼓励，我深表感谢。

现任牛津大学万灵学院奇切利战争史教授迈克尔·霍华德（Michael Howard）拓展了我在军事史方面的知识。关于德国军队问题，尼古拉斯·雷诺兹（Nicholas Reynolds）与我进行了多次讨论，这同样扩大了我的知识面。蒂莫西·梅森（Timothy W. Mason）则让我见识到德国历史中我从未想到过的内容。

拉迪斯拉斯·法拉戈（Ladislas Farago）把珍贵的缩微胶卷借给我，里面包含了阿勃韦尔[3]的不来梅前哨站对英美从事间谍活动的记录。戴维·欧文

---

[1] 纳粹分子强令犹太人佩戴的标记。
[2] Sir John Wheeler-Bennett，研究德国外交史的保守主义英国史学家，英王乔治六世的官方传记作者。
[3] Abwehr，第二次世界大战期间，纳粹德国的反间谍机关，又称谍报局，下文如无说明，统一用"阿勃韦尔"。

（David Irving）告诉了我许多有用的逸闻，否则我绝不可能看到这些内容。

我在弗莱堡军事档案馆做研究的那一年，该馆工作人员不仅效率奇高地给我提供了大量文件，还和我建立了友谊。赫尔穆特·福威克（Helmut Forwick）担任我的顾问，待人特别热情。弗里德里希-克里斯蒂安·施塔尔（Friedrich-Christian Stahl）、格尔德·桑德霍夫（Gerd Sandhofer）、阿尔弗雷德·博特勒（Alfred Bottlar）、汉斯于尔根·迈尔霍费尔（Hansjoseph Maierhofer）、梅尔廷·齐格尔（Martin Ziggel）、武尔夫·诺亚克（Wulf Noack）、埃里希·克勒克尔（Erich Kroker）、罗伯特·默泽（Robert Moser）和奥斯瓦尔德·宾格（Oswald Binger）等人也给我提供了帮助。

国家档案馆的罗伯特·沃尔夫档案室总是以效率高著称，而使其效率高的正是帮助了我的约翰·门德尔松（John Mendelsohn）、乔治·瓦格纳（George Wagner）、约翰·泰勒（John Taylor）和蒂莫西·嫩宁格（Timothy Nenninger）等人。陆军军事历史中心（Army's Center for Military History）的莫里斯·马特洛夫（Maurice Matloff）、查尔斯·麦克唐纳（Charles MacDonald）、德特马·芬克（Detmar Finke）和汉娜·蔡德利克（Hannah Zeidlik）迅速提供了我所需要的各种资料。

柏林档案中心的维尔纳·皮克斯（Werner Pix）和已故的理查德·鲍尔（Richard Bauer）为我提供了极大的便利。前阿勃韦尔成员工作组（Working Group of Former Abwehr Members）的弗朗茨·佐伊贝特（Franz Seubert）无私地告知我许多人的住址。情报界内外的老兵和平民回复了我的信件，愿意接受我的采访，我要特别感谢格哈德·马茨基将军[1]、瓦尔特·瓦尔利蒙特将军[2]和海因茨·博纳茨（Heinz Bonatz）上尉。格尔德·布劳施博士（Dr. Gerd Brausch）提供的许多见解都颇为独到。

如果没有得到纽约公共图书馆（New York Public Library）的资料，本书将大为逊色；如果没有弗里德里克·刘易斯·艾伦图书室（Frederick Lewis Allen Room，我工作过的图书馆）的友好帮助，我的研究将很难进行。对支持我的作

---

[1] Gerhard Matzky（1894—1983），德国陆军步兵上将。
[2] Walter Warlimont（1894—1976），德国陆军炮兵上将。

者朋友罗伯特·卡罗（Robert A. Caro）、苏珊·布朗米勒（Susan Brownmiller）、约瑟夫·拉希（Joseph P. Lash）、南希·米尔福德（Nancy Milford）、劳伦斯·拉德（Lawrence Lader）、戴维·洛（David Lowe）、沃尔德马·汉森（Waldemar Hansen）、鲁思·格罗斯（Ruth Gross）等人，我都铭记于心。

打字员埃德加·斯特克（Edgar Stecher）总是奇迹般把我难以辨认的草稿，变成清楚、整洁甚至是漂亮的打字稿。对此，我只能表示感谢。

感激所有这些人。尤其是我的妻子苏珊娜，对她的感激之情难以用语言表达。自我们结婚的那天起，她就一直在与德国将军以及满是灰尘的文件打交道，贡献了很多好主意。

戴维·卡恩
于纽约长岛大颈

第一部分
开篇

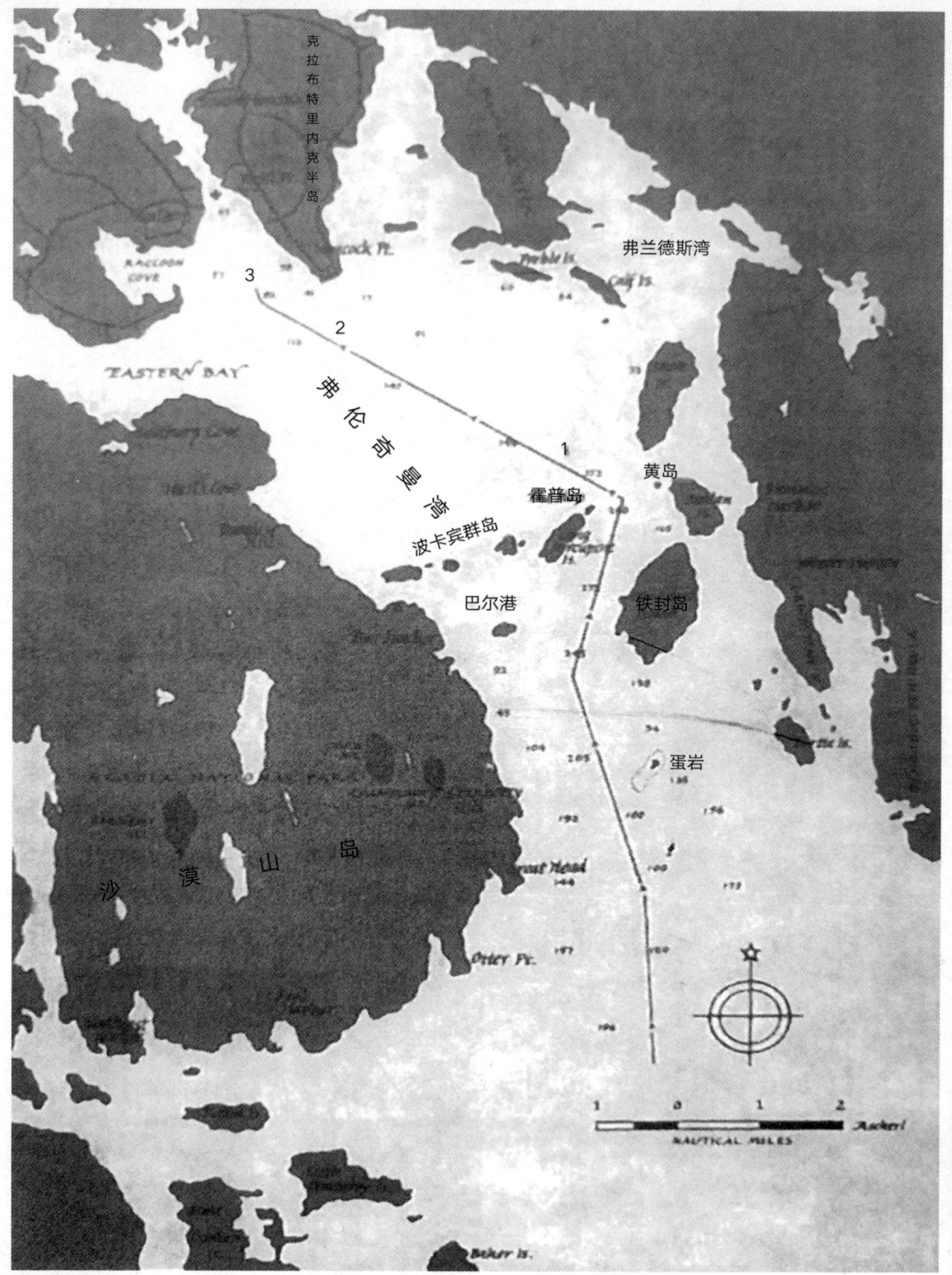

缅因州弗伦奇曼湾地图，展示了 U-1230 号潜艇运送两个德国间谍在佩克角（Peck's Point）登陆的路线。早晨的登陆地点位于 1 号位置，下午位于 2 号位置，最后的登陆地点在 3 号位置。

第 1 章
德国间谍在美国活动的高潮

1944年11月28日下午4点左右，在距离美国缅因州海岸不远处黑暗的大西洋海底，一艘潜艇启动了螺旋桨，缓缓上升。这艘潜艇编号为U-1230，它保持在水面之下，开始向北移动，驶向此次秘密任务的目的地——庞大的美洲大陆。

天越来越黑，海面狂风呼啸，气温保持在20度左右。过了几个小时，这艘德国U型潜艇27岁的指挥官汉斯·希尔比希（Hans Hilbig）中尉，开始通过潜望镜观察灯塔扫射的灯光。尽管处于战时，这些灯塔仍发挥着导航作用，指引希尔比希将潜艇驶进弗伦奇曼湾（伸进陆地10英里[1]的一大片深水海湾）5英里宽的入口。就着第一道光，希尔比希指挥潜艇驶向海湾入口处蛋岩（Egg Rock）前的红色罐形浮标。潜艇左舷，沙漠山岛[2]群峰耸立；潜艇右舷，大陆的山峦若隐若现。U-1230号潜艇保持着潜望深度，偷偷溜进巴尔港（Bar Harbor）海军巡逻基地与对岸冬港（Winter Harbor）海军预备队的小型基地之间的海域。潜艇仅以1—2节[3]的速度前行，即便有上涨的潮水推动也是如此。希尔比希指挥潜艇陆续经过蛋岩、铁封岛（Ironbound Island）、波卡宾群岛

---

[1] 1英里约等于1.609千米。

[2] Mount Desert Island，又称芒特迪瑟特岛，是缅因州阿卡迪亚国家公园几个沿海岛屿中的一个。

[3] 1节即每小时1.852千米。

（Porcupines）、霍普岛（The Hop）和黄岛（Yellow Island）。大部分航道水深都超过 200 英尺 [1]，只有一个地方较为危险，水面离暗礁只有大约 54 英尺。顺利绕过湾口最后一个岛屿后，希尔比希令潜艇转向西北，靠近湾内中间线航行，最后下潜到湾底的淤泥中。他必须等待天色完全暗下去。[2]

潜艇中的气温已降到冰点，但为了省电，希尔比希下令关闭了暖气。潜艇里很安静，官兵们只有在传达命令时才会说话，其他时间就要尽可能保持静默。尽管周围是敌国的领土，但潜艇里弥漫着自信的氛围。全体艇员坚韧不拔，训练有素，希尔比希则为此行做了万全的准备，颇为安心。

时间已经是 11 月 29 日，星期三。黄昏时分，天尚未全黑，希尔比希令潜艇上浮到潜望深度，向海湾北端突出来的克拉布特里内克半岛（Crabtree Neck）靠近了几英里，随后再次下潜到海底。

潜艇内，两人在悄悄忙碌着。他们脱下 7 周未离身的潜艇制服，换上了平民服装。随后，他们从一个装了 6 万美元（这些钱用棕色的纸分捆包好）的手提箱中取出 8 千美元，平分成厚厚的两沓后放入自己的钱包内，然后检查了各自航空行李箱里的东西。他们开始用英语交谈，一个是纯正的美国口音，一个则带着德国腔调。他们商量是否带上一个装有显微镜的、重达 10 磅 [3] 的包裹，他们已经带着这个包裹穿越了大西洋。最后，他们决定将包裹留在潜艇上。

晚上 10 点之后，希尔比希再次启动引擎，U-1230 号潜艇缓缓上浮，直到闪闪发光的潜望塔贴近水面。海面飘起了雪花。潜艇艇身大部分隐藏在水里，小心翼翼地滑向克拉布特里内克半岛西侧，进入一处水湾。水深迅速下降——87 英尺 [4]、67 英尺、41 英尺。终于，在距离海岸大约 500 码 [5] 远、距离佩克角码

---

[1] 1 英尺约等于 0.3048 米。

[2] 原注：Hilbig, letter, 12. November 1977, as well as his drawing in the route on U.S. Department of Commerce, National Oceanic and Atmospheric Administration, National Ocean Survey, Chart 13318, Frenchman Bay and Mount Desert Island. 这段时间 U-1230 潜艇的日志从未被纳入德国海军档案。潜艇指挥官的战争日记只记录了一个成功登陆的报告。(letter, Naval Historical Branch, Ministry of Defence, 4 May 1977.)

[3] 1 磅约等于 0.45 千克。

[4] 1 英尺约等于 0.3048 米。

[5] 1 码约等于 0.9144 米。

头不远的地方，潜艇停下，调头朝南，做好快速撤离的准备。海浪拍打着潜艇，几个艇员爬出潜艇，准备好一只橡皮艇和配套使用的桨。橡皮艇上拴着一根绳子，用来将它拉回潜艇。接着，他们将那两人的行李箱和公文包放进橡皮艇内。

这时，那两人也爬出了潜艇，他们没有戴帽子，身着轻便的大衣。那个美国口音的人身高6英尺2英寸[1]，体重150磅[2]，有着褐色的头发与眼睛。他携带的证件上的名字是威廉·考德威尔（William C. Caldwell），但他的真名是威廉·科尔波（William C. Colepaugh），时年26岁，出生于康涅狄格州的奈安蒂克。另一个人对潜艇艇员说的是地道的德语。他的真名是埃里克·金佩尔（Erich Gimpel），而伪造的文件上写的是爱德华·格林（Edward G. Green）。金佩尔身高6英尺1英寸[3]，但体重偏胖，有177磅[4]，有着蓝色的眼睛和白皙的皮肤。他已经34岁，到3月25日就比科尔波大8岁。

橡皮艇发动的时候，绳索与皮划艇分开，两个水兵爬进了橡皮艇，负责将皮划艇划回潜艇。科尔波、金佩尔两人与希尔比希以及其他艇员握手，轻声道别，然后也爬进了橡皮艇。水手们划船出发，在波涛汹涌的黑色海面上与潜艇渐行渐远。前方的海岸上是一大片死气沉沉的树林。没过多久，橡皮艇就冲上了一处鹅卵石海滩。此时已是晚上11点左右。科尔波和金佩尔跳上海滩，任双脚被海浪拍打，任风卷着雪花从他们身边吹过。敌国领地上笼罩着巨大的黑暗，这让他们感觉到了威胁。尽管到处都有灯光闪烁，他们却看不到任何生命的迹象。树林里似乎没有敌人。两个水兵把行李递给他们后，也跳上海岸，这样他们将来就能够吹嘘自己入侵过美国本土。他们向希特勒致敬，然后与科尔波和金佩尔告别，迅速返回潜艇中。

科尔波提起行李箱，金佩尔则拿着公文包。二人转身离开海边，开始往岸上走。很快，他们就消失在雪花和树林中。这两名由第三帝国最高权力机构派出的德国间谍，就这样开始了他们在美利坚合众国的秘密使命之旅。

---

[1]　1英寸等于2.54厘米，其身高约合1.88米。

[2]　约合68千克。

[3]　约合1.85米。

[4]　约合80千克。

此次任务的推动者是德国外交部长约阿希姆·冯·里宾特洛甫（Joachim von Ribbentrop）。这个做过香槟贩子的人，头脑不是很聪明，但却狂妄自大。他最关心的事情就是，保护自己的特权不被其他更强势的部长削弱。他相信，这次行动在一定程度上会巩固他在外交宣传方面的权力。尽管这个领域主要由国民教育与宣传部部长约瑟夫·戈培尔[1]主管，约阿希姆也有一定的发言权。德国的广播电台一直致力于激起美国境内爱尔兰人、波兰人、捷克人、南斯拉夫人和意大利人等少数族裔的不满，因此，里宾特洛甫特别想检验一下这些宣传能在1944年美国总统选举期间产生什么效果。从更一般的角度来说，他想知道德国对美国的宣传工作哪里做对了，哪里做错了，这样他就能增加它们的效果。在他眼里，这件事最好的执行者就是间谍。

1943年年底，这个念头在他的脑海中第一次闪过，而当时德国正屡受挫折。这年年初，德军刚刚经历斯大林格勒战役的惨败，戈培尔在柏林体育馆问听众："你们想要全面战争吗？"人群爆发出雷鸣般的吼叫："要！"可是，尽管阿尔贝特·施佩尔[2]一年来倾尽全力，实行经济控制，而且真的提升了战时的生产，德国的军事形势却每况愈下。由于盟军正在向亚平宁半岛进发，德国的轴心国伙伴意大利已经变节。德国在东线发动的最后一场大攻势，已经在库尔斯克[3]遭遇失败。现在，苏联红军正对德国国防军发动无情的反击，将战火燃烧到德国边境。德国的许多城市被炸为废墟。

然而，第三帝国的领袖们公开表示并不担心最终的胜利。阿道夫·希特勒（Adolf Hitler）告诉一位来访的政客，他希望英美在西线发动攻击，这样他就能将盟军一举消灭。面对他的部队和人民，希特勒提到古希腊人对抗波斯人、日耳曼人对抗亚细亚人的历史，提到腓特烈大帝坚持抵抗直到敌人精疲力竭而放弃，还提到旧废墟上将兴起荣耀的新城市，提到复仇的武器，提到战争终将指

---

[1] Josef Goebbels（1897—1945），德国政治家、演说家，纳粹德国时期的国民教育与宣传部部长。

[2] Albert Speer（1905—1981），纳粹德国建筑总监、军备与战时生产部部长，后在纽伦堡审判中被列为主要战犯，刑满出狱后，1981年病逝于伦敦。

[3] 俄罗斯西南部城市，1943年的库尔斯克会战是苏德战场的分水岭，此战之后德军完全丧失了战略主动权，由战略进攻转为战略防御。

向"德意志帝国最伟大的胜利"。

然而,他的战士和人民却并不总是如此乐观。前线的来信道出令人沮丧的事实:团的人数已经降低到连队级别,弹药极度短缺。后方民众啃着萝卜青菜,感叹"不是我容易动摇,只是东线的情况实在是越来越糟了"。越来越多的人不再相信德国会取得最终的胜利。四处都流传着这样的冷笑话:

"知道最短的笑话是什么吗?"

"不知道呢,说说呗?"

"我们在打胜仗!"

然而,由于对海因里希·希姆莱[1]指挥的党卫军和警察的畏惧,这些话只能在私下说。曾有一个商人因为调侃国家领导人被判处一年监禁。这位商人对一位熟人说,情况越来越糟,是因为国家领导人"都不合格:戈林[2]是个瘾君子,戈培尔是个色魔,希特勒是个疯子,凯特尔[3][德军最高统帅部总长]是个老娘们"。从1943年到1944年,党卫军的势力扩展至德国人生活的方方面面,包括集中营在内,并且不断加强控制力度。

纳粹德国党卫队保安处(德语 Sicherheitsdienst,缩写 SD),是纳粹党唯一获准成立的情报机构,内设分别主管国内与国外活动的两个分支。后来这两个分支机构与政府警察机构合并,组成一个党政合一的机构,称为德国中央保安局(Reichssicherheitshauptamt,缩写 RSHA,也可译作帝国保安总局)。例如,该局下属的第三处就是保安处的国内分支,第四处是盖世太保

---

[1] 海因里希·鲁伊特伯德·希姆莱(Heinrich Himmler,1900—1945),纳粹德国战犯,曾任纳粹党卫军帝国长官、盖世太保首脑、内政部长等职务,同时兼任德国预备集团军司令等,被称为"有史以来最大的刽子手"。

[2] 赫尔曼·威廉·戈林(Hermann Wilhelm Göring,1893—1946),曾任纳粹德国党政军多种职务,与希特勒关系亲密,创立"盖世太保"(秘密警察的音译)。在纽伦堡审判中,格林被判处绞刑,于行刑前一天服毒自杀。

[3] 威廉·鲍德温·约翰·古斯塔夫·凯特尔(Wilhelm Bodewin Johann Gustav Keitel,1882—1946),纳粹德国元帅,纽伦堡审判中被判处绞刑。

(Gestapo)，也即国家秘密警察。保安处的对外情报分支就是中央保安局的第六处，其处长是瓦尔特·施伦堡[1]，一位略带孩子气的、英俊的党卫军军官。他身着黑色镶银边的党卫军制服，看起来非常帅气。虽然只有34岁，但他的头脑、天分和忠心，在三年前就为他赢得了这个职位。他不仅负责第六处在柏林的总部，还负责它在整个德国及其占领区的派出机构。1944年6月后，他又掌管了一个新的重要部门——军事情报机构阿勃韦尔的对外分部。这个部门过去一直由堪称传奇的海军上将威廉·卡纳里斯领导。由于该机构的一个成员叛逃盟国，希特勒受够了这个机构的无能与腐败，下令将其并入党内更为进取、更值得信赖的中央保安局第六处。卡纳里斯被撤职，施伦堡从此掌握了德国包括军事和政治在内的所有德国谍报机构。

批准里宾特洛甫的请求，派遣间谍到美国搜集政治情报的人，正是施伦堡。但是，第六处没有合适的人选。阿勃韦尔之前的特工中有几人有时会用无线电发回一些零星的军事情报。在南美，组织精良的间谍网提供了一些来自北美的技术情报。施伦堡早就在考虑向美国派遣特工，但一次糟糕的经历和一个困难令他望而却步。那次糟糕的经历发生在1942年，当时阿勃韦尔执行一项针对美国的破坏任务。卡纳里斯派一艘潜艇运送8名特工在长岛东端登陆，目标是炸掉费城等地的几座工厂。但是，几天之内，8名特工悉数被抓。这次失败让施伦堡暂停了向美国派遣间谍的计划。

所谓的困难则是新间谍的招募。党卫军少校特奥多尔·佩夫根（Theodor Paeffgen）博士一直在寻找合适的人选。个子非常高、脑袋却小得出奇的佩夫根是德国中央保安局第六处D组的负责人，该组负责英美范围的谍报活动。他从纳粹党海外部（Nazi party's Auslands organisation，所有纳粹党海外组织都隶属于该分支机构）那里获得从美国遣返归国的人员名单，并挑选15到20人亲自与之谈话。这些被遣返的人员有时会给母国提供有价值的情报。从纽约回来的一个土木工程师与一个隧道专家透露了纽约市供水系统容易遭到破坏的地方。其中一人画出暴露的高架渠和输水管道的位置，指出怀特普莱恩斯（White

---

[1] Walter Schellenberg（1910—1952），旅队长、警察少将，德国中央保安局第六处处长，纳粹德国最后的对外情报头目。

Plains）附近的管道设施最容易破坏。另一人报告称，罗斯福总统最近要求国会拨款 200 万美元，用于亚拉巴马州一座废弃不用的氦气制造厂的生产恢复与扩建，他认为此举可能与利用氦生产核裂变所需的铀相关。尽管这两名遣返者乐意在德国帮忙，但他们并不想返回美国。

当然，他们最终还是找到许多能够执行任务的人选，这其中就有科尔波和金佩尔。他们过往的经历引起了佩夫根的注意。

科尔波在康涅狄格州的奈安蒂克出生和长大，附近就是长岛湾的海岸。当地人都觉得他沉默寡言，喜好孤独，不是一个人在树林里漫步，就是埋头于书本中。青少年时期，他就开始过节俭的生活。或许是为了磨砺他，父亲把他送到新泽西州汤姆斯里弗的美国荣誉海军学院[1]学习。同学们觉得他是一个"好小伙"，"大城堡里不惹人注意的小绅士"，"整天埋头学习"。之后，他到波士顿附近的麻省理工学院学习船舶工程，后因考试不及格被勒令退学，同时他在那里喝了很多酒；尽管如此，他的大学生兄弟会的朋友认为，他的酒量不太好。

由于外祖父母是德国人，科尔波很快对纳粹德国及其军队表现出极大的敬意。希特勒 1939 年 9 月发动闪电战占领整个波兰，在报纸上读到消息的科尔波激动不已。一个月后，他到波士顿一家名为"霍夫布劳"的德国酒吧喝酒。在酒吧里，他遇上一位德国领事馆的官员和一艘被扣押的德国油轮的船长，并同他们攀谈起来。被扣押的德国油轮名叫"保利娜·弗里德里希号"（*Pauline Friedrich*），第二天他参观了这艘油轮。之后，他留在船上工作与生活，邀请水手们到奈安蒂克过周末。期间，他津津有味地阅读来自波士顿德国领事馆的新闻稿和宣传册。这个领事馆的总领事赫伯特·肖尔茨（Herbert Scholz）博士卖力地为德国做宣传。

1941 年 5 月，肖尔茨向已是美国海军预备队队员的科尔波表示，希望后者能到一艘英国轮船上工作，传回关于英国护航舰队行动的情报。科尔波毫不犹豫地同意了这次从事间谍活动的邀请。他前往加拿大新斯科舍省的哈利

---

[1] Admiral Farragut Academy，大学预科学校，位于佛罗里达州。

法克斯市，毫不费力地在"雷诺兹号"（Reynolds）货船上找到一份工作。5月9日，"雷诺兹号"启航驶往苏格兰。科尔波沿途观察伴随护航舰队的巡逻艇及其护航方式。返航途中，他也进行了仔细的观察与记录。可是当"雷诺兹号"于7月底抵达波士顿时，他的间谍上司已经离开，所有在美国的德国领事馆均已关闭。

他坚持尝试帮助德国。他同瑞典的"安妮塔号"（Anita）轮船签订合同，乘船前往南美洲。在亲德国家阿根廷的首都布宜诺斯艾利斯，他下了轮船，请求获准前往德国参军。但那里的德国官员告诉他，他们没有办法送他去德国。

心灰意冷之下，他又做了几份水手的工作。在一次前往费城的旅途中，他被美国联邦调查局的特工逮捕，原因是他没有向征兵局报告其地址变更。最终，他被获准加入海军。但是，1943年1月，仅仅在服役几个月后，他便荣誉退役。官方理由是"为美军利益考虑"，真实原因则是他同情德国。实际上，整个1943年，无论是第一次为一个手表制造商工作，还是后来为一个饲养家禽的农场主工作，到德国参军的想法始终在他的脑海中盘桓。1944年1月，就在里宾特洛甫的要求到达施伦堡手上时，他正在驶往葡萄牙的瑞典轮船"格里普舍尔姆号"（Gripsholm）上当船员。这一次，他按照规定向征兵局报告了住址的变更。但这完全没有意义，因为当船到达葡萄牙首都里斯本时，他逃走了。

几天之后，他来到里斯本的德国领事馆，告诉德国军官，他是肖尔茨的朋友，想加入德国军队。那时是星期一。星期五时，领事的请示获得柏林方面的批准。使用化名的科尔波在一名盖世太保特工的陪同下，登上一列开往德国的火车。

在法国比亚里茨——德占区的第一大站，科尔波第一次和德国情报机构有了接触。党卫军的一名军官接见了他，询问他想参加德军的原因。科尔波回答道，参加德军是他一直以来的愿望，他喜欢德军的组织和运作方式。当被问及是否愿意回美国时，科尔波立刻回答"不愿意"。接着，军官将科尔波交给一位被遣返回德国的人，后者将这个美国年轻人带到萨尔布吕肯。在那里待了两个星期之后，科尔波来到柏林。接见他的那位党卫军军官安排他住进艾克塞西尔酒店。他还将科尔波介绍给德国中央保安局第六处的一位党卫军中士。

施伦堡的部门对科尔波非常感兴趣。他可能是去美国执行特工任务的理想人选。作为土生土长的美国人，他没有外国口音，非常熟悉当地的地理环境，可能还有一些地位显赫的朋友。这些特质汇集起来，既可以降低他被捕的风险，也可以增加他提供有用情报的机会。但是，美国人的身份让他有成为间谍的潜质，也隐含着巨大的风险。他有可能是美国反间谍机构派来打入党卫队保安处外国情报分支的双面间谍。因此，德国中央保安局第六处对他进行了长达三个月的调查、考验和监视。

党卫军的那位中士反复询问科尔波离开美国的原因，为什么想加入德国军队，战争结束后的打算，以及他对德国政府和希特勒的看法。中士几乎与科尔波形影不离，只允许他偶尔外出一两个小时。从这位美国人的嘴里，他套取了很多情报，比如美国定量配给的情况、即将到来的总统选举，以及美国人对待这场战争的态度，等等。暗地里，施伦堡很可能正在用肖尔茨、"保利娜·弗里德里希号"的船员以及其他可以获得的情报来源调查他的情况。

最终，党卫军少校奥托·斯科尔兹内[1]亲自接见了科尔波。斯科尔兹内身材魁梧，长着一张坦率和令人愉悦的脸，是党卫军里的传奇人物。一年前，施伦堡命他在德国中央保安局第六处组建新团队S组。这个新部门专门从事破坏活动，负责完成包括向敌国渗透在内的各种特殊任务，还为这些任务以及第六处的其他任务训练人员。1943年9月，希特勒派给他一项任务，正是这项任务让他一举成名。意大利独裁者贝尼托·墨索里尼（Benito Mussolini）被赶下台后，被关押在亚平宁山脉最高峰大萨索山（Gran Sasso）山顶上的一个豪华酒店内。斯科尔兹内和他的伞兵部队乘坐多架滑翔机和一架轻型飞机，降落在这个滑雪胜地，对看守墨索里尼的警卫发动突袭，最终救出了这位领袖，将他塞入飞机带走。希特勒非常高兴，授予斯科尔兹内骑士十字勋章，作为对这次巨大成功的褒奖。

正是斯科尔兹内批准了科尔波进入党卫队保安处服役。1944年6月底，科尔波进入海牙附近的间谍学校学习，斯科尔兹内在这里任教。正是在这里，科尔波结识了他未来的间谍搭档埃里克·金佩尔。

---

[1] Otto Skorzeny（1908—1975），党卫军特种部队头目，有"欧洲第一恶汉"之称。

金佩尔出生在距离柏林西南 100 英里远的小镇梅泽堡。高中毕业后，他学习了高频技术，接着从事变压器的设计工作。1935 年，金佩尔 25 岁，他决定接受德国无线电巨头德律风根公司的一个职位，前往遥远而又富有浪漫色彩的秘鲁——神秘的印加文明的故乡。然而，根据希特勒恢复的义务兵役制[1]，未经许可，金佩尔无法离开德国。最后，他得到自己所在军区的许可，不过条件是他一到达秘鲁，就要到当地的德国公使馆报到。他照做了，当地的公使馆武官要求他留心观察到港货物与船舶。这成为他日后从事更严肃的间谍事业的开端。

1942 年 1 月，秘鲁与德国断绝外交关系，包括金佩尔在内的许多德国人被扣留，通过美国遣返的程序开始启动。6 月，金佩尔被送到得克萨斯州的集中营，妻子与两个孩子被留在秘鲁。之后在新泽西州的泽西城，他搭乘中立国瑞典的"德洛特宁霍姆号"（*Drottningholm*）轮船，抵达瑞典哥德堡，并于 1942 年 8 月初抵达德国。

根据遣返的相关规定，金佩尔不能参加德军。他在汉堡找到一份无线电发报机的设计工作。然而，1943 年 7 月，一次大空袭引发的大火将这个古老的汉萨同盟[2]港口烧得一干二净，包括金佩尔所在的公司。无奈之下，金佩尔只好来到柏林。听说他会西班牙语，德国外交部数次雇佣他担任柏林和马德里之间的通信员。他曾经将 25 万瑞士法郎带给在西班牙的德国人。他的另外几次任务是拿到在西班牙坠毁的盟军飞机中的速调管，但是一无所获。不当通信员的时候，他的工作就是在柏林登记被遣返的德国人的信息，核查他们的政治可信度，并帮助他们寻找工作。大概从 1944 年 2 月开始，他翻译了西班牙文报纸和杂志中有关航空技术方面的资料。因为能胜任这份情报工作，1944 年夏天，他被提拔去国外进行间谍活动。

这个建议同科尔波的一样，都来自德国中央保安局第六处。处里的一位负责人希望金佩尔能够前往葡萄牙、西班牙或者瑞典搜集技术情报，尤其是

---

[1]《凡尔赛和约》禁止德国实行义务兵役制。
[2] 德意志北部城市之间形成的商业、政治联盟，形成于 13 世纪，14 世纪达到兴盛，加盟城市达到 160 个，15 世纪走向衰弱，1669 年解体。

他熟悉的无线电方面的情报。这位负责人解释道，施伦堡最担心的问题之一，就是德国获取的技术情报不够多，大多数此类情报不仅时效性差，而且不充分。德国现在急需有人能够去图书馆或者通过其他途径获取技术情报，并以更大的量和更快的速度将情报送回德国。金佩尔同意提供帮助，并拜访了第六处。

第六处没有和德国中央保安局其他部门一起办公，因此不在柏林市中心的阿尔布雷希特王子大街8号——让人毛骨悚然的地方，而是独自坐落于略靠西南的贝尔克大街和霍亨索伦大道的拐角处。其办公地位于一栋四层楼的曲线形砖混结构建筑物内，这座楼建于1930年，原本是一座犹太人养老院。1941年，第六处接管了这栋建筑，赶走了其中的居民。小楼对面是几块菜地。楼内，中央保安局的工作人员大多身着便衣，但也有许多穿着灰色制服的军官进出。金佩尔沿着长长的走廊前行，经过许多挂着牌子的房间，牌子上写着对应办公人员的名字。最后，他来到佩夫根的办公室。

金佩尔一来，这位身材修长的党卫军军官就对他说，战争已经越来越成为技术实力的比拼，能制造出更优良武器的一方将占据绝对的上风。之后，他逐渐将话题转移到中立国和美国的政治形势上。最后，他力劝金佩尔到美国去当政治间谍，原因是他在美国待过一段时间，尽管只是一名扣押人员，但英语比以前讲得好多了。金佩尔拒绝了。佩夫根则使出浑身解数进行劝导。他说，如果金佩尔是军人，那就必须服从命令，但他意识到现在金佩尔只是一名遣返人员，因此不会强迫他。不过，佩夫根警告金佩尔，如果德国输掉战争，像他这种技术人才将被带到苏联。金佩尔承认这番说辞的力量，最终同意至少尝试接受一些间谍培训。于是，他从中央保安局第六处拿了路费，几个星期后搭乘火车前往海牙附近的间谍学校。

一名党卫军成员在火车站接到金佩尔，把他带到学校。这所学校名为"西部学校"（A-Schule West），可能意思是"特工学校西部分校"（Agent School West，其东部的分校位于贝尔格莱德），位于佐格夫列特庄园的土地上，在海牙和斯海弗宁恩之间。它由17世纪的一位诗人修建，主屋后来无人居住，直到一位富商对它进行了修整，加盖了小屋，修建了游泳池，还筑起一道围墙。学校的许多教官都参加过营救墨索里尼的行动。进了学校之后，金佩尔被带去见营地指挥官（一位党卫军少校），接着他得到一个房间，领了工人衬衫、裤子、外套和靴子作为他的训练服。

他和科尔波在这里相识。一开始他们并不知道对方的真正名字，因为用的都是化名，同这里所有的学员和教官一样。当时科尔波的化名是威廉·科勒（Wilhelm Coller）。

学员禁止在外谈论学校，夜间没有教员的陪同不能外出。他们没有薪水，花的钱可以如实报销。训练分小组进行，科尔波的小组有 5—6 人，金佩尔的小组一共 3 人。他们在校学习的时间各不相同，金佩尔到学校时部分学员已经学习了 3 个月。由于已经在很大程度上掌握了专业知识，金佩尔只在这里训练了 4 个星期，科尔波则训练了 8 个星期。学生中还有 2 个南美人和 1 个冒牌爱尔兰人，由于科尔波的德语不好，这个冒牌爱尔兰人经常充当他的翻译。

两人都在体能训练上花费了大量时间，学习骑摩托车、射击，练习用左、右手操作各种型号的手枪及德国和英国制造的冲锋枪。金佩尔已经熟知无线电报技术，科尔波却没有完全掌握，只学会每分钟接收 80 个字。他花了两天时间学习发送电报，但并没有真正学会。他们学习如何发现和摆脱跟踪者，还接受一些政治思想灌输。由于该学校发源于专门从事破坏活动的组织，学校投入大量时间进行爆破训练，但没有人打算在行动中使用这些技术。不过，两人还是学习了两种塑性炸药的使用方法。2 号塑性炸药可粘在目标物体上，向四面八方爆炸，常用于破坏铁轨；808 号炸药则偏爱最脆弱的路径，因此特别适合用来破坏砖混结构的建筑物。

中央保安局决定让科尔波和金佩尔组成团队前往美国执行任务，代号为"喜鹊行动"（德语 Unternehmen ELSTER，英语 Operation MAGPIE）。中央保安局认为，两人一起行动优于独自行动，两人可以相互支持，取长补短。金佩尔较为严谨且具有批判精神，没有盲目地接受科尔波作为搭档。但当他得知科尔波的母亲是德国人，听说了他对成为德国公民的渴望，亲眼看到他对德国的拳拳热忱后，断定"他将是我的好搭档"。他希望科尔波在美国为他在前面作掩护，他自己就负责搜集和传递情报。为了提高自己在这位更年轻、更容易相信人的搭档心中的形象，他并不介意编造一些故事。他说，他曾被派往慕尼黑调查一位公开反对政府的伯爵夫人,只凭借他的话,伯爵夫人就被枪毙了。他告诉科尔波,他曾用炸药炸开一个英国驻北非领事馆,偷走了一些文件。他还暗示科尔波,自己在西班牙时和美国大使馆里的好几个姑娘约会,并利用她们获取战争情报。如他所料,科尔波天真地相信了他的这些吹嘘。

完成相关课程的学习后,金佩尔参加了毕业考试。[1]考题是,在不被抓获的前提下,查出德国在海牙的驻军司令的名字、部队人数以及其他详细情况,然后用无线电将情报发送给柏林。他通过了考试。接着他返回柏林,靠着每个月500马克的工资生活。

在金佩尔等待科尔波的时候,同盟国的军队攻入了欧洲,并且与希特勒所做的保证完全相反,他们并未被击退。此后的几天,金佩尔就自己的任务与一位负责国外政治事务的党卫军上校进行了漫长而无序的交谈。那位上校告诉金佩尔,如果美国得知德国和欧洲目前的形势,那将是一件非常有意思的事情。他重复了希特勒的基本预言:如果德国战败,欧洲将被共产主义主宰。因此,真正对美国有利的做法是与德国兵合一处,共同消灭红色力量。否则,美国很快就会陷入另一场与苏联的战争,而主战场将会是已变成废墟的德国领土。这位纳粹军官告诉金佩尔,美德之间不存在发生冲突的真正矛盾,德国从未真正将美国当成敌人,两国之间之所以会爆发战争,仅仅是因为德国潜艇和美国驱逐舰之间出现了一些摩擦。他还说,最近出现的一些迹象表明,美国和苏联之间存在根本的利益冲突。比如按照《租借法案》[2]的要求,美国需向苏联提供坦克、飞机以及其他物资,但从1944年9月1日起美国就停止了物资供应。原因(尤为重要)是,苏联要求美国撤走其在罗马尼亚的军事代表团。(事实上,这两件事都不是真的。)上校似乎想让金佩尔接触美国政府的高层,向他们陈述利弊,德国方面将等待他成功的消息。对此,金佩尔申明,他在美国根本不认识有钱有势的人。这个问题一直未能解决,金佩尔完全不知道这位上校到底想让他干什么。

---

[1] 原注:Gimpel, 33-34. 该书提供的汉堡训练照片(pp. 29-31)与金佩尔和科尔波的陈述矛盾,因此我没有用。
[2] 美国在第二次世界大战爆发初期通过的一项法案,旨在保证美国不卷入战争的同时,为盟国提供战争物资。该政策使美国成为世界"民主兵工厂"。

之后不久，科尔波来到柏林与金佩尔会合。他们又在党卫队保安处的大楼里接受了为期大约一周半的摄影训练。他们使用配发的徕卡相机，学习如何拍到最好的照片，如何将照片冲印出来。之后，他们来到柏林东南有瓷人城（china-doll city）之称的德累斯顿，花了两天时间学习缩微摄影技术，将用徕卡相机拍摄的文件底片缩小到只比句号大一点。这些缩微底片要借助显微镜来阅读。

到目前为止，科尔波都不知道自己将被派到什么地方，直到在德累斯顿逗留期间，他才得知自己要前往美国。但是，除此之外，当时他依然一无所知。

他们回到弹痕累累的柏林，然后去了距离金佩尔出生地梅泽堡不远的哈雷。两人在金佩尔的家乡度过了一个周末。之后，他们回到柏林，接受了一天隐显墨水技术培训后，终于被简要告知了此次任务的情况。

这次简短的会谈发生在党卫队保安处一位高级军官的家中，距离贝尔克大街的总部只有两个街区的距离。科尔波和金佩尔还见到两名身着军装的党卫军上校，他们同时也是工程师。这两人把金佩尔已在第六处得知的情况对他们讲了一遍。他们需要造船、飞机、火箭以及其他任何有价值的技术情报，尤其是工程领域，这对德国有着尤为重要的价值。不过他们不需要采取诸如盗窃、贿赂、诱惑、暴力等传统谍报手段，更好的办法是利用美国社会的开放性，从报纸、技术杂志、广播电视、书籍中获取有价值的信息。事实上，德国已经获取了这方面的一些情报，只是时间耽搁得实在太久。比如《纽约时报》，通常最早也是在出版四周后才能到达德国，既昂贵（通常每份在7美元左右），又要耗费外汇。不同来源的信息要采取不同的传递方法：对于报纸上的情报，间谍的作用是将其加快速度传回德国；书和多种杂志完全到不了德国，就需要间谍确保将其中的信息传回德国。重要情报采取无线电发送，数量太多的情报则不能使用无线电，因为有被美国反间谍机构侦测到的危险。他们需要先将文章或书籍缩微成颗粒大小，然后利用中立国的掩护地址寄往德国。最初提到根据德国的宣传工作检验美国政治观点的任务，在这次会面中始终没被提及。实际上，科尔波一直都不知道这一点。这次任务将持续两年时间，之后他们就撤回德国。

这次任务通报结束后不久，最后的准备工作就启动了。金佩尔和科尔波一人领取一支可连续发射 7 颗子弹的点 32 口径[1]柯尔特自动手枪。他们还得到一个安装有特殊镜头的、用于拍摄文件的徕卡相机，要拍摄出清楚的照片，文件需距离相机 53 厘米。两人得到两块克拉尔牌腕表、两瓶看起来像普通蓝黑墨水的隐显墨水，以及用来冲洗柏林方面用隐显墨水所书写文件的显影粉。科尔波将指令制作成微粒给金佩尔，用来建立电台和向柏林传送信息，具体内容包括电台呼号（OXZ 代表他们两个间谍，WK5 和 VK7A 代表柏林），掩护名字（沃尔特代表科尔波，埃德加代表金佩尔，戴维代表柏林），两端信息传送时间等。科尔波把金佩尔必要时需要动用的资料，即位于里斯本和马德里的两处投寄地址和收信人姓名做入缩微文件内。与此同时，两人还得到一份有 20 名美国战俘姓名的缩微胶卷，他们可将用隐显墨水写成的密信寄往战俘的地址，这样不会引起怀疑，德国当局会截收这些信件，再转交给德国中央保安局第六处。两人又记忆了一套密码，这套密码的关键词条是一则简短易记的广告语："鸿运牌香烟，烟丝好香甜！"

终于，9 月 22 日，一切准备就绪，他们告别柏林，向北前往基尔（Kiel）。这个狭长的海港里停满了帆船，升降索在波罗的海清新的海风中啪嗒啪嗒地拍打桅杆。许多潜艇都将这里选作首航的起点。两人登上汉堡开往美国的轮船"密尔沃基号"（*Milwaukee*），等待潜艇的到来。两名年轻的党卫军中尉把最后一批物品交到他们手上。

他们拿到伪造的文件。威廉·查尔斯·考德威尔（William Charles Caldwell）是科尔波证件上的名字。证件很多，有显示科尔波出生于康涅狄格州纽黑文市的出生证，有证明他在波士顿 18 号兵役局做过登记的义务兵役登记卡、义务兵役分类卡，有美国海军预备队退役证，还有马萨诸塞州驾驶证，等等。金佩尔也有这些文件，不过他证件上的名字是爱德华·乔治·格林（Edward George Green），出生于康涅狄格州布里奇波特。除此之外，两人还有几张伪造的"美国"当局盖过章的空白表格，可根据需要填写任何内容。有些表格被德国中央保安局第六处负责伪造证件的 F 组提前将日期标注为"1946

---

[1] 枪支型号标识方法，口径指枪膛内两条相对阳线的垂直距离，单位为英寸，"点 32"也即 0.32 英寸（约为 8.1 毫米），因表述方便常省去小数点前的"0"。

年",以便他们在执行为期两年的任务的第二年使用。

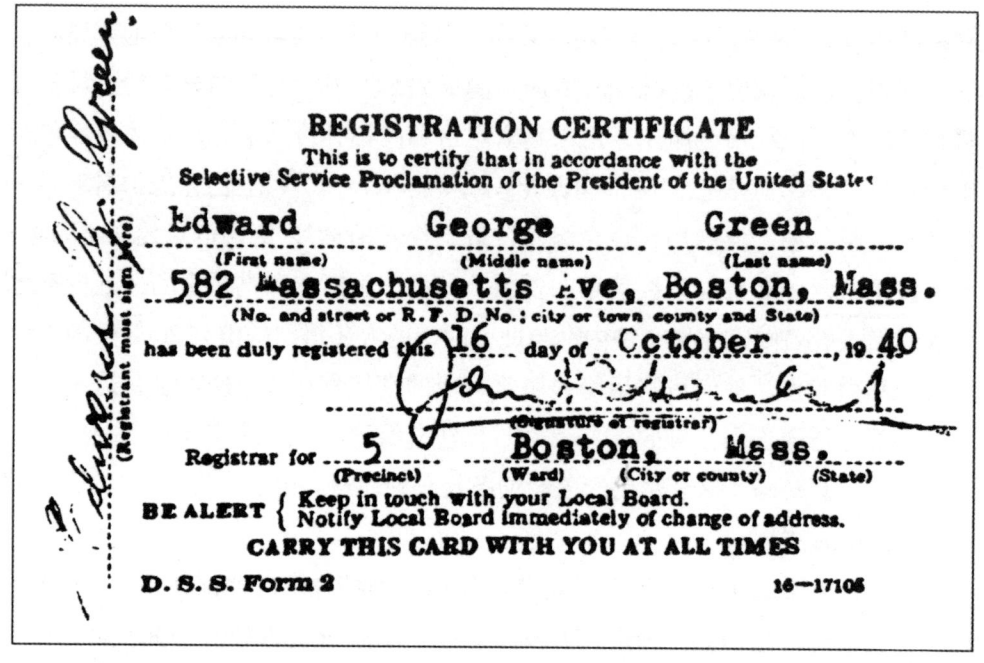

为间谍埃里克·金佩尔伪造的兵役登记卡,姓名为爱德华·乔治·格林。

两名党卫军中尉给了他们两枚微型指南针,直径约为四分之三英寸[1],以及两包从被击落在德国的美军飞行员身上缴获的压缩食品。他们拿到生活所需的经费。金佩尔领到99颗小钻石,他可用钻石兑换现金,以防他一到美国就发现货币发生变化,例如面值发生改变,或者他们出现钱不够花的情况。除钻石外,他们还得到了现金。科尔波用花言巧语让德国人相信,在美国一人一年需要花1.5万美元(当时美国家庭的年均收入仅为2378美元)。既然两人要执行两年的任务,他们需要的总金额就是6万美元。施伦堡需要得到中央保安局局长、脸上有块伤疤的党卫军将军恩斯特·卡尔滕布鲁纳[2]的批准,结果后者批准了这个数额。上当的德国人用很薄的羊皮纸将面值5美元、10美元、20美元、50

---

[1] 约为1.9厘米。

[2] Ernst Kaltenbrunner(1903—1946),奥地利党卫军领袖,德国第二任中央保安局局长。

美元的现金分捆包好,再裹上一层棕色的纸。每捆都用细绳整齐地束好,并写上数额。金佩尔把这些钱装进他的棕色公文皮包里。

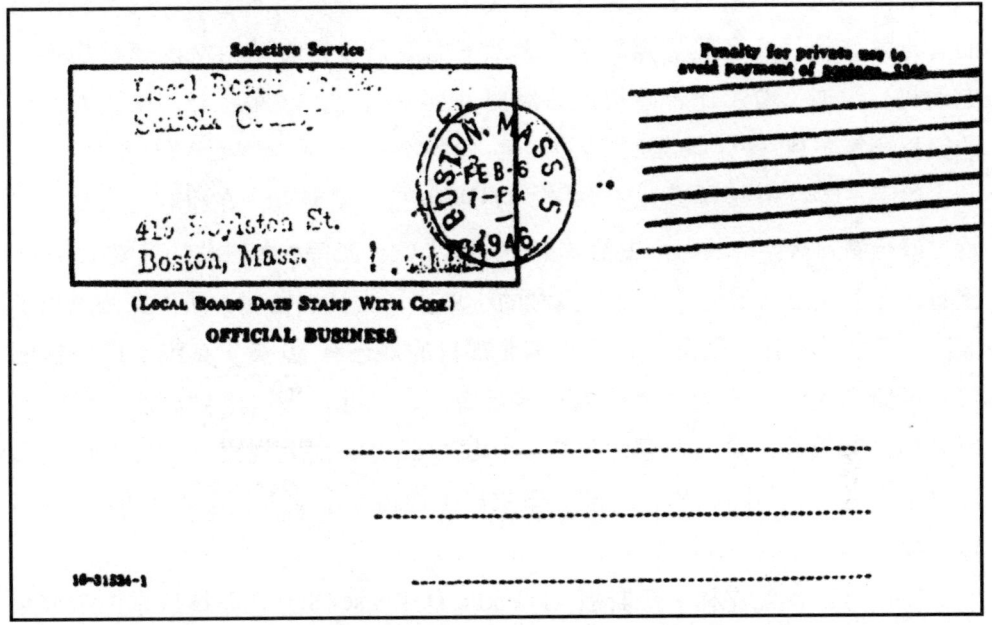

空白的兵役登记卡,1944年伪造,盖着1946年的假邮戳,预期两年内可用。在任务即将结束时,间谍填写他的化名就可使用。

在停泊于基尔港的"密尔沃基号"上待了两天之后,金佩尔和科尔波被转移到U-1230号潜艇上。在两种标准类型的大西洋潜艇中,这艘IXC型潜艇的式样更新、体积更大、续航能力更强。潜艇长252英尺,排水量达到1120吨,续航能力达到16000英里,在水面上的航速是18.25节,水下是7.25节。U-1230号潜艇由德国三家主要的造船厂之一、汉堡的德意志造船厂建造,1943年11月8日下水航行。该潜艇正常满编配备艇员48人,不过此次航行只带了36人。

两人刚登上潜艇不久,潜艇就驶出了海港。在港外停留几天后,潜艇等到了护航队,再前往挪威。一到挪威,它便在奥斯陆湾的霍滕进行将近一个星期的测试。之后,潜艇前往挪威南部的克里斯蒂安桑补充燃料和物资。两天后,它便离岸向西,驶入秋意萧瑟的北大西洋。

在将近两个月的航行中,金佩尔和科尔波穿着德国潜艇部队的制服,待在阴湿、闭塞、气味熏人的艇舱里苦不堪言。有一次,用于将海面上空气导入潜艇内燃机中的潜艇水下通气管发生了故障,海水倒灌进来,内燃机排出的有毒气体把好几名艇员熏晕了。幸亏一名艇员设法将动力从内燃机切换到电动机,汉斯·希尔比希才得以将潜艇开到海面上。除此之外,横渡大西洋的旅程还算顺利。

终于,U-1230号接近北美海岸。11月10日,星期五,在纽芬兰大浅滩附近,潜艇测到新英格兰三个主要城市——波士顿、波特兰和班戈的无线电方位。接着,在沙漠山岛附近一个浪花飞溅的小岛边,艇员们发现,回声探测仪出了故障,无法再使用,而此时他们距离北部目的地还有50英里。没有回声探测仪,潜艇便无法安全驶过海湾入口接近海岸。因此,潜艇沉到海底,仪器专家开始进行抢修。这时,盟军已攻至德国。经过一次大规模的进攻,俄国人渡过了多瑙河。美国轰炸机对准金佩尔出生地梅泽堡的工厂投下1581吨的高爆炸弹。

1944年,富兰克林·罗斯福(Franklin D. Roosevelt)在总统选举中击败共和党的托马斯·杜威(Thomas E. Dewey),这样一来,此次任务的一个最初动机便不复存在。尽管如此,搜集技术情报的任务却越发重要了。在雷达站,同盟国军队已经学会避开德军的夜间攻击,从而挽救了许多盟军轰炸机被击落的命运。科尔波和擅长高频无线电技术的金佩尔或许可以帮助扭转这种局面。当然,首先他们得到达美国。

他们在大西洋海底待了一个星期,等待技术专家修复回声探测仪。每个人的动作都尽量不发出声音,因为海面上有拖网渔船在作业,有一艘船甚至就在他们正上方的海面抛锚。只有在晚上,潜艇才敢活动,悄悄浮到空旷的海面上,打开通气管,启动内燃机,给蓄电池充电。

希尔比希中尉接到的命令是把两人送到弗伦奇曼湾附近的海滩登陆,这个海湾的水很深,位置偏僻,但离主要的公路和铁路线不远。可是有一天,他们接到柏林的电报,另外一艘载着两名间谍执行类似任务的潜艇在此处被击沉,柏林要求U-1230号另行选择登陆地点。金佩尔、科尔波和希尔比希研究了其他海水较深的地方,即罗德岛州的新港、新罕布什尔州的朴茨茅斯、缅因州的波特兰和缅因州最北边的海岸。研究后，希尔比希还是认为弗伦奇曼湾最为安全，决定不理会上级指示，修好回声探测仪后就在那里送两人上岸。最终，回声探测仪修好了。

11月28日，星期二，下午4点左右，U-1230号潜艇发动马达，借助螺旋桨的力量从污泥中突围，缓缓向北行驶。次日上午，他们到达弗伦奇曼湾。之后，希尔比希驾驶潜艇，经过几次缓慢移动，最后到达预定地点。科尔波和金佩尔已经换上平民装束，准备好行李。潜艇浮出海面，在克拉布特里内克半岛的海滩附近停下。两人爬进橡皮艇，在浪涛中划向漆黑的大陆。他们跳上小海滩，告别同伴，拿着行李走向通往树林的斜坡。在他们的身后，两名艇员将橡皮艇划回潜艇，U-1230号立刻破浪而去，将大陆和危险通通抛在身后。很快，潜艇便没入水中，小心谨慎地绕过海湾出口的岛屿，驶入浩瀚的大西洋。

此时，科尔波和金佩尔已经穿过落满积雪的树林，在一条泥泞的道路上走了100米左右。一辆小汽车开过他们身边，放慢了车速，将距离拉得足够远，以免撞到他们。开车的人名叫哈佛·梅里尔·霍奇金斯（Harvard Merrill Hodgkins），一名高中毕业班学生和童子军。此时他刚参加完舞会，正在回家路上。克拉布特里内克半岛的最下端有6户人家全年住在那里，霍奇金斯家就是其中之一。车子开过时，科尔波和金佩尔转过了头，霍奇金斯没能认出他们是谁，只是很奇怪他们穿得太单薄。

"这里没人会在冬天穿薄外套"，霍奇金斯自忖，况且现在还是晚上。于是他开车跟着他们在雪中的足迹。两人迅速离开公路钻进了树林。霍奇金斯明白，许多人都在担心间谍在这里上岸，于是他停下车，顺着脚印一路找到海边。不过，他什么都没有发现。

霍奇金斯的父亲达纳·霍奇金斯（Dana Hodgkins）是汉考克县的副警长。但是，他此时正在离家很远的地方打猎。小霍奇金斯和母亲商量后决定等父亲第二天上午回家，将这件事告诉他。

与此同时，科尔波和金佩尔还在路上走着。两人一路无话。走到一处房子后，他们便转向另一条泥路，最终拐到一条柏油公路上。他们沿着公路吃力地前行。这时，另一个当地居民，29岁的玛丽·福尼（Mary Forni）夫人，开车经过。她看见了他们，但并没有注意到异常。突然，科尔波手提箱的把手脱落了,他打开箱子修好把手,然后他和金佩尔从口袋里掏出他们的柯尔特自动手枪放进手提箱。两人没戴帽子,佝偻着身躯顶着越下越大的雪走了大约5英里,抵达连接缅因州和佛罗里达州的美国1号公路。之后,他们沿着1号公路继续往前走了一阵。

11月30日,星期五,时间大约是12点30分,一辆小汽车在两人前方几步远的地方停下来。科尔波跑上前去,发现是一辆出租车,便和司机商议,让他带他们去30英里外的班戈,车费是6美元。他们在下午1点30分左右抵达班戈,在一家餐馆换到10美元支付了车费,然后走向火车站。他们在凌晨2点搭上前往波特兰的火车,并于清晨6点抵达。在波特兰,金佩尔第一次被吓到了。

他和科尔波走进一家餐馆吃早餐。他点了火腿和鸡蛋。

"你想搭配哪种面包?"服务员问道。

金佩尔愣住了,美国有很多种面包吗?此前他没有做过相关的准备。都有哪些种类呢?他该要哪种呢?

"随便吧。"他最后答道。

"烤面包?"

"可以,烤面包不错。"金佩尔松了口气。

早餐过后,两人乘坐另一趟火车在上午10点左右到达波士顿。也是大约在这个时候,副警长达纳·霍奇金斯和儿子哈佛·霍奇金斯正在前往后者看见他们的地方。不过,雪已经变成了雨,将两人登陆的足迹冲刷得干干净净。副警长认为他们可能是窃贼,便不打算再做进一步的调查。

在波士顿,金佩尔再次被吓到了。他们走进一家男士服饰用品店买帽子。金佩尔还买了一条领带。售货员看了一眼金佩尔的褐色华达呢[1]薄大衣说道,这不是在美国买的。金佩尔心里一惊。

"我只要看一眼款式和料子就知道它不是美国货。"售货员说。金佩尔含糊地说道,这是他在西班牙旅行时买的。自此以后,金佩尔再也没有穿过这件大衣。

---

[1] 一种防水布料,多用于做外套。

第 1 章 德国间谍在美国活动的高潮

现在是战争时期，他们在波士顿找旅馆有些困难，不过，正午没过多久，他们终于在埃塞克斯饭店找到住处。他们在那里住了一夜，第二天一大早就坐火车前往纽约。到纽约中央火车站后，他们检查了一遍行李。为了安全考虑，将装有现金的公文包存放在宾夕法尼亚车站（纽约的另一个火车站）的一个存储柜里。然后，他们在位于东23街145号的肯莫尔-霍尔酒店找了个房间入住。12月1日，星期五，到下午3点时，他们已经用假证件办理完登记手续。他们混进美国的计划成功了。

金佩尔和科尔波首先要做的是找到一套公寓，作为他们活动的据点，用来布设无线电台。在钢筋建筑物内不适合布设无线电台，但纽约的公寓大都是钢筋结构。他们通过打电话给房地产中介或者看报纸上的分类广告来收集出租信息，然后出去看房，这花了他们好几天时间。为了建立信用，科尔波在麦迪逊大道和42街交汇处的一家银行开立了银行账户，存入300美元。他们找了好几处公寓，但都因为是钢筋建筑物的原因，不得不全部放弃。12月8日，星期五，他们终于找到一套小型公寓。它位于曼哈顿东区比克曼街39号一栋楼房的顶层，是一套转租房，每月租金150美元。第二天上午10点，他们在肯莫尔-霍尔酒店雇了一辆出租车，把东西搬过去。为了不让人注意到是两个男人同住一个出租房，金佩尔在第一大道先下了车，还把一双黑皮鞋忘在车上。科尔波拎着两个手提箱到达时，二房东的妹妹胡列塔·德尔布斯托夫人正在做清洁。科尔波自我介绍说，他叫考德威尔，来自新英格兰。没一会儿，房主来了，叮嘱"考德威尔"要爱惜房子里的花草。"考德威尔"说，他在康涅狄格州的时候，就从妈妈那里学会了种花种草，他非常乐意照看公寓里的这些花草。他预付了两个月的房租。没多久，金佩尔也到了。

与此同时，重达5000吨的英国货轮"康沃利斯号"（*Cornwallis*）于12月8日早上6点，在离沙漠山岛西北8英里的地方被鱼雷击沉。袭击发生在"康沃利斯号"从英属西印度群岛驶向加拿大新不伦瑞克省圣约翰市的途中。船头右舷发生了爆炸，货船不到十分钟就沉入海底。这是近几个月来美国海岸附近发生的第一次货船被击沉的事件。联邦调查局从海军处获知，8月份，在美国海岸附近，他们从被击沉的一艘潜艇上活捉了一名间谍。这意味着，击沉"康沃利斯号"货轮的那艘潜艇（实际上就是 U-1230 号）或许也将间谍送到了美国海岸的理想位置。联邦调查局立即展开追捕。波士顿分局派出特工来到缅因州，在那里组成沿海巡逻队，根据海军告知的可能登陆地点，向当地居民了解情况。小霍奇金斯和福尼夫人提供了有价值的信息。现在看来，两名间谍可能已经潜入美国，可是除此以外其他人都没能发现异常情况。没有人搭乘当晚唯一一班沿着美国 1 号公路从缅因州的马塞亚斯到班戈的公共汽车；没有发现从克拉布特里内克半岛电话局打出的可疑长途电话。缅因州中心火车站的检票员和货运司机也没有发现什么意外情况。联邦调查局还对执法机构和其他信息来源进行广泛的调查，唯独漏掉了出租车司机，因此没有取得任何进展。尽管如此，调查并未停止。

联邦调查局搜寻的目标，此刻正在纽约。他们每天一大早就离开那栋四层的砖楼，直到深夜才返回，和一般的商人没有两样。为了方便开展间谍活动，他们在搬到公寓的第一天就去市中心买了一台收音机。在曼哈顿列克星敦大道东边一点的东 44 街 124 号的商店里，金佩尔看到他想要的东西。他在商店外等着，科尔波进商店买了一台二手无线电广播接收机。金佩尔打算把它改装成一台功率为 80 瓦的无线电收发两用机，这样就不需要使用稳定发射频率的石英晶体了。12 月 12 日，星期二，两人又去下曼哈顿的格林威治街逛了一圈，那里有不少收音机商店。和以前一样，科尔波负责进去买东西，金佩尔在外面等着。科尔波买了一个电工万用表，花了大约 30 美元，还购买了两个小毫安电流表、一个 616 电子管和一本 1944 年版的《无线电手册》(*Radio Handbook*)，以便在组装电台时当作参考。他们另买了一个放大镜，用来阅读从本土带来的安装电台的缩微说明书。（可惜后来他们发现放大镜倍数太小，没有丝毫用处。）他们把逛街的收获都带回比克曼街。一两个月后，金佩尔就会在这里与德国中央保安局第六处的无线电部门取得联系。第二天，他们去宾夕法尼亚车站取回装有大捆钞票的行李。

然而，他们并没有努力去完成搜集技术情报的任务，而是把大部分时间花在下饭馆、看演出上，平均每天的花费都达到 100 美元。在无线电城音乐厅[1]正在上映伊丽莎白·泰勒（Elzabeth Taylor）主演的《玉女神驹》（The National Velvet），大舞台上则是圣诞节特别节目《基督诞生记》（The Nativity）。在音乐片《相逢圣路易斯》（Meet Me in St. Louis）中，朱迪·嘉兰（Judy Garland）美妙的歌声响彻阿斯特影院。科帕卡巴纳、摩洛哥饭店、斯托克等纽约几家最高档的夜总会顾客满盈。虽然政府正在推动第六次战时公债的发行，要求人们把废纸、罐头盒、油脂节约下来，肉和汽油采取定量供应，但似乎无论战争朝什么方向发展，美国都将取得胜利。每个人都有许多钱。金贝尔斯百货商店发布广告称，"不到晚上 9 点不打烊"。男性服装店里出售的西服定价 40 美元到 50 美元一套，名牌雨衣一件才 25.5 美元到 50 美元。这些让两名间谍很是心动。金佩尔尤其需要买几件美国牌子的衣服，来换掉那件差点让他身份曝光的欧洲大衣。于是，他在鲍厄里街买了一双棕色皮鞋和一件军官式雨衣，在洛克菲勒中心定做了一套西服，在罗伯特·里德商店定做了一件外套。科尔波也在附近的罗杰·肯特商店定做了一套西服。

科尔波一直都打算去城里走走。他对间谍工作不如金佩尔那么上心。他显然认为，间谍活动更多的是一次游玩纽约、还不用工作的好机会。金佩尔察觉到这一点，既然他是这个年轻人的领导，在多数时候就能管得住他。尽管如此，有时他也只能妥协让步，比如同意他出去一个晚上，过过夜生活。科尔波将这些时间都花在喝酒和勾搭姑娘上。

科尔波这个瘦削的美国人花了许多时间仔细思考他的任务。毫无疑问，当间谍是危险的，很可能会让他丢掉性命。此外，这事儿看起来也不是特别重要或者紧急。他的搭档似乎也没有忙着组装无线电发报机，搜集情报发回德国。这让他心里开始产生疑惑。

这时，一件出人意料的事件打破了圣诞节的欢乐气氛，也削减了人们必胜的信心。美国军队在比利时遭遇希特勒西线军队的猛烈攻击，被迫撤退。许多美国人开始悲观起来。当人们在收音机里听到希特勒有可能获得战争胜利的消

---

[1] Radio City Music Hall，世界著名艺术殿堂之一，位于纽约曼哈顿第六大道洛克菲勒中心，演出交响乐、歌唱、舞蹈和杂耍等精彩节目。

息时，他们更是揪心不已。科尔波也听到德国在阿登高地发起进攻的消息。他很迷茫：既希望德国胜利，又不愿意美国输掉。现在突出部之役[1]迫使他不得不面对这个困境。最终，他决心解决这个问题。

12月21日，星期四，两人去取之前定做的衣服。当天早上的《纽约时报》刊登了记者迪尤·米德尔顿（Dew Middleton）发回的头条消息：

> 纳粹投入13个师的兵力以加强进攻力量；大雾阻碍了对德国军队的空中打击；美军收缩侧翼，这里已被敌人打开45英里突破口。

两个间谍来到洛克菲勒中心时大约是下午5点。逛街的人挤满了人行道，随处可见身着橄榄绿军服和蓝色海军服的军人。普通市民则戴着浅顶软呢帽，穿着长过膝盖的大衣。第五大道的古铜色交通灯顶部装饰着小型墨丘利（罗马神话人物）雕像，交替闪烁着红、绿色光芒，几乎是黯淡的大街上唯一的光源。无线电城前，溜冰者在溜冰场上旋转着。溜冰场两边是法式和英式餐馆，周围是高耸入云的摩天大楼。人们注视着溜冰者，欣赏着高大的圣诞树，听着喇叭里播放《叮当车之歌》（*The Trolley Song*）、《白色圣诞节》（*White Chrismas*）和《平安夜》（*Silent Night*）等曲子。

两人先去罗杰·肯特商店取了科尔波定做的西服套装，又去罗伯特·里德商店取了金佩尔的衣服，不过科尔波没有进去。他对金佩尔解释说，拿着别家的衣服进店里，被看见了不太好，大家都会尴尬。他在外面等着，顺便看看溜冰、听听圣诞颂歌。

金佩尔进了店。当时的时间在5点15分和5点30分之间，气温是零度左右。整个纽约城的主妇都在收听电台的妇女专题节目《波西亚感悟人生》（*Portia Faces Life*），孩子们则全神贯注地听着侦探迪克·特雷西（Dick Tracy）的故事。在洛克菲勒中心，已经是德国间谍的美国青年科尔波，正在做一个艰难的决定。他没有去溜冰场，而是混入人群中，乘坐出租车回到比克曼街。他

---

[1] Battle of the Bulge，又称阿登战役，是二战末期纳粹德国在欧洲西线战场比利时瓦隆的阿登地区发动的突袭攻势。

让出租车等他一会儿，自己上楼把他的手提箱和金佩尔新买的装有钱款的公文包都拿了下来。下楼的时候，他碰到正准备回房的德尔布斯托夫人。他放下箱子和她握手，说自己准备回康涅狄格州同家人一块儿过节，祝她圣诞节快乐。说完，他就离开了。

出租车把他送到中央火车站。手提箱和公文包的钥匙都在金佩尔身上，加上他不愿意随身带着这两件行李，于是决定把它们寄存到一个安全的地方——车站的行李存储室里。稍后，他拿着新衣服来到列克星敦大道的地铁站，坐两站到达第59街，买了一些手纸后，以"威廉·考德威尔夫妇"的名义，在位于中央公园南边奢华的圣莫里茨饭店开了房间，并付了定金。

金佩尔从罗伯特·里德商店取到新西装和大衣出来，发现科尔波已不见踪影。他立刻意识到事情不对，迅速返回比克曼街39号，发现两个行李箱都不见了。德尔布斯托夫人告诉他，科尔波一小时前就回家探亲去了。金佩尔道了谢，走了出去。

金佩尔认为，科尔波无非是想卷款潜逃。以他贪玩的个性，他八成要在纽约玩够了才回康涅狄格州，而且不会愿意拖着他打不开的箱子。凭着直觉，金佩尔赶到中央火车站，因为这是所有开往新英格兰火车的始发站。在行李存储室，金佩尔果然发现了那两个箱子。金佩尔等了三个小时，盼着科尔波回来取箱子，可科尔波一直没来。半夜时分，金佩尔终于不想等了，他对检票员说，他在这儿存放了两个箱子，但是存条丢了。那名工作人员让他进去找出箱子，并当着检票员的面用钥匙打开了其中一个，里面是些脏衣服和一个徕卡相机。金佩尔签了收条，领走两只箱子，回到比克曼街待了一晚。

一开始，他认为科尔波不会背叛自己，他清楚后者的心思。果真如他所料，科尔波头两天一直在寻欢作乐。但是，金佩尔很快就紧张起来。第二天（12月22日，星期五）下午1点30分左右，他退掉比克曼街的公寓，将电台留在那里。他抱着两个瓦楞纸箱，暗示德尔布斯托夫人，自己要陪"考德威尔"一块过节。事实上，他去了一位熟识的邻居家，之后便用爱德华·格林的名字在第23街和列克星敦大道交汇处的乔治·华盛顿饭店办理了入住手续，此处距离东边的肯莫尔－霍尔饭店只有半个街区。此时，他越发紧张起来。他开始担心科尔波会乱说话，泄露他的化名。他害怕回到邻居家可能会被认出来。所以他并未在乔治·华盛顿饭店住下，而是来到第 33 街和第七大道的宾夕法尼亚宾馆（宾夕法尼亚车站对面），利用伪造的证件以乔治·柯林斯（George Collins）的名字办了入住手续。

这一次他又猜对了科尔波的心思。12 月 23 日，星期六，科尔波已经在圣莫里茨饭店住了两晚。中午，他去看望他的老朋友埃德蒙·马尔卡希（Edmund F. Mulcahy），后者是他在美国荣誉海军学院的老同学。马尔卡希的家位于纽约市皇后区里奇蒙希尔第 111 街 91-13 号公寓，科尔波到来后，马尔卡希的母亲告诉科尔波，他儿子在牙买加区的一家鞋店上班。科尔波按照马尔卡希母亲提供的地址，找到马尔卡希。两个老朋友边吃午饭边聊往事。晚上 11 点，科尔波又应邀去了马尔卡希家。在马尔卡希刮胡子时，科尔波走进了浴室。

"埃德蒙，还记得你说过我永远不会卷入真正的麻烦吗？不瞒你说，我现在就有一大堆的麻烦。"科尔波开口道。

"什么麻烦，账单吗？"马尔卡希问。

犹豫了一会儿，科尔波最后还是说了出来。

"我刚从德国回来。"

"你是说你之前待在德国？"马尔卡希露出难以置信的神情。

科尔波再次确认这一点，然后解释道，他回美国是为了获取情报。马尔卡希问他怎么把情报传回德国，科尔波便把无线电台和特工同伙的情况都告诉了他，之后又把整个事件的经过详细讲述给马尔卡希：他乘坐"格里普舍尔姆号"去了里斯本，再进入德国，在海牙间谍学校接受训练，之后根据指示乘潜艇返回美国。不过，直到科尔波把他的微粒信件、写着美国战俘名字的微型胶卷、名字是考德威尔的假证件、德国造的手表和他手头仅有的 1900 美元现钞拿出来之后，马尔卡希才相信他。马尔卡希问道，金佩尔现在在哪儿。

"不知道，我已经甩开他了。"科尔波说道。

他们商量之后认为，与政府接触，最妥当的办法是，马尔卡希先电话联系他认识的一位联邦调查局特工。之后，两个老朋友一同出去喝了几杯。这天晚上，科尔波就住在马尔卡希家。第二天，他在纽约赴了个约会。晚上，也就是圣诞节前夜，科尔波又和马尔卡希把格林威治村的几家酒吧喝了个遍。凌晨 4 点，马尔卡希和另一个朋友一块儿回家去了，科尔波则和几个新结识的朋友继续参加舞会，直到上午 9 点才回到皇后区，这一天已经是圣诞节。他和马尔卡希睡了一整天，然后出去吃晚饭，又商量了一下如何同联邦调查局接触。12 月 26 日，星期二，科尔波在第五大道的马克·克罗斯皮革店买了一只手提箱，之后回到圣莫里茨饭店，收拾好行李，办了离店手续，回到马尔卡希工作的牙买加区的鞋店。两人早早吃了晚饭。下午 6 点钟左右，马尔卡希终于打通了纽约联邦调查局办公室的电话。他说，他掌握有重要情报，但不方便在电话里透露，希望联邦调查局派一名特工到他家里。7 点 30 分，特工威廉·麦丘（William O. McCue）来到马尔卡希家。科尔波坦白了全部情况，出示了之前给马尔卡希看过的全部证据。

科尔波被麦丘带到联邦调查局总部，在那里详细报告了金佩尔的情况，包括他的长相、着装、讲话的方式、假名爱德华·格林及其他特征和习惯，比如戴着一枚印加风格的戒指，经常去纽约时代广场地铁站的一个报摊买秘鲁报纸，习惯从胸部口袋里掏出钱再把零钱塞回去。几个小时之后，纽约乃至全国开始大规模搜捕金佩尔。

联邦调查局在全国各个分支机构的特工人员开始搜查旅馆、出租公寓、火车站、汽车站、机场、邮局的邮件领取处，寻找长相符合特征、使用他的真名或假名的人。纽约的特工则立刻赶到比克曼街 39 号，在那里他们只找到金佩尔留下的电台。接着，他们详细搜查所有已知的旅馆和出租公寓，对纽约时代广场地铁站的报摊进行 24 小时监视。他们还调查了金佩尔购买过西装和大衣的罗伯特·里德商店，店里的销售记录显示一个名叫爱德华·格林的人买了一件西装和深蓝色大衣。西装是单排三颗纽扣，用灰蓝色料子缝制而成，白条纹和一英寸宽的浅蓝色条纹相间，口袋有盖子，每只袖子上有三颗小纽扣。深蓝色大衣则有两排纽扣，采用的是人字纹的缝制式样，前面有六颗黑色扣子，每只袖子上四颗扣子，左边有一个胸兜，两边各有一个带盖的侧兜，背上没有束带。商店提供了这两样衣服的样品，联邦调查局拍照后分发给各个分支机构。

科尔波把中央火车站寄存两只行李箱的存储凭条交给联邦调查局。特工询问车站工作人员后发现，一个叫"格林"的人已取走了箱子。他们安排人在车站盯梢，如果金佩尔想在这里等科尔波取箱子，他们就能逮捕他。对旅馆的大范围搜查有了结果，爱德华·格林曾于 12 月 22 日下午 4 点 20 分左右在乔治·华盛顿酒店登记过，但酒店的女服务员说，那个房间显然没被使用过。联邦调查局也派人对这里进行监视。

与此同时，金佩尔非常不安，想尽办法摆脱追捕者。新化名和变更旅馆为他争取了一些时间，但网已经越收越紧。12月30日，星期六，晚上快9点的时候，金佩尔来到纽约时代广场地铁站位于第七大道和第42街入口处的报摊买报纸。两名联邦调查局特工一直在那里蹲守，他们注意到，他与他们要找的人相似，他蓝色的双排扣大衣和西装与金佩尔所买衣服的描述吻合。只是他们无法看到他是否戴着印加戒指。他没有咨询，也没有注意南美报纸，只是仔细地翻阅着英文报刊，最后买了一本袖珍版的俄国概况书。在收银台，他讲了几句带着外国口音的英文。付款时，他把手伸进大衣里，明显是从上衣口袋里掏出钞票。

两名特工相互点头确认。随后，一个特工赶在金佩尔前面迅速离开店铺，走上地铁的楼梯，另一个特工则跟在金佩尔后面上楼。在楼梯上，第一个特工转向他，表明了他们的身份，亮出证件，并要求金佩尔告知名字。

"你们这是要干什么？"金佩尔问道。

其中一名特工回答，他们是联邦调查局的工作人员，正在进行例行检查，只是需要知道他的名字。金佩尔犹豫了一会儿，在他们的再三追问下，他终于回答道："格林。"

两名特工继续询问他的全名和家庭住址。金佩尔回答，他叫爱德华·格林，家住马萨诸塞州。随后，他被带到报摊后面的房间里搜身。他们在他身上找到一张义务兵役分类卡，卡片上的名字是爱德华·乔治·格林，住址是波士顿市马萨诸塞大道582号，还有一张填写了同样姓名的美国海军预备队退役证，以及10574美元的现金和用纸包好的99颗小钻石。特工还在他的旅馆房间里搜出44100美元的现金、两把上了子弹的自动手枪、徕卡相机胶卷、隐显墨水，另外还有空白的义务兵役登记卡、义务兵役分类卡、美国海军退役证和出生证，等等。

金佩尔和科尔波被指控犯了间谍罪，由总督岛[1]的军事法庭进行审判。他

---

[1] 位于纽约东南，为军事用地，岛上有军事监狱。

们被判有罪，处以死刑。不过，哈里·杜鲁门（Harry S. Truman）总统后来对他们给予了减刑。

这就是德国在美国进行的最后一次特务行动。为了这次行动，纳粹德国耗费了 60000 美元现金、99 颗钻石，动用了一艘 U 型潜艇。柏林、德累斯顿和海牙间谍学校的间谍头目为此费尽心机，千秋帝国的高级官员们对此怀抱着很大的期望。结果，一切都化为泡影。

第 2 章
情报的历史与形式

迦太基的军事天才汉尼拔[1]，用了 8 年时间，让意大利南部的罗马行省民不聊生。年幼时，汉尼拔的父亲就让他发下永远与罗马为敌的毒誓。长大后，汉尼拔在罗马和迦太基争夺地中海的第二次布匿战争[2]中表现优异，在主要的坎尼战役及其他诸多战役中，屡次击败罗马军队。现在，汉尼拔正等待弟弟哈斯德鲁巴（Hasdrubal）的到来。公元前 207 年春天，哈斯德鲁巴率 48000 名步兵、8000 名骑兵和 15 只大象翻越阿尔卑斯山，准备与汉尼拔会师后，一起攻打罗马。

抵达意大利北部后，哈斯德鲁巴给在意大利南部的兄长去信，告知他将在意大利东海岸的翁布里亚与他会合。四名高卢骑兵和两名努米底亚骑兵被派去送信，他们从意大利北部一路奔向南部，却没有找到汉尼拔。后来汉尼拔北上，他们便立刻返回去追他，却因为不熟悉道路，被罗马军队俘虏，押送到罗马执政官面前。起初他们拒绝回答执政官的问题，但后来在酷刑的威胁下，他们承认，他们带了一封哈斯德鲁巴给汉尼拔的信。

这位执政官将依旧密封的信送给正在附近指挥作战的一位罗马执政官盖乌

---

[1] Hannibal（前 247—前 183），北非古国迦太基的著名军事家，第二次布匿战争中以其卓越的军事才能多次大败罗马军队。

[2] The Second Punic War，古罗马与迦太基之间爆发了三次战争，"布匿"是当时罗马人对迦太基人的称呼，因此被称为布匿战争。

斯·克劳狄·尼禄（Gaius Claudius Nero，不是那个臭名昭著的皇帝）。尼禄让翻译官将信读了一遍。他立刻意识到他们兄弟会师将带来怎样的威胁。他派人把信送到元老院，请求给予支援，自己则立刻向北进军，准备迎战哈斯德鲁巴。他的军团在梅陶罗河（Metaurus River）向哈斯德鲁巴发起攻击。既得不到兄弟的支援，敌军数量又远超过自己，哈斯德鲁巴被完全打败。这次胜利彻底解除了被迦太基征服的威胁，为罗马日后成为西方世界的霸主奠定了基础。

梅陶罗河战役在军事史上有着独特的地位。在爱德华·克里西（Edward S. Creasy）所著的《世界十五场决定性战役：从马拉松到滑铁卢》（*Fifteen Decisive Battles of the World：from Marathon to Waterloo*）中，梅陶罗河战役是唯一一场以情报作为胜利先决条件的战役。其实，自文明初现到第一次世界大战的4000多年中，军事情报对战争发挥的作用几乎可以忽略不计。

的确，情报一直都必不可少。在生物为生存而进行的斗争中，即便是原生动物都必须具有接受刺激和根据刺激趋利避害的机能。一只动物要杀死猎物，必须先看到或感知到它的存在。情报就好似呼吸系统，对生物来说极其重要，却又不处于支配地位。动物凭借观察猎物获取情报，人类还能从文字、语言方面获取情报，并克服时间和空间的限制，从而扩大情报的范围，提升情报的威力。尽管如此，人们最初依然不能依靠情报获胜。因为在古代和中世纪，征服一个国家的战略太模糊，太不精确，即便被攻击的国家掌握了相关情报，用处也有限，不太可能利用情报有效组织己方力量来打败敌人。

这并不是说那时候的部落和国家轻视情报。事实上，他们经常搜集和利用情报。[1] 厄瓜多尔的原始乡民会偷偷溜进敌人村庄，通过数房子的数量来估计敌人的兵力；古埃及人会审问战俘；尤利乌斯·恺撒（Julius Caesar）会派兵侦察敌情；中世纪的统治者会花钱雇佣间谍；蒙古人会派遣骑兵四处侦察地形；文艺复兴时期的威尼斯会通过密码译员破译外国外交官的秘密信件。有时候情报确实能促成胜利。恺撒从俘虏口中听说，一名敌对的蛮人首领已经集结6000

---

[1] 原注：并不总是这样。在古代和中世纪，军队并不总是派出探子，有时还会碰上敌方的探子。(W. Kendrick Pritchett, *The Greek State at War* [Berkeley: University of California Press, 1971], 1: 127; W[illiam]. W. Norman, Cavalry Reconnaissance[London: Hugh Rees, 1911], 7.)

名步兵和1000名骑兵要伏击他，便采取将计就计的策略，获得了胜利。当狮心王理查（Richard the Lion-Hearted）[1]从间谍处获知一支商队正在向撒拉逊人[2]运送补给，便召集骑兵袭击了这支队伍。

但是，大多数情况下，情报并不能左右事件的进程。埃及法老拉美西斯二世[3]虽然忽略了一名囚犯所提供的有利情报，但还是在卡迭石（Kadesh）取得了胜利[4]。威尼斯虽然从截获的情报中获知，神圣罗马帝国军队的指挥官要求赔偿20000达克特[5]，否则皇帝将亲自督战，但这依然没有让威尼斯获得战争的胜利。坎尼战役（战争史上的典范）中，汉尼拔围歼有数量优势的罗马大军，完全没有依靠任何情报。中世纪的围攻战同样如此，无论哪一方都不是依靠情报取胜。克里西著作中的其他14场决战也是如此。比如，在马拉松战役中，薛西斯[6]的亚细亚军队被雅典重装步兵打败；图尔战役中，基督教徒击退了信仰伊斯兰教的摩尔人大军；黑斯廷斯战役中，诺曼底公爵威廉一世（William of Normandy）征服了英格兰；布伦海姆之战中，路易十四称霸欧洲的计划被粉碎；萨拉托加大捷，几乎决定了美国独立战争的成败；等等。在这些战役和漫长战争史的其他绝大多数战役中，主角都不是情报，而是战术、决心和实力。

到工业革命和法国大革命时期，情报才有了发挥作用的基础，成为战争中决胜的重要因素。此时出现了铁路、电报、精确的地图、庞大的军队和参谋部等，这就有必要且有可能为转移军队和攻击敌人制订出详细的计划。同时，工业化使情报开始成为一个新的重要社会因素。古希腊人不需要关心敌对国家煤和钢铁的产量，但对于一个现代的国家及其敌人来说，这却极其重要。最终，

[1] 即理查一世（1157—1199），英格兰金雀花王朝的第二位国王，因在与狮子的搏斗中，徒手取出狮心并将其生吃而得名"狮心王"，有"最完美的骑士"之称。
[2] 中古时代的阿拉伯人。
[3] Ramses II（约公元前11279—前1213年在位），古埃及第十九王朝法老，其执政时期是埃及新王国最后的强盛时代。
[4] 即卡迭石战役，是古埃及与赫梯争夺叙利亚地区的系列战役之一，是古代军事史上有文字记载的最早会战之一。
[5] 一种曾在欧洲几个国家流通的金币。
[6] 事实上，马拉松战役中被击败的波斯国王是大流士，而非薛西斯。

情报有了详细的方向，使其有机会在战争中扮演主要角色。

历史上首次对战俘审讯的记录：埃及士兵正在殴打两个在卡迭石附近俘获的赫梯人，逼迫他们交代情况。

工业革命同样赋予情报活动更多的手段，使其能够获取关于另一个国家更多的信息。各种日报应运而生，武官逐渐出现在外交活动中，军队规模的扩大产生了更多需审讯的俘虏，没收了更多的文件。利用无线电报，以及后来截获电报的方式获取的敌方情报，远远多于通过人力偶然伏击到敌方信使得到的情报。利用气球、飞艇和飞机进行侦察，比深入敌后的骑兵所观察到的范围更广，速度更快。照相机能拍下转瞬即逝的景象，比肉眼看到的还要详尽，而且可以复制给其他人。利用这些手段，情报搜集信息的能力大大加强。

与此同时，情报评估的能力也在增强，最直接的原因就是参谋部的情报分析能力得到发展。

虽然古代的部队指挥官和封建领主们也会把助手召集在一起组成委员会商讨军事行动，听取军事建议，但这些机构是临时组建，任务完成旋即解散。资本主义的兴起让君主们得以不再依赖劫掠，他们开始建立自己的职业军队，军事活动随之更加灵活，常设的参谋部门才开始出现。17世纪，勃兰登堡大选帝侯（Great Elector of Brandenburg）[1] 安排军需官和助手，为第二天的行军和扎营提前制订计划，进行侦察并起草指令。此类计划活动便是参谋部的雏形。

此后的一个世纪，随着战况愈加复杂，指挥官们召集各有所长的助手为战争服务。助手们提供情报，方便指挥官做出决策，然后将指挥官的决定进一步补充细化，变成行军和军需供应的一系列具体指令，来实现指挥官的目的。例如，指挥官下令"进攻右翼"，他的参谋长便传达命令：第二团推进，第三团从左翼转向右翼待命，炮兵射击，军需官供应弹药，诸如此类。指挥官各有特色，参谋部也各不相同。腓特烈大帝[2] 的参谋部很小，拿破仑（Napoleon）的参谋部则非常庞大，但组织得很糟糕。新创立的诸兵种联合作战部队的将军们，一般很快就拥有自己的一小批参谋人员，称作"将军的参谋部"（general's staff）。

不过这些都是临时机构，只存在于战时。常设的参谋部直到1803年才在普鲁士出现，这是一个为战争做准备的机构，甚至在和平时期也是如此。

普鲁士的参谋部是一个独立的兵种，类似于工兵。起初，他们拥有自己的制服，后来简化为陆军的灰色军服，只是裤子上多了暗红条纹，以示区别。参谋部的军官出自陆军，他们都是军队中的佼佼者，在军事学院深造后，由参谋部领导人征召而来。军官中能得到参谋职务的只有2%，1870年大约有200人，1914年约有600人。他们一部分时间在柏林的红砖楼工作，那里被称为总参谋部（Great General Staff）。另一部分时间，他们在军部、团部和要塞指挥部较小的参谋部工作，这些参谋部门被统称为军队总参谋部（Troops General Staff）。不论什么时候，都有超过一半的人在柏林工作。此外，他们还需要定期中止参谋工作，到战场上指挥部队。这种岗位的轮换，既是为了让他们接触实际问题，又是为了在部队中贯彻总参谋部的作战方针，提高其对全军的控制力。参谋人员经过严格的训练、选拔，智力超群、能力迅速提升，成为军中的精英。他们

---

[1] 即弗里德里希·威廉（Friedrich Wilhelm，1620—1688），勃兰登堡-普鲁士国奠基人，任中创建国家正式军队体制，被称为"普鲁士军队之父"，是17世纪最卓越的专制君主之一。
[2] 即腓特烈二世（Friedrich II，1712—1786），又译作弗里德里希二世，是霍亨索伦王朝的第三位普鲁士国王，是欧洲开明专制的代表人物，也是欧洲历史上最杰出的军事统帅。

沉默寡言（一位参谋长说，"参谋人员没有名字"），工作内容保密，在1866年和1870年分别对奥地利和法国取得了看似毫无悬念的胜利，再加上德国人对军队的敬畏之情，所有这些因素综合在一起，让德国的参谋部成了一个传奇：它神秘莫测，战无不胜，暗中控制了命运的绳索。

总参谋部的基本任务，是为与假想敌可能的战争制订切实可行的计划。这自然需要一些情报，就像个体一样，国家也需要"看到"敌人，才能攻击敌人。1816年一项关于参谋部基本职责和组织机构指示的公开文本显示："部门（即参谋部）的工作必须着眼于精准掌握我国以及其他欧洲国家的军事事务，必须为可能爆发的战争做好一切准备。"这个参谋部成了常设机构，且职能不受干扰，因此让情报工作在情报史上第一次变成具有持续性的制度化存在，从而提高了参谋部对情报进行评估的能力。

尽管如此，总参谋部的情报工作并没有明确成为一项独立活动，而是与作战计划的制订结合在一起。[1] 总参谋部有两个制订作战计划的部门，一个负责东部战区，一个负责西部战区，外国原始情报通常会被送到其中一个部门。那里的军官会将情报与其他各种因素结合起来用于战略的制定。柏林的总参谋部没有设立固定部门进行情报的常态化评估；同样的，在军队总参谋部也没有专门执行此类任务的军官。

原因是有人反对情报活动，跟有人反对技术创新的情况一样。贵族军官阶层担心新的技术情报人员会与他们争夺几乎由他们独享的指挥官职务。对这种情况，德国军官阶层比欧洲其他国家的军官阶层更为惶恐。结果是，当法国设立G-2部门进行常态化情报评估，英国也设立了情报处的时候，德国却没有任何动作。

---

[1] 原注：Bronsart von Schellendorff, *Dienst*, 34, 40-41, 235;[Germany, Grosser Generalstab], *Geschäftsordnung für den Grossen Generalstab und die Landesaufnahme*, Berlin, 18. Dezember 1913(ESM, n.d.), 2. 没有资料可以说明进入总参谋部的情报的使用方式，尽管Schmidt Richberg, 35, 只提供了只言片语。我认为，在缺少针对所有情报的综合评估机构的情况下，考虑到总参谋部按地理区域组织的现实，实际情况只能如文中所述。已经毁掉的总参谋部档案的目录显示，至少获取的情报是记录在案的。(Prussia, Archivverwaltung, *Uebersicht über die Bestände des Geheimen Staatsarchivs zu Berlin-Dahlem*, 2. Teil, Heinrich Otto Meisner and Georg Winter, eds., Mitteilungen der Preussischen Archivverwaltung, 25[Leipzig: S. Hirzel, 1935], 105.)

不过，面对新的现实，贵族军官阶层还是做了些许让步。随着1866年和1870年战争爆发，德国军队行动起来，总参谋部成为总司令部。职责的转变迫使其组织结构也发生了转变，由和平时期按地区进行组织的方式变成按照功能进行组织。该机构因此包含了一个进行常规情报评估的部门，并一直存在到1914年总参谋部撤销为止。这个情报机构的主要任务是，接收庞大的数据（比和平时期多出很多），从中甄选出重要的信息，判断其真实性与准确性，再综合成完整的报告呈送给为集团军参谋长发布命令的作战部。但是，随着和平局势的恢复，反对情报工作的势力重新掌握统治权，情报部门被解散，情报工作又回到模糊不清的次等地位。

不过，在一个领域，普奥战争前取得的成果在和平时期得以保留下来，这个领域就是谍报活动。负责这个领域的组织后来演变为二战期间富有传奇色彩的阿勃韦尔。

1866年3月25日，总参谋长赫尔穆特·冯·毛奇伯爵[1]成立了情报办公室，以备紧急情况时搜集敌人的情报。[2] 5月底，也就是战争爆发的几天前，情报办公室从一名当时正好在维也纳的年轻南德军官处得到消息，奥地利组建了一支北伐军（Northern Army），指挥官是路德维希·冯·贝内德克[3]。这意味

---

[1] 赫尔穆特·卡尔·贝恩哈特·冯·毛奇（Helmuth Karl Bernhard von Moltke，1800—1891），普鲁士和德意志名将，德军元帅，1857年至1888年任普军和德军总参谋长，指挥了普奥战争和普法战争，因对德国统一做出重大贡献而受封伯爵。他的侄子赫尔穆特·约翰内斯·路德维希·冯·毛奇（Helmuth Johannes Ludwig von Moltke，1848—1916）在1906年到1914年担任德军总参谋长。人们为了区别叔侄二人的名字，称前者为"老毛奇"，后者为"小毛奇"。

[2] 原注：Stoerkel, chart; Stoerkel, 33. 普鲁士在1866年、1869年和1870年也交给秘密警察威廉·施蒂贝尔（Wilhelm J. C. E. Stieber）一些间谍任务。不过，这些都是临时事务，不包含在他的基本工作内容里。在和平时期，他的基本工作是通过手下的中央通讯社（与总参谋部的那个机构不一样）发现和镇压颠覆活动；在战争时期，他的工作是通过野战警察保护国王和俾斯麦不被暗杀，保护他们的总部不被间谍刺探。(Auerbach, 222, 239-40, 248, 251-53,;Bronsart von Schellendorf, *Geheimes Kriegstagebuch*, 73, 100, 309; [Friedrich von Holstein], *The Holstein Papers*, ed. Norman Rich and M. H. Fisher[Cambridge: University Press, 1955], 1:48.) 有人说他手下有40000名间谍，后世书写者甚至给他安上"普鲁士间谍之父"的名号，这些都是没有根据的事。(Max J. Herzberg, "Memoirs of the 'Father of Prussian Spies'" *The Bookman*, 48[February, 1919], 744-51.)

[3] Ludwig von Benedek（1804—1881），奥地利帝国陆军元帅。

着奥地利军队将以一支联合部队朝一个方向行进，而不是采取包围或钳形攻势。得知情报后，毛奇完善了自己的计划。几个星期后，另一名特工给柏林带去了奥地利军队作战序列的情报，以及几名重要指挥官的个人档案。这名特工后来成为德国历史上最了不起的间谍。

这名特工就是巴龙·奥古斯特·施卢加（Baron August Schluga），25岁，身材修长，头发金黄，有着一双蓝眼睛。他出生于匈牙利的若尔瑙（今斯洛伐克的日利纳），曾就读于维也纳技术大学，后来服役于奥地利的一个步兵团，在1859年的马真塔战役[1]和索尔费里诺战役[2]作战中"非常勇敢"，被公认为是个有能力的军官，有当参谋的潜质。但是，他于1863年参加奥地利军官学校的入学考试前退役，理由是他要结婚，还要亲自经营即将获得的地产。他的文凭让他得以使用新闻记者的身份打入奥地利军队司令部，获得他带去柏林的情报。毛奇打败奥地利只用了七个星期。事后，毛奇显然发现了情报办公室的价值，便把它变成常设机构并直接对他负责。

在成立之初的半个世纪中，情报办公室一直在总参谋部的不同部门间来回跳跃。1889年，一批副总参谋长获得任命，成为新一级官员，被称为"陆军参谋部执行官"（Oberquartiermeister），这个名字带有明显的历史暗示意味。之后，情报办公室便归第三陆军参谋部执行官（IIIrd Oberquartiermeister，简称O. Qu. III）管辖。从那时起，情报办公室才有了正式名称，到一战时成为著名的总参谋部情报和反间谍处（简称情报处）。这些年里，情报处的经费不断增加，机构也不断扩大，成为欧洲（除了俄国以外）首屈一指的情报机构。到1901年，在124名官兵的指挥下，德国在比利时、瑞士、英国、意大利、西班牙、卢森堡、丹麦、瑞典和罗马尼亚等地均建立了军事情报站，以便进行间谍活动。

他们的首要目标是获取敌人的机密文件，比如敌人对首次战役的部署。他们对法国这个头号敌人实施的间谍活动已经初见成效。

---

[1] 发生于意大利马真塔的一场战役，属于第二次意大利独立战争的一部分，最终法萨联军在拿破仑三世率领下击败法兰茨·尤来（Ferenc Gyulay）元帅指挥的奥军。
[2] 发生于1859年6月24日，战争一方是拿破仑三世率领的法国军队与维托里奥·埃马努埃莱二世率领的萨丁尼亚王国军队组成的法萨联军，另一方是弗朗茨·约瑟夫一世皇帝率领的奥地利军队，结果奥地利战败。这是世界历史上最后一场由各国君主亲自指挥作战的重大战役。

1866年的普奥战争结束后，施卢加前往巴黎，在普法战争爆发前就在向普鲁士驻巴黎武官提供情报。总参谋部情报处任命他为"17号特工"。[1]

德国总参谋部的化身：参谋长赫尔穆特·冯·毛奇伯爵，图为刊登在幽默杂志上的漫画。

---

[1] 原注：Meisner, ed., 1:25, 53-54; Konrad, 12-25; Gempp, I:1:1, 3-4, II:2:202, 232, II:8A:81, 125, II:8B:39-40. Gempp 和 Konrad 的资料证实，施卢加提供给德国的"那份"部署计划可能是错误的。至于是否存在一份文件列出整个法军的军力部署，答案是存疑的，因为每个军团都有自己详细的调动规则，而且法国的基本战略《计划十七》（Plan XVII）并没有具体的时间表。(France, Ministère de la Guerre, Etat-Major de l'Armée, Section Historique, *Les Armées Fran çaises dans la Grand Guerre* [Paris: Imprimerie Nationale], 1:1[1922]:33, 1:1:Annexes [1932]: No.8.)

施卢加有魅力、有教养、有贵族气派，长得有点像俾斯麦，逐渐被德国人视作"专业特工的典范"。对于总参谋部情报处来说，他还带着些神秘色彩。他的情报来源和进行的活动从来不为情报处所知，就连他在巴黎用的是真名还是化名，情报处都无从得知。对这些询问，他一律避开，认为情报处能关心的只有他任务的完成情况。在 1870 年到 1914 年这 40 多年的和平时期，情报处几乎将他雪藏。虽然他经常提交报告，内容通常是一些有趣的事情，但情报处坚持一年只与他联系一次，目的是防止他被人怀疑，以便将来在紧要关头派他出场。

这种做法被证明非常有效。一战爆发前不久，"17 号特工"给德国提供了一份间谍头目们迫切想要的文件。这份文件详细说明了法国部分军队在战争动员后第五天的部署情况，堪称间谍史上最有用的情报之一。这似乎证明了总参谋部情报处的存在，以及对它投入的价值。这份情报为德国在必然到来的灾难性局面下成功击败法国军队的反攻，起到非常关键的作用。

1914 年的萨拉热窝枪击事件，成为这场巨变的导火索。

德军 1908 年制定的《野战勤务条例》（*Field Service Regulations*）在一战开始时生效。该条例和以前的条例一样，宣称最确切的情报来自肉眼观察，主要由骑兵获取。但是，德军的 10 个骑兵师在战争之初未能突破敌人的前哨阵地，深入后方进行侦察。后来的堑壕战更是直接宣布此种方式无效。

在堑壕战中，与以往一样，大部分情报都是用肉眼观测敌军所得，而多数情报都是看得见的。战壕里的士兵报告敌军的各种活动，比如挖新战壕、筑机枪掩体等。他们派出侦察分队到距离敌人更近的地方侦察，抓捕俘虏，有时还能缴获文件。在战斗中，他们可能发现敌人的新阵地，探测敌人的新战术，抓获俘虏，缴获新武器。

他们的基本情报信息由新的传感器设备进行补充。例如，敌人炮兵阵地的位置可由声光测距单位确定，再由德国炮兵瞄准和摧毁。

一战期间，飞机毫无疑问是发展最快的侦察工具。飞机侦察活动发展迅速，以至于仅在战争爆发 8 个月后，德军司令部就下令对其进行统一指挥。在炮兵定位和战斗期间，速度是第一位的，观察人员依靠肉眼进行侦察，再用无线电报告炮弹击落点，或者记录下敌军的活动情况。

然而，摄影技术的发展使得空中侦察成为最重要的情报手段。1915 年引入的垂直航拍技术表明，在空中进行摄影侦查能获取数量远超肉眼的情报。到 1918 年，德国每周从空中拍摄的地域面积比康涅狄格州还要大。航空摄影成为德国最主要的军事侦察手段。这种新侦察手段对双方的巨大影响在一个方面表现得最为显著：1917 年之后，同盟国和协约国军队都很谨慎，白天不敢调动军队。

第一次世界大战打响的头几天，在东普鲁士柯尼斯堡的德军要塞，无线电台截收了俄国军队的几封明码电报。电报泄露了俄军挺近东普鲁士的意图。电报内容之详细，让德军东部战区司令保罗·冯·兴登堡（Paul von Hindenburg）和他的参谋长埃里希·鲁登道夫（Erich Ludendorff）对敌军动向的了解，在整个军事史上史无前例。在电报的帮助下，德军在坦能堡战役（Battle of Tannenberg，这次战争中的少数几个决定性胜利）[1] 中，包围、分割并摧毁了整个俄国军队。这次战役令俄国的第一次大规模进攻以惨败告终。它让德国人开始重视一种此前从未真正考虑的情报形式。

坦能堡战役后，德军统帅部建立了无线电截听站。这种新的情报源主要由德军通信情报之父——路德维希·福伊特（Ludwig Voit）上尉创建。1914 年年底，时年 32 岁的福伊特升任总司令部无线电台台长，在电台内部设立了西线密码分析站（Cryptanalytic Station West）。虽然其破译密码的能力始终比不上法国（例如，法国破译过德国的外交密码，德国却从未攻破过法国的），但在东线的无线电情报活动却起了非常重要的作用。"俄国的无线电信息总会事先向我们示警，告诉我们俄军部队集结的地点及其即将展开的行动。"一位德军高级指挥官说。在这些"警告"的帮助下，德国军队战胜了俄国军队。

口头情报则更多来源于敌军在战壕中使用的电话。1915 年初，32 岁的电报监听员奥托·阿伦特（Otto Arendt）发明了一种可以监听电话的装置。这种装置能识别并放大接地回路的信号。截至 1918 年，292 个此种装置被投入使用。

---

[1] 第一次世界大战东部战线的一次战役，发生于 1914 年 8 月 17 日到 9 月 2 日。在这次战役中，俄军陷入德军包围，主力被围歼，从此没有再向德国领土进攻。

整个一战期间，领导德军情报处的是35岁参谋部参谋官瓦尔特·尼古拉（Walther Nicolai）少校。他中等身材，精力充沛，头发金黄。作为一名普鲁士军官，他服从一切命令，像在战场上率领军团一样管理这个间谍机构。他和神秘的间谍头子的形象相去甚远，正如他自己所言，"我从来没亲眼看见过间谍，也没和任何一个间谍说过话"。他认为自己的主要工作，与其说是监督间谍活动，不如说是处理间谍提供的情报，并据此向上级提出建议。

到1917年时，他的手下约有150名情报官，其中许多人在总司令部直接受他领导，其余则在柏林、地方情报站、西线的下级指挥部、东部战区和东南部战区司令部工作。绝大部分特工由9个地方军事情报站（War Intellignece Post）管理。在这些情报站中，自1915年初开始由著名的"博士小姐"埃尔斯贝特·施拉格米勒（Elsbeth Schragmüller）领导的安特卫普情报站，或许是最有效率的一个。1915年12月中旬，安特卫普情报站控制着情报处安插在西方的62个特工（总共337个）；仅仅3个月之后，这个数量就翻了一倍，同时积极活动的特工比例从2/3提高到3/4。

玛塔·哈里（Mata Hari）毫无疑问是情报处最著名的间谍。让这位艳名远播的舞女当间谍的主意，出自情报处驻克莱沃的军官巴龙·冯·米尔巴赫（Baron von Mirbach）。似乎是在1916年年初，尼古拉在科隆的都姆酒店遇到她，之后安排她在法兰克福霍夫酒店（Frankfurter Hof）接受培训。军事和政治方面的培训由杜塞尔多夫军事情报站的负责人勒佩尔上尉（Captain Roepell，出于谨慎，他住在另一个饭店）负责。施拉格米勒博士为她安排旅行，并教她观察事物和撰写报告。隐显墨水的使用由安特卫普情报站的赫尔·哈伯扎克（Herr Habersack）教导。培训结束后，她被任命为H-21号特工，偷偷潜入敌国。此后，她通过掩护地址向勒佩尔邮寄过几封用隐显墨水书写的信，但不涉及重要内容。1917年初，法国人截获并破译了一封德国驻马德里武官的电报，内容是请求给她支付酬金。于是，法国人逮捕了她，并于某天清晨在万塞讷碉堡的院子里处死了她。

虽然玛塔·哈里成了"间谍"的代名词，但一战中最为成功的间谍无疑是巴龙·施卢加。代号为"17号特工"的他，生前从未被敌人发现，死后许多年也不为人知。在一战爆发前不久，他向德军统帅部提供了法国部分军队在战争动员后第五天的部署情况。然而，这份情报没有满足德国间谍头目的期望，没能让德军指挥官确定法国是否会实施 17 号方案，最终未被使用。

或许是失望的情绪让施卢加（当时已是 73 岁高龄）的健康状况迅速恶化，他不得不回到德国修养一段时间。但 1915 年 5 月，他又返回巴黎展开活动。他利用法国和瑞士两国边境检查站的薄弱点，凭借通信系统，每隔两天就发出一次报告。这些情报通常在 48 小时内到达南方情报搜集站，该站被情报处设在德国西南部的罗拉赫，与瑞士的巴塞尔遥遥相望。他 1915 年 6 月 9 日发出的情报在 6 月 11 日抵达情报站，信息如下："英军抱怨弹药缺乏，他们不能前去支援法国在阿拉斯北部的进攻。因为无法履行诺言，他们感到抱歉。"

施卢加的情报来源主要是法国的议员和战争部的工作人员。但他们的信息并不完整，主要原因是法军总指挥约瑟夫·霞飞[1]和战争部长亚历山大·米勒兰[2]对作战计划保密，不让议员们知道。总之，施卢加只能接触到战术方面的信息。但他的情报有时准确，有时则有错误，这反映出他在报告法国高层观点变化上的迟滞。不过，施卢加对政治、经济、大众心理状况方面的情报确实非常灵通。他的情报看起来精准，至少在消息发出的时候还是如此。结果，正是这种精确差点酿成了灾难。

作为一个经验丰富、值得信赖、地位无比优越的特工，施卢加的存在让当时的野战集团军总参谋长埃里希·冯·法金汉[3]印象深刻。他坚持亲自查阅施卢加的情报，把它们视为做决定的关键因素，而不仅仅是参考。施卢加有意无意地在情报中反复强调法国政府与领导人的虚弱，进一步助长了法金汉低估法国的意志和攻击力的倾向。结果，在 1915 年夏季，已有明确迹象表明进攻的威胁：召集军队、修筑用于进攻的工事，乃至俘虏确凿无疑的陈述，法金汉对这些都视而不见。协约国在仲夏的按兵不动和施卢加的情报，让法金汉坚信自己的判断：总体形势完全不利于协约国。他如果继续对施卢加偏听偏信，很可能

---

[1] Joseph Joffre（1852—1931），法国元帅和军事家，一战初期法军总指挥，率领法军赢得凡尔登和索姆河战役，因性格稳重坚韧而得名"迟钝将军"。

[2] Alexandre Millerand（1859—1943），法国政治家，曾任法国总理和总统。

[3] Erich von Falkenhayn（1861—1922），德国军事家、步兵上将，1914 年至 1916 年间任德军总参谋长。

会遭遇惨败。不过，重炮不容置疑的隆隆声最终推翻了间谍的报告。法金汉调兵遣将击退了协约国的进攻。

施卢加一直工作到身体状况恶化，不得已从间谍岗位上退休。他的最后一份报告在 1916 年 3 月 5 日抵达德国。之后，他回到德国，去世前在总参谋部情报处领了一年退休金。死后，他被上级评价为"有史以来，整个间谍史上最杰出的人才"。

情报处在施卢加身上取得了成功，却在三个关键领域遭遇了失败。第一个失败是对美国的情报活动。尼古拉认为，获取可能参战的美国军队的信息"不是情报机构的事"，这个观点让人非常震惊。直到美国参战数月后，情报处才开始针对这个新敌人展开间谍活动，但间谍人数最多的时候也不超过 7 个。讽刺的是，美国军队的参战最终导致德国大败。

第二个失败是投入经济领域的间谍活动不够充足。然而，经济在战争中的作用愈发重要，甚至决定着最后的胜负。第三个失败是没有事先获知坦克这种具有划时代意义的新式武器的情况，并向德军和统帅部示警。

德国海军当然也在利用情报。其参谋部共有四个情报部门：一个负责侦察和管理特工人员的情报分部，一个监视和密码分析分部，一个军政分部，还有一个负责评估材料的外国海军分部。尤其是通信情报部门，最后发展成一个高效的组织。当时 40 岁出头的北德人马丁·布劳内（Martin Braune）中尉意识到这项工作的重要性，创设了一个有 458 人的机构，将总部设在德国北部的新明斯特。整个通信情报系统以总部的大功率无线电台为主，配有 20 多个截听站和测向站，分布在德国海岸线、内陆和海军潜艇上。在日德兰海战[1] 中，德国的密码破译员为公海舰队[2] 提供了关于英国皇家海军所在位置和相关行动的大量情报。1917 年 10 月中旬，英国一份密码电报被"布鲁默号"（*Brummer*）巡洋舰上的情报人员部分破译。德国从电报中获知，英国一支运输船队在仅有 2 艘

---

[1] Battle of Jutland，1916 年 5 月 31 日至 6 月 1 日，英德双方在丹麦日德兰半岛附近北海海域爆发的一场大海战。

[2] High Grand Fleet，指第一次世界大战结束前德意志帝国海军所属的水面作战舰队，是德意志帝国海军的主力舰队。

驱逐舰护航的情况下正从挪威前往苏格兰。"布鲁默号"和另一艘巡洋舰奉命出动，击沉了2艘驱逐舰和12艘商船中的9艘。

没有哪个指挥官有时间阅读收到的全部情报。仅柏林的一个情报站在1917年上半年就有32000份战俘审问报告。有时，阿伦特一天就要向陆军司令部发送800份报告。筛选有用情报加以编辑整理，构建敌军画像并预测敌军行动，这就是情报评估部门的任务。

军队总参谋部在和平时期没有设立情报官。战争爆发后，指挥官认为需要有人专门做这项工作。在师、集团军、集团军群（战前没有这个编制）层面，情报官的名称不尽相同：I e、I d、M.S.O.[1]、I b。只有到了军（和平时期就已存在）级别才有统一的名称：I c（罗马数字 I 表示参谋部的一级机构或指挥机构，小写字母 c 表示下属机构）。[2] 所有这些情报官都致力于搜集与自己部队同级的敌军情报。

总司令部情报分部是为整个德军提供作战情报和战略情报评估的机构，成立于一战的战争动员时期，1917年6月20日更名为外军处。从战争开始到结束，一直由冯·劳赫（von Rauch）少校（"一位经验丰富、做事谨慎的参谋"）领导。战争初期该部门仅有5名军官、2名行政人员和若干办事人员，战争结束时则拥有21名军官、10名行政人员。他们从数量庞大的情报资料中筛选出有价值的信息，从而判断敌方的行动、实力及其意图。

外军处的报告包括一些背景资料，比如对英法补充兵员情况的研究报告，以及一份长达23页的关于法国军队机构设置的报告，都属此列。不过，对统帅部来说，对协约国军事行动的预测更具价值，比如有份资料预测协约国将于1916年夏天在索姆河发起进攻。

早在1916年2月底，德军飞行员就观测到该地区在修建营房和其他军事设施。不久后，该地区增加了几个师的英国军队。经过各种侦察发现，这些英军只是暂时驻扎在前线，目的很明显，就是先来熟悉情况，为之后的战斗做准备。

---

[1] Melde-Sammel-Offizier 或 Report Collection Officer 的缩写，意为"报告搜集官"。

[2] 原注：1813年布吕歇尔首次使用该系统。（Erfurth, 127.）

4月底，英军在某防区以超过 8 个师的兵力对峙德军的 4 个师。通过空中侦察发现，发动进攻的不止英国军队，还有法国军队。6 月 23 日，协约国开始炮轰德军炮兵阵地；第二天，协约国重火力的覆盖范围更广，同时增强了布雷。一个战俘报告说，步兵的进攻几天后就会开始。7 月 1 日上午 8 点 30 分，在一阵猛烈的炮火准备后，步兵的进攻开始了。德军对这次进攻的"侦察、预料和做出的报告完全符合实际情况"。

不过外军处也会出错。1918 年 7 月，法国发起了排山倒海的进攻，兵力比德国人所以为的强了近 1/5。德军大败。

在很多方面，第一次世界大战都是分水岭，对情报工作来说同样如此。在以往的战争中，德国大多安排情报部门的负责人处理不重要的事情，1866 年是处理政治事务，1870 年是政治和宣传事务。而在一战期间，由于战争开始时的失误，情报部门才开始专注于情报这项本职工作。1870 年，普鲁士除了骑兵外，只拥有若干热气球驾驶员、一个由 20 名摄影兵组成的分队，以及情报处的间谍等极少数情报人员。而 1914 年到 1918 年期间，德国的情报人员增加到数千人。德国意识到，情报工作远比在战壕里朝对方射击来得重要。

情报重新得到重视的原因在于，相较于实物情报，无形的文字情报扮演的角色越来越重要。要理解这一点及其影响，我们需要把两者的区别弄清楚。

文字情报来自语言，实物情报来自各种事物。情报对象由语言组成，则属于文字情报，比如一份偷来的计划、一份关于士气的报告或者一段截取的命令。如果情报对象是实体而非语言，那它就是实物情报，目标是部队的规模、防御工事的航拍照片、坦克发动机的噪声等。

需要特别说明的是，两者的区别不在于情报的获取手段，比如眼睛既可以阅读报告又可以看到敌军；不在于获取情报的途径，因为无论间谍或俘虏都能口头说出敌军坦克的部署情况或作战计划；不在于传递情报所使用的方法，因为报告敌军计划既可以用电话，又可以使用照片。唯一的区别在于情报对象本身的不同。对象是语言就是文字情报，非语言就是实物情报。这个区分在情报的实际使用上没有什么意义，但却是理解这些问题的关键：情报如何发展演变，为什么某些情报的传递方式更加优越，为什么采用更优越情报方式的国家更能享受情报带来的好处。

首先需要知道的是，战争由物质和精神两个要素组成。战争中的所有活动都会对参与战争的人产生物质上或心理上的影响，或者两方面的影响都有。比如，大炮能够杀伤敌方人员，也能重挫敌方士气。正如克劳塞维茨所说，战争是一种"暴力活动"，"物质力量"的元素，比如人和枪炮，对战争的胜负起着最为关键的作用。和瓦解士气相比，造成人员伤亡对战争胜负有着更为决定性的作用。心理因素方面，比如士气和采取的战术，虽然也是"战争中最重要的因素之一"，但相对来说没有那么关键。军纪再严明的一个连队也不可能阻挡一个集团军。以面对大炮为例，情报带来的影响有两种方式，取决于由物质因素还是心理因素造成的。

从物质层面而言，情报强调实力。知道敌人进攻的地点，可以帮助指挥官更好地部署兵力。从心理层面来说，情报可以提高指挥水平。知道前方的小镇没有敌军镇守，可以让指挥官的焦虑得以平复，有助于他指挥军队向前推进。这就是军事情报的最终目的。

表面看来，文字情报貌似是为战争中的心理因素服务，实物情报为物质因素服务。实际情况是它们相互交叉。战争首先是物质的对抗，要有战士、枪炮、弹药等，才能在战争发生时杀死敌人、抢占领地。得到有关这方面的实物情报，比得知一项作战计划更能确定战争是否会爆发。因为弹药与军队的调动可不像发布一条指令那么轻而易举。这种相对的把握性能帮助指挥官更好地做决定。因此，实物情报能够为战争中的心理因素服务。

另一方面，计划和命令作为文字情报的目标，无法直接杀敌。敌军首先需要用实际行动来执行计划与命令。这一步为获得相应文字情报的指挥官赢得了时间。在这段时间里，他可以把士兵派遣到最危急的防线上，相当于增加了自己的兵力。因此，文字情报也能够为战争中的物质因素服务。又因为物质因素更为重要，所以文字情报比实物情报更具价值。

文字情报的提前性，让指挥官得以掌握先机。事实上，文字情报能够预告敌人的行动，实物情报则只能报告敌人的当前动向。总而言之，两者的根本区别在于，实物情报仅仅能确定敌人的意图，而文字情报显然可以预料敌人后续的行动。

在人类战争最初的 4000 年中，所有的信息几乎都是由实物情报提供。直到第一次世界大战爆发，这种情况才得以改变。法国大革命和工业革命带来新的文字情报的搜集方式，比如审讯俘虏、搜集每日新闻、截收无线电和电话。一战中，这些方式被利用起来，发展成新的情报手段。在许多战役中，文字情报使得许多指挥官有充足的时间从容赢得胜利，其重要性渐渐超过实物情报。它让德国在坦能堡战役中取得了最为辉煌的胜利，亦在对俄作战中贡献了重要力量。正是由于上述变化，情报才史无前例地成为重要的战争工具。

最终，德国的将军们意识到情报的重要价值，迈出了德国军事情报史上最为重要的一步，于 1919 年首次创建了永久性的、全面的情报评估部门，而不是像 1866 年和 1870 年那样在战争结束后就解散了总司令部情报机构。情报时代已然到来。

后来，他们一直沿用一战时的情报工作格局，因为二战的一切情报来源，在一战中几乎都出现过。1939 年德国军队为获取这些情报来源建立的情报机构，实际都是重建那些 1918 年就存在过的机构。同样，对情报的迫切需求，对战争胜利有潜在影响，被将军们承认（尽管很勉强）是战争的必要因素——这些特征在第一次世界大战中形成，并延续到第二次世界大战中。可以说，第一次世界大战塑造了德军在第二次世界大战中的军事情报活动。

第3章
情报领导机构

在柏林的班德勒街，坐落着一栋颇具现代气息的钢筋混凝土办公大楼。棕褐色的灰泥外墙让它的正面看起来不再那么没有人情味。四排大小形状一样的窗户，起到点缀作用，让它看起来不那么令人生畏。背后，众多的厢房纵横交错，形成或大或小的庭院。

这里就是德国国防军最高统帅部（Armed Forces High Command），本应成为德国军事力量和二战情报组织的中心。然而，实际情况并非如此。直到二战中期，它甚至都没有自己的情报评估部门。二战时德国对军事情报活动的态度，由此可见一斑。

在人们的印象中，纳粹德国是个专制的国家，与之相反的是，德国并不存在一个统一领导情报工作的高层机构，不同的情报搜集机构各行其是，最终情报只汇集到阿道夫·希特勒一人手中。

德国的情报机构数量众多、名称不一。作为现代化工业国家，德国拥有各种情报搜集机构，连外交部和政党这种本应该服务于和平或国内事务的组织，都被用来网罗情报，为战争出力。不过，即便是在希特勒的独裁统治下，这些情报机构依然组织混乱，管理松散。有时候，几个机构有着相同的职能，彼此竞争。有时候，某一部门的情报机构也会将获取的情报送给别的部门。

这个情报综合体不是在1939年突然形成的。有些部门在工业革命时期就已成型，而军事情报部门则主要形成于一战期间。在一战战败后的最初10年，德国并没有被《凡尔赛和约》（Treaty of Versailles）的限制吓住，而是重建了军事情报机构。希特勒上台后，不仅将这些组织恢复了昔日的规模，更向整个军队系统进行扩张。最新的情报单位是纳粹党的情报机构，其成立时间要在1930年甚至更晚了。

二战期间，情报机构存在于四个社会领域：军队、政府部门、纳粹党以及私营部门。

研究这些独立机构及其内在运行机制，就可以得到整个情报系统运行的全貌，看清它们之间的相互关系。不了解这些关系，我们就无法理解它们的运作。

魏玛共和国时期[1]，总统作为国家元首，是名义上的军队最高统帅，但实际指挥权却由其下属的国防部长行使。这种情况一直持续到1933年1月30日，当时魏玛共和国国民议会的多数党领袖阿道夫·希特勒当选总理，成为政府首脑。第二年，时任总统、陆军元帅冯·兴登堡去世，希特勒合并了总统和总理的职务，因此成为名义上的军队最高统帅，走出了绝对控制军队的第一步。1938年2月4日，当时的战争部长（国防部长的新叫法）被盖世太保查出与一个曾经做过妓女的女人结婚，希特勒借此撤销战争部，把整个军队的直接指挥权握到自己的手中，并以战争部的主要机构为基础，成立了国防军最高统帅部（德语 Oberkommando der Wehrmacht，缩写 OKW）。他命令最高统帅部"作为由我直接指挥的军事参谋部"，负责"根据我的指示统一做好帝国国防各个方面的准备"。这是第二步。

威廉·凯特尔将军成为国防军最高统帅部总参谋长。凯特尔年近六十、身材粗壮，工作起来不知疲倦，却资质平平。希特勒想找人领导他的新参谋部，便向战争部长询问凯特尔的情况，战争部长回答："噢，凯特尔，他没有问题，是个管理人才。"希特勒采纳了这个意见，"他就是我在寻找的那个人！"凯特尔坚信希特勒是德国的救世主，同时对希特勒的提拔心怀感激，加之在希特勒身边受其影响颇深，对希特勒忠心耿耿。1944年7月20日，当一枚企图杀死

---

[1] 指德国在1918年到1933年间采用共和宪政政体的时期，这一时期使用的国号是"德意志国"（Deutsches Reich），"魏玛共和国"（Weimar Republic）这一称呼是后世历史学家的称呼，不是政府的正式用名。

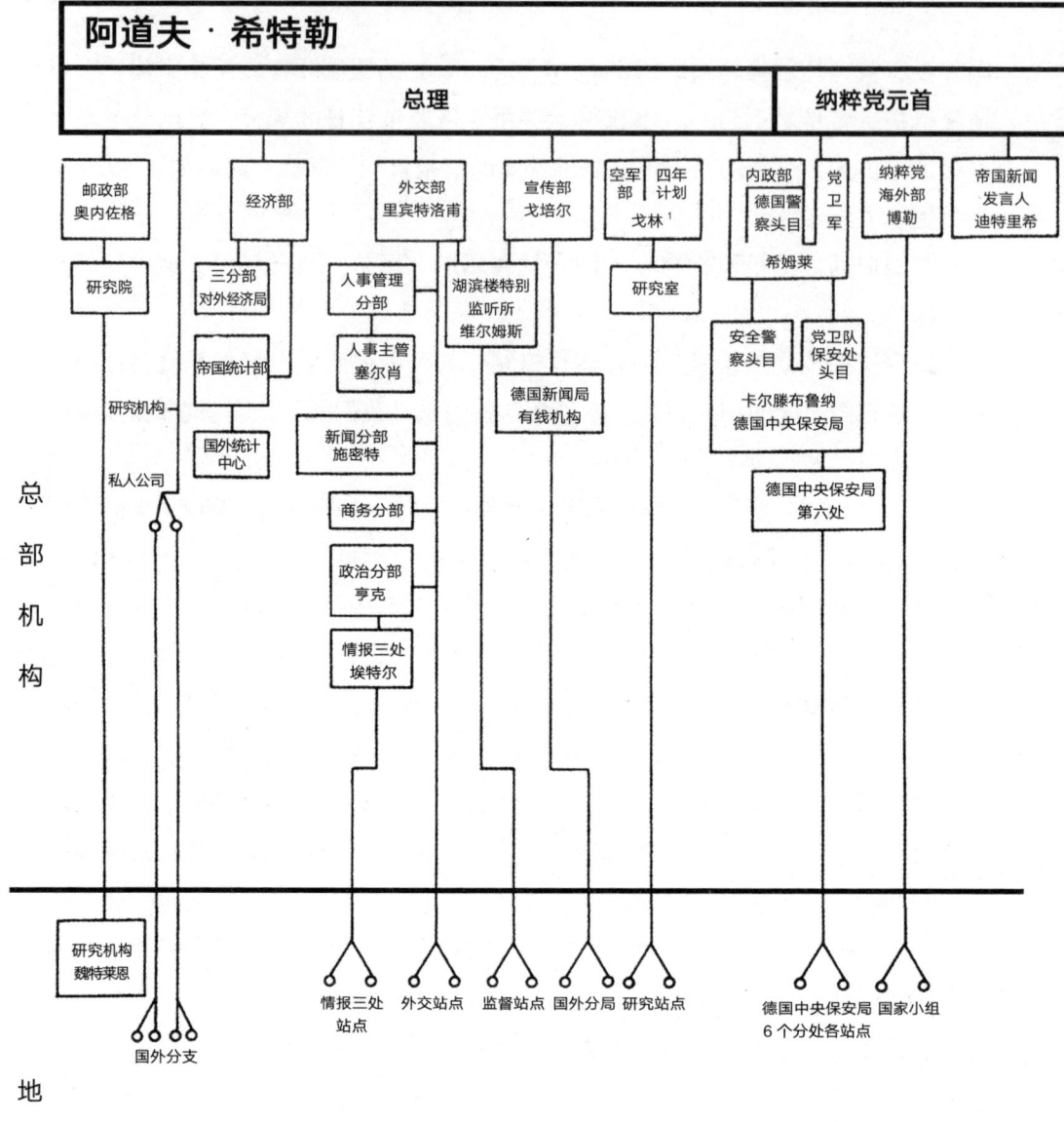

德国的情报机构

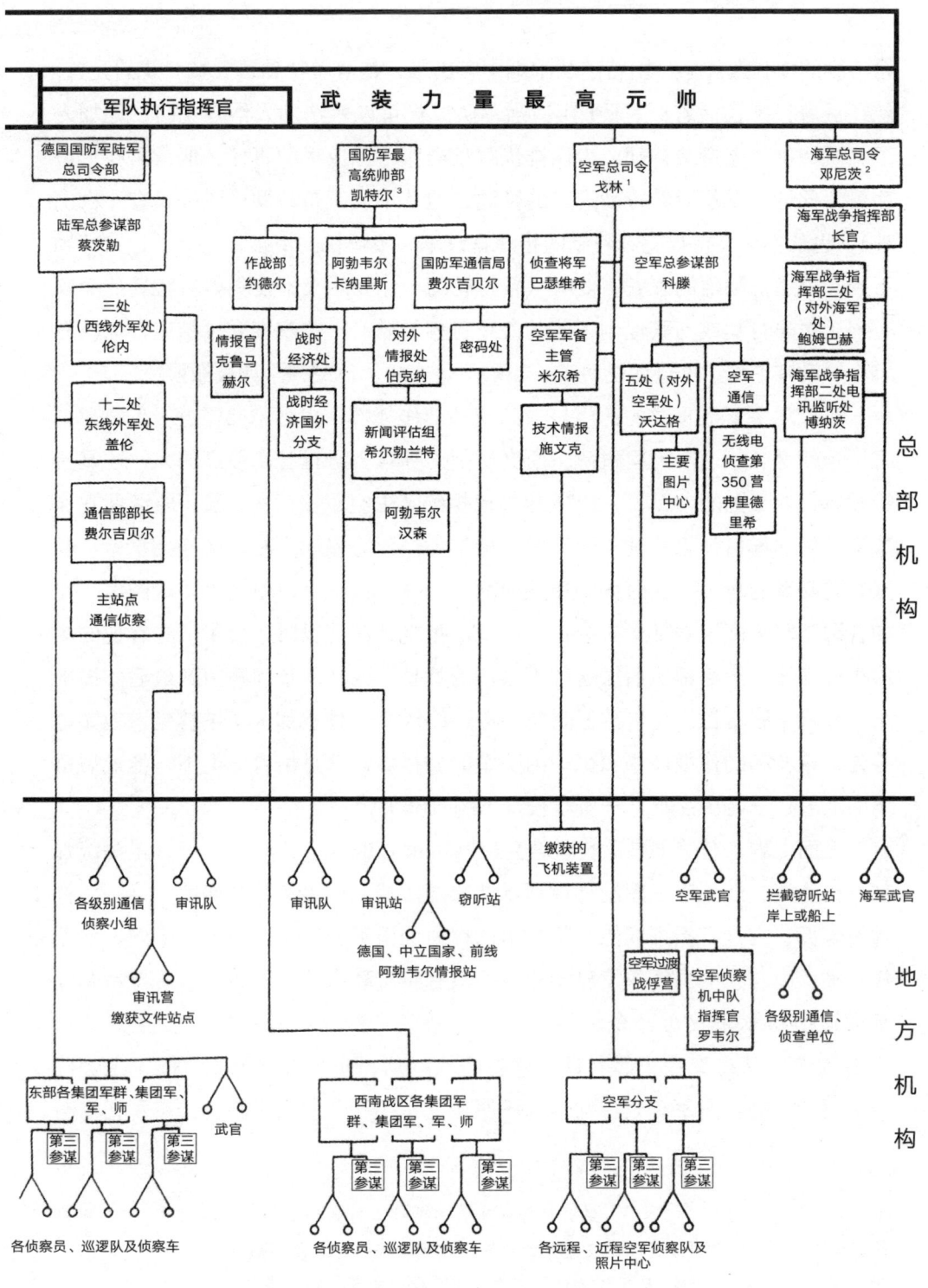

希特勒的炸弹爆炸后，凯特尔从浓烟中爬出来，抱着希特勒，大喊"我的元首，您还活着！您还活着！"下半年，当军队成员可以合法加入纳粹党时，他加入了。凯特尔将支持希特勒、为他排忧解难当作自己应尽的责任。他常常在形势会议上插话，以示对希特勒观点的赞同。他从不反驳希特勒（或许只有一次例外），也从不会支持反对希特勒的指挥官。令人不愉快的情报，他从不让希特勒看到，只为消除他的不安。他听从希特勒的一切指示，即便觉得希特勒的命令有损于军事行动或与其他刚下达的命令自相矛盾。一位观察家总结道，他只有忠心，没有主见。不过话说回来，如果不是这样，他或许早就被撤换掉。

凯特尔手下最重要的部门是最高统帅部作战部，由阿尔弗雷德·约德尔[1]将军担任部长。这个嘴唇很薄、面庞瘦削、寡言少语且智商很高的人，才是希特勒真正意义上的参谋长。1936年，他拒绝了去空军担任参谋长，继续留在作战部。他同样信任希特勒，但不像凯特尔那样死心塌地。有时候他会拿希特勒开几句随意的玩笑，有时候会顶几句嘴，但多数情况下，他处事比较圆滑。比如在国防军最高统帅部形势会议上，他汇报统帅部情况时，会用一些有趣的具体事件来让人忽略部队后撤这种不愉快的消息。他将困难问题留到最后才提出来，并且说服希特勒让步甚至改变主意。1944年，他也加入了纳粹党。他文笔甚佳，希特勒的作战命令和德国国防军的公报多数都是出自他笔下。他最后留下的笔墨之一是在兰斯[2]一所学校签下的投降书。

表面上看，与美国参谋长联席会议（Joint Chiefs of Staff）一样，最高统帅部有权为海、陆、空三军制订计划以便协同作战，但事实并非如此。第一，作为参谋部，它没有指挥职能。凯特尔的权力局限于国防军最高统帅部内，他无权对陆、海、空的总司令发号施令——只有希特勒有这个权力，尽管希特勒经常通过凯特尔来发布命令。第二，三个总司令因为各种原因，相互猜疑，各自为营，从未聚在一起制订过联合作战计划。作为大陆国家，陆军是德国最重要的军种；海军有其特殊性，不愿让"旱鸭子"们指手画脚；空军司令赫

---

[1] Alfred Jodl（1890—1946），纳粹德国陆军大将，德军最高统帅部作战部部长，二战时期负责制定德国的许多军事行动，在纽伦堡审判中被列为战犯，处以绞刑。

[2] 法国北部城市，1945年5月7日德国在这里无条件投降。

尔曼·戈林在党内与希特勒交往颇深,他的权力甚至比凯特尔还大。第三,希特勒更愿意把制订重要作战计划的权力掌握在自己手上,以防大权落入他人手中。他基本上把统帅部,尤其是统帅部下属的作战部,当作贯彻自己观点的扩音器。他总是让它为处理现有的事务四处奔忙,而无暇考虑长远规划;他总是让它保持在一个非常小的规模,只有50—60名军官。它实际拥有的权力,与国防军最高统帅部这个高大上的名称,完全不能匹配。

接着,希特勒在1941年做出一系列决定,将前线分为东部战区和其他几个战区。他将东部战区(苏联)交由陆军总司令部(德语 Oberkommando des Heeres,英语 Army High Command,缩写 OKH)指挥,将包括西部战区(法国)、南部战区(意大利和非洲)以及东南战区(巴尔干地区)在内的其他战区交由国防军最高统帅部(OKW)指挥。也就是说,陆军总司令部负责与苏联交战,国防军最高统帅部负责与英美作战。希特勒分出陆军总司令部,实际目的是削弱国防军最高统帅部的权力,让两个互不统属的机构相互制衡。陆军中同样也有与西部战区相关并服务于国防军最高统帅部的情报机构,这种做法让这些机构的指挥链出现了短路。

国防军最高统帅部保留了原战争部中从事情报活动的几个机构,二战期间又增了一些部门。

- 阿勃韦尔一处(Abwehr I)负责军事谍报。(Abwehr意即"防御",在此指反间谍、反情报,是阿勃韦尔的职能之一,但不是唯一的职能)。阿勃韦尔包括三个处(二处负责进行暗中破坏、颠覆活动,三处负责反间谍、反情报工作),共同组成军事谍报机构对外情报与保卫局(德语 Amt Auslandsnachrichten und Abwehr,英语 Foreign Information and Counterintelligence Department)的一部分,局长是卡纳里斯上将。由于该局隶属于国防军最高统帅部,因此所有与间谍有关的活动,包括间谍的招募、派遣、管理和联系,都由阿勃韦尔一处为陆、海、空三军统一安排。
- 阿勃韦尔对外情报处通常被称为Ausland,是卡纳里斯领导部门的另一部分,负责对情报进行搜集、评估和分发,尤其是从外国报刊上挖掘到的可能影响军事形势的内政外交情报。
- 密码处负责截听外国新闻、外交、军事电报,破译电报密码,并分发破译成果。它隶属国防军最高统帅部下属的国防军通信局（Armed Forces Communications Division）。该部门通常根据其德文名字"Chiffrierabteilung"被简称为"OKW/Chi"或者"Chi"。

- 战时邮件审查由隶属于对外情报与保卫局下属的情报站负责。
- 与军事相关的外国经济情报由战时经济与军备部（War Economy and Aemaments Department）下属的战时经济处（War Economy Branch）负责管理和评估。从1942年开始，和外国情报部门一样，战时经济与军备部的许多职能都被移交给负责军备和军需物品的新部长阿尔贝特·施佩尔，并屡次更改名称。
- 1943年1月，国防军最高统帅部作战部建立了一个微型情报组，负责挑选重要情报，并抄送给约德尔。[1]这个情报组很少自己评估情报，只是以各军情报为基础进行汇总编辑。

除了作战部下属的情报组，所有这些机构在总部之外都设有外勤部门。它们的总部集中在班德勒街或元首总部附近。

希特勒同时领导国防军最高统帅部和各军种。每个军种都有自己的指挥部。1935年，希特勒恢复了普遍义务兵役制，开始大规模扩军，军队的管理机构有两个重大发展。1935年3月1日，希特勒公然组建了空军（Luftwaffe），成为德国国防军的第三军种。1935年6月1日，陆、海、空各最高指挥部的名称得到统一：陆军总司令部（Oberkommando des Heeres，缩写OKH）、海军总司令部（Oberkommando der Kriegsmarine，缩写OKM）、空军总司令部（Oberkommando der Luftwaffe，缩写OKL）。每个司令部各设一个总司令。担任空军总司令的赫尔曼·戈林，还兼任航空部长等其他重要职务。[2]

自1938年希特勒执掌三军大权后，这几位总司令就不再向战争部长汇报工作，改为直接向希特勒汇报。战争期间，这种指挥关系再次发生重大改变。

---

[1] 原注：NA: RG238: Krummacher interrogation: 28. Januar 1947. 尽管 Warlimiont, in TWC, 10:287, 288, 和 Schramm in OKW, KTB, 4:1759, 将1942年秋作为该部门的起点，但掌管该部门的克鲁马赫尔称，他在1943年1月就职。

[2] 原注：1938年2月4日的指令中有暗示。

1941 年 12 月 19 日，德国向苏联发动的闪电战败局已定后没几天，希特勒撤掉了陆军元帅瓦尔特·冯·布劳希奇（Walther von Brauchitsch）陆军总司令的职务，亲自指挥作战，不过他没有正式担任陆军总司令。[1] 这是希特勒掌控军队的第三步，也是最后一步。从此，军队就在他的绝对和直接控制之下，由他对前线的指挥官们下达作战指令。

陆军总司令的直接下属既有战地指挥官，也有总部的部门长官。和平时期，总司令部内设陆军军械部、陆军行政部、陆军组织部，陆军总司令的直接下属除了这些部门的负责人，还有各军和兵种监察官，以及在这些职务中排第一位的陆军总参谋长。战争时期，陆军总参谋长要进入战场，总司令部将任命一位指挥官负责装备和兵员补充，为总参谋长承担战时兵员选拔、训练和装备等繁重任务。该指挥官领导除组织部之外总司令部的所有部门，其唯一上级本来是陆军总司令，这和陆军总参谋长一样，但后来变成希特勒。

陆军总参谋部后来并入野战指挥部，代号"齐柏林"（ZEPPELIN），位于柏林以南 20 英里处的措森（Zossen），办公楼是 A 字屋顶的两个半圆形建筑。在这里，它指挥着前线的作战部队。

尽管名称改变，这个机构仍和毛奇、施利芬[2]时的总参谋部有传承关系。依据《凡尔赛和约》中"应当解散，不得以任何形式重建"的条款，一战时的陆军总参谋部在 1919 年 2 月 1 日被解散。不过，在 1919 年 10 月 1 日，它被改组为军队部，用陆军总司令的话说就是"外形变了，本质没变"。[3] 19 世纪 20 年代，军队部一直规避《凡尔赛和约》，遵守了禁止组建陆军总参谋部的规定，由三处负责情报工作。1935 年 7 月 1 日，军队部卸掉伪装，再次被

---

[1] 原注：PG 32601: 239(English translation); Halder, 3:354; Mueller-hillebrand, 3:37, 207; Domarus, 1813-14; RMfBuM, Rüstung, 127-30. 这次征服对纳粹极为重要，纳粹将自身视为德意志民族的化身，参见 Warlimont, 213; Bullock, 309, 419, 667-68; Wheeler-Bennett, 373, 525; 尤其是 Craig, 495-96, 501-503。

[2] 阿尔弗雷德·冯·施利芬（1833—1913），德国陆军元帅，总参谋长，资产阶级军事家和军事理论家。

[3] 原注：Storkel, "Stellvertretenden," 121. 解散旧部门创建新部门的命令，很大程度上并没有提及总参谋部。(Heereresverordnungsblatt[1919], 107-108.)

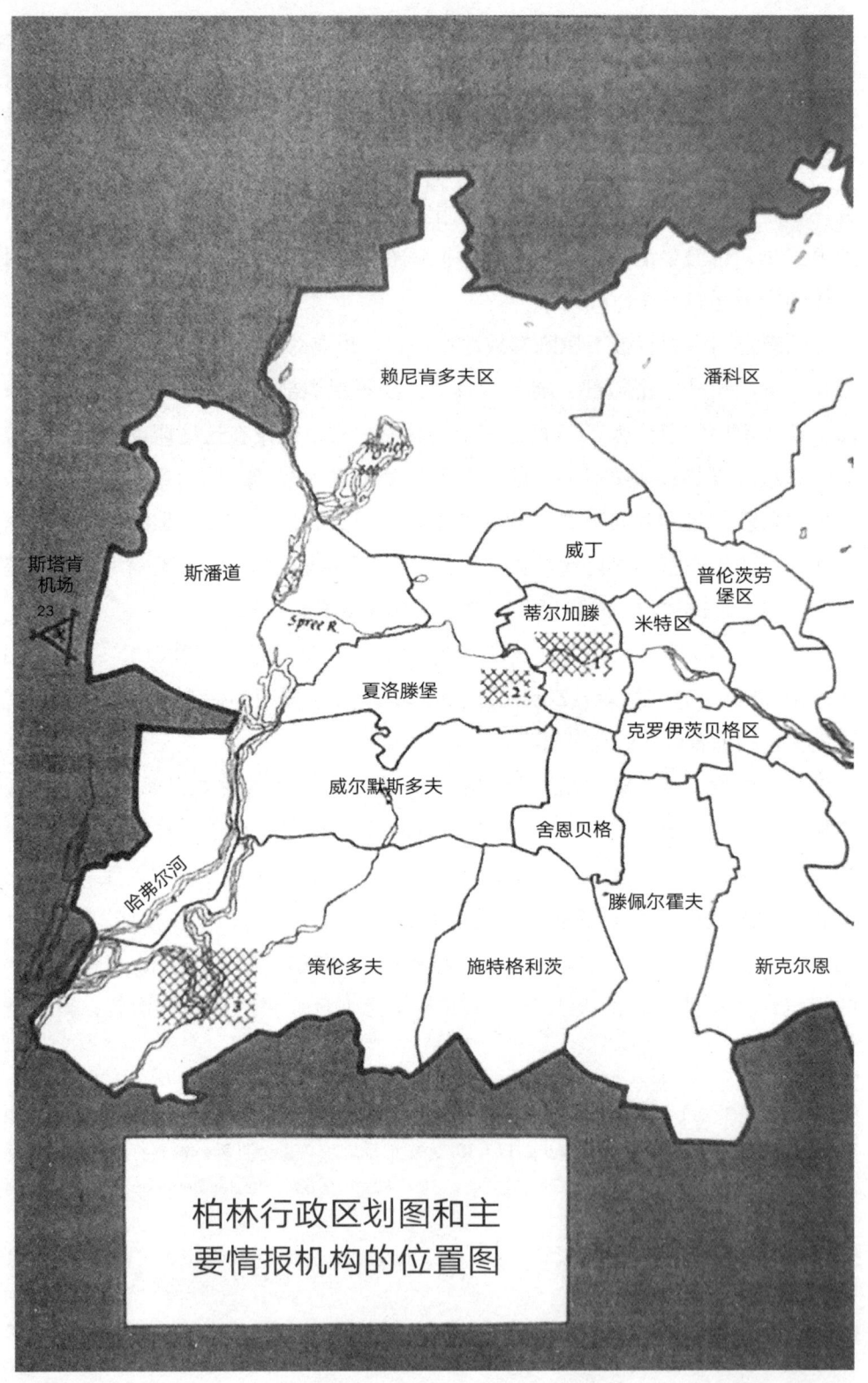

位于柏林总部的主要情报机构

霍斯特·威塞尔区
（纳粹期间的名称，原名腓特烈斯海因区）

利希滕贝格

克佩尼克

特雷普托　米格尔湖

万湖

1. 德国国会大厦　2. 勃兰登堡门　3. 外交部　4. 德国总理府　5. 新闻发言人办公室　6. 宣传部　7. 国防军最高统帅部　8. 海军总司令部　9. 阿勃韦尔　10. 主要照片中心　11. 中央保安局四处（盖世太保）　12. 法本公司公共经济部（情报部）　13. 密码处　14. 纳粹党海外部　15. 研究室　16. 中央保安局六处F组（技术组）　17. 中央保安局六处（纳粹党对外情报分支）　18. 中央保安局六处电台窃听部门　19. 中央保安局六处无线电组　20. 湖滨楼监听所　21. 海德里希的住所　22. 卡纳里斯的住所　23. 罗韦尔特种勤务航空中队

命名为陆军总参谋部，在二战中也一直保持。军队部三处成为陆军总参谋部三处，即外军处。

1939年担任陆军总参谋长的是弗朗茨·哈尔德（Franz Halder），一个炮兵出身、个子矮小、平头、戴夹鼻眼镜、说话声音小的巴伐利亚人，善于思考，有在普鲁士军队参谋部工作的经历。虽然他缺乏伟人的气质，如他靠笔和纸完成工作，而不是像德国人说的那样"振臂一呼"，但在工作上却是一把好手，精于战略谋划，深得下属的尊敬和信赖。在形势会议上，他表现出参谋人员在学识、判断力和作风上的最高素养，但希特勒粗俗的激情显然让他无计可施，内心十分矛盾。一方面，他极度厌恶希特勒，另一方面，他想为国效力，这种内心的矛盾冲突让他难以开展工作。他与希特勒的争论越来越频繁，却始终没有勇气提出辞职，直到1942年9月24日被希特勒撤职。由于他后来的消极应战，他的军事生涯结束于被投入达豪集中营。

库特·蔡茨勒（Kurt Zeitzler）成为哈尔德的继任者。这位性格比哈尔德开朗的军人，一开始时也对希特勒表现出更多的顺从。他在解决对法和对俄作战期间复杂的后勤问题上，表现出非凡的智慧和旺盛的精力。同时，他性格耿直，感觉迟钝，说话大声，永远以充沛的精力执行命令。在他担任西线战区总司令的参谋长时，希特勒就说他"好像一只大黄蜂那样飞来飞去"。元首将1942年夏天加拿大军队在迪耶普的尝试登陆当作盟军入侵欧洲，并将盟军行动的失败归功于蔡茨勒。因此，他在解除哈尔德的职务后，连升蔡茨勒数级，并任命他为陆军总参谋长。这让蔡茨勒无比感激，加上他的威望不如哈尔德以及对俄国前线不了解，他在开始时难以反对希特勒的意见。但后来，他对希特勒的军事计划越来越不满，常常提出异议，有时甚至发脾气，这让希特勒对他日渐冷淡，终于在1944年7月解除了他的职务。

下一个总参谋长是著名的坦克将军海因茨·古德里安（Heinz Guderian）。1941年，他被希特勒剥夺了指挥权，现在又被希特勒召回。在一些人眼中，这次任命是这位"德军装甲兵之父"军旅生涯的巅峰，但更多的人为此感到震惊。他们认为古德里安是个专业型人才，适合带兵打仗，但缺乏担任总参谋长的素质。他做事冲动，脾气很坏，甚至在新闻发布会上都是如此。他和蔡茨勒一样要求参谋人员信仰民族社会主义，却并不害怕与希特勒争论，甚至有一次当着众人的面对希特勒大吼大叫。不过这些都无关紧要，希特勒手上早已掌握了作战指挥权。在纳粹灭亡前一个月，古德里安提议议和，结果被希特勒撤职，由汉斯·克雷布斯[1]取而代之。

以上就是二战时期德国陆军总参谋部的所有一把手。他们不仅是陆军总参谋长内设12个部门（比如作战、组织、制图以及其他）负责人的直接上司，也是战时隶属总参谋部指挥的政府部门负责人的直接上司，比如交通部门、通信部门和气象部门。

陆军总参谋部里有两个部门负责评估情报。三处是西线外军处（Foreign Armies West），十二处是东线外军处（Foreign Armies East），后者最成功的和最知名的负责人是莱因哈德·盖伦将军。之所以会有这样奇怪的编号，是因为原本只有三处负责情报工作，名为"外军处"（Foreign Armies）。随着德国和其他国家都加快了重整军备的速度，情报工作变得日渐繁重。因此，1938年11月10日，陆军总参谋部又设立了一个处理情报的机构，名叫"十二处"，原来的三处保持不变。[2] 两个部门按照"把衬衣扎进裤子里的人属于西方，把衬衣放在裤子外面的人属于东方"的原则来划分责任区域。他们的情报来源各式各样，有间谍活动、密码破译、战俘审讯、前线观察等等。他们还要进一步分辨情报的真假，衡量其重要性，从中得出外国——尤其是敌对国家军队的编制、实力、作战意图等情报。这两个部门属于关键的高层机构。他们的一个上级领导曾这样总结他们的任务："我想从你们这里知道的事情是：敌人在干什么？"[3]

十二处成立的当天，陆军总参谋部设置并任命了第四副总参谋长（德语Oberquartiermeister IV，缩写O Qu IV），统管三处和十二处。第四副总参谋长的

---

[1] Hans Kerbs（1898—1945），纳粹德国步兵上将，最后一任陆军总参谋长。

[2] 原注：*Allgemeine Heeresmitteilungen*(1938), 258. 这个命令只是提出总参谋部的这个组织，既包括情报分支，也包括第四副总参谋长（O Qu IV）。但是，并没有其他命令单独创建第四副总参谋长或第十二处，而且到1938年8月19日这个部门才建立（OKH:H1/321: 20），晚至1938年4月14日第四副总参谋长才设立。（OKH: H1/321: 31）而且，尽管Liss, "Erfahrungen und Gedanken," 618, Keilig, §52:IV:1, and P-041i, 3, 并没有明说第十二处和第四副总参谋长同时设立，它们却是非常一致。因此，我推测它们是一起设立的。

[3] 原注：Liss, "Erfahrungen und Gedanken," 618 称上级是弗里奇（Fritsch）; P-041i, 1 称上级是贝克。

职责维持情报评估工作的统一性,保证情报的完整全面。但这个目的没能实现。其中的原因有很多,一部分是行政、政治和人事的因素,一部分则是由于国防军最高统帅部和陆军总司令部对战区的划分,这让第四副总参谋长的一半工作对于只负责对俄作战的陆军总参谋长来说毫无意义。1942年11月9日,蔡茨勒取消了第四副总参谋长的职务,亲自领导这两个部门。

除此之外,陆军总参谋长管辖的其他情报机构也负责获取和评估情报。[1]比如陆军通信兵部队下设无线电情报总部。驻外武官也会搜集情报,通过外交部将其送到总参谋部。

作战部队同样会搜集和评估情报,有专门的机构和人员从事这项工作,比如巡逻兵、侦察兵、炮兵观察员、战俘审讯员、翻译缴获文件的人员以及信号情报单位。另有一些人员在作战过程中会顺便进行情报活动。他们抓获俘虏,从战死人员身上搜查文件,报告所发现的情况。所有这些情报都会报告给战地指挥部的情报官。[2]

从师一级开始正式配备此类机构人员,经过军、集团军和集团军群向上扩展。它们的规模大小不一,但本质上有着相似的组织方式。在集团军群、集团军和军一级,参谋长领导参谋部的工作,是总司令的副手和代表。参谋长的第一参谋(Ia)主管部队的作战。师一级不设参谋长,由第一参谋行使参谋长职权。参谋部的情报官由第三参谋(Ic)担任。[3]参谋部的其他军官还包括培训参谋、军法参谋、兽医参谋、通信官、炮兵参谋,以及纳粹党指导员。德国本土军队的参谋部设有军需参谋,在前线,此类职务则由专职的军需官负责。参谋长、第一参谋和第三参谋(师一级除外,军一级有时除外)是参谋部的常规成员。

空军和海军不需要像陆军那样搜集大量的情报,他们同敌人的接触不太广泛,也不太频繁。因此,它们的情报机构规模要小一些,和它们本身一样。

---

[1] 原注:参见相关章节。

[2] 原注:H. Dv. g. 92. 国家档案馆的 *Guides to German Records Mircofilmed at Alexandria, Va.* 前言论述了陆军各单位,清楚列出了各个指挥级别的办公室。

[3] 原注:这是 RL 2/647 中许多 1944 年档案的标题。

空军从陆军中衍生出来，其情报机构和陆军非常相似。空军评估情报的主要机构叫对外空军处（Foreign Air Forces），是空军总参谋部的第五处。战争期间，空军作战部成立，成为空军总参谋部的主导部门。之后，第五处便通常被称为作战情报处（Operation Staff）。同时，第五处又根据地理位置划分为两个分支，一个是东线对外空军处，一个是西线对外空军处。根据规定，第五处的职责是评估与空战相关的外国情报，包括轰炸目标的资料。图片中心负责评估具有战略意义的航空照片。空军过渡战俘营（Luftwaffe's Dulag Luft）则是第五处的一个战地单位。

除第五处之外，空军总司令部还有一些搜集和评估情报的机构。其中的通信情报机构，其总部由空军通信部领导。同时，空军还特别成立了远程侦察机中队，以满足空军总司令部对战略航拍的需求。驻外的空军武官也会提供一些情报。

和陆军一样，空军也有战地情报机构。大概每七架飞机中就有一架是侦察机。近程侦察机中队靠人眼侦察，远程侦察机中队则利用照相机拍摄。照片在各个战地司令部的暗室进行冲洗，并加以说明。陆军的联络官也会向侦察机中队传达地面部队的航空侦察需求，然后向陆军汇报侦察结果。所有这些空中侦察机构，均由空军总司令部一位战时提拔的将官统一管理。

战地无线电情报单位负责监听敌方空军单位的无线电信号。空军参谋部跟随空军作战，多是按照陆军的形式组建，包括负责情报评估的第三参谋、摄影部门负责人以及负责无线电侦察的通信部门负责人等。

海军将情报机构集中设置在柏林的海军总司令部。战争开始后几个月，海军总司令部在一次机构改组中，成立了海军战争指挥部（德语 Seekriegsleitung，缩写是 Skl），下属三个部门负责生产和处理情报：

- 海军战争指挥部一处（1/Skl），即作战处，在指挥决策的过程中判断敌情。
- 海军战争指挥部三处（3/Skl），即对外海军处，负责分析原始情报，将分析结果上报作战处。它最重要的一个部门专门负责追踪所有外国商船的踪迹。

- 海军电讯监听处（Beobachtungs-Dienst，缩写 B-Dienst），这是海军通信情报机构的常用名称，和海军通信机构一起组成海军情报处（Marinenachrichtendienst）——这个名称很方便，但有时也会让人产生困惑。因为德文 nachrichten 的基本意思是"新闻"或"消息"，也有"通信"和"情报"的含义。海军情报处是原本的海军战争指挥部二处（2/Skl），但随着部门规模的迅速扩大，海军情报处升级为"局"。后来，负责潜艇作战的机构换用了海军战争指挥部二处这个编制，原来的这个部门实际上成为海军战争指挥部四处。从严格意义上说，海军电讯监听处是这个部门的无线电侦察处。

二战期间，有两个人担任过德国海军统帅。一个是海军元帅埃里希·雷德尔[1]，自 1928 年开始统领海军，直到 1943 年 1 月 31 日被卡尔·邓尼茨[2]取代。卡尔·邓尼茨个子矮小、脸庞瘦削，是希特勒的崇拜者。他在担任潜艇指挥官时，发明了"狼群战术"[3]，德国凭此几乎赢得大西洋海战的胜利。担任海军总司令后，他继续兼任潜艇指挥官的职位。

和德国其他军事情报部门相比，虽然陆海空三军在军事情报方面具有天然的优势和更庞大的力量，但有几个部级机构依然做出了贡献。

首先是外交部，它派驻国外的外交官多采用传统的方法，搜集同战争与和平相关的重要情报。其下属的政治分部接收和评估这些情报，商务分部则负责经济情报。此外，外交部有自己的密码破译员，隐藏在人事和行政分部的人员中。新闻分部负责从外国报刊中挖掘政治经济情报。

约阿希姆·冯·里宾特洛甫担任外交部长。他凭着对外国的了解，以及卖香槟酒时练就的一口流利英语和法语，给希特勒留下深刻的印象，成了希特勒

---

[1] Erich Raeder（1876—1960），纳粹德国海军元帅，领导德国海军达 15 年之久，后因水面舰队失势遭冷落，以辞职告终，战后被纽伦堡军事法庭判处终身监禁。

[2] Karl Dönitz（1891—1980），二战时期纳粹德国海军元帅，因潜艇战术获希特勒青睐，升任海军统帅，战后被纽伦堡军事法庭判处 10 年监禁。

[3] 用多艘潜艇组成小分队，像狼群一样轮番对敌方军舰和运输船发起水下攻击。该战术与古德里安的"闪电战"并称纳粹德国军队的海陆两大"法宝"。

的首席外事顾问，并在1935年与英国展开海军条约谈判时获得一场外交上的胜利。希特勒认为，这次谈判消除了德国实施海军扩建计划时遭到英国干涉的风险。此后不久，他就当上外交部长。不过，很快，不管是德国人还是外国人，都一致认为里宾特洛甫是一个愚蠢、自负和虚荣的人。有一次，他会见一名美国外交官，竟一个人滔滔不绝地讲了两个小时，只有他人进行翻译时才勉强闭嘴。整个过程中，他两手伸开扶着椅把，闭着眼睛坐在椅子上。他谨慎地守卫着自己的权力王国，唯恐被别人取代，将一半的时间都花在争权夺利的争吵上。除了在战时，他的这种做法没有什么可取之处。

他在外交部建立了一个名为情报三处（情报一处和二处负责宣传工作）的国外间谍机构，这个对外交官来说不同寻常的举动，背后的动机之一就是揽权。同样出于这个动机，他建立了一个无线电信息监听所，名为湖滨楼特别监听所（德语 Sonderdienst Seehaus，英语 Lake House Special Service）。[1] 不过，这一次他有所失算，因为他不得不同意宣传部长约瑟夫·戈培尔也使用这个监听所。除此之外，戈培尔还有一个获得国外消息来源的官方新闻机构——德国新闻局（Deutsche Nachrichten Büro，缩写 DNB），它是政府机关。

另一个包含情报功能的部级机构是帝国经济部（Reich Economics Ministry），主要情报职能是搜集经济情报。帝国经济部包含对外经济局和一个半独立的帝国统计部，统计部下有一个外国经济情况统计和研究中心（Central Desk for Foreign Statistics and Foreign Research）。这些机构提供了不少材料给最高统帅部的战时经济与军备部。

德国最成功的情报机构之一，是一个享受部级待遇的研究部门，名为研究室（德语 Forschungsamt，英语 Research Department）。它成立于1933年，进行窃听电话、截听外交、商业、新闻方面的无线电报、破译密码等活动。虽然是独立运作，但为了掩人耳目，它仍然与德国数量众多的行政机构保持着复杂的联系。它是一个全国性的机构，从国家预算中获得经费，在行政上却只对一个州政府负责（即普鲁士州政府）。不过，事实上，州政府并不给它指派任务。此外，它还在自己的名称前加上"帝国航空部"作为伪装，但却

---

[1] 原注：见关于媒体的章节。

跟这个部门没有任何关系。后来，其官员名字被列入"四年计划"[1]的名单中。这个部门之所以能和这些机构扯上关系，是由于它们的领导是同一个人——赫尔曼·戈林。他既是普鲁士州州长，又是帝国航空部部长，也是"四年计划"的负责人。研究室的工作由戈林一人掌控。实际上，很多时候它就是戈林的私人通信情报机构。

第三帝国的政治权力，自然是在民族社会主义德国工人党（即纳粹党）的手中。它有自己的情报机构党卫队保安处，内设一个对外情报部门。它是除研究室外唯一一个成立于一战后的主要情报机构。

党卫队保安处的首要职责是为纳粹党示警，将有关威胁汇报给它的上级组织——穿黑色制服的党卫军（Schutz-Staffel，缩写SS）。党卫军由1923年成立的希特勒私人卫队发展而来，后扩张为向整个纳粹党提供保卫的部队。1929年，留着平头、戴着眼镜的杰出组织者海因里希·希姆莱成为党卫军全国领袖（Reichsführer-SS）。他是一个绝对忠诚于希特勒及其反犹太使命的人，希特勒授权他管理整个纳粹德国的极权主义秘密警察机构、集中营、奴隶劳动营、毒气室，以及被称为"国中之国"的党卫军军事机构。

纳粹党自从在1930年9月的选举中突然成为主要党派，就被德国中央政府和各州政府加强了监督。希姆莱很快意识到，他需要一个情报组织为他监视这些政府的行动。这时候，一个因为与女孩有不正当关系而被革职的前海军军官正在寻找工作。他的推荐信最后落到希姆莱的手中。信中准确地称他是前"信号官"（signals officer），但希姆莱理解成"情报官"（intelligence officer）。希姆莱也喜欢随信所附的照片里这个年轻人好看的日耳曼面孔，便决定召见他。

1931年6月14日，这个高个儿、屁股肥大、金发碧眼的27岁小伙子来到希姆莱位于慕尼黑郊外的养鸡场。"我需要一名情报官。"这位党卫军领袖用了部队术语，然后给这名年轻人20分钟的时间，让他写下这个机构如何开展工作的构想。尽管这个年轻的求职者从未做过情报相关的工作，但还是用军事套路写了一篇夹杂军事术语的文章。希姆莱当即雇用了他。从此，莱因哈德·海德

---

[1] Four-Year Plan，纳粹德国的一项经济计划，由希特勒提出，赫尔曼·戈林为总负责人。

里希（Reinhard Heydrich）开始了他火箭式上升的职业生涯。他领导的情报部门在势力和情报活动上无情扩张，几乎控制了整个德国，成为纳粹德国最重要的事业，但对德国对外情报工作的影响却非常恶劣。

1931年8月10日，在慕尼黑纳粹党总部的一个共用办公室里，海德里希开始了他在纳粹党的工作，整理剪报和其他呈送进来的信息。他没有放过任何机会。8月26日，他在纳粹党慕尼黑总部的褐色大楼里以"敌人的战斗方法"为主题作演讲。9月4日，他下令在党卫军内建立情报网。11月，海德里希赢得第一个重大胜利。他发现巴伐利亚警察部门的一名长期党员在为警方搜集情报，成功将其策反，不仅让警方失去了纳粹党的情报，还使纳粹党获得警方活动的情报。第二个月，海德里希连升两级，得到三名办事员协助他整理情报员资料卡，还结了婚。

党卫军并非纳粹党内唯一拥有情报组织的机构。纳粹党的街头武装冲锋队（德语Sturmabteilung，缩写为SA，也称褐衫队）1930年就建立了一个情报单位。此外，纳粹党的组织管理部门、一个地方宣传部门和一个地方分支机构都有自己的情报组织。但是，冲锋队的许多轻率举动以及警察的打压，让冲锋队的情报组织最终被铲除。也许是没有能力与海德里希竞争，到1932年年中，纳粹党内的其他情报机构也销声匿迹。1932年7月19日，此时已专职做情报工作（希姆莱一直亲自负责情报部门的工作）的海德里希担任此后被称作党卫队保安处的负责人。10天之后，他再次得到提拔，升任党卫军上校。

到9月份，纳粹党总部已容纳不下初生的党卫队保安处了。在慕尼黑土耳其大街23号一套两室的寓所（新婚海德里希夫妇的住所，离慕尼黑大学和施瓦宾区波希米亚中心都不远）短暂停留后，党卫队保安处搬到楚卡利大街4号的别墅，位于宁芬堡宫（Nymphenburg Palace）附近。海德里希夫妇住在附近一座独立的房子里。工作条件并没有特别好：一共7个工作人员，其中一人的办公桌是花园用的圆形铁桌，烟灰缸是一个破碟子。党卫队保安处是纳粹党的机构，因此它的经费，包括人员工资和办公经费等，都由纳粹党自己支付。在希特勒担任总理后，虽然经费随着党卫队保安处人员的增加也有一定的增加，但并没有很充足。一次，海德里希申请700690马克的月度预算，纳粹党的财务主管生气地回复道，每月的党费收入一共才710000马克！事实上，党卫队保安处每月的经费是350000马克，其中只有80000马克来自纳粹党经费，剩下的270000马克来自纳粹党副元首鲁道夫·赫斯[1]的办公室。

纳粹党先后接管中央政府和州政府，为纳粹党官员提供政府职位，他们通过获胜党员在议会系统中迅速攫取战利品，将这些职位控制在自己手中。1933年3月，游行示威者迫使巴伐利亚政府向纳粹党屈服，同日，希姆莱成为慕尼黑警察局局长，以此为开端继续夺取其他州政治警察的控制权，这个进程到1934年4月结束。海德里希也控制了许多警察职位，其中最重要的是普鲁士州秘密警察局局长。

但矛盾之处在于，纳粹党掌权威胁到党卫队保安处的存在。党卫队保安处的职责是保护纳粹党，但现在纳粹党和国家融为一体，希特勒既是纳粹党元首，也是国家元首。1933年颁布的《党国统一法》（Law for Securing the Unity of Party and State）宣称纳粹党是"德国国家理念的承载者"，并任命纳粹党官员组成政府内阁。党的敌人成了国家的敌人，纳粹党可以采取国家的手段加以打击。党卫军和党卫队保安处因此失去存在的理由。但是，希姆莱和海德里希并不急于交出手中的权力，尤其是让他们达到如今显赫地位的权力。他们保住了他们的政党机构。

党卫队保安处和政府秘密警察的并存，很快造成工作的重复和职责的混乱。海德里希想出两个办法来解决这个问题。一是为这两个竞争的机构划分职责范围（司法权限上依然没有区别）。他规定，警察处理个人案件，党卫队保安处应对意识形态上的威胁。但是，意识形态上的威胁常常以个人案件的形式出现，他的这种划分以失败告终。至于某项具体任务到底该由哪套机构来完成，经常出现混乱。然而，海德里希宁愿确保和加倍自己权力而导致混乱，也不愿意因为解决混乱而失去一半权力。

海德里希扭转党卫队保安处成为多余机构局面的另一个办法是进攻。他不会任由纳粹党的情报机构在政府机构的阴影下枯萎。相反，他要让他的纳粹党

---

[1] Rudolf Hess（1894—1987），1920年加入纳粹党并参与"啤酒馆暴动"，被捕后与希特勒在同一监狱，并在狱中完成希特勒口述的《我的奋斗》（Mein Kampf），后成为希特勒心腹。1933年到1941年任纳粹党副元首，1941年乘飞机逃往英国，1987年去世。

机构独占国家特权。这将使党卫队保安处的权力合法化，并且得到增强（这一点同样重要）。

然而在这样做之前，海德里希需要确保自己在党内的地位。他扩张了他的秘密情报网，监控反希特勒的言论和其他反党倾向。他将党卫队保安处划分为四个行政层级，用于传递和评估情报。希姆莱已将党卫队保安处升格为党卫军的一个部。后来，海德里希还赢得一个重大胜利。党卫队保安处在不伦瑞克（Braunschweig）遭遇一次小挫折后，希特勒不希望看到自己政权的这股强大支持力量减弱，便下令让党卫队保安处接管了另一个（显然也是最后一个依然存在的）竞争性的党内情报机构。

这个机构就是纳粹党的对外政治部（Foreign Political Department），由纳粹党头号理论家阿尔弗雷德·罗森堡[1]领导。罗森堡是继《我的奋斗》之后，纳粹党最重要著作《二十世纪的神话》（Myth of the Twentieth Century）的作者。罗森堡的情报官是32岁的阿图尔·舒曼（Arthur Schumann）。党内编号为7956的舒曼于1922年加入纳粹党，一直为情报事业奋斗，也有自己的野心。他一直领导纳粹党组织里的情报机构，直到海德里希将它逼垮。舒曼本人瞅准时机设法进了罗森堡的部门。在这个部门，他将60个国家的纳粹党成员组织起来，形成一个间谍网，再次威胁到海德里希的独霸野心。现在，有了希特勒的命令，海德里希显然再次击败了舒曼。但舒曼并不急于服从。与此同时，纳粹党的德意志劳工阵线[2]也成立了自己的反情报办公室。

不过，1934年6月，几股反对力量帮了海德里希的忙。在希姆莱得到德国最后一个州警察局局长职位的同时，希特勒正在策划"长刀之夜"（Night of the Long Knives）——党卫军针对武装冲锋队中同性恋领导人的暗杀行动，这股激进力量（指冲锋队）正在200万党员中迅速壮大，对他产生了威胁。这么做，或许是想封锁冲锋队的情报来源，或许是希望党卫队保安处能够进一步提供褐

---

[1] Alfred Rosenberg（1892—1946），德国纳粹党理论家，战时东方占领区事务长。战后，罗森堡在纽伦堡军事法庭受审，以破坏和平罪、战争罪、违反人道罪和共同策划或密谋上述罪行而被判处绞刑。

[2] German Labor Front，德语是 Deutsche Arbeitsfront，是纳粹德国取缔魏玛共和国的自由工会后创立的官方工会组织。

衫队犯罪的证据，或许是想奖赏希姆莱，或许各个方面的原因都有。总之，他让党卫队保安处得到它急切渴望的党内情报机构的垄断权。1934年6月9日，副元首鲁道夫·赫斯签署命令，要求舒曼在7月15日前将他的情报机构移交给党卫队保安处，并规定"党内除党卫队保安处，禁止成立任何情报和反情报机构"。在30岁这一年，海德里希独自掌握了纳粹党的所有情报机构。

铲除了敌人，海德里希又回到最初的目标：用党的机构入侵政府职权。1934年7月4日，"长刀之夜"行动第四天，海德里希开始了第一步行动。希姆莱的巴伐利亚警察局承认党卫队保安处为"唯一的政治情报和反情报机构"，这个承认并不限于党内，同时禁止其他情报机构在巴伐利亚活动。三个星期不到，党卫队保安处便侵入自古以来都完全属于政府职能的领域：反情报活动。当时，已有两个官方机构，即阿勃韦尔和普鲁士州秘密警察局，在履行各种反情报职能。虽然海德里希是普鲁士州秘密警察局局长，但他依然提出，阿勃韦尔和秘密警察"不能充分保障安全"。于是，7月28日，党卫队保安处任命新官员海因茨·约斯特（Heinz Jost）承担起保护德国免遭外国间谍活动破坏的任务。从此，党卫队保安处灾难性地介入对外情报活动。

越来越多的迹象显示，海德里希篡夺政府权力的行动正在取得成功。巴伐利亚警方承认，"党卫队保安处参与了该州的所有保卫职能"。党卫队保安处总部也从纳粹党总部所在地慕尼黑搬到首都柏林。1936年前的某个时候，海德里希将约斯特的小组扩张为党卫队保安处内的一个新机构，负责对外情报工作，使得党对原属于政府职能的对外情报工作的入侵制度化，结果没有人表示反对。这个新机构就是党卫队保安处三处（一处和二处分别负责行政事务和国内情报）。海德里希的夺权活动不断加速。几个月之后的1936年6月17日，希特勒在内政部建立全国警察机构，任命希姆莱为党卫军全国领袖和德国警察总监。现在，希姆莱管辖着穿制服的警察和便衣警察。便衣警察包括刑事警察（侦探）和政治警察（盖世太保），两者一起组成帝国保安警察总局（Security Police Administration），由莱因哈德·海德里希担任局长，保留党卫队保安处部长职务。1935年和1936年，海德里希与卡纳里斯前后两次签署协议，理论上划清了两者曾经冲突的权力范围，实际上只不过是把海德里希的权限合法化了。第二年，纳粹党组织机构章程上将党卫队保安处定义为"纳粹运动和国家的政治情报机构"。到 1938 年，政府不得不承认，党卫队保安处可以"积极从事政府活动"。至此，政府机构的理性已被纳粹党灼热的权力欲望完全融化。

在获取情报活动权限的同时，海德里希将手伸入另一个政府权力领域：外交部。他与六个以上的国家签署警察协议，并向两个德国驻外机构派遣盖世太保的联络员。虽然元首颁布命令规定"战争期间，政府和党的（驻外）人员……必须服从德国外交使团负责人的领导"，但是战争开始不久，海德里希和希姆莱就从里宾特洛甫那里得到了豁免权。[1] 自此之后，他们就自行向国外派遣特工并指挥特工的活动，而不受外交部的管控。

1939 年 9 月 27 日，这种针对政府的压力和活动达到高潮。[2] 当天，帝国保安警察总局和党卫队保安处合并为一个机构，即德国中央保安局，从而将海德里希的党政职权合二为一。例如，党卫队保安处三处成为德国中央保安局第六处，负责对外情报工作（德国中央保安局其他几个处是：一处，人事；二处，行政；三处，国内情报；四处，盖世太保；五处，刑事警察；很久以后成立的七处，意识形态问题的分析与研究）。海德里希以党卫军中将的军衔及帝国保安警察总局局长、党卫队保安处部长的职务，成为德国中央保安局局长。

德国中央保安局是党卫军十二个机构中的一个。党卫军的其他机构，有的管理穿制服的警察，有的管理经济和行政（集中营由该机构负责），有的负责人事，有的管理在前线作战的武装党卫军。不管是在德国中央保安局内部还是外部，党卫队保安处一直都存在。六处的成员仍然属于党卫队保安处，一直到战争结束都是从纳粹党领取薪酬；盖世太保和刑事警察则属于政府雇员。德国中央保安局在许多德国城市或占领区建立的分支机构，也保持着这种混杂的组织。在海外，德国驻外机构的秘密警察中就有六处的人员。在德国中央保安局外，党卫队保安处派出的密探继续进行活动。

德国中央保安局的成立让海德里希登上了个人的权力巅峰。这个高个、金发、碧眼、前额高耸、手指细长、尖嗓门的人，说话紧张得断断续续，几乎说

---

[1] 原注：参考 NG-4581:3。我没有找到原始文献。
[2] 原注：IMT, 38:102-10; Bracher, 352-54; Höhne, 254-56. 我认为 Rolf H. Hoeppner in IMT, 20:185-210 关于党卫队保安处（SD）这个组织的证据有故意混淆视听之嫌，故而没有采用。

不出一个完整的句子，却总能表达清楚意思；此时，他还不到40岁，却散发出一股寒意，让许多人对他既怕又恨。他几乎没有朋友，只要他一出现人们就会想办法回避。虽然希姆莱的许多下属认为海德里希个性友善，但海德里希的下属并不这么认为。他们不喜欢和海德里希在一起，但有时不得不陪他在柏林灯红酒绿的街头吃喝嫖赌。海德里希的字写得不好看，写文章时用词不准确，但表达富有逻辑。他很喜欢运动，尤其热爱击剑，同时还喜欢滑雪和骑马。他是党卫军的体育督查，党卫军许多成员都很崇拜他的"彪悍"。他还拉得一手出色的小提琴，那柔和敏感的琴音时常让听众和他自己都不由自主地落泪。

掌控盖世太保让他获得了巨大的权力，可是他却依旧不满足。在他将政府权力并入党内的计划中，有一项是把军事情报机构并入到他的政治情报机构中。为实现这个计划，1941年他撤掉德国中央保安局第六处处长——平庸的约斯特，换上精力充沛、圆滑世故、年轻有为的瓦尔特·施伦堡。另一项计划是与海军上将卡纳里斯，即20世纪20年代在"柏林号"（Berlin）训练舰上服役时海德里希的老上级，角逐权力。他同这位曾经的上级、现在的阿勃韦尔局长状似亲密，实际上一直在与后者暗中较劲。得知卡纳里斯在柏林西南的比塔蔡勒街17号买了一栋近似方形的房子，海德里希就在这条街的拐角处、赖夫崔格维格街14号买下一栋菱形的房子。1942年3月1日，海德里希向卡纳里斯施压，修改了两人于1936年签订的协定。这个别称为"十诫"的协定原本还算均衡，修改后明显对阿勃韦尔不利，实际的权力都落到安全警察和党卫队保安处手中。

海德里希攫取政府权力的脚步继续向前，伸向外交部。他的党卫队保安处在罗马尼亚发动叛乱，但没有成功，还计划在伊拉克进行大规模的颠覆活动。他屡次要求将秘密警察安插到德国驻外机构里，里宾特洛甫提出折中建议，要求派驻国外的秘密警察应该归属外交机构，换句话说，就是归他控制。海德里希自然不会同意，直接拒绝了这个提议。直到1941年8月8日，里宾特洛甫才与他签订一项协议，允许海德里希往驻外机构派遣秘密警察，并且这些秘密警察仍然属于党卫军，也就是说，他们直接把报告交给希姆莱。很快，这些秘密警察（几乎全部是盖世太保官员）都扮成使馆工作人员，被派驻到国外。

然而海德里希过度的野心，也阻碍了他计划的实现。他急切希望得到一块地盘作为权力的基础，于是恳求希特勒任命他为驻捷克斯洛伐克总督。他的官方头衔是波希米亚和摩拉维亚的"代理安保长官"，非官方头衔则是"布拉格刽子手"。1942 年 6 月 4 日，捷克抵抗运动组织成员在他的汽车底盘上放了一颗炸弹，了结了他的性命。希特勒认为他"无可替代"，为了给他报仇，让捷克的利迪策村从地球上消失了。[1]

在亲自管理德国中央保安局 6 个月后，1943 年 1 月，希姆莱任命恩斯特·卡尔滕布鲁纳担任德国中央保安局局长。卡尔滕布鲁纳是一名法学博士，出生于奥地利工业小镇林茨——希特勒长大的地方。1931 年年底，卡尔滕布鲁纳加入党卫军，在他手下工作的阿道夫·艾希曼[2]是他的同乡。1935 年，卡尔滕布鲁纳出任奥地利党卫军领袖。1938 年德奥合并后，他担任维也纳党卫军队长和警察局局长。此后 5 年，他一直待在维也纳，应对自己的工作绰绰有余，但没有显示出超凡的组织才能。他长得跟公牛似的，脖子粗粗的，呆板的脸上带着伤疤，看起来既像乡巴佬又像个樵夫，说话口气野蛮，行为粗俗，只有毒蛇般的眼睛显露出部分力量。他抽烟喝酒都很厉害，智商为 113，在纳粹党领导人中几乎是最低的。然而，他在搞阴谋诡计方面具有不可思议的能力，而且对权力有着本能的渴望。

例如，他继续海德里希蚕食外交部权力的做法，到 1943 年 10 月，驻外秘密警察及其助手遍布 19 个德国驻外机构，总人数达 73 人。这样自然不能使他他满足，党卫队保安处要求并且实际向更多的驻外机构派遣更多的人手，包括梵蒂冈在内。然而，党卫队保安处对外交事务的插手并不总是有利，有时会把事情弄糟。比如，党卫队保安处的一名特工与阿根廷方面就购置武器进行谈判的事情败露后，阿根廷断绝了与德国的外交，令希特勒失去了他在西半球最后一个可以落脚的地方。担任中央保安局局长的第二年（1944 年），卡尔滕布鲁纳再次向里宾特洛甫施压，后者与希姆莱签订了另一份协议，基本重申了双方

---

[1] 即利迪策惨案，纳粹德国军队为报复掩护刺杀海德里希的游击队员的利迪策村民，焚烧了该村的所有房屋，并屠杀了 173 名 15 岁以上的男性村民，妇女被运往集中营，另有 88 名儿童在集中营被毒气杀害，共计遇难约 340 人。

[2] Adolf Eichmann (1906—1962)，纳粹德国党卫军犹太部高官，犹太人大屠杀"最终方案"的主要负责人。

已有的关系。该协议的第四点第一句表示，要尽力确保纳粹独裁者两名主力的合作："德国中央保安局获取的国外情报，如果元首感兴趣，将由外交部送交元首。"但第二句清楚表明了权力实际在谁的手中。第二句话承认，党卫军队长可以"根据权限……亲自向元首汇报情况"。

最能显示卡尔滕布鲁纳在争权夺利方面能力的是，上台仅一年，他就实现了海德里希最长久的梦想，将阿勃韦尔从军方手中夺了过来，并入德国中央保安局。1944年2月12日，希特勒下令成立"统一的德国秘密情报机构"，由党卫军领导，卡纳里斯被解职。新的联合机构于1944年6月1日成立。德国中央保安局第六处成立了一个新的军事情报机构，阿勃韦尔一处（间谍处）是其中主要的组成部分。至此，纳粹党掌握了德国的所有间谍活动。

还有两个纳粹党部门在为德国提供军事情报。一个是纳粹党对外组织，由居住在国外的纳粹党成员组成，向德国提供的主要是所在国家政治形势方面的情报，偶尔也有一些军事情报。不过这不是该组织的主要功能，其主要功能在于提供备选的间谍。

另一个是纳粹党新闻主管（同时是宣传部的国务秘书）建立的特别机构，专门从通讯社和报纸的信息中搜集重要情报，随时随地报送新闻主管，再由他交给元首。

私营部门中最主要的情报搜集者是庞大的卡特尔组织和军火制造商。法本公司和克虏伯这类企业都有专人监控各种技术出版物，同时他们派驻国外的代表一直高度留意对企业具有价值的情报。这些对于正在重整军备的德国来说，常常意味着军事装备和军需供应。他们周密的情报机构经常将原始数据和成品报告提供给军方。

其次是数量众多的私营研究机构。它们分析经济数据，将报告提交给军方。1943年年底，私营研究机构被划归德国中央保安局六处G组管理，但这未能使前者提供更多、更重要的情报。1944年9月，大部分私营研究机构都关闭了。

这个仓促草率建立起来的庞大情报体系，由众多互不协作、尔虞我诈的机构拼凑而成。它们从众多遥远、形式多样的来源中不断地搜集数量庞大、部分重复的情报。每个机构都会对情报进行提炼，只是方式有所不同，比如军事部门是通过专门的情报评估机构，外交部则是通过自己的官僚机构。而那些猜疑心重的部长们、傲慢自大的纳粹党官员们、趾高气扬的统帅部将军们，都争先恐后地将手中的"宝贝情报"交给元首。

这正是希特勒想看到的。各个机构之间互相制衡、互相竞争，让他得以控制所有情报机构。作为唯一一个能够看到所有情报的人，希特勒可以用自认为合适的方式来做判断。他不会把这种权力轻易交给别人，事实上也从来没有这样做过。但这致使德国情报工作深受两个致命弱点的困扰：一个是效率低下，另一个是让一个"疯子"管理情报。

第二部分 情报来源

第 4 章
外交官

　　这个房间空间颇大，装饰豪华。窗外是一个种着冷杉树的亚热带公园。房间里，大写字台前，一名男子正在起草一封电报。这个矮小强壮、面部特征鲜明的男人，正是德意志帝国驻伊朗特命全权大使。1941 年的这个夏日，他正在德黑兰大使馆里起草的电报，内含十万火急的情报。

　　许多人都认为，伊朗似乎是钳形攻势的目标。在利比亚，轴心国军队威胁着埃及这个从西部到伊朗的唯一阻碍。俄国南部，德军势如破竹，似乎战无不胜。两支军队显然要会师中东，为希特勒占领那里的油田。然后，他应该会继续向东挺进印度，与日本人会师，完成轴心国对全世界的征服。

　　但是在 1941 年 7 月 3 日，两支大军离德黑兰都还有数千英里的路程，伊朗的油田主要还是在为英国服务。阿勃韦尔早些时候接到破坏油田的任务，不过仍停留在计划制订阶段。大批德国技术人员仍然威胁着这些油田，只是伊朗国王没有显示出驱逐或逮捕这些外国人的倾向。

　　现在，在谈判工作外，外交官的主要职能增加了一项：打报告。大使埃尔温·埃特尔（Erwin Ettel）虽然穿着条纹裤子，戴着大礼帽（德语词是 Zylinder），一副信心十足的模样，却并非职业外交官。和第三帝国的许多人一样，他晋升此位是因为他对纳粹党的忠诚。1932 年加入纳粹党的时候，他只是个小小的办事员，但他晋升得很快，没用多久就成为党卫军准将。在 1939 年年底被希特勒任命为驻伊朗大使前，他当了三年的意大利纳粹党地方领导。虽然不是职业外交官,他却非常清楚大使在做报告方面的工作。这一天,他坐在写字台前,就是在写报告。

一天前,他收到一份关于伊朗局势的重要情报。英国已决定占领伊朗。

这份情报来自埃及驻伊朗大使。因为矮胖、爱好色情文学的埃及国王法鲁克,和众多埃及人一样,憎恨英国对埃及的占领,同时认为德国会取得战争的胜利,所以命令埃及大使将这个情报送给埃特尔,借此向德国表达善意。虽然埃及驻伊朗大使没有说出法鲁克如何获取这个情报,但他一再强调情报的准确性。消息称,英国总参谋部将在两个月的准备后,派出50万军队,预备用三周时间占领伊朗,真正接管这个包括波斯湾众多港口在内的石油租借区。埃特尔将这些都写入报告,还补充了更具体的敌军计划。

他将急件转成电码,第二天清晨电报局一开门就发到柏林。这是第一份关于英国对伊朗将要采取行动的可靠情报,立刻被呈送给希特勒。希特勒考虑后并没有采取行动。几天后,埃特尔继续向元首报告:伊朗正在做反抗英国的准备。这个消息可能让希特勒放松了警惕。然而,又过了一个月,情况似乎越来越糟。埃特尔从一个"可靠消息来源"获知,英国人"建议赶走"德国人。又过了几个星期,埃特尔报告说,他同伊朗首相交谈了一个小时,获知伊朗准备屈服于英国的要求。这份"万分紧急"的电报让希特勒大吃一惊,促使他采取了行动。希特勒彻底慌了神,拼命敦促伊朗国王抵挡英国人的攻击,坚持到德国军队从俄国开来救援他。不过语言在枪炮面前显得无比空洞。两天后,当英军和俄军分别从南和北方进入伊朗时,希特勒除了暴跳如雷别无他法。埃特尔已经尽职尽责,及时提供了准确的情报。但军事现实压倒了欲望。这就是战争期间德国外交部的故事。

外交官为什么要做这个工作呢?政府不能在国内搜集另一个国家的情报吗?答案显而易见,在国内搜集情报肯定比不上在目标国直接进行活动。身处目标国家,可以见更多的人,阅读更多的大众出版物和专业出版物,还有机会旁听议会辩论,参观建筑物。而且,随便在街上逛逛就能感受到这个国家的经济和文化的活力,比如买点食品和衣物,或是坐坐火车,上剧院看看演出,等等。在大型驻外使团中,专家通常被称作"专员",他们的主要精力在政治、经济、文化和经济事务，主要通过与当地政府官员交谈及阅读报刊搜集情报。他们将搜集的情报整理成报告，通过邮件、电报和无线电等方式送达德国外交部。外交部坐落于柏林市中心的威廉街 76 号，是一栋 18 世纪的老房子，用灰色石头砌成，除了入口两侧的两尊狮身人面像外，整个建筑设计颇为严肃。建筑里面，在政治部门或商务部门办公的官员们，阅读着外交官发回的报告，并据此提出外交政策建议，交给唯一的决策人——阿道夫·希特勒。

对德国外交部而言，这场战争主要意味着驻外使馆的陆续关闭及其影响力的持续衰弱。但是，战争也迫使外交部转向一直以来主动回避的军事领域。通常情况下，搜集军事情报的工作会交给武官去做，外交官自己则充当国家关系的协调者。然而，纳粹的侵略本质让外交官的善意使命变成了恶意。甚至在战争开始前，外交部国务秘书就指示所有重要驻外使团，不要只顾着维护和平，而是要"合作……以利于获取军事情报"。

德国驻美领事们对执行这项任务表现得非常积极。在纽约，爱德华·卢尔茨（Eduard Lurtz）不仅做剪报，还购买英国及其海外殖民地的地图。费城的埃里希·温德斯（Erich Windels）、芝加哥的格奥尔格·克劳斯-维希曼（Georg Krause-Wichmann）博士、克利夫兰的卡尔·卡普（Karl Kapp）都向华盛顿的武官寄送剪报。在洛杉矶，格奥尔格·盖斯林（Georg Gyssling）博士的领事馆订阅了包括 10 种南加利福尼亚报纸在内的各种出版物，甚至包括美国商会的专项报告。他还派一名工作人员每周开车出去观察两次，记录下每个露天工厂生产的飞机数量。

战争期间，外交官们的当务之急是弄明白对方想做什么。无论是对他们，还是对所有人来说，查探对方行事的目的都是最困难的任务之一。有时候，他们，或者说情报来源，取得了成效。例如，埃特尔事先警示英国将占领伊朗，就是一个成功的例子。1943 年，德国驻西班牙大使传回的报告，也是一个成功的案例。5 月 25 日，他发电报说，西班牙驻美大使（自己的老朋友，三个星期前被美国总统罗斯福接见过）透露，1944 年罗斯福将再次参加竞选，而且极有可能当选，除非美国在军事上遭遇重大挫折，才能降低罗斯福再次当选的可能性。

但是，更经常的情况是，外交官，或者说外交官获得的情报资源，是错误的。1940年，传闻说美英间会有一笔交易，美国向英国提供50艘驱逐舰，英国允许美国使用西半球基地。德国驻华盛顿的负责人预测，该笔交易发生的可能性"很小"。但几个星期后，这笔交易达成了。德国外交部派驻丹吉尔[1]的代表电告柏林，叙述了北非轴心国军队投降一个月后，他同西班牙总参谋长的一次谈话的要点。这个西班牙人刚拜访过美国将军马克·克拉克（Mark Clark），对美国人的印象非常坏，认为克拉克将军的部队没有两个月的时间完成不了对欧洲大陆大规模进攻的准备。然而，一个月后，美国人就在西西里岛登陆了。

预测错误导致的最严重事件发生在1941年春的南斯拉夫。德国外交部、阿勃韦尔和党卫队保安处都没能事先得知南斯拉夫政变——驱逐亲轴心国政府、成立反轴心国政府的消息。这个变化导致希特勒选择派兵征服南斯拉夫，从而将进攻俄国的计划推迟了一个月，而这被希特勒认为是对俄战争失败的原因。这次情报失误，使得里宾特洛甫和间谍部门的领导遭到希特勒的怒斥。

与此同时发生了其他类似的难堪事件。里宾特洛甫曾尝试夺取党卫队保安处对外间谍机构的领导权，但没有成功，因此在秘密情报上还是需要依靠党卫队保安处和阿勃韦尔。希特勒怀疑苏联大使馆的一名特工（也是里宾特洛甫手下的情报员）是双面间谍，时常批评里宾特洛甫手下的外交官，这说明希特勒对外交专家和专业人员并不信任。就在这时，有一个视角完全不同的建议引起了里宾特洛甫的注意，让他在困境中找到一条取胜的道路。当时，伊拉克开始反抗英国的统治，他的政治部门负责人建议德国外交部为伊拉克反英领导人提供一台无线电发报机和一套密码，方便后者将政治情报直接发给外交部，而非通过阿勃韦尔。里宾特洛甫觉得这个建议很不错，就据此建立了自己的间谍机构。

他的想法是有先例的：18世纪的法国国王路易十五在驻外机构中另设了一个秘密报告和谈判的机构，这个机构相当于另一个外交系统，与正式的外交机构冲突和矛盾不断。里宾特洛甫觉得希特勒更倾向于间谍提供的情报，这种方式更符合希特勒对情报的理解：最好的情报是通过引诱外交使节和外国政治家的女儿获得。虽然间谍机构可能会触犯存在已久的外交惯例，但这并没有打消

---

[1] 摩洛哥北部古城、海港，与西班牙隔海相望。

他的念头。4月9日,南斯拉夫政变三个星期后,德国外交部的政治部门负责人记下里宾特洛甫的决定:

> 立即在北非和中东地区建立一个属于外交部自己的情报机构,需独立于阿勃韦尔和党卫队保安处之外。为此,他(里宾特洛甫)将尽可能提供包括黄金和外汇在内的一切经济援助,还会向路德部长(马丁·路德 [Martin Luther],德国内政部长)索取所需的最现代的技术援助,例如无线电设备等。这个机构以后会被并入这位外交部长建立的一个独立于其他部门的新情报机构中。

两周后,里宾特洛甫任命45岁的职业官员安多尔·亨克(Andor Hencke)担任该机构的负责人。1935年加入纳粹党的亨克当时正在柏林任职。

或许是为了掩饰,亨克在信息部门中建立了自己的中心。机构的名称叫作情报三处,后来又陆续建立了情报一处、二处、四处和十五处,采用对外宣传的方式传递情报。之后,亨克为建立情报站点四处奔走,有时候从柏林派人,有时候就使用身边的人。但是,每个情报站点的负责人都是德国驻该国使馆的工作人员。这些负责人雇用各种身份的人作为情报员以探听情报,比如德国报刊或通讯社的记者,还有商人、当地的德国居民等。和里宾特洛甫所希望的不同,亨克禁止"积极的间谍活动……我们要采用合法的手段,不能做损害友好关系的举动。我们不能采取砸保险箱或偷窃外交邮袋的行为!"相较于搜集关于某件事的具体情报,情报员更多的是总体报告对一个国家的感受、政府的稳固程度、关键人物的可信赖度。亨克仅花了几周就将这个系统建立起来。

使馆负责人当然不会喜欢这个竞争对手,但他们多数人都没有反对,尤其是因为他们能够看到这些报告,虽然他们依然没有权力修改或扣留这些报告。相比之下,党卫队保安处则强硬多了,有一次真的逮捕了情报三处的情报员。但最大的问题在于,情报三处附属于外交部,这就将它的活动范围限制在中立国和德国的盟国之内,即主要在欧洲。事实上,它的确有在上海的一个情报员和其他南美的情报员,而整个机构的活动重点主要在巴尔干半岛。

情报三处每个站点的负责人都会将报告邮寄到柏林,信封上写着"亨克亲启"。亨克在柏林的工作人员（两名官员和三四个办事员）会对这些报告进行评估、整合，然后送交国务秘书、里宾特洛甫以及其他相关机构。里宾特洛甫会从中挑选出约 5% 的情报呈送给希特勒。比如 1941 年 12 月 1 日，希特勒收到来自情报三处的两份报告，一份关于伊朗的政治军事形势，一份关于埃及的局势。

这些报告不仅不精确，有时还是错误的。在德意两国于南斯拉夫联合扶持的克罗地亚傀儡共和国中，情报三处的一名特工指出，该傀儡共和国多名部长是"亲意大利的"。在伊拉克的一位情报三处间谍宣称，伊拉克首都的局势并不危急。事实上，仅仅四天后，亲轴心国的内阁便垮台，内阁成员逃跑。土耳其的情报员报告说，英国和苏联占领伊朗"已经在有影响力的土耳其圈子中引发惊慌和警惕"，报告接下来的三页全是新闻和细节。

1943 年，亨克得到提拔，负责外交部的政治部门，同时仍然保有情报三处。他首先把埃特尔从伊朗召回，再派前外交部国务秘书的儿子马沙尔·阿道夫·巴龙·冯·比贝尔施泰因（Marschall Adolf Baron von Bieberstein）前往接替埃特尔的工作。然而，传回报告的质量和数量都开始显著下降，部分原因是传送困难。1945 年，战争还未结束，这个机构就被抛弃了，连亨克都承认它"没有获取过重要情报"。

和所有拥有情报职能的机构一样，外交部是一个巨大的信息过滤器，每天接收庞大的数据，却只将最为重要的信息呈交给高层负责人。每天成百上千页的报告通过电报和邮件的形式涌入威廉街，其中只有三分之一会被递交给国务秘书，再由其挑选出最重要的情报送到希特勒身旁里宾特洛甫的专列里（通常离柏林很远）。之后，外交部的联络官会再次挑选出呈送给希特勒的文件，每天平均四份左右。

里宾特洛甫对外交部长这一职务有着自己独特的理解，他认为除了执行希特勒的命令外，外交部长的主要职责是防止希特勒疑虑伤神。他要求下属们与他统一信念，不提交可能让元首产生疑虑的报告。结果，尽管他的下属经常报告令人不快的情况，但通过他呈交给希特勒的真相，总是主观多于客观。

第 5 章
武 官

《凡尔赛和约》禁止德国军队部三处（情报部门）向"任何国家派遣任何军种的情报人员"，所以该部门已无米下锅，急需情报资源。它认为只有军队自己专业的全职观察员才能搜集到所需的情报。所以自1925年起，它就开始敦促军队指挥机关重设武官。但直到1933年1月5日，政府才终于觉得可以批准此事。4月1日，第一批武官将会上任。

陆军任命了7名武官，其中4人很快来到指定岗位就职。陆军由此在美国、英国、比利时和荷兰（英吉利海峡区域），法国，意大利、匈牙利和保加利亚（亚平宁半岛区域），波兰、捷克斯洛伐克、南斯拉夫和罗马尼亚（巴尔干半岛北部区域），苏联与立陶宛（东欧区域）等14个国家有了代表机构。海军方面则向伦敦、巴黎和罗马派遣了武官。空军事务最初由陆军负责处理，但后来空军也派出了自己的武官。1938年后，每个首都都有一名使馆人员担任国防专员，处理与东道国军队有关的一切事务。1939年时，德国共有18名陆军武官、12名海军武官和13名空军武官以及他们的助手，分散在30个国家就职。

陆海空三军为了能够派遣武官而长期进行游说，但此前从来没有为武官这个职位培养出专业的人才，后来也没有做到过。人员的挑选似乎相当随意。陆军人事部会在大概了解军官的能力之后，拟定出名单交给陆军总司令，由陆军总司令会同外军处和军队部（后来是陆军总参谋部）的负责人进行商议后决定最终的人选。挑选依据如下几项特质：性格好、军事知识渊博、熟练的社交技巧、长相英俊。

能在国外工作的专业型人才难以找到，因此，陆军总司令寻找人才的范围并不局限于陆军总参谋部。比如奥古斯特·克斯特林（August Köstring）将军，这位任职时间最长的驻莫斯科武官，并非出自陆军总参谋部。他生于俄国，长于俄国，参加过坦能堡战役，对俄国的情况相当了解，并且于1931年代表过德军前往苏联。外军处后来的一位处长评价他是"1941年之前德国最了解苏维埃俄国的人"。汉斯·胡德（Hans Rohde）上校也不是陆军总参谋部的成员，但他却非常熟悉近东的情况，写过六本关于近东的书，先后在土耳其、希腊和伊朗担任过武官。

不过，武官一般还是从陆军总参谋部内挑选出来，主要是因为人事部门属于陆军总参谋部，因此他们对内部人员更为熟悉。这可能就会导致挑选出的并不是最佳人选。比如，恩诺·冯·林特伦（Enno von Rintelen）不懂意大利语，对意大利也不熟悉，却因为陆军人事部的负责人是他的朋友，就被任命担任驻罗马武官这一要职。不过在任职前，他还是做了一些准备工作：花一个月的时间复习法语这一被广泛使用的外交语言，阅读关于意大利国家概况的材料，又花了三周的时间在外军处意大利组实习，了解情况。但这一切看起来并不是很成功，意大利总参谋长曾希望他学习意大利语，好方便他们更自由地交谈。

有时候是敌人而非朋友，决定了职务的任命。库特·冯·施莱谢尔（Kurt von Schleicher）将军非常有政治头脑，欧根·奥特（Eugen Ott）是他的一位追随者。施莱谢尔曾在希特勒之前短暂担任过总理，如今奥特跟他的导师一起跌倒。奥特原本是一位部长，却被希特勒一脚踢到地球另一边的日本担任武官。莫里茨·冯·法贝尔·杜·福尔（Moriz von Faber du Faur）为人一本正经，并非出身于总参谋部，却被任命为驻南斯拉夫武官，他总觉得自己是被仇家赶去贝尔格莱德的。

不过，一般而言，更理智的标准还是占主流的。首批任命的七名武官中有三位先前担任过外军处处长：驻华盛顿武官弗里德里希·冯·伯蒂谢尔（Friedrich von Boetticher）将军、驻巴黎武官埃里希·库伦塔尔（Erich Kühlenthal）将军和驻罗马武官赫伯特·菲舍尔（Herbert Fischer）上校。而伯蒂谢尔将军和里欧·巴龙·盖尔·冯·施维本伯格（Leo Baronn Geyr von Schweppenburg）上校都掌握英语，前者1922年曾在美国进行过为期四个月的访问，后者是首任驻伦敦武官。

武官这一职务是个好差事，不仅自由、受尊重、充满乐趣，而且工作本身也并不繁忙。"只要能达成目的，武官可随意选择他们的工作方式。"盖尔写道。1935年10月1日在贝尔格莱德，法贝尔·杜·福尔从东方快车上走下来，在经历了30年军旅生涯之后，他第一次品尝到完全自由和独立的滋味。"总参谋长是我唯一的上级。当武官使我能领到很高的薪水。只有见摄政王时才必须穿军装，其他时候我都可以穿自己的衣服。我在名义上属于使馆人员，但大使和我并没有太大的关联，当然也并非我的上级。我的办公室里除了我就只有一个办事员，我的任务是自己督促自己完成。我需要做的就是按时写报告，再加上每隔一周交纳账单就算完事了。"武官的酬劳足够用来购买一栋房子、若干仆人，除此之外还能承担必要的社交活动所需的花费。武官出行乘坐的是政府配备的汽车，差旅费也可以报销。在较大的国家，武官可以有一两个上尉当作助手。这样的日子过上三四年之后，他们就会被召回国内从事常规的工作。不过，具有武官经历的人，会变得更加精明练达、潇洒倜傥，再加上在之前的岗位上新学习的本领，回国后会更加受人尊敬。

使馆负责人无权擅自修改或扣押武官的报告，只能在他们的报告上签字表示同意或者批注上不同的意见。经由无线电或信使，这些报告会被送到外交部，由外交部进行解密，必要时复印出来转送陆海空三军。而对于机密事务，武官会使用只有陆海空三军和他们自己才有的密码机器编写报告，防止秘密泄露出去。武官很少使用这些机器，但他们却经常给总参谋长或情报头目去信，补充正式报告中的未尽事宜。因为只有少数人（不包括文职外交官）可以看这些信，他们能更加自由地表达自己的想法。

二战爆发前，武官每年会返回柏林一次，参加为期一至两周的会议。他们会趁这段时间了解德军的最新发展动向，同上级进行秘密会谈，会见东道国驻柏林武官，并在全体大会上做10—15分钟的演讲，来介绍东道国的大概情况。法贝尔·杜·福尔对1935年的会议（希特勒也出席了该会议）满是冷嘲热讽。

在他眼里，这次会议和他在慕尼黑皇家啤酒馆召开的纳粹党代表大会并无区别，既见不到一点外交礼仪的痕迹，也没有客观的军事介绍。"武官们……把一切都形容得如同玫瑰一般绚丽多姿，人人都拥护我们，对民族社会主义充满向往。埃塞俄比亚就是这样的典型。元首的理论：只要有胆量，不可能也会变得可能，真是太成功了！"

在柏林，最高统帅部和陆海空三军司令部都设置了专门的机构，处理武官发回的报告。他们从外交部获得这些武官的报告，再分发到相关机构，搜集德国军队的需求反馈给武官，核对账目，为武官提供后勤支持。此外，他们还要处理其他各国驻柏林武官的相关事宜。[1]

武官公开地搜集所在国军队的情报。一方面，所在国会向武官主动交代自身军队的情况，或应他的要求提供相应资料。另一方面，武官可以通过自己的努力获取一些情报，比如参观演习和检阅、旁听讲座、浏览报纸刊物、与所在国军官进行沟通交流，或者与其他武官和记者互相提供情报，等等。所在国提供的情报，取决于德国向该国驻柏林武官提供的情报，两者大致是对等的。这就是1940年伯蒂谢尔请美国驻德武官访问前线的原因。德国驻外武官必须考虑到他们想问的问题，哪些是德国愿意回答的，哪些不愿意。为了帮助武官准确把握问题的分寸，德国武官机构会把所在国驻柏林武官的问题及德国的回复都邮寄给他们以供参考。武官总会不断了解最新信息，他们互相之间会对信息和情报进行交流，柏林方面也会不断提供可供交换的信息。

由于各国实际情况存在各种差异，获取情报的方式自然会各不相同。像苏联的保密性很强，就连一点细微的信息都能成为有帮助的情报。海军武官诺伯

---

[1] 原注：P-041j, 1-7, 21. 陆军的武官先后隶属于外军处（OKH:H27/14:10.November 1937.）、第四副总参谋长（P-041i, 4, 29.）,1942年12月隶属于总参谋长（P-041i, 52; P-041j, 32.）, 1944年7月23日隶属于国防军最高统帅部对外情报处（OKH:H27/7:23.7.44.）。其内部组织参见 Kehrig, 233-36, and OKH;H27/57:Februar 1943. 海军武官从1935年到1945年隶属于海军战争指挥部（Skl）参谋长，名目多样。(Kehrig, 239; *German Naval Intelligence*, 8, 17-18.) 空军武官从1939年2月1日开始隶属于空军总参谋部第五处（情报）。(USAF-171, 25-26.) 具体个人参见 Völker, *Die deutsche Luftwaffe*, 325; 内部组织参见 Kehrig, 238。

特·冯·鲍姆巴赫（Norbert von Baumbach）中校判断苏联舰船的动向有一套自己的方法：关注国家和地方出版物上出现的舰船军官的名字，然后和他们之前的位置进行对比，就能够大致推断出他们现在的位置。诺伯特并不是不能旅行，但需要得到许可，运气好的时候还能够望到军舰，只是从来都不被允许上舰参观。他从来不带相机，更不用说拍照了，但有一次他却幸运地获得苏联新式军舰的一张照片。这张照片来自一位年轻的英国考古学家，他在去俄国旅行途中结识了这位考古学家并和他成为好友。1938年，德国领事馆被苏联关闭，这几乎断绝了武官克斯特林关于莫斯科之外情报的来源，那段时间他只能靠德国外交信使偶尔带回莫斯科以外的情报。美国和苏联的情况就很不一样，伯蒂谢尔说："在美国搜集情报异常简单，他们的报纸上什么内容都有。压根不需要成立什么情报机构，你只需要勤快一些，耐心一些，仔细翻阅一下报纸就能得到想要的东西。"

任职于一些主要国家[1]的武官并不从事间谍活动。盖尔曾被德国战争部长要求"现在就从你的脑子里把要做间谍活动的想法去掉"。伯蒂谢尔拒绝组织间谍活动，甚至试图阻止阿勃韦尔委派特工到美国去。他害怕自己同美国人的友好关系会因为间谍活动的暴露而被破坏，从而给自己的工作带来负面影响。据此，阿勃韦尔将武官分为两类，没有做过间谍任务的是"清白的"，而其他则为"有污点的"。[2]

大部分污点武官通常都被派驻到无关紧要的小国家或是对德友好的国家。在这些国家，被驱逐出境或遭到报复的风险几乎是没有的。在更多情况下，他们仅仅是对所在国的邻国实施间谍活动，比如佛朗哥[3]时期驻西班牙武官派出一批特工针对法国实施间谍任务。但有些时候，武官则会指挥间谍针对所在国实施活动，比如驻贝尔格莱德陆军武官法贝尔·杜·福尔的继任者，还有驻土

---

[1] 原注：英国、美国（见后续引用）、意大利（Rintelen, 14）、苏联（Baumbach, interview, 9-10）。

[2] 原注：NA: RG59: Poole mission: Lahousen interview:3. 卡纳里斯告诉外交部，"非经外交部同意，获得任务分配，武官及其助手并不会处理阿勃韦尔的任务"。（AA: Pol I M:13:29. Januar 1943.）

[3] 弗朗西斯科·佛朗哥（Francisco Franco, 1892—1975），西班牙国家元首，西班牙长枪党党魁，1936—1939年发动西班牙内战夺取政权，并进行了长达30余年的独裁统治。

耳其的海军武官，他们都是这样做的。最肆无忌惮的是驻拉丁美洲国家的主要武官，他们竟光明正大地做这些事情。在巴西和轴心国断交前，阿勃韦尔在西半球南部的间谍活动由德国陆军武官金特·尼登富尔（Günter Niedenfuhr）将军领导，而后被迪特里希·尼布尔（Dietrich Niebuhr）上校接替。后者是驻阿根廷海军武官，管理过阿勃韦尔海军情报部门。他从间谍那里获取情报后发回柏林（有时候通过信使），同时需要给他们支付报酬（多达8000美元一次）。由于受战争的影响，其他情报来源基本都被切断，获取情报的途径越来越少，要求武官从事间谍活动的压力与日俱增。1943年，不下13名武官助手在为阿勃韦尔做事。然而许多武官一直都抵制间谍活动，因为他们都很厌恶这项差事。

小到武器部件，大到政治形势，武官们把发现的一切都呈现在报告里。1935年12月，驻法国武官报告说，如果法德战争爆发，西班牙将会抵抗从非洲支援过来的法国军队。柏林方面对这份报告的批示意见为"值得一读"。1936年11月，伯蒂谢尔寄回一份长达4页纸的报告，内容是战斗机机关炮使用的试验情况说明和伞降炸弹的问题。与此同时，盖尔的助手将自己与英国陆军部一位中校的谈话写进了报告。这位中校主张使用步兵坦克，声称自己不久将指挥一个新成立的坦克师。在这些报告中，最早发挥出重要作用的是伯蒂谢尔于1936年1月发回的报告。这份4页纸的报告详细描述了罗伯特·戈达德[1]教授进行火箭试验的各种情况，这些实验最终于8年后在德国开花结果——V-1和V-2火箭问世。伯蒂谢尔在报告中交代了研究的背景（戈达德教授"从事火箭飞行问题研究十余年"）、资金情况（"大量支持资金来自丹尼尔和弗洛伦斯·古根海姆基金会以及卡内基学会"）、最新成果（"第一枚真正实用的火箭"）、技术细节（"其飞行高度达到2400米，速度大约每秒1100千米……长3.64米……据说可装载27千克燃料"）以及问题（"毫无疑问火箭会自动保持垂直方向的技术瓶颈"）。

解答国内参谋部门的疑问占武官工作很大的比例。1936年9月9日，海因茨·古德里安将军需要英军步兵和坦克之间如何取得联系的信息。盖尔就把前一年英军演习中坦克的表现提供给古德里安。

---

[1] Robert H. Goddard（1882—1945），美国教授、工程师和发明家，液体火箭的发明者。

重要人物有时会出现在报告中。在英国陆军部作战与情报负责人约翰·迪尔[1]将军1935年访问德国并与陆军总司令会晤的前一天，盖尔简要介绍了后者的背景情况：步兵出身，但也许因为是爱尔兰人的原因，非常喜欢马；衣冠整洁，是一个"非常有意思的人，比英国总参谋长有意思多了"；一战前他曾到魏玛共和国访问过，但还是对德国不怎么了解，不过可以认为他对德国没有偏见。可是盖尔没有提及迪尔的军事爱好、他信奉的军事理论、别人对他的评价、他的规划等，只是宽泛地提供了一些二人闲聊当中有意思的内容，却无法帮助上级判断这个人的相关情况。迪尔在二战期间担任英国总参谋长，如果德国能对他作出判断，也许就能想出对付这个潜在敌人的策略。

二战爆发前，对军队来说，武官是最有价值的情报来源。[2]而战争一旦打响，武官将别无去处，只能逃回国内。不过他们在驻地国积累的经验依然有用武之地，如驻英国空军武官为轰炸机驾驶员讲解怎么击中目标，伯蒂谢尔多次为国防军最高统帅部（OKW）撰文，叙述美国的作战目的、"美国的联合作战问题"等。有的武官会重新回到作战部队，比如在诺曼底登陆中，盖尔担任了西线装甲兵团的指挥官。[3]

许多武官的回国造成了情报空白，德国曾试图让驻中立国（瑞典、瑞士、西班牙和葡萄牙等）武官和中立国驻柏林武官来填补，但未能从中获取重要情报，有时得到的情报还存在误导。

1944年春，德国国防军紧锣密鼓地防备盟军的入侵，所有情报部门都在竭尽全力搜集关于盟军进攻时间与进攻地点的情报。武官未能发挥多大的作用，比如驻斯德哥尔摩武官没能提供很多有价值的情报，只有一点零碎的信息，驻伯尔尼武官虽然干劲十足地想办法从间谍、其他武官、瑞士平民和参谋人员那里获取关于盟军入侵的情报，却未能帮上忙。希特勒一直关注着瑞典一再征召国民军的举动，因为他害怕盟军一旦攻入挪威，他将腹背受敌。在4月6日下

---

[1] John Dill（1881—1944），英国陆军元帅，1934年时任陆军部作战与情报负责人。
[2] 原注：Kehrig, 41; P-041i, 10 称，他们提供了关于未来的外国高级指挥官的最权威情报。
[3] 原注：尽管在采访中，我问了他三次，他的武官经历对他在诺曼底对英国的战斗是否有帮助，他不置可否。

第5章 武官

1/1936　　2. Ausfertigung für RLM

Deutsche Botschaft.　　　Washington, D.C. 7. Januar 1936
Der Militärattaché.
Der Luftattaché.

4 Ausf. RKM

Betr.: Raketenversuche in den Vereinigten Staaten.

Vorgang: 1.) Anlage 10 zu Nr. 975/geh./Att. vom 15.11.35
          2.) Anlage 9 zum Bericht Nr. 40/1935 vom 4.12.35.

　　　Professor Robert H. Goddard ist Lehrer an der Clark University in Wooster, Massachusetts. Er beschäftigt sich seit Jahrzehnten mit der Frage des Raketenfluges. Im Jahre 1919 hat er in den Veröffentlichungen der Smithsonian Institution einen Bericht erscheinen lassen, der als Grundlage seiner Arbeiten anzusehen ist : "A Method of Reaching extreme Altitudes."

　　　Die Versuche des Prof. Goddard finden in der Nähe von Roswell in Neu-Mexiko statt. Bis vor kurzem finanzierte die Smithsonian Institution seine Versuche. Als von da nicht ausreichende Mittel zu erhalten waren, hat sich Oberst Lindbergh ins Mittel gelegt und durch Vermittlung von Harry F. Guggenheim erhebliche Unterstützung aus der Daniel & Florence Guggenheim Foundation sowie der Carnegie Institution beschafft.

　　　Soweit bis jetzt festzustellen, ist die neueste Raketenkonstruktion des Prof. Goddard als ein erheblicher Fortschritt anzusehen. Ein in den Zeitungen erschienenes Bild wird in der Anlage beigefügt. Nach Ansicht von Vertretern der Smithsonian Institution hat Prof. Goddard

An das　　　　　　　　　　　　　　　　　　　　　　　　damit
Reichskriegsministerium,
Oberbefehlshaber des Heeres,
　　　Attachégruppe.

驻华盛顿武官弗里德里希·冯·伯蒂谢尔将军发给帝国战争部和柏林陆军总司令的一份详细报告，内容是美国早期进行的火箭试验。

午，德国方面召开了形势会议。会上，希特勒在驻瑞典武官的报告中得知瑞典将再次征召国民军，这被认为是盟军将在挪威采取行动的先兆。可是这份报告的内容并不可信，没有太多的事实根据，而且最后盟军并没有攻打挪威。

而盟军入侵后，驻柏林的中立国武官再提供情报也是无济于事了。

一名德国武官的日记
（瑞士伯尔尼，1944年）

5月15日，报告瑞士的动员措施。

5月19日，报告一名特工提供的关于盟军入侵问题的情况，以及从英国发回的情报。

5月20日，报告匈牙利驻伯尔尼武官就入侵问题发表的演讲。

5月25日，英国地面作战准备情况的机密报告。

5月25日，报告与瑞士人的讨论内容（盟军入侵最迟在6月中旬发动，以及盟军入侵的目标等其他话题）。

5月30日，报告遣返意大利战俘的具体情况。

5月31日，报告泰斯将军旅行演讲的内容。

6月2日，报告苏俄巴列夫中校在瑞士停留的情况。

6月2日，报告波兰被拘禁的平民打算在恰当时机加入法国抵抗组织的情况。

6月5日，报告与总参谋部穆勒上校商讨盟军可能在英吉利海峡对岸登陆的位置，认为盟军不会选择在巴尔干采取作战行动；同时，讨论东线战场北部盟军调配的进一步情况。预测盟军会对波罗的海沿岸省市发动主要攻势。

6月5日，报告根据芬兰武官的讲话而推测出的敌军人员分布的情况。

6月5日，提供德国驻卢加诺领事关于提契诺州的军事活动和康斯唐（Constam）军长在军事部署上做出创新尝试的秘密报告。

6月7日，电报发送阿勃韦尔情报站关于瑞典空军总动员的报告。

6月7日，报告军队识别情况（包括新战争机构）。

6月7日，报告各种事项（包括瑞士动员后的现役军事力量）。

1944 年 7 月 6 日，西班牙武官马林·德·贝尔纳多（Marin de Bernardo）上校收到信使传来的一封信件，收信的当天就匆忙找到德国武官机构，告知他们信里的相关内容。信中说，一位英国旅客抱怨德国 V-1 巡航导弹造成了无法估量的破坏，打击了英方士气。还有其他旅客说，盟军进攻部队 90 个师中的 30 个已部署在桥头堡地带。现在有 25 个师在非洲、5 个师在马耳他，剩余的 3 个师则在科西嘉。从这样的兵力部署来看，盟军应该很快就会在法国南部海岸登陆。而事实上，情报中给出的登陆时间比实际提前了足有 6 个星期之多，进攻部队的数量则比实际多了一倍，兵力被夸大了许多。中立国在此期间并没有帮上太多的忙，反而像是在添乱。

驻华盛顿武官冯·伯蒂谢尔将军是最有趣的德国武官，他对战争的影响比其他武官都要大。他的报告糟糕透顶，但希特勒就是无缘由地喜欢他的报告，绝对相信他的判断，并按照他的意见行动。

伯蒂谢尔身高中等，体格魁梧，头发淡黄，脑袋圆鼻子挺，虽然外表看起来不太友善，但他却意外的随和。1939 年 9 月战争爆发时，他距离自己的 58 岁生日只差一个月。二战时期，许多德国将军，如冯·克莱斯特（von Kleist）、冯·施蒂尔普纳格尔（von Stulpnagel）、冯·曼陀菲尔（von Manteuffel）等，都是将门之后。但伯蒂谢尔和他们不同，他既不是将门后代，也不是贵族后裔。他的父亲只是一名内科医生，直到 1903 年，他 22 岁时，父亲才被授予贵族特权。现在把"冯"字加在"伯蒂谢尔"前面，人们或许会将他与俾斯麦信赖的副手卡尔·海因里希·冯·伯蒂谢尔混淆在一起，认为前者是后者的堂兄弟或侄子，这使得他越来越出名。实际上，他们两个没有一丝血缘关系。他 1900 年进入部队，1913 年担任参谋，一战期间负责保加利亚转变阵营的问题，同时担任师级作战参谋。在外国军队服役过一段时间后，他便被任命为外军处处长。他对美国军官非常友好，因此被邀访美。在访美途中，他试图了解 1918 年那样伟大的军队是怎样建立起来的。在西点军校、国民警卫队和后备军官训练团里，他找到问题的答案。回到德国后，伯蒂谢尔的工作发生了变动，他先后在部队、国联任职，还当过炮兵学校校长，写过关于前总参谋长阿尔弗雷德·冯·施利芬（Alfred Count Von Schlieffen）、法国和腓特烈大帝的书。他将自己能得到驻华盛顿武官的职务，归因于认识冯·兴登堡总统。伯蒂谢尔非常享受当武官的日子，认为那是他"人生中最快乐的一段时光"；而能够被美国历史协会邀请去作演讲，他觉得非常骄傲。不过关于美国的回忆并不都是美好的，那里的许多事情也让他觉得厌恶。

在华盛顿，他利用常规渠道来获取情报，如阅读报纸、访问部队、与官员交流等等。他接触过连任三届陆军参谋长的道格拉斯·麦克阿瑟（Douglas MacArthur）将军，1922年见过马林·克雷格（Malin Craig）将军、乔治·马歇尔（George Marshall）将军和战争部长哈利·伍德林（Harry Woodring）。他还通过与查尔斯·A.林德伯格（Charles A. Lindberg）以及一个奉行孤立主义的军官团体成员关系密切的航空记者，挖掘到这个军官团体的各种情报。二战爆发后，伯蒂谢尔搜集情报的范围逐渐扩大，将英联邦也包括在内，只要他能通过媒体做到这一点。

每隔三四天他就会发送一次军事情报，内容如下：从纽约、新奥尔良、莫比尔、博蒙特出发的船只要到达的目的地；澳大利亚军队已全军抵达埃及；空军上将休·道丁（Hugh Dowding）在渥太华的演说中提到，飞机上安装"探测器"，就能够探测出敌机的准确位置，这样就能避免夜间遭到突袭。除此之外，报告中提到美国的反德宣传策略等。他结合美国官方的统计结果，报告了1940年11月美国出口飞机的数量。他每间隔一段时间就会提供有关军队规模的具体数字，比如1941年7月12日，他发了如下电报："截止到7月1日，美国兵力共有140万人，其中包含空军的人数。它们组成4个集团军、9个军团、27个步兵师（其中1个是摩托化师）、2个骑兵师、4个装甲师（很快会增至6个）……装备目前还不能支撑全部兵力立即执行任务，只有2个师装备精良，5个师可立刻派上战场。"这些消息大部分出自前些日子的头条新闻——参谋长马歇尔的《双年度报告》（*Biennial Report*）。

向德国汇报准确的数字，并不是希特勒欣赏他并发电报嘉奖他的主要原因。真正的原因在于，他的想法与希特勒不谋而合。[1]

希特勒认为美国被犹太人统治着，伯蒂谢尔也这么认为。这样的观点在电

---

[1] 原注：该观点也可参见 Weinberg, "Hitler's Image of America," 1012, Hillgruber, 175, 375, and Compton, 122。

报里经常出现:"美国政策的走向被犹太人掌握着,真要命。"[1] 长老会信徒亨利·L. 史汀生（Henry L. Stimson）和公理会教徒弗兰克·诺克斯 (Frank Knox)分别被任命为战争部长和海军部长,这让伯蒂谢尔很满意:"犹太人现在霸占着美国军队的关键职位。"但总统富兰克林·罗斯福"维护犹太人",完全按照典型的犹太观点,即"有钱就有一切"来行事。

两人对美国政治目标的认识也出奇相似。就在希特勒说战后的美国将继承"英国的遗产"这句话的同时,伯蒂谢尔发来电报说"战后美元经济和美帝国主义将统治世界"。伯蒂谢尔认为美国"在大西洋大范围实施帝国主义政策",而希特勒觉得罗斯福有着强烈的"占领并控制大西洋诸岛"的意图,二者的观点又是不谋而合。

不仅如此,他们都对战争的胜利持肯定态度。伯蒂谢尔在1940年5月24日的电报中说:"人们都认为法国大势已去,英国即将垮台。"空袭"如同地震般直捣伦敦的心脏",英国人的生活变得异常困苦,生产难以维持,他们不像先前那般安居乐业,而是变得消极绝望。对马耳他的袭击也造成了严重的破坏。希特勒每每听到这样的消息就很是欣喜,尤其满意关于马耳他的报告。伯蒂谢尔的电报说,美国向英国运送大批物资的行动会延后一段时间。一个月后,希特勒就说美国对英国的援助被"过于高估"。所有这些报告都充分证明了希特勒的观点:英国大势已去,即将投降。

不过,在这些报告里并没有新东西出现。在看到报告之前,他早已知道犹太人在统治着美国、美国是帝国主义国家、英国注定失败这些事情。而这些报告的作用是让他知道,在远处的国家中有一位洞察力敏锐、值得托付的军事观察家是他的坚强后盾。这令他相信伯蒂谢尔呈上的报告,可事实却是,伯蒂谢尔对美国的认知有着极大的偏差。接受伯蒂谢尔的判断后,希特勒做出他最重要的一个决定。

伯蒂谢尔认为,现在的情况与1917年不同,美国对德国没有威胁。得出这个判断依据两个理由:一是美国正与日本激战,几乎全部兵力都集中在太平洋

---

[1] 原注:DGFP, 10:255. 伯蒂谢尔的报告包含数不清的对他观点的重复。关于这个主题,我在此处及本章其他地方仅列出几个代表性的问题。

区域，这就使大西洋和德国不会受其威胁。二是即便美国真要对付德国，它也没有充足的时间调动兵力，对德国发动有效的袭击。

"对太平洋战场的重视和做好充分的防御准备这两点，将占据最重要的位置。"伯蒂谢尔在战争爆发一个月后说。他自始至终都坚持这种看法。1940年9月，他说："美国的首要目标，依然是为太平洋的紧张局势寻找到一个军事或外交的解决途径。"1941年7月，他说："美国军事政策的首要任务，是缓解来自太平洋的巨大威胁。"1941年11月，他说："现在与以前一样，日本还是决定美国行动的一个关键因素。"

伯蒂谢尔坚信自己的想法，对于美国战争重点已经明显转移到大西洋这一事实毫不重视，甚至进行扭曲。美国为换取英国在西半球的海军基地，给后者提供了50艘驱逐舰，伯蒂谢尔得到这个消息时选择扣留下来，因为这个事实与他估计的情况完全相反。他对美英的这次交易从未提及，也没让这件事出现在后来的报告中。对他而言，这种《租借法案》明显是故弄玄虚，只是"骗人的伎俩"罢了；根据《租借法案》提供的价值70亿美元的物资实际上也没有什么意义，因为数量如此庞大的物资不可能马上到位。对伯蒂谢尔来说，罗斯福和丘吉尔会面并签署《大西洋宪章》，并不意味着两国将联合对付德国，这反而"暴露出英美军事的软肋"。

在这些与他的预测大相径庭、铁一般的事实面前，伯蒂谢尔仍拒绝承认错误，充分说明这位武官的固执己见。伯蒂谢尔不会知道，早在1941年，美国的军事政策就发生了巨大变化，与轴心国作战的重心已从日本转向德国。1941年12月4日，奉行孤立主义的《芝加哥论坛报》及其姊妹报华盛顿《时代先驱报》两份报刊，在它们的新闻报道中早早地披露了这个计划。报道称："美国及其盟国的第一要务就是在军事上彻底击垮德国……同时制衡日本。"[1]这显然与伯蒂谢尔的说法相反。他和德国驻美国临时代办[2]都认同这个报道"看起来是

---

[1] 原注：我引用出自《时代先驱报》的姊妹出版物《芝加哥论坛报》（1941年4月）的同一个故事，1:1-8,10:3-8, 11:1-6 at 11:1，因为我没有那一日的《时代先驱报》。《时代先驱报》的开始几段（Wheeler, 33-34）几乎与《芝加哥论坛报》相同，不管怎样，临时代办的话也引用了《时代先驱报》。希特勒在对美宣战的演讲中提到这个计划的发布。

[2] 指在大使或部长不在岗期间指导外交事务，是外交使团中较低级的官员。

真实的",或者说"毫无疑问是真实的"。临时代办不难从计划中看出"对日军事措施……是防御性措施","如果两大洋在同一时间爆发战争,美国的主要兵力将会放在欧洲和非洲两个地方"。而伯蒂谢尔,虽然也认为美国在远东会保持"观望和防御策略",承认美国正在做进攻欧洲的打算,却无视美国的主要兵力将放在进攻德国这一最为重要的问题上。美国的整个战争计划,对他而言不过是"证明了我们对形势的一般估计"。[1] 伯蒂谢尔一边将金子装在放银子的盘子里,一边拒绝承认自己的错误。

伯蒂谢尔从地理和时间两个角度进行分析,为自己的观点辩护。他觉得美国的力量没有那么重要,因为它来不及抵达战场。对此,伯蒂谢尔没有明确做出说明。事实上,他提供的情报很多都说明了美国的兵力和装备都在增长,比如,马歇尔将军提供了关于美国兵力的官方统计数字,还有美国政府将加强陆海两军的空中实力——前者飞机数量增至20000架,后者5000架。他提醒德国不要低估美国的效率和决心,呼吁大家警惕美军军官的"高标准、严要求",以及美军的装备精良和士气高昂。他指出,美国战争工业正在突破瓶颈,不过这些都毫无意义,因为他认为一切都太晚了,在美国力量发挥作用之前,德国早就胜利了。事实却是,随着战争的推进,他不得不将他口中美军发挥作用的日期推后。这样做的原因不是美国计划的膨胀,毕竟他的时间表和美国军队当时的计划没有丝毫关系,而是德国取胜的希望越来越小。[2] 就这样,他不断改变美国发挥作用的时间表,以此来印证他"美国力量无关紧要"的观点。

1939年12月,战争刚开始不久,他在电报中说:"最早到1940年夏末,美国才能有足够的地面和空中装备来支撑其实施进攻性战略措施。"到1940年夏末时他说:"最早也要到1941年年中,美国陆军和空军才会有足够的力量,在西半球以外发动大规模攻势。"到1941年年中,他又变卦了,"今年美国不会

---

[1] 原注:AA: Büro des Staatssekretärs: Akten betreffend U.S.A.: 10:44725-27. 6个月后,他依然不承认现实。(IWM: Milch: 14: 856) 将军们也持同样的观点。(*Lagevorträge*, 325.)

[2] 原注:比较Watson, 171-72, 175, 177, 184, 188, 333, 337, 340, 343-44。伯蒂谢尔用词的模糊,如什么是"进攻性战略措施"和"足够的力量",使得用精确的时间表反驳他几无可能,因为他总能说陆军力量还"不足"或者战争政策并不是真正的"进攻"。美国计划者所用的词要精确得多,例如,对远征巴西的军队给出具体的数字。

有足够的陆军和相应的空军力量"。

于是，伯蒂谢尔直接忽视掉美国冒烟的工厂、广阔的麦田以及成千上万可服役的有生力量。不过希特勒欣赏这个观点，就像喜欢伯蒂谢尔对太平洋战场所持的观点一样，而且明显得出结论。1940年秋天，希特勒说："由于美国目前的军备情况还不足以支撑其发动进攻，1942年前它不会在战争中扮演重要角色。而那个时候，英国早已被占领或成为废墟。"

至此，希特勒对美国参战的顾虑被他的武官完全消除，[1] 他根本看不到美国参战的威胁。几个月后，这依然是一件无须"重视的事"。珍珠港事件发生前10天，希特勒再次声明，美国参战"不再能明显威胁德国"。[2] 因此，1941年12月11日，他对美国宣战时，还认为不会有什么损失，可能还会有所斩获，比如切断英国的生命线、摧毁他憎恨的国家，让一切事态的发展与他的理想结果契合。带着伯蒂谢尔的再三保证，他终于迈出了这致命的一步。

---

[1] 原注：Weiberg, "Hitler's Image of America," 1012; Hillgruber, 196, 374-75; Compton, 122-23; Trefousse, 96-97; NA:RG59:People mission:Tannenberg interrogation:3; Farago, 477. 尽管在英国的最后一任武官认为伯蒂谢尔的报告"冷静且真实"，只是"在高层政治圈子里不被认可"（P-097a, 14），德国大使对伯蒂谢尔"无战争危险"影响的评估却要准确得多（NA:RG59:Poole mission:Dieckhoff interrogation:5-7）。

[2] 原注：DGFP, 11:1147, 12:1068, 13:854. 这些评价出自墨索里尼和芬兰外长。我认为他们表达了希特勒对战争与美国分裂观点的一个方面。他对他想加以控制的将军们（*Lagevorträge*, 184; *DGFP*, 12:988; Hewig, "Prelude to Weltblitzkrieg," 662, 663）以及日本外长表达了相反的观点，他可能希望后者将注意力从美国转向苏联（*DGFP*, 12:445）。

第 6 章
私营部门

　　1938 年的一个春日，在德国，弗兰克·A. 霍华德（Frank A Howard）戴着一个只把两只眼睛露出来的头罩，走进化工产品跨国垄断组织法本公司的办公室。此次来访，他要会见弗里茨·特尔·梅尔（Fritz ter Meer）博士。霍华德是美国新泽西州美孚石油公司附属研究所所长。他要见的对象特尔·梅尔博士高挑英俊，拥有一头银发，是一名化学家和纳粹分子，也是法本公司二部的负责人。特尔·梅尔博士负责的二部生产毒气、染料、化学药品以及合成橡胶等。

　　两人有许多共同点，而且他们相互认识，在美国和德国都曾有过交流。特尔·梅尔是一名化学家，霍华德的手下管理着一批化学家，他们在各自的领域都出类拔萃。他们二人都清楚两家公司在 1929 年和 1930 年签署了各项协议，以共享各自领域的研究成果，在各自领域共同开发新产品。

　　"丁基橡胶"是其中一种新材料，它是一种合成橡胶。法本公司早在 19 世纪 30 年代初期，就利用一种极易挥发的液体异丁烯合成了这种橡胶。异丁烯是石油冶炼过程中得到的副产品，并不难获取。但那时的"丁基橡胶"过于柔软与脆弱，没有商业价值，而此时德国还没有开始大量冶炼石油，不足以生产大量的异丁烯。但美孚石油公司却产出了大量的石油，还拥有自己的实验室。于是，在霍华德最初几次对德国的访问中，法本公司根据协定将合成丁基橡胶的技术告诉了他。

　　之后的几年，两位化学家共同在新泽西州乌烟瘴气的实验室里工作，他们发现，在异丁烯中加入另一种化合物，可以生产出一种坚实、应用面广的丁基橡胶。由于这种橡胶不透气，正好可用来制作内胎和软管。这个发现有着巨大的价值，很有商业前景。然而，这使得美孚石油公司担心，如果法本公司丢下他们，独立合成高质量的丁基橡胶，会损害它们作为该产品发明人的合法利益。因为当初两家公司的协议规定："先告诉对方某种新型化学方法的详细技术的一方……被认为是发明者。"于是，霍华德来到德国，把这个秘密告诉了特尔·梅尔。

1938年3月，希特勒吞并奥地利的纷乱日子过去之后没多久，两人见面了。霍华德将合成丁基橡胶的详细技术资料交给了特尔·梅尔。不过，特尔·梅尔只是口头承诺：他将说服德国政府——一直为德国科研工作提供经费支持——允许美国使用德国的合成橡胶类产品。事实上，这个诺言就是个空头支票，从来都没有实现。

如此一来，德国人没有付出任何代价，便得到生产一种化合物的情报，而摩托化战争依赖于这种物质。

类似事件并非这一起。1933年和1934年，位于美国布鲁克林，生产自动驾驶仪、定向陀螺仪、航空地平仪的斯佩里陀螺仪公司（Sperry Gyroscope Company）授权德国实力出众的精密仪器公司阿斯卡尼亚－韦克（Askania Werke A. G.）制造和销售自己的仪器设备。为此，斯佩里陀螺仪公司将技术细节和专业技能提供给阿斯卡尼亚公司，还给他们寄去生产所需的工具、图纸和操作过程等详细资料。这些工作在一段时间内成了斯佩里陀螺仪公司一位雇员的全部内容。此外，在连续几个月的时间里，阿斯卡尼亚公司的四名技术代表都在参观这家位于布鲁克林的工厂。不久之后，阿斯卡尼亚公司就能够独立生产航空地平仪，随后还有其他几种产品。

从这个事件中，斯佩里陀螺仪公司又得到什么好处呢？肯定没有得到相应的资料，因为对于斯佩里陀螺仪公司获得德国生产系统数据的要求，阿斯卡尼亚一直是各种搪塞。前者只得到阿斯卡尼亚不生产竞争性产品的保证，这也是其用技术资料换取而来的。德国人一直敷衍了好几年，直到1939年6月，希特勒发动战争的前夕，才提供给斯佩里陀螺仪公司一种三年前就已上市的单轴自动驾驶仪的资料。这三年里，德国人早就为他们日渐庞大的空军战斗机和轰炸机安装了斯佩里陀螺仪公司更为先进的精密仪器设备。

本迪克斯航空公司（Bendix Aviation Corporation）和另外两家德国企业签订了相似的协议。遵照协议，它为西门子机械器材有限公司提供航空仪器的设计图纸，却没有相应得到对方的全部资料。直到1940年，它还在为罗伯特·博世有限公司提供飞机和柴油机启动器的设计方案和制造技术。

用微不足道的东西从诚实、可靠的美国人那里收获如此之多的情报，对此德国人忍不住沾沾自喜起来：

> 与美国人的接触，让我们获取了大量协议之外的东西，比如发动机燃料和润滑油的合成与改进的技术，这对我们来说极其有用处，尤其是处于战争之中时。除此之外，我们还得到许多其他改进的技术。
>
> 以下几点值得一提：
>
> （1）首先，添加四乙基铅可改进燃料和这种产品的生产。没有四乙基铅，目前的作战方法根本不可能实现，这不需要特别说明。战争开始时我们就能生产四乙基铅，这完全依赖于美国人不久前给我们该产品的全部生产计划和经验技术。这让我们省去了研发这一困难的步骤（要知道四乙基铅是有毒的，曾经害死了多个美国人），可以直接使用成熟的生产技术及美国人多年来积累的经验……
>
> （3）在润滑油方面同样如此，德国在和美国接触后，掌握了许多对目前战争相当重要的经验。
>
> ……尤其是在异辛烷基础上生产航空燃油，我们几乎没有付出什么，但却得到了许多。

以上就是希特勒获取对战争价值重大的情报的方法，这些途径完全合法，不用派出任何间谍。

美国企业很擅长创新。法本公司为更加系统地在发明领域获取关于美国企业创新的情报，决定成立一个专门机构。为了这个机构的运转，马克斯·伊尔格纳（Max Ilgner）——公司常务董事会主席的侄子——也来到纽约。1928年，该机构正式成立，没过多长时间就运转良好，于是马克斯放心地把它交给弟弟鲁道夫，自己则回到德国进一步实现他的雄心壮志。该机构被命名为克姆尼科公司（Chemnyco Inc., 词根意为"化学"），这是根据它母公司的性质和办公地点确定的名字，它位于43街和44街之间的第五大道520号，一栋狭长的五层办公楼里。它是法本公司旗下独立的子公司，但前者通过订立每年84000美元的劳务合同来支持它，额外的工作还要支付相应的费用。

克姆尼科公司从开源情报中搜集一切可能的情报。它订阅的技术类和其他类型的报刊，仅目录就占满了16页的单倍行距打字纸，杂志的订阅费用一年就高达4000美元。它搜集各种地图，包括俄亥俄州的采矿工业布局图，各种油田、天然气田、海岸线和输油管的分布图。除此之外，它还从城镇商业部门了解当地工业情况及其经济优势；根据工业产品生产所交纳的专利特许使用金估计这些地区的产量。1937年，法本公司列出工厂名单，要求克姆尼科公司查清名单中工厂的碳化物产量，后者提供了其中三成工厂的产量数据。第二年，它设法提供给法本公司56种化学物质的样品，其中8种"很难得到"。克姆尼科公司还为许多参观美国工厂的德国人提供帮助。比如，有个人参观美国工厂6个月，这期间给德国寄送了数百页的报告，其中最有用的是关于合成化学品和合成橡胶的报告。每个星期，克姆尼科公司都会往德国邮寄数十张剪报和一份完整的报告。直到战争开始，受到英国方面的阻拦，这样直接传送情报才变得不可行，于是法本公司为克姆尼科公司提供了一些掩护地址，如可经由葡萄牙中转。直到希特勒向美国宣战的那天，克姆尼科公司才停止活动。

克姆尼科公司给法本公司提供的蓝图、剪报、报告和图片等有几百磅重，主要的接收者是法本公司的经济情报部。该机构位于柏林菩提树下大街78号，该办公地除了经济情报部外，还有法本公司的其他单位，知名的有德国军方驻该公司的一个联络处和政府机关驻该公司的一个联络处。按照邮政区域的划分，这个办公地点被称为"西北7号"，这里的领导人就是野心勃勃且狂妄自大的马克斯·伊尔格纳。

经济情报部创立于1929年，三名创始人都希望拥有一个和美国研究机构差不多的组织，但三人的目的各不相同。三人之中，一个是与国联有关系的前政府高官，希望能够用它来研究欧洲和平发展所需要的经济条件；一个是法本公司的首席执行官，希望用它来研究国际金融和货币，为自己牟利；第三位创始人则打算利用这个组织获取到的信息来处理劳资纠纷的问题，并尽可能利于管理层。一开始时，法本公司只是给这个组织提供经费，但到1936年，后者的工作人员都成为法本公司的雇员。

安东·雷辛格（Anton Reithinger）博士是德国统计部员工兼柏林大学副教授，他接手了经济情报部的工作。法本公司授权他可随意使用多年前设立在"西北7号"的一个小图书馆和剪报室。雷辛格工作的主要内容包括提供信息以帮助公司的老板们做决策，比如缔结专利协定时该用何种货币作为结算单位。雷辛格精力旺盛，带领经济情报部迅猛发展，之后该部门更名为公共经济部（Volkswirtschaftliche Abteilung）。公共经济部准确预测，到1934年1月美元将会贬值，这次成功的预测为法本公司节约了3000万马克，立下大功。此次成功让公共经济部得以进一步发展，部门员工从最开始的10人增加到100人，预算也相应地从10万马克增长到100万马克。关于市场、货币、化学工业发展和对手企业方面的情报，雷辛格很早就在搜集，同时还搜集其他国家的经济情报，特别是那些被法本公司视为潜在发展区域的国家。和许多经济研究机构获邀后才开始调查某一事情不同，只要产品、市场和人等引起了广泛关注，雷辛格就会马上开始进行搜集资料。因此，他能在保证质量的前提下，用比其他研究机构更快的速度，提供所需的情报。这样一来，许多"顾客"都被他的速度和质量所吸引，而倾向于阅读他们部门的情报，长期担任外交部商务处处长的卡尔·里特尔（Karl Ritter）就是"顾客"中的一员。

雷辛格的情报来源主要是一些出版物，有技术刊物也有大众刊物。其他大部分情报则主要通过交换得来，交换对象包括德国的经济研究机构、大型银行、政府部门以及国内外龙头企业，比如美国杜邦公司和英国规模巨大的帝国化学工业公司。许多外国企业都在法兰克福设有分部，因此公共经济部也在此建立了一个分支机构，以便更好地获取信息。还有一小部分情报来自法本公司常驻国外的代表——他们定期向总部汇报所在国的各种信息，以及德国派到国外进行专业考察的特派人员。他们提供的情报数量偏少，但都很有价值。公共经济部将这些情报汇总后装订成册，按顺序编码并配上绿色封皮，每次用平版印刷机印刷20—500本。[1] 比如关于东亚的报告已出到第四卷，于1938年9月6日印刷，发给包括最高统帅部战时经济和军备部部长格奥尔格·托马斯（Georg Thomas）将军、希特勒的党务秘书马丁·鲍曼[2]、德国驻东京大使以及克虏伯公司老板等在内的100余人。

马克斯·伊尔格纳决定情报将派发到谁手中。他意识到公共经济部的情报有很大价值，所以纳粹上台没多久，就向盖世太保、刚成立的党卫队保安处及托马斯将军售卖这些情报。托马斯将军的战时经济和军备部与这些情报有最直接的利益关系，因为德国的经济动员和对外战时经济的调查由他们负责。他与公共经济部有时是直接进行接触，有时通过法本公司于1935年建立、属于西北7号的军方联络处进行联络。海因里希·狄克曼（Heinrich Diekmann）博士是联络处的官员之一，他是一名化学家，兼管情报。1939年5月2日，他会见了托马斯的手下，给他们大致描述了英国的硝酸工厂和氮气工厂的情况，这两种原料是英国炸药工业的关键物质。他提到苏格兰的两家新工厂和一些旧工厂，还说起另一家工厂正在进行改建。在得到一个新工厂的基础建设成本之后，法本公司由此推算出其年产量为40000吨。狄克曼还纠正了1938年阿勃韦尔针对英国硝酸产量得出的错误数据。

8月，战争即将打响，雷辛格造访了托马斯的办公室，将他所掌握的档案资料交给托马斯任意使用。没过多久，战时经济和军备部发来请求，想要他提供原始资料，并进行一些专门研究。在这种情况下，雷辛格不得不抽调10个人专门处理这些材料，当时他们的人手总共才35个。托马斯的部下有时候直接通过电话询问相关事宜，有时会让公共经济部提供完整的报告，比如1940年提出

---

[1] 原注：NA:RG165:CSDIK/UK:PW Paper 110:§49; TWC:Case 6:Ilgner Document Book II:Document 34:28. 在后来的档案中，雷辛格称印刷了500到1000份报告副本。但雷辛格的证词在法本公司接受审判期间变动极大。他的陈述起初倾向于暗示法本公司管理人员，尤其是伊尔格纳有罪。后来，他的陈述更加闪烁其词，倾向于为他们开脱。没有证据支持他所说的1000份副本的数字，其他人的陈述以及分发清单则与之矛盾。因此我不认可此数。不过，上限500份对我来说似乎是可信的，雷辛格将这个数字作为下限。

[2] Martin Bormann（1900—1959），纳粹"二号战犯"，纳粹党秘书长，希特勒私人秘书，人称"元首的影子"。

让他们提供一篇关于美国炸药和氮气产量的报告，他们不得不遵命完成撰写报告的任务。此时，公共经济部和西北 7 号的其他单位都发展成庞大的部门，不得不二次搬家，最后在科赫街 73 号办公。

在对苏联作战的过程中，公共经济部为托马斯的对外战时经济部报告了有关苏联的经济状况。一份关于军事化工生产的报告指出，苏联的军事化工产业正在向东部转移。苏联西北部地区军事化工用品产量的占比，从 1937 年的 24.66% 下降到 1942 年的 14.73%。同期西西伯利亚占比从 0 增长到 4.25%。1943 年，公共经济部委托法本公司实验室对 90 枚苏联炮弹进行深入研究，结果证实，德国的入侵严重破坏了苏联的军火工业。公共经济部的报告指出，战前制造的炮弹主要填充的是三硝基甲苯[1]，1941 年及以后制造的炮弹，填充了越来越多的硝酸铵化合物（威力比三硝基甲苯弱很多）替代三硝基甲苯。报告将此归结于苏联三分之二的炼焦厂在 1941 年夏季都被德国控制着。

公共经济部还有对战争产生更直接、更恶劣影响的报告。托马斯的部门要求公共经济部提供敌国工厂的照片和地图，然而，公共经济部没有太多这方面的资料，所以他们被迫把技术出版物上的图片影印下来。一次，军方要求公共经济部提供英国克利夫顿镁厂的资料，后者根据航空照片和一位熟悉该厂的法本公司员工提供的资料，详细说明了该工厂各建筑物的用途。这些事情都是在为发起空袭做准备。

站在阿勃韦尔的立场，法本公司绕过自己与战时经济和军备部的直接联系，给它造成了极大的尴尬。作为一个号称专业而全面的情报搜集机构，阿勃韦尔也有下属的经济情报部门，否则就名不副实，这个部门称作 I Wi，I 是指间谍处，Wi 是德文 Wirtschaft（经济）的缩写。与法本公司有密切联系的那个机构，可能是其中最活跃的一个。

个中原因，得从阿尔布雷希特·福克（Albrecht Focke）少校说起。他 1914—1920 年间在炮兵部队服役，是一名活跃的炮兵军官，然后在一个货车制造厂担任经理。之后，他参加了阿勃韦尔后备军人的夏季训练，在训练期间被

---

[1] 即 TNT，一种烈性炸药，呈黄色粉末或鱼鳞片状，爆炸后呈负氧平衡，产生有毒气体。

朋友兼阿勃韦尔经济情报处处长恩斯特·布洛赫（Ernst Bloch）少校看中，尤其是他的商业背景。布洛赫劝说他重新服役。阿勃韦尔科隆站是前哨站中第一批设立经济情报组的，大约自 1936 年就有了。估计是因为法本公司生产阿司匹林的大型制药厂拜尔位于莱茵河下游几英里的勒沃库森，经济情报组才在这个地方设置。不过这个组的作为有限，部分原因是人手不够，整个组只有一名军官。直到 1938 年下半年，才来了第二名军官，也就是福克。他到来后，立即着手对经济情报组进行扩建。

福克个子不高，但脑子里却有不少主意。他往来于莱茵和鲁尔地区，接触法本公司及其他企业，从而获取情报。虽然他有时也会直接会见拜尔制药厂驻国外代表，但通常只限于勒沃库森工厂的经理、副经理、销售主任等法本公司董事。福克的助手，一名粗鲁顽固的年轻人，让销售主任颇为不满，因为这个助手通过一位更年轻的负责人，而不是通过他，搜集包括拜尔制药厂的往来信件和该厂驻国外代表的报告摘要等在内的一手资料。福克和拜尔制药厂的关系，堪比马克斯·伊尔格纳与布洛赫的关系。身为犹太混血儿的布洛赫，本被德国人认为有"血统缺陷"，现在却成为光荣的雅利安人。

泄露情报的行为一向遭到法本公司的强烈谴责。1939 年，在法兰克福，阿勃韦尔召集法本公司各工厂的经理和董事开会。这次会议的一个目的是提升情报的流通性。但是，"除了在法本公司吃完一顿美餐，会议没有取得什么成果"，福克后来评价说。之后的两年，情况更加糟糕。他不能坐视不理，只好把一些董事，这些德国最有势力的工业家，叫到办公室，向他们陈述他们应该对民族尽到应尽的责任，但没起到任何作用。某天，他向几名法本公司的人员作长篇大论，说明公司的情报能在很大程度上帮助提升阿勃韦尔的工作。后来，一位董事走到他面前，却不是答应提供更多的情报，而是询问自己的公司能否不再向阿勃韦尔提交报告！

伊尔格纳本人也是个两面派。他有一次对福克说："我不理解，你肯定收到了我的旅行报告。"

福克否认后，伊尔格纳把一个部下叫来狠狠骂了一顿。当这个部下和福克一起离开房间时，前者对后者说："这下你清楚他的为人了吧，他早就知道你没有收到那些报告。"

法本公司用一切可能的理由拒绝提供情报。1944 年春天，阿勃韦尔正要将工作移交给党卫队保安处之际，一名阿勃韦尔军官来到法本公司索取一些数据。法本公司的经理问道："听说你们在为党卫军工作，可是有国防军的人来我们这里了，这是什么情况呢？"福克说，这就是"法本公司逃避提供情报的惯用手段"。他觉得大型企业对战争做出的贡献全部加起来都比不上一个普通人，法本公司更是如此。他认为这个垄断企业看重的只有自己的经济利益，但这不是根本的原因。大型企业再次将自己的利益凌驾于任何人和事物之上，包括国家。

阿勃韦尔也向其他公司索取情报。卡尔·蔡司公司（Carl Zeiss）是一家大型光学仪器公司，位于离捷克边境不远的耶拿。1935 年 3 月 20 日，阿勃韦尔德累斯顿站的古斯塔夫·博德（Gustav Bode）少校给这个公司的经理奥古斯特·科特豪斯（August Kotthaus）写了一封信，在礼貌地感谢科特豪斯"愿意支持我的工作——经济侦察"后，向他提出了更多的需求。第一个问题是：斯柯达公司中负责生产曲轴的是哪家工厂？这家工厂有没有最新的计划？该厂建筑物有什么样易于识别的特征？"其他问题则是关于布拉格一家企业生产的电子监听仪器和地图。一个月后，科特豪斯给出了答复。除了博德，还有两个谍报站的军官在与蔡司公司接触，蔡司公司均表示配合，提供了各国的光学和精密仪器工业的资料，比如捷克斯洛伐克、波兰、苏联、法国和美国等。1937 年夏天，蔡司公司的经理们在参观华沙规模最大的精密仪器和光学设备工厂时获悉，这家工厂为一个半岛上的一座要塞安装了火炮火控系统，要塞是为保卫但泽而修建的。他们立刻向阿勃韦尔做了汇报。

阿勃韦尔还与军火制造商阿尔弗里德·克房伯公司（Fried. Krupp A. G.）进行了接触，后者是德国规模最大的企业，但也是德国最臭名昭著的企业。1937 年 10 月 12 日，阿勃韦尔的海军少校赫尔曼·门泽尔（Hermann Menzel）在埃森市与克房伯公司的代表进行了协商。

"门泽尔要求克房伯公司提供外国军备的情报，比如通过我们国外代理搜集的，或者通过其他渠道获得的，都要转呈阿勃韦尔，报纸上发表过的除外。"这位克房伯代表说："我们会提供情报。"会谈快要结束时，门泽尔发现这位商人明显表现出担忧，便对其进行了一番安抚，还向他保证，不会把公司提供给阿勃韦尔的情报透露给他们的竞争对手。

事实上,克虏伯公司的一个竞争对手已经在为阿勃韦尔工作,而且提供了很多情报。它就是莱茵金属-博尔西格公司——大型枪炮制造公司。阿勃韦尔吸纳了这个公司的一位前员工,因此顺利得到许多情报。

纳粹党的情报机构同样在寻求与大企业的合作机会。1941年6月,瓦尔特·施伦堡担任德国中央保安局第六处处长,在这之前很长一段时间,他就在考虑搜集经济情报的必要性。他在30年代初期处理过一些经济纠纷,后来也跟企业有过往来,那时他在鲁尔地区执行党卫队保安处的反间谍任务。担任德国中央保安局第六处处长后,他立即拜访了略显娘娘腔的德国经济部部长瓦尔特·冯克(Walther Funk)。据说,冯克对28岁的施伦堡极为欣赏,便准许他在经济部建立联络处,以帮助六处打入一些重要企业。在建立联络处的同时,施伦堡在六处内建立了经济情报机构:六处经济情报组。

之后,他几乎接触了德国的所有重要企业,并向其中大部分的企业派遣了作为六处经济情报组联络员的官员。比如,六处经济情报组就与德累斯顿银行里的纳粹党员卡尔·拉舍(Karl Rasche)博士经常往来。施伦堡的下属同工业协会和拥有国外联络的公司交谈,前者包括德国工业集团,后者有德律风根公司、标准电气公司、汉堡航运公司等。他们将拿到的情报送到六处经济情报组。情报在那里经过处理后,会提供给军备部长阿尔贝特·施佩尔这样的顾客。

独立研究机构和政府研究机构同样为德国情报工作出力。这些机构大都成立于战前,目的是研究经济事务。比如,市场分析研究所可追溯到1925年,从那时起,它就作为德国统计部的一个工作小组,进行经济方面的研究。截止到战争开始之前,它拥有180名雇员、一个藏书25000册的图书馆和属于自己的办公大楼——位于柏林法萨伦大街。现在,许多数据和信息流入这里或许多其他类似机构,在经过工作人员的分析、整理后,形成一份完整的报告,或应邀或主动地提供给军方和纳粹党机构。这些报告对于军事问题的判断通常较为保守,但有时也会给出直接结论。

例如,在进攻荷兰前,帝国战时经济计划部发表了关于荷兰经济结构的报告,共87页,极其细致地介绍了荷兰的人口组成、土地面积、农业和各工业部门的具体情况。报告从经济角度将荷兰划分为"工业较落后的北方和主要工业区所在的南方",同时指出该国"商业和交通运输……大部分被犹太人掌控着"。但是,报告给出的结论中并没有涉及这个国家对德国具有多么重要的战略意义。同时,战时经济计划部准备了另一篇报告,题为"战时英国船舶吨位问题"。该报告共 23 页,其预测如下:"如果德国能够长时间(比如两年)保持战争前两个星期内击沉船只的速度,也就是每月击沉船只总吨位达到 50 万吨,甚至更快,除非美国积极参与战争,否则大不列颠注定战败,因为向中立国求助或紧急造船是无法弥补如此巨大的损失的。"

许多机构都在向军事机构报送资料,其中不乏规模很大且声望极高的机构,还有的规模小到只有一个工作人员。前者如基尔大学著名的世界经济研究所。该研究所于 1943 年 6 月提交了关于英国机构对德封锁情况的报告。后者如伊凡·卡尔·图林(Ivan Karl Turyn)博士,他在维也纳市中心多布尔霍夫特街 5 号 9 单元工作,1941 年年底到 1942 年年初,基本上每天都寄送两三页的报告。其中,1941 年 9 月 18 日的第 129 期报告说,虽然匈牙利提高了石油税,但石油厂商还是决定维持原有价格不变。帝国统计部对外研究处 1942 年绘制出苏联经济地图册,图册中标有石油、煤、木材、铁、锰等重要原料的产地。入侵俄罗斯不久,格梅林研究所(Gmelin Institute)提供了苏联开采磷酸盐岩的数据资料。在土耳其与德国断交后,马里昂巴德研究所(Marienbad Research Institute)表示,只要破坏幼发拉底河上的一座铁路桥梁,就能一下子切断每月输往美国 12000 吨铬的运输线。对此,研究所采用有关桥梁的照片、简图及十分详细的铁路地图做出了说明。

不过,这些报告大多数没有实质内容。在德国,大约有 380 个此类研究机构,有些是纯学术性质的,比如专门编纂海外德语词典的机构,但大多数是在为国防服务。这些机构被各种学术协会、政府和纳粹党掌控着,比如德国研究委员会、德国研究协会、科学教育与人民文化部研究处、负责处理文化事务的内务部六处。这些组织间的想法经常相互冲突,为纳粹时期钩心斗角的斗争又增添了学术界的谩骂奇景。

1943 年年底,希姆莱开始对他的地盘进行机构重组。这时内务部长弗里克

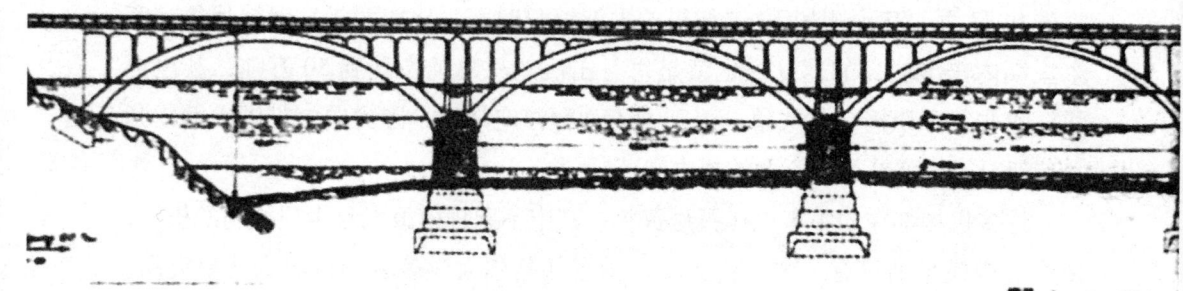

这是土耳其境内幼发拉底河上一座铁路桥的图纸,由马里昂巴德研究所提供。炸毁该桥可中断经海路向同盟国运铬的路线。

已被撤职几个月,希姆莱把内务部六处监督研究机构的权力转移到德国中央保安局对外情报处,交由 31 岁的维也纳历史学家、党卫军中尉维尔弗里德·克拉勒特(Wilfried Krallert)博士负责。身高 6 英尺 2 英寸(约 188 厘米的克拉勒特,以前在维也纳负责内务部研究著作的出版工作。施伦堡为此在他主管的六处里设立了一个新组——G 组,任命克拉勒特担任组长。

克拉勒特工作的主要内容是协调研究机构,使其工作标准化。比如,1944 年 3 月 9 日—10 日在布拉格召开的会议上,克拉勒特希望研究机构要团结合作,同时表明自己在着手进行统一地图符号和颜色的工作。与会人员中,应该有很多人为克拉勒特没有德国当权派常有的独裁与咄咄逼人的习惯感到欣喜。

但是,这个研究系统注定走向灭亡。最高统帅部战时经济和军备部为这些研究机构提供的经费逐年减少,1941—1942 年的经费有 305763 马克(122305 美元),但可悲的是,1943—1944 年经费就下降到只有 121869 马克(48747 美元)。而 1944 年 9 月到战争结束时,大多数研究机构都因缺少经费停止了

运行，且未能重新运转起来。然而没有证据表明，德国在战争中因此遭受了重大损失。

德国也从战时盟友那里获取情报，不过通过这种渠道所获情报极少。匈牙利、罗马尼亚、芬兰既没有刺探情报的手段，也没有刺探情报的动机；日本人隔了半个地球；意大利人半路就退出了战争。

在战争开始前，德国与其盟友的情报交流没有形成组织基础，不过就是一方偶尔向另一方提供几条具体的情报。

德国入侵苏俄前，芬兰给德国提供了它们在冬季战争[1]中总结的经验。后来，前线情报的传递形成惯例，比如在德国人指挥罗马尼亚和匈牙利军队作战的地方。虽说情报交流的渠道在战争期间形成了，也在没有武官的地方建立了

---

[1] 二战前，苏联和芬兰之间爆发的战争。苏联付出巨大军事代价打败了芬兰，最终迫使芬兰割让与租借了部分领土。

联络站，但盟友高层提供给德国的情报依然没有大批量地进来，只有一些细小零碎的情报。比如维希法国的达尔朗[1]将军把有关英国海军部署的情报提供给德国海军，德国元首对此深表欢迎。1942年8月3日，陆军总参谋长在指挥德军进军斯大林格勒的途中收到一条情报："三个集团军位于斯大林格勒西侧，满编师较少。缺乏统一指挥，各集团军群独自作战，没有紧密的联系。"这份报告来自日本驻苏武官，经由斯德哥尔摩中转而来。巴尔干卫星国好像没有为德国的东、西线外军处提供关键性情报，或许是因为东线情报已合并到集团军群报告里提供给东线外军处的缘故，又或许是这些卫星国同美英没有过多接触，缺乏有价值的情报来源。

矛盾的是，轴心国在最机密的领域——无线电情报上，进行了最为密切的情报合作往来。主要原因在于无线电情报数量大、内容最具体，技术上的合作容易实施且成果斐然。海军电讯监听处（B-Dienst）早在1934年就开始与芬兰人合作，以监听苏联海军动向。在得到佛朗哥的允许后，德国又在西班牙建立监听站，监听英法海军在地中海的联络情况。战前，海军电讯监听处同意就截听到的法国情报与意大利人进行交换，后来还包括英国情报；之后他们合作得更加紧密，深化为密码分析技术和破译结果的互换。日本人曾接触德军密码破译员，交换苏俄的密码材料。没过多久，德军密码破译员向意大利人提供法国密码的密钥，希望意大利提供地中海的情报作为回报。战争达到高潮时，在维也纳负责东南欧地区事务的党卫队保安处年轻情报评估员威廉·赫特尔（Wilhelm Höttl），接触到匈牙利军队的一个无线电情报机构，花钱购买了大量已被破译的密码情报，其中尤以来自土耳其驻莫斯科大使和武官的情报最有价值；然后他将情报传回给柏林的施伦堡。

阿勃韦尔与意大利军事情报局的情报交换，主要源于卡纳里斯和切萨雷·阿梅（Cesare Amè）将军之间的友谊。外交渠道也被德国及其盟国用来传递情报。例如，美国驻伦敦大使馆的密码破译员泰勒·肯特（Tyler Kent），将上百份机密文件复制后交给他的一位女性朋友；这个朋友随后把文件转交给意

---

[1] 弗朗索瓦·达尔朗（1881—1942），法国海军元帅、海军总司令，曾任维希政府代总理、外交部长、海军部长、内务部长等职，是一位非常有争议的指挥官。

大利武官，此时英国和意大利还没有开战。这个行为的结果是，1940年5月23日，德国驻罗马大使通过电报告知柏林方面许多重要的问题，其中就有罗斯福总统对温斯顿·丘吉尔说的话："有可能会把四五十艘旧型号驱逐舰交给英国。"

有时，轴心国的政府首脑们也会互相交换情报。他们一般把情报写在信上，目的是证明自己观点的正确性。"我确定美国会参战，"1941年11月6日墨索里尼在信中对希特勒说，"这次会是一支远征军，将驻扎埃及。这是能够推断出来的。我们这边截获了一份电报，电报中说由马克斯韦尔将军率领的一个代表团已抵达开罗。"其他轴心国独裁者基本不会提供情报，哪怕这样微乎其微的情报也不会。德国周围那些小国的代表害怕得罪德国，在与希特勒开会时，他们手中情报的唯一作用，就是附和希特勒对现状的分析。他们点头表示赞同希特勒的观点，用自己的话语重复他的说法，用情报中提供的事实论证他的观点。这对情报工作没有任何积极的作用，它印证并加深了希特勒对局势不切实际和扭曲变形的看法，而希特勒正意图借此操控德国的战争机器。

几个世纪以来，德国人不断移居国外，几乎世界各个角落都有，在各地都建立了定居地或殖民地。在一些地方，他们很快就被同化，比如美国；在另外一些地方，他们却将自己隔离在"飞地"上，保留了自己的文化、语言传统。德国人在苏俄拥有的最大"飞地"，就是伏尔加德意志人苏维埃社会主义自治共和国，是苏联政府为他们所建。

74个机构维持着足有400万旅居海外的德国移民与祖国的联系。有些组织的历史甚至可追溯到1880年，创建的目的主要是为了维持经济和文化上的联系。新设立的纳粹机构企图增强纳粹党对德国移民的影响，除此之外，还想利用他们达到纳粹党的对外政策目的。这其中众所周知的就是第五纵队的传奇故事。纳粹党的新老组织，都在从德国移民那里获取情报。

德国海外研究所是几个亲纳粹的移民联系机构中最为重要的一个。1917年成立时，它只是一个宣传机构，但一战后其功能发生了改变，这大概跟其所处的位置有关。它所在的斯图加特是个移民输出很多的地区。为了帮助德国人在海外谋生，它开始搜集其他国家工业和就业方面的信息。希特勒上台后，这个机构纳粹化了，但搜集情报的工作依然进行着。

剪报是该机构的主要情报来源，按不同国家进行分类处理。有些情报来自旅行者或当地居民应邀撰写的报告。不过这种情报大都过于概括，细节虽然无误，但对大局的判断却总是不够准确，比如在美国国民对德态度上就错得离谱。原因在于它的情报员几乎都是德国人或德国人的后裔，或长期居住或短期访问德国侨民区，观点具有片面性，在做剪报时或多或少会选择带有德国人偏见的材料。这使得德国海外研究所未能使德国正视美国的主流认知。

但是，德国海外研究所的大量档案和报纸、杂志，对追求事实真相的政府机构（比如阿勃韦尔）来说并不是完全没有价值。为了方便德国占领位于捷克斯洛伐克边界的日耳曼人聚居区苏台德，德国海外研究所向国防军最高统帅部提供了一幅比例为1:200000的地图，上面标识了捷克人和日耳曼人居住区的交界处。1938年2月11日，卡纳里斯海军上将给斯图加特市长去信，称赞德国海外研究所"时常为德国军队做出宝贵的贡献"，与信一起的还有5000马克（2000美元），作为德国海外研究所与阿勃韦尔斯图加特站继续合作的预付金。其中的3000马克被研究所用来开设了一个报刊剪辑服务部，剩下的钱被用来招聘了几位新成员，服务于最高统帅部和当地军区的几位军官。战争爆发后，阿勃韦尔斯图加特站要求德国海外研究所每日制作军事新闻剪报，提供给最高统帅部和海军总司令部。1942年，阿勃韦尔派遣乘坐潜艇去美国执行任务（就是八人破坏行动）的人员名单，也是从德国海外研究所的档案里寻找的。

到目前为止，纳粹机构中最为重要的对外情报搜集机构是纳粹党对外组织（Auslandsorganisation 或 AO），一个囊括所有国外纳粹党员的组织。它的负责人或者领袖是恩斯特－威廉·博勒（Ernst-Wilhelm Bohle）。1931年，不到30岁，他就在汉堡创立了该组织，这得益于他在英国出生，所以具备领导该组织的资格。在他的领导下，这个组织发展迅速，从1933年初的3350人发展为1939年的52648人。1937年，他受到嘉奖，成为外交部国务秘书。1935年夏，博勒和里宾特洛甫（当时只是希特勒的首席外交顾问）商定，这个组织的成员应当帮助推进第三帝国外交政策的实现，途径就是提供所在国的情报。

因此，纳粹党对外组织总部每个月都会收到来自各个国家纳粹党组织领导人撰写的报告。这些报告大概四五页，主要是关于所在国的政治形势，偶尔也掺杂一些经济和军事方面的情报。博勒炫耀，与外交部从外交官那里获得的信息相比，他从国外纳粹党员处了解到的东西更多。他首先把报告送给纳粹党内的顶头上司赫斯和鲍曼，而非外交部长。这些报告希姆莱也会看，但博勒再夸大其词也改变不了这些报告质量不高的现实，况且报告里也缺乏有现实意义的外国秘密，因此希特勒很少看。国外的纳粹党组织领导人主要是从所在国的报纸及刊物上搜集情报，连评论或获取到的其他信息都很少添进去。当然，他们选择的信息非常符合纳粹党高层的要求，连希姆莱都能一口气阅读对外组织那长篇大论的报告，并且给予"非常有趣""很有见解"之类的批复。要知道希姆莱很少有耐心看超过两页的材料。实际上，这些报告内容浅显且缺乏实质性内容，完全无益于外交政策的制定。

然而，纳粹党对外组织还有另一个功能，也是更为恶劣的功能：提供大批潜在间谍。对外组织 1937 年就与阿勃韦尔保持联系，联系人是一战时期当过炮兵的对外组织成员海因茨·科尔斯（Heinz Cohrs）上尉。1933 年，由于参加亲纳粹的活动，他被赶出奥地利，名声扫地。后来，博勒任命他所在组织的人事负责人埃里希·施瑙斯（Erich Schnaus）担任党卫队保安处的联络官。施瑙斯刚 30 岁出头，个子很高，曾担任马德里纳粹党组织的负责人，但博勒觉得他做事缺乏创新，不过好在他踏实稳重。

对外组织最为成功的一次间谍活动发生在荷兰。那里的纳粹党负责人是一位名为奥托·布廷（Otto Butting）的牙科医生，德国驻荷兰大使都害怕他，可见他是个可怕的人物。他以防止荷兰人窃取情报的名义，自己出任大使馆专员，在海牙利用外交豁免权占据了半栋房子进行间谍活动，另外半栋被自带间谍系统的阿勃韦尔占用。除了这些雇佣的间谍，日耳曼公民协会（荷兰纳粹组织的另称）的会员也遍布荷兰的各个角落，并且都可为布廷所用。1939 年 2 月，他希望能派出德国姑娘去荷兰显贵家里当女佣，以刺探情报，不过他的想法没能实现。他的另一个建议同样没有结果，就是派协会会员在荷兰的航运企业中进行间谍活动。科尔斯告诉他，阿勃韦尔已安排好。最后，布廷直接指示在荷兰公务系统的一位组织人员向他提供所有军事方面的信息。

几十个类型的情报汇聚到他这里，有对筑垒工事、机场、公路障碍物的描述,有对电话窃听和军队调动的报告。这里面的部分情报被布廷送给号称对荷兰的每块石头、每棵树都了如指掌的阿勃韦尔驻荷兰负责人,其他情报则被塞到寄给科尔斯的信封里,被他利用外交豁免权带到边境另一边的克莱沃寄出。糟糕的是,1940 年 4 月的一天,一封装有 15 页报告的信丢了。这十几页的报告中有打印的,有手写的,有的使用了使馆的信笺,有的写有布廷署名,有的写有阿勃韦尔驻荷兰负责人的别名"乔纳森"。这封信遗失在海牙郊区沃尔堡的街道旁,被一个骑自行车的人拾到。荷兰人看到信的内容后,立即把布廷驱逐出境。但他已经完成工作。博勒写道,他成功获取了荷兰的军队、防御体系及其设施的情报,完成了委派的任务。

南美洲也是纳粹党对外组织招募间谍的地方。智利和阿根廷间谍组织成员的名字,许多还是在纳粹党档案中第一次发现的。阿勃韦尔斯图加特站派驻了几十名纳粹党对外组织成员在瑞士进行活动。如此吸纳的成员,不复间谍本应该有的低调。可德国人却坚持这样操作,或许是因为这样发展成员比较容易,抑或是有这样做的必要。这种做法并不适合所有地区,它在有些地方大获成功,在另一些地方却有些失败。一些拉美国家政府亲纳粹的态度为这些间谍提供了保护网,但是 1942 年 8 月,几十名纳粹党对外组织成员还是在瑞士遭到逮捕。

在美国,纳粹党对外组织和阿勃韦尔没有从德裔美国人同盟及其前辈那里吸纳特工,因为担心发生损伤两国关系的事件。事实上,纳粹党和德国政府尽量避开这些组织,并且不鼓励当地纳粹党员参加政治活动。不过,仍出现了纳粹党员私自进行间谍活动的现象。比如一个内科医生,他是德裔美国人同盟的先驱,曾担任新德意志之友协会主席。他建立了一个间谍网,但在 1938 年被破获。虽然谣言满天飞,但没有事实能够证明德裔美国人同盟与这个间谍网有任何关系,因为两者本来就没有联系。事实上,德裔美国人同盟负责人弗里茨·库恩(Fritz Kuhn)曾宣称:"他们要是间谍,就得全被枪毙。"众所周知,他们不是间谍。不过,阿勃韦尔虽然勉强得到外交部的允许,能够继续在美国从事间谍活动,却不在德裔美国人同盟和纳粹党对外组织中招收特工。

战争期间,博勒日渐不满对外组织成为其他机构增强实力的垫脚石,而自己处于从属地位。他需要维护自己的权力。其实这些机构正在瓦解。1941 年,他被免去外交部国务秘书的职务。和第三帝国其他丧失实权的人一样,他投身情报活动，以此间接获得权力。

为此，他建立了属于自己的情报网。但是1942年夏天，他与抢先一步行事的官方情报机构发生了冲突；在土耳其，担任德国驻安卡拉大使的前总理弗朗茨·冯·巴本（Franz von Papen）与纳粹党对外组织展开了激烈争斗，最后迫使里宾特洛甫下令召回土耳其的纳粹党组织领导人。此时，希姆莱应施伦堡的要求，警告各国纳粹党组织领导人，不得私自建立自己的情报组织。施伦堡认为自己已取得这场战斗的胜利，与卡纳里斯又重新利用纳粹党对外组织获取人员名单，从中寻找可充当特工的人选，尤其是那些身在德国、有过海外居住经历的人。

然而，希特勒领导下的政府很少取得彻底、完全的胜利。大约一年之后，纳粹党对外组织仍然在土耳其保留着一个秘密的私人情报机构，机构中发生的一次叛逃没有让其受损，反倒让那里的阿勃韦尔崩溃。机构的特工被空军一名情报官形容为"缺乏技术和经验的半吊子"。但是，他们报告的好与坏，客观与片面，都没有什么价值了。现如今局势发展早就不能被情报决定。1944年8月2日，土耳其同德国断交，让博勒希望通过一次外交政变恢复自己权力的希望破产。

第 7 章
前线侦察

获取军事情报最古老、最易操作和最基础的方法是士兵对敌人的观察。看敌人的动作，听敌人的响动，甚至根据嗅觉进行判断。在肉搏中，他还能感知敌人，在预料敌人的刺刀就要刺过来时进行躲闪。士兵用枪瞄准时，是需要智商的。

这当然是情报的最基本形式。但这种形式是德国在获取敌军行动的军事情报时使用最广泛、最主要的方式。它是情报参谋写报告的依据，虽然随着指挥机构级别的升高，这种情报来源和其他来源方式比起来，显得愈加不重要。有时这种个体观察能够为把握敌军意图提供线索。例如，发现苏联士兵戴着普通帽子，那他们坚持防守的可能性很大；如果戴着钢盔，则很可能意味着他们在准备进攻。1944 年在诺曼底，德国人发现英国军队在狭窄的滩头占领区架桥，而且有源源不断的供给涌入。他们猜测英军是在为突围做准备。

德国人通常不是仅凭一次观察就推断出敌人的动向，而是在连续多次的观察后才得出结论。1942 年在苏俄中部，他们就是这么做的，而且取得了很大的成功。

第 102 步兵师前方是一片地势平坦、视野开阔的田野，没有耕作过的痕迹，一丛丛灌木点缀其中，阔叶树和针叶树混杂在一起生长。北边是一些低矮的丘陵。这一带密布无数的小村庄，每个村庄都仅有一条街，街道两侧是房屋，村庄与村庄之间通常相隔不到半英里。第 102 步兵师的前沿阵地是南北走向，奥苏加河从东北方向斜穿流过。这条河75英尺宽，两岸陡峭，蜿蜒曲折，在苏军阵地后和情况类似的瓦祖扎河汇流，最终汇入伏尔加河。

苏军意图的线索

进攻	防守
佩戴钢盔	戴便帽
调整大炮攻击	以规律的时间间隔进行反复的火力骚扰，比如早晨和夜晚
观察哨增加，但火力未显著增加	许多哨位交替进行间断射击
清除雷区和铁丝网	设置雷区和铁丝网
构筑轻型掩体	构筑重型掩体
在紧靠前线的地方构建空的真实炮兵阵地，或是放置几门假炮，尤其是高射炮阵地	构建假炮兵阵地（没有集火点），高射炮只布置在交通枢纽的位置
在前线附近秘密布置车辆	相同位置出现零星坦克
一长段时间内，不断增加的车辆以纵队的形式带着马达的轰鸣声朝前线开去	车辆没有增加
巡逻队增加	巡逻队未增加
士兵在火力覆盖区域的动作异常，透着紧张，预示着新部队的到来	士兵行为无变化
用餐和警戒时间的变化	时间表无变化
出现新的面孔和语言	老面孔和原来的语言
携带包裹，没有戴防毒面具	携带防毒面具，未带包裹

从野战防御工事和山坡上，德国军队能看到位于两条河之间的敌军阵地。他们看得见苏联士兵吃饭、走路、挖战壕，有时候能听到他们谈话，还有车辆的声音。这些观察汇总到师级情报参谋那里，被试图还原为完整的敌情，其中重要的信息会被送到军级司令部。

根据1942年11月的战略形势图判断，苏联有可能马上发动进攻。第102师属于中央集团军群，其前线向东面的莫斯科方向突出，距离莫斯科有120英里。苏军试图在这年夏天攻下该突出部，但没有成功。它依然在那里，威胁、诱惑着苏联军队，让他们愤怒不已。德军上级指挥部认为苏军会再次对这里发动进攻，而要守住此地，德军必须准确了解苏军在这漫长防线上的具体进攻地点。

从苏联人及其活动就能大概找到答案。11 月 5 日，星期四，德军碰巧发现几百名苏军向第 102 师及其南面一个师的前线推进。在此之前，苏军早已开始用远程火力对第 102 师进行过骚扰。但在那天，苏军首次发射了口径各异的炮弹，以及一次齐射 16 发的炮弹，这说明"斯大林的管风琴"喀秋莎火箭炮到了。如此看来，苏军正在增强炮兵力量，企图借此削弱德军实力。那天晚上，苏军在三五辆坦克的支援下，对第 102 师前线的薄弱点发起试探进攻。第二天，一个阳光明媚的星期五，德军发现六七百名苏军在以连为单位向前线推进。星期六，苏军战壕的活动看起来没有异常，只有后方能发现小规模的调动。苏军继续用炮火骚扰第 102 师，德军津津有味地看着苏军企图在硝烟的掩护下，将两门反坦克炮从一个溪谷中转移出来。

各军、集团军、集团军群的情报参谋判断，第 102 师的这些活动比前线其他地方的活动更为频繁、激烈，因此他们大概率是敌人的打击目标。然而，不久后的一场秋雨使道路变得泥泞，车辆难以通行，这些军事活动都归于寂静。直到大地结冰，冰面可以承受坦克的重量时，苏军才恢复活动。

11 月 18 日，大炮和火箭炮的轰炸声打破了秋雨带来的寂静，苏军向第 102 师的侧翼发起攻击。这是第 102 师首次看到穿着冬装的滑雪部队和雪橇部队[1]，听见敌人挖掘和击锤的声音。为了再次侦察第 102 师左翼，苏军对 207.3 高地发动突袭，付出了 26 名士兵的代价。之后的几天里，奥苏加河和瓦祖扎河之间的车辆来往越加频繁。为期 10 天的炮火侦察说明，第 102 师和附近德军所面对的苏军炮火比之前更加密集。苏军已掌握第 102 师和邻近各师的情况，再次对 207.3 高地发动进攻，同时加强前线部队兵力，开始在瓦祖扎河上架设桥梁。德军军官通过望远镜进行观察，得出结论：这些桥梁足以支持坦克通行。

除了这些基本情报，更高级别的情报参谋还拥有更多的情报来源，如无线电截听、间谍搜集、俘虏和逃兵供出的情报，等等。但最能让德军确信苏军真

---

[1] 苏联设有滑雪部队和雪橇部队。滑雪部队于冬季战争期间首次组建，战后废除，又于 1941 年冬开始第二次组建；由于雪橇的产量低，雪橇部队一般以"营"为建制。

正的进攻目标就是第 102 师的线索，是苏军部队的增援、炮火的密集程度、侦察牺牲的士兵，以及修筑工事和桥梁消耗的人力物力等铁一般的事实。因为苏联红军对军火和士兵有着迫切需求，不可能仅仅为了制造假象而浪费掉数量如此庞大的人力物力。相较于其他地区，在此处进行如此大规模的集结，相当于直接告诉德军第 102 师就是苏军的主要进攻目标。

果然，11 月 25 日上午 7 点 30 分，在一个半小时的炮火猛攻后，苏军正式发动进攻。在 25 辆坦克的掩护下，身着褐色军装的苏军士兵一波接一波冲向第 102 师阵地。但让他们想不到的是，德军方面早已做好反击准备，瞄准"预测的主要突击点"，击退了"意料中的"苏联"火星行动"[1]中最猛烈的一次攻击。

德国人在这次防守中获胜，主要依靠被动观察所获取的情报。然而，他们不是消极等待情报，而是主动出击去前线搜集情报。他们搜集情报的主要方式是侦察，连、营、团指挥官常常派遣小股士兵在深夜潜入敌军防线内，仔细侦察敌军的一举一动。

例如，一个指挥官希望他们的侦察队弄清楚以下问题：

1. 苏军是否在前线附近或纵深准备了防线（而把少量步兵和强大的炮火留在前线）？
2. 敌人阵地（散兵坑、战壕、防空壕、交通通道、坚固支撑点、机枪掩体、混凝土掩体）的位置？
3. 哪里设置了路障和障碍物？
4. 地雷布在何处？
5. 哪里是肉搏战防线？
6. 反坦克防线在哪里？

---

[1] 苏联冬季大反攻中莫斯科方向的行动，苏军由朱可夫元帅指挥，投入了 7 个集团军主攻驻守勒热夫突出部的德军第 9 集团军，但德军莫德尔元帅顽强抵抗，最终"火星行动"以苏军惨败告终。

侦察队的规模大小不一，根据任务的困难程度而定，任务没那么困难时基本只派几个士兵潜入敌军阵地。1940年初，第98步兵师第289步兵团派遣了一个侦察队，在马其诺防线附近进行了连续两个晚上的侦察后，写了这篇报告：

侦察队在第10连温克勒中尉率领下，于1940年3月2日晚，穿过沙伊本哈尔特西面运动场对面的劳特（从德国进入阿尔萨斯——法国的一个德语区），发现一个机枪阵地（无人占领）和一个地下防空壕（无人占领），前者位于沙伊本哈尔特至涅代尔洛泰尔巴克铁路线上，后者位于海登堡。侦察队此次任务未遭遇攻击。

1940年3月3日，温克勒中尉和莱帕尔少尉、梅德里希下士和列兵韦尔勒再次越过劳特来到这里，准备沿着铁路线向东侦察。侦察队在铁路线附近遭遇一个手雷陷阱，里面的两个手榴弹爆炸，导致侦察队暴露和温克勒中尉受轻伤。但侦察队赶在法国人到来前迅速返回了。

比这种侦察队规模更大的是战斗侦察队，除了侦察敌军阵地外，还需要审问俘虏以及搜缴文件。在意大利，第一空降团的战斗侦察队在美国军队后方10英里处待了整整三天，对其防御体系、供应线和后备队进行了侦察。在苏联，第320掷弹兵团的突击队侦察了敌人的领土：

突击队由2名军士、5名士兵、3名工兵、2支掩护队（每队10名士兵），以及第212通信营的费德勒中尉（携带一部电台）组成，斯特弗勒尔军士带领该突击队于1943年1月16日下午3点55分从德军主阵地出发，下午4点50分抵达敌军阵地铁丝网附近。天空中的云层不一会儿就消散得无影无踪，侦察活动被迫推迟进行。在呼啸的寒风中和嘎吱作响的雪地上做准备工作时挑战极大。不过，行动没有被苏军发现。他们的机枪前哨在向另一个方位扫射；铁丝网高5英尺，共3排，形成15英尺纵深的障碍。铁丝网障碍前方35英尺是反坦克地雷，露出雪层约4英寸，可轻易发现。铁丝网前方很近的地方，是圆锥状的铸铁拉线地雷。工兵普罗布斯特下士剪断铁丝网和地雷拉线，向机枪射击孔里塞入一包分离式装填的炸药包以及闪光弹。一个工兵和一个士兵分别迅速去往突破点以北和以南约 30 米左右的区域，各埋下一个警戒地雷。这时，突破点正北面的掩体里，一个哨兵拉响了警报。

泥灰墙四周都是铁丝网，主阵地四周也设满障碍。在穿过障碍时，有一个地雷爆炸了，不过万幸的是没有死伤。突击队冲入的这个掩体，是一个有取暖设备的主阵地，大概一个房间那么大；前几天经常有烟雾从这里冒出来，让人以为这是一个藏有人的掩体，里面还有一个主阵地，但已被炸药包摧毁，那个苏联哨兵已经死亡，机枪也被炸毁了。没有其他苏军士兵在里面。

三四十名苏军士兵从泥灰墙里冲出，从北面反扑过来，在 10 米远处被突击队员用手榴弹、自动手枪、枪榴弹击退。我们（德国）的士兵一致认为，敌人死伤 12 人到 15 人。毫无疑问，警戒地雷起到了作用，1 名苏军士兵跑向突破点时，被另一个警戒地雷炸死。反击中，3 名突击队员被敌人的手榴弹弹片击中而受了轻伤。在又彻底摧毁一个掩体后，突击队撤出突破点。战场一片混乱，难以听清无线电的声音，只能使用光信号指挥重武器。从泥灰墙返回铁丝网的过程中，突击队的指挥官被流弹所伤，还有一人被手榴弹弹片所伤。

重武器立刻开火，效果非常明显，可以很有把握地推测，遮断射击[1]给敌人造成的伤亡更多，因为炮火集中瞄准突破点，直接命中主阵地。

查明的情况如下：

1. 掩体有取暖设备，应该是个集生活和战斗为一体的掩体。
2. 哨所有铁丝网遮蔽，敌人主阵地前沿有地雷。
3. 每次出击都会遭遇苏军的迅速反击。
4. 突击队撤出后，苏军用重型迫击炮和反坦克炮回击，这与上次的作战策略有所不同。
5. 突破点处的苏军阵地布置有很多铁丝网。
6. 突破点东面 60 米左右的地方很明显是居住掩体。
7. 结合突击队前几次进行的侦察，可以认为第 6 连面对的苏军实力最强。

战斗结果：

---

[1] 火力较强的无规则射击，通常是为了切断敌人阵地后方的道路，以便阻止敌人运动。

突击队队长、两名队员和两名工兵受轻伤。

炸毁一个战斗阵地和一挺机枪，炸死一名哨兵。

12—15名苏军士兵在反击中被击毙。

通过以上情报，团长对敌军情况更为了解，这对他更好地指挥部队作战有所帮助。

侦察队，甚至战斗侦察队，都没有交通工具可用，仅依靠双脚。在堑壕战中，这符合侦察的一个基本要求：在主力部队前方进行侦察并报告敌情。但当部队在行进时，一个比主力部队行动更迅捷的侦察队才能做到这一点。对于步兵来说，它需要使用骑兵进行侦察。因此，步兵团会使用骑兵排先于主力部队进行侦察，骑兵排的建制为33名骑兵。

一个师由若干兵种联合而成，他们能独立作战，因此需要一个比较独立的侦察单位。德国每个步兵师都配备有一个侦察营，这个营由一个主要作战单位和若干支持单位组成，其本身就像是师的缩小版。

侦察营的标准建制，是在三次动员，即第一次、第二次和第12次被动员的48个师中建立起来的。每个侦察营由一个骑兵侦察中队、自行车支援中队、有火炮的重武器中队和两辆轻便侦察车构成。大多数师采用自行车中队替代骑兵中队，只有摩托化步兵师全部为摩托化部队。总的来说，侦察营总人数在600人左右，标准建制的侦察营还有另外的200名骑兵。

侦察营向师长负责，侦察结果直接向师长汇报，而非情报参谋。通常在黎明前，这些侦察部队就已出发，通常分为三队进行侦察，中间的一队沿着主行军路线前进，另外两队则分别在行军路线的左右两侧前进，覆盖面宽达5英里。一旦在行进过程中遭遇敌人阻击，自行车中队和重武器中队会加快速度赶到整个部队的前最面，准备突围。骑兵侦察中队先于师15英里到20英里进行侦察，有时驻扎在外面，夜晚也不返回，靠骑兵无线电通信排接受第二天的任务。侦察部队的目标不仅仅是敌人的位置，还有地形等其他因素。例如法国战争期间，第三步兵师的侦察营报告，瑟穆瓦河上通往奥泰斯里维埃斯镇的桥都非常狭窄。得知这样的消息后，师长便派出工兵前去修建新的桥梁。

从进攻向防守转变的情况，以及在苏联以堑壕战为主的战斗，决定了德国侦察部队覆灭的命运。和大举进军时不同，部队对他们不太需要了，许多侦察营的骑兵中队都被并入骑兵团，前往地形复杂的地区与游击队作战。1943年10月，部队终于对侦察营做出合理安排，将其改为燧发枪营，即拥有更强火力和更大机动性的步兵营。他们被师长们当作后备队，哪里形势紧急，就把他们派往哪里。前侦察队员失望地表示，他们就好像是师的"救火队"。

侦察员必须在主力部队前面活动的原则，不意味着能用骑兵为坦克进行侦察。能为坦克进行侦察的，只有装甲车。早在20世纪20年代，海因茨·古德里安上尉就认识到这一点，他违背《凡尔赛和约》中禁止德军拥有"装甲车、坦克以及一切类似装备"的规定，开始组建德国的装甲部队。

装甲部队行动迅速，要向装甲师师长报告敌人的位置，侦察车常常需要前行很远的路程，越过地势恶劣的地带，穿越田野和溪流、跨过山丘和战壕，同时要保持灵活机动。有时它们为了到前哨阵地后面去侦察，还需要冲过敌人的阻截，为此它们必须携带盔甲和武器。但有史以来，侦察部队从来都不在标准的战斗配置中，如果遭遇占压倒性优势的敌军，它们的任务不是作战，而是退到一个既能安全观察敌军也能向上级报告的地方。为此，德国重型侦察车在尾部也配备有一套驾驶系统及相对应的驾驶员，这样它就能迅速撤退以脱离险境（侦察车向前行进时，尾部驾驶员基本没有事情可做，只欣赏风景就好了）。

1926年时德国军队就开始研发能满足这些要求的装甲车，最初他们信誓旦旦地要建造8轮或10轮的装甲车，可是造价过于昂贵。1929年，军方公布6轮装甲车的说明书，该型号装甲车在30年代初开始量产，成为陆军装甲侦察营（后来成立）的中坚力量。这就是Sd.Kfz.231（231型装甲车），它有着倒退驾驶系统和其他特殊性能，而本质上依然是装甲车车体安装在卡车底盘上。面对迅速提高的标准，它的越野性能很快就不能满足需求了。因此当1935年，德国资金宽裕、开始重整军备时，他们就开始研制8轮装甲车，但也将功能和Sd.Kfz.牌号继承了下来。

这种装甲车外观很漂亮，每个车轮都配备有独立的悬挂装置和传动装置，每个车轴都相对独立地对应一个方向盘。这样它在具有与履带车辆相媲

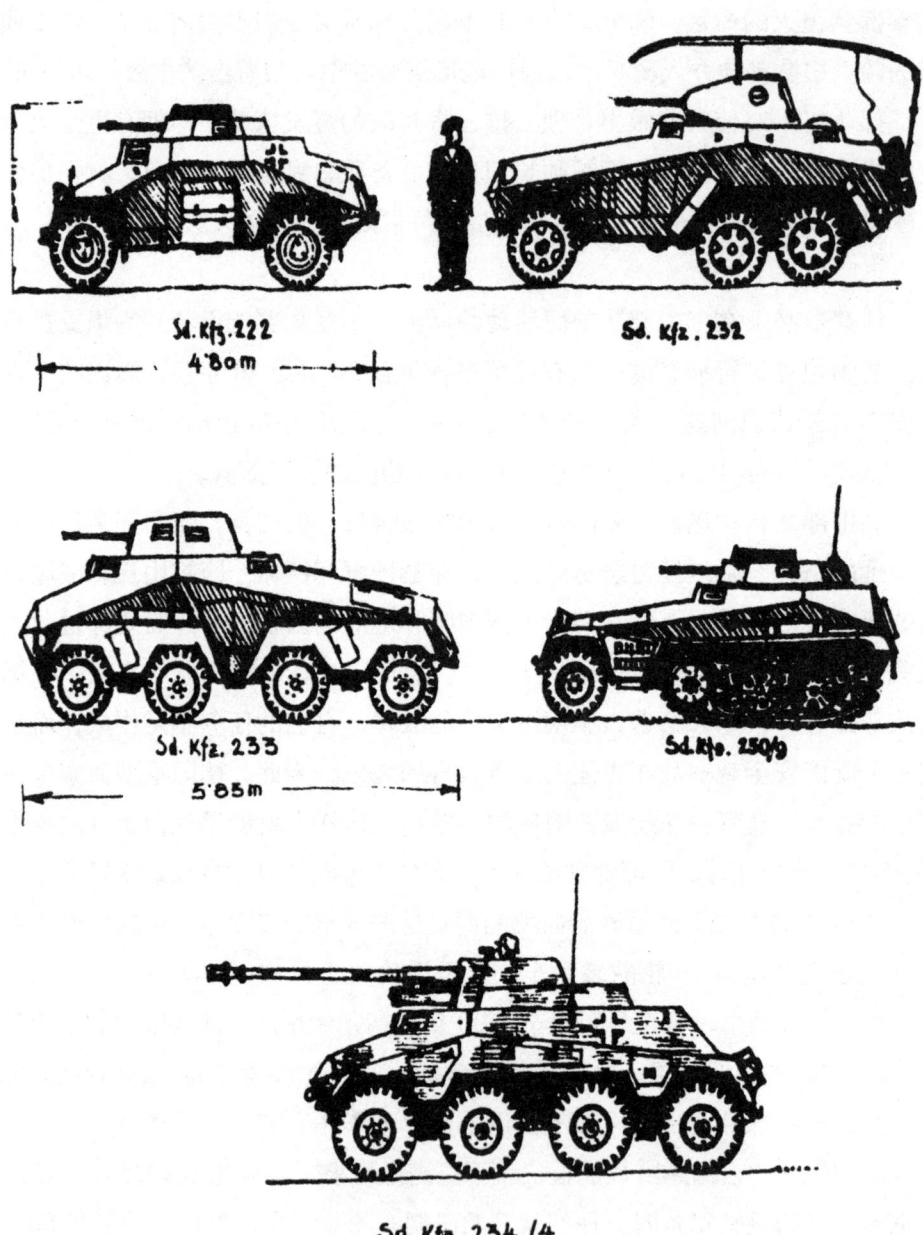

德国军队使用的各式装甲车。

美的越野性能的同时，还有更为快捷的速度：每小时约 80 千米。它的装甲板厚 12 毫米，炮管口径为 2 厘米，还有一挺机关枪。包含车辆尾部的驾驶员在内，每辆车载人 4 名，最远行程约 200 英里。这种装甲车分为三种类型：Sd.Kfz.231，有 8 个轮子和一个活动炮塔；Sd.Kfz.232，有 8 个轮子和 1 部电台，炮塔不能活动；Sd.Kfz.233，有 8 个轮子，炮管口径较大，车为敞顶。这种装甲车于 1937 年开始取代 6 轮装甲车，到 1941 年已成为德国军队的标准重型装甲侦察车。

然而，这种车的存在时间并不长，因为它无法在苏联泥浆和坑洼的道路上行驶，总是陷入泥沼。1942 年 12 月，希特勒下令停止这种装甲车的生产，转而采用更加现代化的 8 轮车 Sd.Kfz.234。它是 1940 年设计的一种适合热带地区使用的装甲车，发动机有 12 个气冷式气缸，于 1943 年 7 月开始批量生产。这种车能够在苏联恶劣的地面状况下平稳行驶，还能满足战争的新需求。其装甲板厚度达 1 英寸，长管炮口径为 3 英寸。此外，德国人还把半履带式底盘的 Sd.Kfz.250 型装甲运兵车改装成 Sd.Kfz.250/9 型装甲车，成为适合在最恶劣条件下行驶的重型地面侦察车。

与这些远程车辆相得益彰的是轻便侦察车。1937 年共有三种型号的四轮轻便侦察车被首次投入使用：Sd.Kfz.221，载两人，一挺机关枪安置于敞顶炮塔上；Sd.Kfz.222，载三人，炮管口径为四分之三英寸；Sd.Kfz.223，有一部电台。这种车行进速度较快（时速达 40 英里），装甲厚（达到半英寸），机动灵活，每个轮子有独立的悬挂和传动装置。然而，它的越野性能并没有达到部队对它的期望。不过，它依然是轻便侦察车中使用最为广泛的型号，经历了整个战争。

装甲侦察营的核心，由这些重型和轻便侦察车构成。战争开始时，每个装甲侦察营由两个装甲车中队构成，而每个中队含一个重型侦察车分队和两个轻便侦察车分队，重型侦察车分队有 6 辆大装甲车。同样，装甲车侦察营不归属于情报参谋，而是由师长直接指挥。它们像一支战矛，直插入师主力部队前行道路上的陌生区域，找出敌人的所在，用无线电向师部报告障碍物、路障、反坦克炮的位置以及与敌人遭遇的情况。[1]

---

[1] 原注：关于典型任务的报告，参见 Hammerstein, 96, 108-16。

一旦遭遇敌人，师长会派出两个轻便装甲侦察车分队，一共12辆轻型装甲车，前往重型装甲侦察车发现敌人的地方，进行多方位探查，以提高情报的精确度。这种情报的需求在两军主力部队将要打响战斗时，显得更为迫切。摩托车中队将对装甲车进行增援，一旦发现小规模战斗有扩大的迹象，摩托车中队便迅速到达以提供火力。重武器中队将随后到达增援，包括一个炮兵分队和一个工兵分队，前者支援摩托车中队，后者帮助装甲车和枪炮渡过小溪或其他障碍物（在执行装甲侦察营其他主要任务时，这些组成要素都扮演着重要角色，例如抢占和坚守重要据点，掩护师主力部队的行动）。再补充一个通信分队和后勤分队，就构成了一个完整的装甲侦察营。

战争期间，各种装备、编制和名称都不会和原先一模一样。在准备对苏军作战期间，1940年5月，德国装甲师数量为10个，第二年扩充为21个。坦克生产要先于其他装备的生产，致使装甲车的产量降低了。这造成许多新装甲师的侦察营只剩下一个侦察车中队和一个分队，而不是计划中的两个侦察车中队。1943年，希特勒和古德里安对装甲部队的指挥机构进行改组，以期再次转入进攻。他们把中队改称为"连"，因为前者使人联想到速度很慢的马，后者则早已在坦克部队中使用。他们将装甲侦察连的数量恢复到每个营两个，有的还增加到三个；身陷苏联的摩托兵被替换成装甲运兵车上的步兵。但是，营与营之间的编制和装备并不一致，特别是后来投入使用的Sd.Kfz.234和Sd.Kfz.250/9，只配给最急需的装甲侦察营，可见每个营的力量并不平均。

侦察营通常侦察最及时、最局部的信息，因此也是最富有战术价值的情报。1941年12月24日下午5点30分，北非的第三侦察营发现一支由装甲车、士兵和大炮组成的敌军装甲部队，正在艾季达比亚以北10英里的海滨公路上行进，便立即向第15装甲师报告。第15装甲师随即将其驱逐。有时候，地面侦察的情况还会送到元首的形势会议上进行讨论。

1943年3月5日，约德尔告诉希特勒："敌军首次出现在斯贝特拉以东区域，也就是说，西迪布济德地区的地面侦察部队发现了它。那里还有坦克和其他的一些动静。现在南部区域的形势已完全明朗了。"

地面侦察部队的情报不能保证百分之百准确，因为指挥官有时候会做出错误的推断。比如 1941 年 11 月，隆美尔[1]从第 21 装甲师的侦察营中获知，英军装甲车有大规模活动，但他把这当作武装侦察。事实上，这是英国大范围进攻开始的标志。

和装甲侦察一样，其他方式的地面侦察也高度专业化。在对苏战争前线上，12 个特种工兵排分别在几个点位埋设声学传感器。这些传感器（也叫测音锅）高约 16 英寸，直径 5 英寸，呈圆筒形或圆锥形，被埋在地下，与中心监听站用电线连接。监听站里经验丰富的工作人员，可以根据噪声的大小和类型，判断出敌人在进行何种活动。

这些传感器主要用来探察敌人的坑道和炸弹定时装置，也能听到一个步兵侦察员的接近。传感距离取决于地面状况：在较软的土地上是 15—20 米，坚硬的地面上是 30—35 米，冰地上是 80—100 米。如果监听到若干敌军步兵靠近，中心监听站就会引爆与其邻近的地雷。特种工兵排分布在前线 1.6—3.2 千米的区域内，但他们总是被分散开，所以他们起到的作用就减弱了。另外，在战斗中，电线经常被敌人的炮火炸断，因此特种工兵排很少有机会引爆地雷。战争后期德军的屡屡失败，让特种工兵排很少有机会埋设测音锅和地雷。整个声学传感器项目和一项试验相差不多——有一个原因在于，这个方法是防御性的，绝不可能为胜利带来多少保障。

对敌人炮兵阵地的定位是一种更为重要的特殊地面侦察。重整军备期间，德国在许多炮兵团里组建炮兵观察营来负责这项工作。炮兵观察营内设声波测距队和光测距队。光测距队从三个点位（各自相隔半英里）测定敌人炮口火焰的方位，将其用线的形式在地图上画出，再看相交于何处。声波测距队在雾天、雨天或是有山脊的地方活动，是光测距队的有益补充。它有四个传声筒，根据其收到的炮弹出膛的轰响声和炮弹到达的时间差大致计算出敌人大炮的方位。

这里有一个典型的案例。炮兵观察营在位于克里米亚的塞瓦斯托波尔前，

---

[1] 埃尔温·隆美尔（1891—1944），德国陆军元帅，军事家、战术家、理论家，有"沙漠之狐"、"帝国之鹰"之称，后被卷入密谋推翻希特勒的计划中，在希特勒逼迫之下于 1944 年服毒自尽。

敌军炮兵位置的声测和光测地图。敌军位于克里米亚南部的塞瓦斯托波尔。每个炮兵阵地（其中一个在船上）的方位均已测算出，其中一个正遭受德军反击火力压制。

从 1941 年 11 月 25 日下午 7 点开始，在 24 小时内测定了 15 门苏军大炮的位置，其中 8 门是第一次被发现的。新发现的 8 门中，有 4 门的坐标位置如下（h 表示横坐标，v 表示纵坐标）：

目标 655　h 43 500　v 37 140，误差（180×300 码），下午 4:15 到 7:00 期间射出 60 发炮弹，目标区域未知，3 门大炮，中等口径

目标 656　h 43 655　v 33 385，测量精确，下午 10:55 到 11:25 期间射出 6 发炮弹，目标区域未知，1 门大炮

这种情报通常会交给炮兵指挥官，方便他指挥炮兵轰炸敌军炮兵阵地。西线战役时，第 14 炮兵观察营在被敌军远距离炮火的准确轰炸后，仍然克服困难，估计出敌军大炮在瓦雷根西南大约 6 英里处。德国炮兵连获知情报后，立刻向该方位开炮。观察营继续观察弹着点[1]，通知炮兵连校准射击目标。炮兵连的炮火变得准确有效，一个炮弹接着一个炮弹，打得法国炮兵连无法开火还击。事后，德国人才发现他们的炮弹刚好准确击中法军炮兵阵地，甚至有一发炮弹刚好落在敌人的一门大炮上，全部大炮都被摧毁了。

这种情报也会送给情报参谋。获知敌军增强或减弱力量的位置，有助于他判断苏军究竟是要前进还是撤退。

战场是进行最终侦察的地点。只有此时，敌人才会向对方展现出其所有实力。交战前，敌人不会一直让所有大炮都发射，不仅为了节省炮弹，也为了隐蔽炮兵阵地。但交战期间，敌人通常需要动用他们的所有大炮，这样它们就全部暴露了。一同暴露的还有敌军的战斗意志、战术策略和军事实力。为了在作战的关键时刻获得这种情报，相关规定指出，"战斗报告不可或缺"。1887 年的《野战勤务条例》里有这样一句话："战斗能为判断敌人各方面的信息提供最可靠的根据。"这句话概括了德国军队的战斗哲学，此后几乎没有改动。

---

[1] 枪弹、炮弹等射弹与地面、水面或目标表面的第一交点。

第 8 章
空中侦察

1942 年,一个晴朗的春日午后,德国空军上尉西格弗里德·克内迈尔(Siegfried Knemeyer)驾驶容克斯 Ju-88 飞机沿着克里特机场跑道升空,向东飞去。太阳在蓝色的地中海上泛着金光。即将经过塞浦路斯上空时,飞机向右倾斜,飞向南方。飞机仍然在攀升,上尉后面的机舱里坐着正在监控仪表的空中机械师,以及查看面前两部大型照相机的无线电观测报告员。随着高度爬升,这架改装的轰炸机内变得越来越冷,但里面的机组人员并没有这种感觉,因为他们穿着暖和的电暖服。在电暖服偶尔短路时,他们甚至会被烫到。

飞机的两个发动机嗡嗡作响,就像这天早上那样。早上执行任务时,飞机从北往南在苏伊士运河上空飞过,不停地对着苏伊士运河拍照。苏伊士运河上满是英国船只,显然他们在为强行穿越被德军封锁的海洋,到四面被围的马耳他登陆做准备。上午拍摄的数十张 12 寸照片,到下午飞行时,照片分析员就已经在进行分析处理了。他们用放大镜仔细查看细长运河上那些微小的片状物,以便确定每一条船的型号,估算出运河上船只的总吨位。

下午是这架飞机的第二趟飞行,目的是完成提供亚历山大港船只情报的侦察任务。经过一个小时的飞行,朦胧的地平线上出现了那座位于尼罗河口的历史古城。这座古城以征服者的名字命名,这位征服者正是元首欲与之比肩的亚历山大。在这座城市里，欧几里得曾传道授业，大图书馆[1]曾被付之一炬，安东尼曾为埃及艳后做出"要美人不要江山"的举动。这位20世纪的飞行员不是被航标指引来的，但不久他就在这座古城和它的海港上空现身，37500英尺的高度让高射炮和敌人的战斗机无可奈何。

飞机向右倾斜，克内迈尔下令开始拍摄。照相机每隔数秒自动拍照一次。一架照相机的有效焦距大约是12英寸，广角拍摄；另一架照相机的有效焦距约为20英寸，专门拍摄小区域内的细节。克内迈尔稳住飞机，从座舱窗口望出去，只见一望无际的碧空下是褐色的大地，天空和大地中间，英军战斗机在最大飞行高度上束手无策地飞来飞去。后来，克内迈尔这样形容他看见的场景："就如同观赏一个鱼缸，看里面的鱼儿游来游去。"

在他沿着海岸线继续向西飞行时，情况开始有了一些变化。英军战斗机放弃了追击，但高射炮开始射击他。容克斯飞机好像并没有被炮弹击中，但是不一会儿，一个螺旋桨就发生了故障，发动机不得不关闭。飞机开始下降，有点失控，克内迈尔慌了，这是他两年多航空侦察中的第一次。万幸的是，此后他没有再遭遇敌机。没过多久，他到达克里特岛南面的图卜鲁格，再调头向北飞去，带着拍摄到的照片回到基地。

他们以及其他侦察机都发现，英军在埃及集中了总吨位在150万吨左右的舰船，这说明英国人正在酝酿发起某种形式的大规模军事行动。克内迈尔的这趟侦察很好地证明了这一点。6月，英国人确实想同时从东西两个方向同时发动攻击，强行进入马耳他，不过面对已做好准备的轴心国，英国出动的17艘货船和油轮，只有两艘通过德军防线，马耳他岛仍在轴心国手中。

克内迈尔不是普通的侦察飞行员，而是德国空军精锐战略侦察大队的一员。克内迈尔因为表现出色，在波兰战役时就被挑选为陆军总司令的专机飞行员；他聪明绝顶，在战争爆发前发明了三角航向计算器，它在长途航行时尤其重要。这些都是一位朋友将他招募到战略侦察大队这个特殊机构的原因。

---

[1] 位于埃及亚历山大城，是上古时期最重要的两座图书馆之一，建于公元前300年，库藏量超过70万册。公元391年，该图书馆被宗教狂热分子烧毁。

这种高空拍摄的方法是特奥多尔·罗韦尔（Theodor Rowehl）上校的独创。罗韦尔身材高大，性格随和，出生在景色优美的大学城哥廷根。他在一战期间就是侦察飞行员，曾多次驾驶龙贝格 C-7 飞机越过英吉利海峡，对英国的多个目标进行侦察。他所在的战略侦察大队，是为了解决一个具体的国防问题而创设的。这个问题自一战后就存在，已有十多年了。一战后波兰的重建严重削弱了德国的实力。因为波兰走廊把德国一分为二：一边是东普鲁士，德国容克贵族的神圣故乡；另外一边是德国的主体部分。这种局势无论是从战略上还是感情上，都让德国人无法容忍。尤其是波兰对德国的敌对态度，它与德国宿敌法国的结盟，更加恶化了这一局势。同时谣言四起，称波兰正在边界附近修筑防御工事。然而，德国军队没有渠道获取相关的准确情报。航拍基本上不可能，因为经过波兰往返东普鲁士的商业航班有明文规定，固定航线不能随意变更，而这些航线距离修筑工事的地方很远；军用飞机只可能在中立的波罗的海上空进行侦察，不过这个地方的视线不是很好。罗韦尔觉得可以从非常高的空中拍摄这些防御工事，这样没有人可以发现他。

他决定独自一人试验自己的这个想法。他租了一架私人飞机，如果星期日和节假日天气晴朗，他就会飞到这些禁区上方 13000 英尺的高空。没有人能够发现他。这个 26 岁的年轻飞行员拍摄并上交了大量照片。当局看到后，在惊讶得目瞪口呆之余非常满意。

"只要你们愿意给钱，我就能给你们提供更多的照片。"罗韦尔对他们说，"我的钱包有些扁。"

"没问题，"他们答道，"成交。你去飞，我们会给你钱。"

事情就是从这里开始，时间是 1930 年。罗韦尔仍然是阿勃韦尔雇用的文职人员，当时德国正准备将阿勃韦尔建成搜集军事情报的核心机构。罗韦尔有一架包机，这是一架不寻常的飞机：单引擎容克斯 W-34 飞机，于 1929 年 5 月 26 日创造了 41800 英尺（约 12739 米）的最高飞行高度这一世界纪录。大多数时候，罗韦尔只是在德国境内沿着边界飞行，倾斜着拍摄一些防御工事的照片；但也有些任务，罗韦尔需要飞入波兰领空。这违反了 1929 年德国与波兰签署的协议，该协议禁止军用飞机和类似用途的私人飞机进入彼此领空，也就是说，航拍需要取得特批。这没有为德军将领带来任何的精神负担。但是 1934 年，希特勒与波兰方面签订《互不侵犯条约》，打破了法国对德国建立的包围，于是罗韦尔一行人的飞行就不利于希特勒的这种政治花招。他们停止了航拍，至少是在短时间内。

此时，罗韦尔已将几个技术超凡的飞行员和5架飞机招募过来。他重新加入军队，将这个小分队从基尔调到柏林西部的斯塔肯机场，仍然受阿勃韦尔领导。同一年，这个小分队驾驶双引擎飞机，首次在苏联上空执行任务，飞过了喀琅施塔得海军基地，飞过了列宁格勒，飞过了普斯科夫和明斯克工业区，却没有被苏联人察觉。几乎在同一时刻，他们开始侦察邻国在边界修筑防御工事的情况。比如，针对法国，罗韦尔沿着莱茵河倾斜拍摄航空照片，从中甚至可以清楚地看到马其诺防线钢筋水泥掩体里的枪口。在捷克斯洛伐克上空的时候，他运用立体摄影术拍摄隐蔽得很深的防御工事，成为德国最早使用此种摄影方法的人之一。

拍摄的照片被送到空军总司令戈林手中。1936年的某一天，阿勃韦尔的长官卡纳里斯会见罗韦尔，带他去见了戈林。当时，这位肥胖的纳粹分子将自己的大肚皮贴在地上，看着周围地板上罗韦尔拍的照片。

"你们必须接受我的领导。"他说。

事情很快办妥了。这支试验小分队正式更名为特种勤务航空中队，归空军总参谋部五处（情报处）领导。这次调动令罗韦尔心满意足。因为戈林比卡纳里斯更加财大气粗，对待罗韦尔也完全不吝啬，马上就把他所需要的高水平勤务人员、性能优越的飞机和设备调拨了过来。罗韦尔招募了有经验的飞行员，这些飞行员曾为航空照相公司、国际商业运输公司和飞机制造商服务。上尉康特·赫恩斯布勒希（Count Hoensbroech）和康特·绍尔马（Count Saurma）加入了他的中队，他们在20世纪20年代和30年代初都在国外当飞行冒险家。在罗韦尔的建议下，卡尔·蔡司光学仪器公司研发出一种改进型航空照相机，它在战争期间成为德国空军的标配。罗韦尔得到的第一架飞机是一种新式双引擎下单翼机，该机型由恩斯特·亨克尔（Ernst Heinkel）在20世纪30年代中期设计并制造，是世界上速度最快的客机，同时也是一种速度极高的中型轰炸机。这架飞机就是He-111，能承载四人，正常情况下航程达2000英里。它的机体重量足够使飞机在空中保持平稳，对拍摄极其有利。

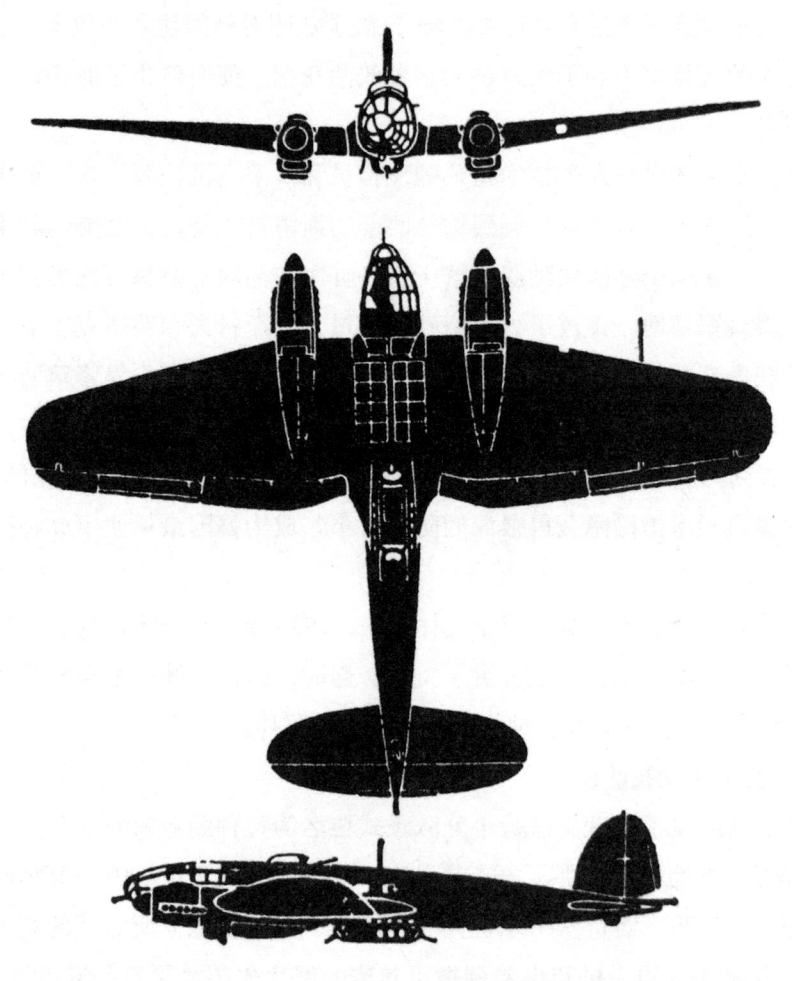

亨克尔 He-111 式飞机

20世纪30年代后期，罗韦尔和他的飞行员在空中侦察了波兰、法国、捷克斯洛伐克、苏联和英国的情况。天气晴朗时，一般有五六架飞机同时执行任务。它们并非都从德国起飞。盟国匈牙利在首都布达佩斯为德国提供了机场。1937年时，部分飞机就从布达佩斯起飞对东南欧进行侦察，执行空军情报部部长约瑟夫·施密德（Josef "Beppo" Schmid）交代的任务。每次飞行几乎都会拍摄未来可能的轰炸目标，许多是战略目标，比如军工厂；还有作战目标，比如边防工事和内地公路网。如果拍摄城市之类的公开目标，罗韦尔就在飞机上涂上民用标志，勤务人员穿着自己的衣服，伪装成商业飞机在新航线上试飞。被抓住的话则说是迷航了，不过这种情况从未发生过。拍摄秘密目标时，罗韦尔会把飞机升到32000英尺的高空，在还没有出现雷达的时代，地面的观察人员用肉眼根本无法发现他们，只能隐约听见低沉的飞机引擎声。当对方拿出望远镜在一望无际的碧空中搜寻时，还没有看到它就已经溜走了。如果飞机不小心留下线索，飞行就得暂停。当然也有不暂停的情况，一般是飞行员心存侥幸，或者希望线索没有被发现，或者希望人们没有把线索与间谍飞机联想到一起。[1] 罗韦尔还试验了飞机的各种保护色，让飞机涂上颜色后在斯塔肯机场上空飞行，他自己则在地面观察。很快，他发现保护色没有丝毫价值：在那样的高度，所有颜色都失去了色彩，从某个特定角度看，每一种颜色都会反光。虽然特种勤务航空中队从捷克斯洛伐克和英国的领空拍摄了包括伦敦港在内的一些港口，违反了德国与它们签订的条约（德国未与法国、苏联签订此种条约），但没有遭到这些国家的抗议，可能是它们并没有发现这些飞机，又或许是它们没有确凿证据证明这些飞机来自德国，也可能是它们恐惧希特勒的怒火。甚至有一次一架 He-111 在苏联上空执行任务时坠落，也没有引起外交上的动作，可能是这架飞机伪装成客机，给了苏联人不追究的理由。

这个中队一直在发展壮大，指挥部搬迁到波茨坦的奥拉宁堡附近，和空军的一个参谋部相邻，不过中队的许多飞机依然留在斯塔肯。罗韦尔还短暂地领导过空军的主要照片中心（Main Photo Center）。这个中心流出了大量光面照片，其中一些照片进入空军的目标文件夹，其他的照片被送到阿勃韦尔一处的空军组，以帮助确定间谍活动目标；卡纳里斯和罗韦尔有时还聚在一起协商应当拍照的区域。这个照片中心将捷克斯洛伐克边界区域的照片汇总在一起，制作出比例尺为1:75000的一幅影像地图。1938年秋天，德国军队带着这些地图进入苏台德地区。

一年后，战争爆发，特种勤务航空中队很快发展成三个中队，每个中队12架飞机，更名为空军总司令部侦察大队（Reconnaissance Group of the Commander in Chief of the Air Force）。它拍摄了波兰的桥梁、反坦克障碍物和

---

[1] 原注：推测自相关陈述（USAF-171, 37）：德国没有收到飞行器被周边国家侦测到的消息。

野战防御工事的照片传给地面部队指挥官，后者利用这些照片在波兰战役中取得了史无前例的胜利，这是闪电战首次登上战争舞台。1940 年年初，侦察大队驻保加利亚的中队根据戈林的命令，对高加索、叙利亚和土耳其的产油区进行空中侦察。希特勒要进攻挪威时，最高统帅部发现手头没有挪威的最新地图：将军只有几个小时准备进攻计划，不得不买本旅游手册"看看挪威真实的样子……都有些什么港口"。于是，罗韦尔被召来了。没多久，他的侦察大队就带回大量照片，包含国防军可以登陆的港口、保卫港口的海岸炮台和飞机场等，为成功入侵贡献了力量。这次侦察中，飞行员科尼利厄斯·内尔（Cornelius Noell）两次驾驶一架四引擎的福克-沃尔夫 200 秃鹰巡逻侦察机，从东普鲁士的柯尼斯堡到纳尔维克作长途飞行，目标是看看英国人有没有占领这座挪威北部港口。不过，罗韦尔的工作并非完美无缺。他的照片和分析导致德国人对敌军炮台的估计不准确，有的甚至漏掉了。无独有偶，空军情报机构认为他对法国的侦察"差强人意"，仅仅侦察了与德国接壤地区的机场和工业设施，侦察范围过于狭窄。

为了入侵南斯拉夫，驻扎在奥地利东南维也纳新城的中队，在进攻前疯狂航拍了 10 天，他们将所得照片交给戈林专列上的照片小组，而不是送回奥拉宁堡。专列一直保持发动状态，遭遇空袭时可立刻躲入塞默灵山著名的隧道中。当入侵南斯拉夫的战斗打响，这些飞机上的民用标志立刻被军用标志覆盖，飞行员也换回军装。

在执行这些任务的同时，罗韦尔没有停止他的核心任务：侦察苏联。1941 年 1 月他为此建立了第四中队，此时距希特勒正式宣告对苏联开战刚过几个星期。1939 年 10 月到德国入侵苏联这段时间，他的飞机侵入苏联领空数百次。[1] 有两次飞机降落在苏联，一次是紧急迫降，一次是一架容克斯 Ju-86（有加压驾驶舱，因此可在非常高的高度飞行）的发动机出现故障，以至于从 39000 英尺

---

[1] 原注：据 GGVKS, 1:562, 从 1939 年 10 月到德国空军入侵苏联领土，其间的飞机侵入超过 500 次。入侵当天，苏联抗议称，从 4 月 19 日到 6 月 19 日，德国飞机侵入苏联领空 180 次。(DGFP, 12:1063) 这些侵入飞行中一定有一些飞机不属于罗韦尔，罗韦尔的飞行始于 6 月 7 日或 13 日（Halder, 2:448, 453）或者 6 月 16 日（IMT, 34:708）。不过，罗韦尔的飞行占了绝大多数。

的高空降到 16000 英尺，然后被苏联战斗机强迫降落。[1] 这两次都让苏联人在飞机内发现了苏联地图、照相机和胶卷。这让戈林非常生气，在塞默灵的专列上发了好大一通脾气。或许是苏联人提高了警惕，自从几年前一架 He-111 坠毁后就一直在监视和统计这些侦察飞行。但他们对此只是提出抗议，除去一两次偶然事件，几乎没有向罗韦尔的飞机开火。

罗韦尔的飞机需要从不同的地点起飞（如波兰的克拉科夫、罗马尼亚的布加勒斯特和普罗夫迪夫，以及挪威北极海岸线上的希尔克内斯），以对苏联进行多角度的侦察。最远一次飞行甚至到达往返约 1500 英里的黑海。[2] 它们带回了关于苏联工业目标和野战工事的最新建筑照片。[3] 苏德战争爆发后，空中侦察继续进行。1941 年 6 月 26 日，德国进攻之后第四天，内尔驾驶他的 Ju-88 从一个前线的战斗机机场起飞，根据广播电台的无线电方位指示，直奔苏联首都莫斯科。这是一个无云的夏日，天气晴朗，他像上帝般在这座城市上空翱翔，透过飞机座舱挡风玻璃俯瞰这个共产主义世界的首都，望见电车如同细长的昆虫一般在川流不息的街道上缓慢移动。与往常一样，在如此高的高度上，他感觉很踏实，悠然自得地对着这座城市周围的机场拍照。即便苏联的战斗机想要发起追击，高射炮火冒着黑烟隆隆作响，他也不感到紧张。和他猜测的一样，战斗机和高射炮炮弹完全到不了他所在的高度，没有一点用处。拍摄完后，他调转机头，完好无损地返回基地。

这时的侦察大队达到最大规模，共有两三百人和大约 50 架飞机（战争中，该大队使用过的飞机共有 200 架左右）。除之前拥有的 He-111 外，又新增了道尼尔 Do-215、Ju-86 和 Ju-88，此后又有 Do-217、亨舍尔 Hs-130 及亨克尔 He-410 补充进来。Do-217 和亨舍尔 Hs-130 都是经过改装的双引擎重型轰炸机，亨克尔 He-410 则是小型的、速度极快的四引擎飞机。

这些飞机分布在整个欧洲，侦察各种不同的目标。它们从法国的枫丹白露和比利时起飞，侦察英国南部区域（与普通侦察机常被击落不同，罗韦尔的飞

---

[1] 原注：*DGFP*, 12:602-603; Köstring, 316; Cornelius Noell, letter, 20.10.1977. Schreyer, 98-100 中，日期是错误的。

[2] 原注：USAF-171, 37.

[3] 原注：关于罗韦尔针对苏联侦查活动的其他细节，参见第 24 章。

机上携带了特殊的氮氧混合物,能使发动机在 25000—35000 英尺的高空多工作 20—25 分钟,从而摆脱英国战斗机的追击)。1940 年和 1941 年,克内迈尔等飞行员时常在挪威西南角的斯塔万格起飞,不到 40 分钟就能到达英国的斯卡帕湾,每次都以不同的角度拍摄英国的本土舰队。1942 年,罗韦尔手下包括克内迈尔在内的飞行员,都从克里特岛起飞,调查北非盟军占领区的情况,而这也的确成了罗韦尔大队的主要工作。5 月 29 日至 7 月 17 日,他们在北非飞行了 44 架次,共计 170.5 个飞行小时。那年夏天的一个任务是,从希腊罗兹岛起飞,到近东的部分区域上空马拉松式地盘旋 8 小时再返回基地。克内迈尔看到身下的敌军战斗机像金鱼一样游动,这是罗韦尔大队的飞机与敌人仅有的一次接触。而在同盟国和中立国等地,比如在冰岛、格拉斯哥、红海和伊拉克等,飞行员们都是大胆地在高空飞行,不会与敌机相遇。

1941 年前后,在罗韦尔待过的任何一个机场里,都会看到为一次典型的飞行所做的全部准备工作:机组人员把每盒可拍摄 180 张的盒装胶片装入三架大型照相机,再把照相机安装在 Do-215 的尾部(这些飞机没有国籍标志,只有登记号码 L 2 OS)。最大型的照相机,焦距约为 29.5 英寸,可进行垂直拍摄;另外两架,焦距为 19.5 英寸,则分别用来拍摄垂直方位的左右两侧。这两架照相机能够按照 30 度或 60 度的斜角进行安装,具体何种角度合适,则根据实际需要,看是要求更高的准确度(可通过重叠摄影做到)还是更大的拍摄面积。机组人员会把它们安装成合适的角度,设置好快门曝光时间。

空军中尉迪德里希·维尔马尔(Diedrich Wilmar)是一名曾在南斯拉夫上空飞行过的飞行员。他进入飞机,随后另外两名机组成员也钻了进去。维尔马尔给这架双尾单翼机的两台发动机预热后,缓缓开到跑道的尽头,听到起飞信号后,飞机立刻加快速度,飞升到空中。继而飞机转向目标地区,稳步拉升。一切都很顺利,飞行过程甚至显得有点无聊。在目标上空 26000 英尺,他驾驶着飞机水平飞行,以便拍摄。照相机开动后,咔嚓咔嚓地自动拍摄着,照下地面上一条宽 17 英里的地带。飞机可以升得更高,从而拍摄到更宽的地面,比如升到 42000 英尺时能够拍下 27 英里宽的地带,但前提是牺牲照片质量:不仅分辨率大大降低,照片线条也会因为飞机转向不稳而变得模糊不清。

数次往返飞行后,目标被拍摄下来。这次飞行没有受到敌机干扰,但维尔马尔直到返回基地才放下心来。飞机刚一着陆,胶片盒就被取出来送到奥拉宁堡进行冲洗。倾斜航空照片在经过处理、纠正、消除投影偏差后,成为完整的影像地图。经过照片分析员用放大镜观察后,那些看上去像小点、污迹、细缝的东西就被还原为商业建筑、工厂、防空炮台、街道和铁路,然后被飞速送往空军情报总部进行评估。

　　罗韦尔,这个机构的缔造者,依然时不时飞上蓝天,在保持技术不荒废的同时,更是为了向他的飞行员们表示他不服老、不畏险。当然,他的主要工作还是照料那些被他训练得士气昂扬的小伙子们,以及决定何时执行飞行任务。这一点由他独自决断,虽然侦察目标由他人确定。他还要应付上级,而这总是让他非常扫兴。和所有的情报用户一样,他的上级总希望得到更多的情报。上级极少夸赞罗韦尔干得不错或有了新的发现,反而常常说其他空军侦察单位又发现了什么,罗韦尔却漏掉了。这让罗韦尔觉得高层指挥机构根本不了解航空摄影的价值所在与具有的局限性。更坏的是戈林的反应,每当照片显示出的信息比较糟糕,戈林就一脸不满意,甚至能在航空照片所提供的铁一般事实面前极力否定。"这不可能",每当罗韦尔向他报告照片上发现了新目标的时候,他总是如此回答。他还常常争辩说,照片分析员不可能永远不犯错。现在的情况是,要么罗韦尔漏掉了不同情报的来源区域,要么这位帝国元帅直接忽视这些照片。对罗韦尔的照片,戈林只会表示感谢,但从不细问关于照片的问题,在考虑问题时也将它们排除在外。

　　在离战争结束还很早的时候,这位高个、幽默、擅长对事情进行比较分析的侦察机飞行员就摸清了总体的情况,知道第三帝国已处于防守态势,德国空军忙于应付盟军轰炸机的轰炸,不再需要盟军工业战略轰炸目标的图片了。急剧衰落的纳粹德国,不再需要为了主动入侵才需要的外国情报。战略航空侦察确实没有存在的基础了。"我们的祖国我们自己清楚。"罗韦尔冷淡地说。奋斗目标的丧失,以及妻子在空袭中的死亡,让他在1943年12月选择退伍,独自抚养两个幼小的孩子。

　　新的需求促使机构发生了改变。更名为"第200轰炸机联队"后,那些优秀的飞行员和特制的飞机,在执行诸如向敌占区空投特工等非侦察任务中,逐步被消耗殆尽。甚至有传闻说,这些技术精湛的飞行员,如卡米卡策斯

（Kamikazes），被派去执行自杀式任务，摧毁异常危险的目标。没有间谍参与的间谍活动——这本来是侦察大队的职能——现在犹如昙花一现，已经消失不见。推动罗韦尔的侦察大队成为世界上最早、最成功的战略航空侦察机构的那股力量，已经彻底消失了：犹如多年前，他的飞机消失在那广阔无垠的蓝天之中。

从某种意义上说，罗韦尔在提出空中侦察的建议时，就在倡导作战方式的转变。甚至在一战前，人们就意识到这种情报搜集方式的价值，第一批德国军用飞机全部都是侦察机，就是最好的证明。一战后，德国之所以要打破《凡尔赛和约》对其空军施加的禁令，动机中就包含渴望获得空中侦察的人才和装备。一战中空战（包括空中侦察）的经验教训被各军区空军军官秘密讲授；一战中拍摄的航空照片被摄影小组拿来进行培训；实地练习航空摄影时，竞技飞行员应邀前来载着他们和受训者四处飞行。有几年时间，这些活动都很分散，缺乏统一的领导，直到 1924 年，陆军在司令部空军部建立了主要照片中心，并任命了一位首席空中摄影官。空军部制定了近程和远程两种侦察机的技术参数，交由亨克尔公司进行制造。

整个 20 年代，研发和训练都在位于苏联利佩茨克的德国秘密空军基地不间断进行。1930 年，位于德国三个城市的三个小型飞行中队，构成了首批敢于在国内飞行的军事飞机。这些全是侦察机，在日益壮大的德国空军队伍里，成为日后空中侦察的核心力量。与此类似，民营企业会涉及航空摄影的部分，雇员通常有过从事军事观察的经历，目的主要是绘图和勘测。

希特勒的前任为空中侦察的发展带来了最大的激励。空军开始订购能够配合坦克作战，拥有更大航程、更快速度的新型飞机。1937 年，隶属陆军总司令部的空军将级联络官设立，主要工作是将陆军高层的侦察需求告知空军，再将空军的侦察结果收回陆军手中。由于主要照片中心发展迅速，致使帝国空军部的办公大楼没有地方容纳，他们只好搬迁到先前的普鲁士法院。现在，分析员们在法院原来的宣判室和审讯室里分析研究这些光面照片，在正方形的照片上标注出工厂和军事设施的准确位置。主要照片中心的员工还有在德国从事空中侦察的另外一些人员，曾经于西班牙内战期间在佛朗哥的军队里工作，从而获取了许多宝贵的经验。其中有一名照片分析员收获尤其大，在西班牙赚了非常多的钱，虽然只是一名下士，却开着一辆豪华的小汽车上班，让同事们羡慕不已。

战争爆发时，侦察中队的数量已由1930年的3个猛增到53个，拥有602架飞机，占空军飞机总量（4103架）的1/7。理论上，每个中队需要配备12架飞机，但后备小队（由3架飞机组成，隶属中队）有时缺少一两架飞机也是正常现象。

从20年代开始，这些中队就分为远程侦察机中队和近程侦察机中队进行不同的活动，并延续下来。342架飞机组成30个近程侦察机中队，为陆军提供战术侦察和战斗侦察。另外260架飞机构成了远程侦察机中队。

罗韦尔同时为陆军和空军提供空中战略侦察。战争刚开始时，两个军种都有自己的远程侦察机中队从事作战侦察。侦察机中队是空军每个机群和师都配备的建制。其主要任务之一是，观察敌人的机场以确定对方空军的集结点、拍摄作战轰炸目标，从而帮助完成军事条例为空军规定的以下基本任务：战胜敌方空军，打击敌方陆军的同时切断其与前线的联系。陆军的集团军群和集团军同样配备有一个远程侦察机中队。这些中队的作战侦察按照军事条例规定如下："观察敌军以下活动：军队的集结——尤其是通过铁路的运兵活动——推进和撤退，各部分的前后调动，野战防御工事和永固工事的加固。"作战侦察通常是深入敌人后方，在15000—30000英尺的高空，利用航空拍摄技术完成对重要公路线和铁路线的侦察。当然，下达的命令中很少会规定具体的侦察目标区域。

作战侦察的结果常常关系到战术侦察区域的确定。战术侦察区域通常集中在一个军或一个装甲师今后两三天内将要推进的敌占区，一般是深入其中20—40英里长的条形地带。为此，每个步兵军和装甲师都配有近程侦察机中队，一个装甲军往往有数个侦察中队，组成侦察大队，而步兵师没有空中侦察部队。他们飞行在7000—15000英尺的高空，一般采用目视侦察，有时候也会拍摄快照，只不过这种办法花费在冲洗和评估照片上的时间比较长。军事条例规定："战术侦察包括就近观察敌军的集结、前进、部队编制、兵力部署、兵力分布的宽度和纵深、物资补给、支援设施、空中局势，尤其是新机场和防空部署情况。重要的是，及时报告敌人摩托化部队的情况。"

战术侦察的最佳搭档是战斗侦察，同样由近程侦察机执行。战斗侦察时，飞行高度低于7000英尺，可以无限接近地面，进行详细观察，从而"提供以下情报：敌军的兵力分布，尤其是炮兵，预备队的短暂停留和行进，坦克的调度和敌军前线后方发生的其他类似情况。这样的侦察贯穿整个战斗过程"。战斗侦察的一个重要任务是，为炮兵发现和确定诸如敌人的大炮、坦克编队、行军纵队等打击目标，记录弹着情况，帮助炮兵校准误差。在这种情况下，观察员一般会使用无线电报告情况，或投下记录条或地图。

每个空中侦察单位都配有一个照片小组。它位于机场，其暗室、照片评估室和复印室设在五六辆大卡车上，从而使其具有和空军单位一样的机动性，可以随着陆军的前进和撤退，在机场之间转移。照片小组五脏俱全，有100加仑水、轻便桌子、放大镜、赛璐珞片基、带刻度的钢尺、小型放大镜、计算尺、彩色铅笔等齐全的设备。它既能处理战术侦察照片，也能处理作战侦察照片。具有战略意义的图片则交由空军总参谋部情报处的照片小组进行评估。这个小组是从主要照片中心里面分出来的。战争爆发后，主要照片中心升格成主要照片处，位于柏林哥伦比亚大街一座经过改造后的公寓内，工作是研发新技术，编写训练手册和识别手册，将前线送回的胶卷（携带了非洲的沙子和俄国的灰尘）处理干净，然后保存于停在湖泊上的船里，以免被战争后期愈加频繁的空袭带来的大火焚毁。

以上这些单位的飞机、观察员和分析员都隶属于空军。但陆军又控制着这些单位的下属单位，给其安排具体任务、接受它们传回的报告。为了在两个军种间协调好此项工作，空军向陆军各部队指挥部派遣联络官和参谋，参谋的人数随着陆军部队级别的增高而增加，任务的数量和重要性也随之提高。这些人员中级别最高的，是在陆军总司令麾下的空军将级联络官。

这种安排在战争前两年很有效果。然而，对苏联的作战指令情况出现了变化。新成立的军和装甲师需要配置侦察机中队，可是飞机的数量远远不能满足需求。大多数中队只配备了7架飞机，而没有达到编制要求的12架。一家飞机制造厂为免受英国空军的袭击，从靠近北海的不来梅搬到布拉格，使得空军半年都未能生产出一架新式侦察机。而且，在对苏作战中，飞机的损失比预计情况要惨重得多。截至1941年12月6日苏联发动大规模反攻时，德军已损失300余架侦察机，南方集团军群的某些侦察机中队仅余1架侦察机。而且，人手也变得日益紧缺。过去的战役表明，侦察机需要战斗机护航，因为有时不可避免地会与敌人的地面部队交火。这进一步恶化了形势。

1941年12月8日，希特勒暂停进攻，他已明白战争是一场持久战。在这个特殊日子，空军将级联络官保罗·博加契（Paul Bogatsch）将军与陆军总参谋长哈尔德会晤，就"全面整顿"陆军的空中侦察行动进行商议。几个月之后，双方达成协议：侦察机指挥权彻底移交给空军，陆军自此无权发布侦察命令，只能提出需求；陆军和空军不得再各自独立进行远程侦察，每次飞行需要同时为陆军和空军执行任务；撤销集团军和集团军群里的空军联络参谋，撤销空军将级联络官。陆军的空中侦察指挥权移交给空军，空军防空部队的指挥权也重归空军所有。联络参谋已无存在的必要，而且联络参谋人数过多，反而更有可能与前线脱节。陆军总司令下属的将级空军联络官改为将级侦察官。

为了推动改革，京特·洛曼（Günther Lohmann）将军取代了博加契，但权力小得多，这反映出陆军对侦察机中队指挥权的移交。担任过空中观察员的洛曼撤下大批的联络参谋，换上年轻的空军基层军官（通常是上尉军衔，有过中队队长的任职经历），再给他们安排几个助手。这些空军军官及其助手担任所在部队的空军情报参谋，接受集团军和集团军群情报部门的领导。洛曼将分散的侦察机中队集中起来组成侦察机大队，一个大队由3个中队或约36架飞机组成。各步兵军和装甲师现在直接同侦察机大队联络。这种做法节约了人力，却牺牲了灵活性。洛曼被认为缺乏想象力，无所作为，仅任职9个月就于1942年12月被自己的作战参谋卡尔-亨宁·冯·巴瑟维希（Karl-Henning von Barsewisch）将军取代。飞行员出身的巴瑟维希颇受年轻飞行员的拥戴，想出了用战斗机执行侦察任务的办法，也是全面整顿工作的发起人，他担任这一职务直到战争结束。

1943年前，德国的侦察机已更换过四"代"了，此前的侦察机由于被敌人击落或其他原因损失殆尽。不过这没有战斗机的损失率高，那时的战斗机已是第八"代"了。只有轰炸机的损失不多，那时还只是第二"代"。[1] 整个战争期间，德国共制造侦察机6299架，占飞机生产总量（113515架）的5.5%。侦察

---

[1] 原注：通过区分1943年5月31日兵力数据发现，参见"Die Stärke der deutschen Luftwaffe am 5.7.1941, 3.1.1942, und 31.5.1943," *Wehrwissenschaftliche Rundschau*, 11(November 1961), 641-44, 每种机型进入量产的日期数据，参见 Baumbach, 313。

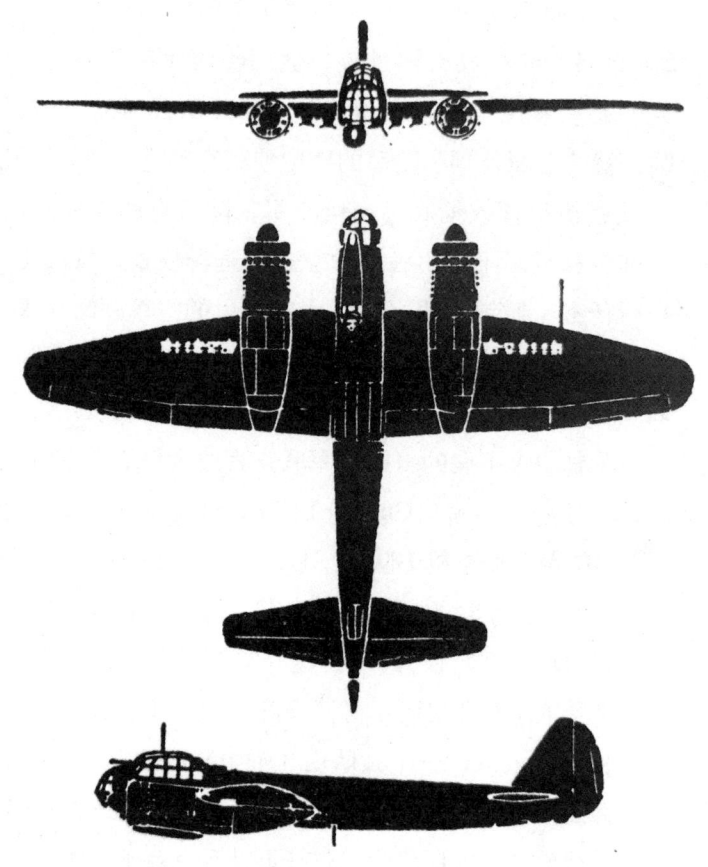

容克斯 Ju-88 轰炸机

机占德国空军力量的比例一直在下降,一战开始时是 100%,一战结束时占比已下降到 1/3,二战开始时占 1/7,二战结束时降为 1/8.5。

不过,服役的侦察机数量始终保持稳定。远程侦察机的数量如下:1939 年 9 月是 260 架,1942 年 1 月 412 架,1943 年 5 月 377 架。同时期的近程侦察机的数量分别为:342 架、294 架、402 架。

当然,飞机的型号一直在变化。战争开始时,远程侦察机主要使用一种改进型的中型轰炸机道尼尔 Do-17F。该机型于 1935 年前后最早设计出来,长机身、双引擎、双垂尾,可载一名驾驶员、一名观察员兼摄影师以及一名无线电报务员兼炮手。但它的实用升限相当低,只有 18000 英尺。为了对苏作战,德

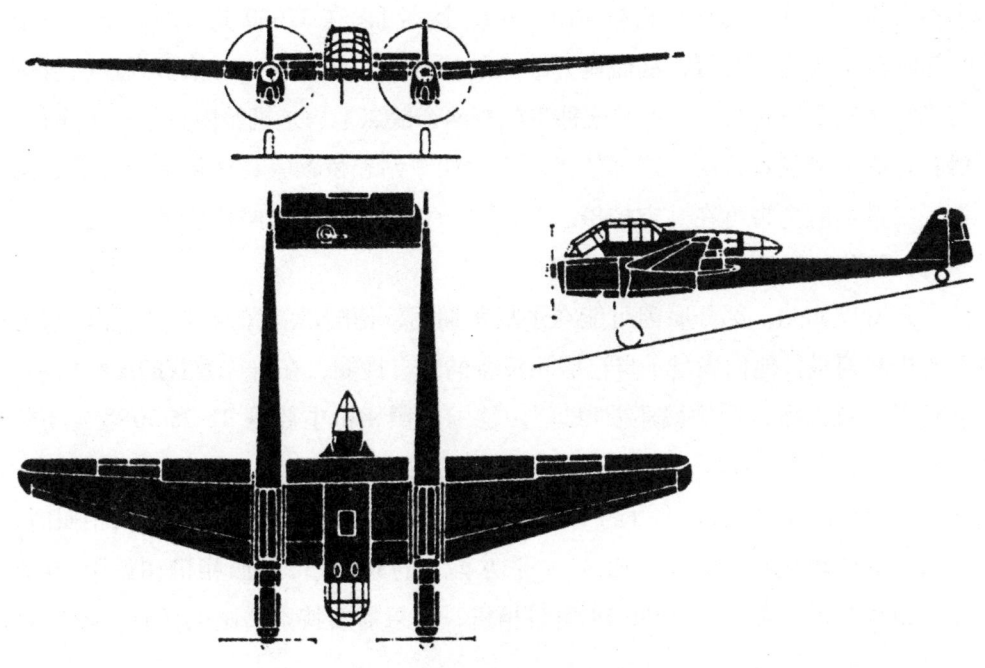

福克-沃尔夫FW-189侦察机

国空军用容克斯Ju-88D（基础中型轰炸机的摄影版）替换掉该机型。容克斯Ju-88D的实用升限达到26000英尺，几乎比道尼尔Do-17高出50%，最大航程达到3000英里，是道尼尔Do-17的3倍，而且容克斯速度也更快。直到战争结束的时候，容克斯Ju-88D都在为空军执行远程侦察任务。当然也有其他型号的飞机执行这种任务。

近程侦察机的发展经历了三个阶段。战争开始时，近程侦察机使用的是上单翼飞机亨舍尔Hs-126，单引擎、双座位。在对苏战争刚开始的时候，福克-沃尔夫FW-189 A，一种双引擎通用飞机开始代替亨舍尔Hs-126。它可搭载3名机组人员，最高时速达到213英里，几乎比Hs-126快60多英里。在两年时间里，它是战斗侦察和近程侦察最理想的型号。但是，苏联战斗机速度的提升让该机型在劫难逃。直到战争结束，该机型虽然都在从事夜间侦察，但在白天的飞行中，德国空军已转而使用唯一快过敌军战机的梅塞施米特Me-109。不同类型的梅塞施米特Me-109飞机上都被德国空军安装有照相机。这是一种快速的小型飞机，液冷发动机安装在突出的机头上，可以在37000英尺的高空以每小时380英里的速度飞行，从而避开敌人的战斗机和防空火力，拍摄到速度较慢的飞机无法取得的照片。不过这种飞机有两个缺点：一是机舱内只有一个座位，驾驶员必须兼任观察员，这样使得观察诸如车站和桥梁等具体目标变得非常困难；二是不能携带可在高空拍摄出与短焦相机在低空拍摄照片质量一样的长焦相机，因此其照片会失去一些细节。

之所以如此，部分原因可能在于战争期间，德国没有像改进飞机那样致力于改进照相机。他们满足于自己照相设备的现有性能，在研究缴获的照相机后，总觉得"敌人在这个领域还差得远"。德国的照相机主要是 Rb 75/30 型自动照相机，焦距为75厘米（约29.5英寸），底片30平方厘米（约12平方英寸），软片暗盒里的胶卷长60米（约200英尺），可拍摄照片180张。近距离拍照时，德国空军使用焦距8英寸、相片12平方英寸的 Rb20/30 型照相机和焦距20英寸、相片7平方英寸的 Rb50/18 型照相机。如果需要特别清晰的照片，就得在

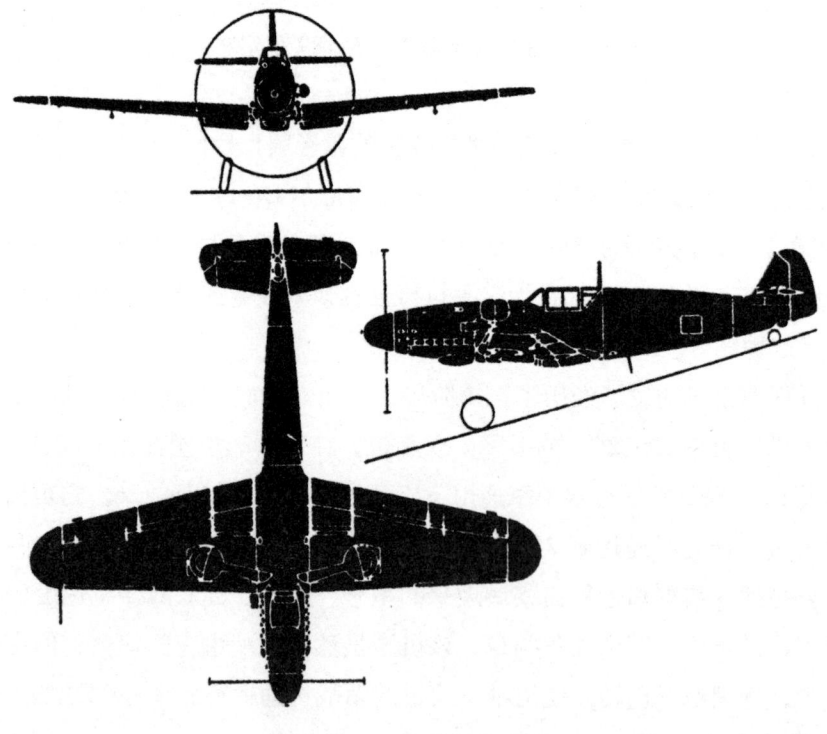

梅塞施米特 Me-109

高空飞行时使用焦距为 40、50 乃至 60 英寸的照相机拍摄。蔡司公司的镜头性能优异，加上照相机（在实验室条件下）的质量足够好，胶卷分辨率可达到每毫米 30 个像素（每英寸 750 多像素）。[1]

在战争期间，照相机的质量没有太大改善，胶卷同样如此。彩色胶卷不会为高空摄影增加情报，这经过了试验的检测，因而未被采用。更没有人提到过红外胶卷和紫外胶卷。类似柯达公司埃克塔克罗姆（彩色反转片）那样的彩色红外胶卷，德国人从未试图研制。在这种彩色胶卷上，植物的绿叶呈现深红色，人工涂抹的绿色则为紫红色，可被照片分析员轻易分辨出。

执行侦察任务的飞行员并不只是往飞机上一坐，启动发动机飞去外面看能看到的东西。中队队长接到来自陆军或空军情报参谋为进一步掌握敌情下达的命令和提出的需求，会把具体的任务分配给飞行员。例如，德军为入侵希腊进行集结时，一个近程空中侦察小队接到陆军第 30 军情报参谋下达的任务："战斗侦察的重点首先是 4 号公路至克蒙蒂尼沿线……确认以下信息：敌军能进行有效抵抗的位置、敌人撤离的路线、第 50 步兵师先头营的位置、所在位置的公路和桥梁是否被破坏、炮兵阵地的位置。"

侦察飞行的方式在战争的第一天就已制定，从未发生过改变。为了进攻波兰，侦察员胡特尔（Hutter）中尉奉命观察以下内容：(1) 敌人是否在某一城镇构筑防御工事准备固守，(2) 是否沿湖泊挖掘战壕、设置路障，(3) 是否在该城镇与湖泊之间集结和行军。根据任务要求，胡特尔需在凌晨 4 点 30 分飞越边境。快到凌晨 4 点 20 分时，胡特尔和驾驶员进入 Hs-126 座舱。驾驶员（由于某种原因，德军士兵习惯称呼侦察机飞行员为"埃米尔"，是俚语）基本只负责驾驶飞机，在半开放的机舱里坐在驾驶员身后的观察员（德军俚语里称作"弗朗茨"）才对侦察任务负主要责任。时间一到，胡特尔所在的飞机和小分队另外 5 架飞机立刻起飞，咆哮着冲向渐渐变亮的东方。那几架飞机调整方向，寻找各自的目标地区，很快就消失不见。向下望去，胡特尔只看到一些小墨点，不

---

[1] 原注：Brucklacher, interview, 17. 这个精度与美国照相系统在同等条件下获得的精度几乎相同。（Irving Doyle, telephone interview, 9 June 1976.）

时出现小亮点，或许是一条泛光的小河，或许是农家的灯火。天边逐渐明亮起来，地面的轮廓开始呈现，胡特尔更加细致地观察，以发现敌军的动向和野战防御工事。

他用肉眼从空中能看到什么？高度不超过 2500 英尺时，他可以看见地面上或站或躺的静止不动的人；如果他们走动，他在 4000 英尺的高空也能发现。在不超过 13000 英尺的高度，根据地面扬起的尘土，能够发现密集行进的纵队和车辆的踪迹。在 4000 英尺的高空，眼神敏锐的观察员能够发现地面上的机关枪和反坦克炮。但是，它们通常都被伪装起来，即使在并不高的空中飞行也难以发现。

胡特尔的飞机轰隆作响，波兰既没有出动战斗机迎击，也没有使用高射炮射击。他拿出沾满发动机汽油的地图放在膝盖上，和下方的地形进行对照。突然，他发现面前就是目标城镇及其附近湖泊群。这架亨舍尔飞机在 3000 英尺的高空盘旋着，胡特尔发现没有路障和集结的敌军，但城镇周围田野上的战壕纵横交错。他迅速在地图上做标记，用手中的照相机拍照。接着，高射炮追来了！亨舍尔带着来之不易的侦察成果，调头就全速往回飞。

近程侦察的效果在某日的北非体现得淋漓尽致。这一天是 1941 年 12 月 26 日，隆美尔刚撤退到艾季达比亚，英军步步紧逼，准备在那里向德军防御阵地发起正面攻击。圣诞节的次日，德国和意大利进行了 6 次空中侦察。那天清晨，德国的侦察显示，在某一区域有大约 1000 辆车，而且大部分都停在原地，在索卢什村则只有 35 个帐篷，应该属于英军。上午 9 点至 10 点间，意大利在姆苏斯附近发现 500 辆车。这天迟些时候，拉姆斯中尉开着飞机在 8 个村庄上空绕了个大圈，机上的观察员法伊特上尉对照一幅比例尺为 1:400000 的地图察看地面情况，只发现了一个重要信息：中午 12 点 30 分在艾尔海赛特有 300—400 辆车。下午 4 点 40 分，冯·魏劳赫中尉从飞机上投下一张记录条，称只在索卢什和森迪马附近发现帐篷，并没有发现车辆。所有这些空中侦察得来的情报和其他来源的情报，向隆美尔透露：挺近中的两支英国部队之间存在一个缺口。据此，他利用这个缺口，在为期三天的坦克战中迂回包抄，击退英军，成功缓解了大本营所面临的威胁，并为部队的推进做好了准备。

对炮兵的侦察能够为空中侦察者带来即刻的满足。一次在苏联，胡特尔中这是德国在北非的一次空中侦察的结果，地图上标注着：100辆盟军车辆正在本加尔丹（Ben Gardan）以东的道路上向两个方向行驶，城镇以南有50辆坦克，城镇西侧停放有100辆车，城镇以西的道路上行驶着600辆车，两个城镇之间分别行驶着100、400和300辆车。

尉发现一个没有进行伪装的炮兵阵地开火支援突击的苏军，立刻通过无线电报告了这个炮兵阵地的位置，随后闪避到自己的航线上。当德军炮兵用无线电报告"准备开火"时，飞机又返回，对地面喊"开火"。当炮兵喊"开火"的时候，胡特尔看见黑色蘑菇云腾起在距离苏军炮兵阵地100码的地方。胡特尔纠正了方位，第二次，炮火齐射，正好命中敌人炮兵阵地的中央。"命中！打得好！"胡特尔大喊。当胡特尔在苏军阵地上空一圈圈盘旋时，一发又一发炮弹落在阵地中爆炸，把敌人炸到半空中，大炮被炸得只剩下空架子。过了一会儿，胡特尔喊道："炮兵阵地已摧毁。"炮兵回复："继续侦察新的覆盖目标。"

侦察任务有时也会失败。法国战役期间，炮兵侦察员帕普中尉奉命驾驶侦察机探查一条公路上行进的敌军，却被法国战斗机驱离。第二天，炮兵要求侦察比利时穆尔盖姆附近的区域，帕普发现敌人的一个纵队拉得很长，行军时没有任何伪装。帕普觉得应该是法军，可他们这样暴露自己完全是疯狂的举动！于是又觉得或许是德国人。由于无法判断，他就去执行另一项任务了。由此可知，敌人的伪装、沙尘、烟雾和云层会导致侦察一无所获。此外，在天气恶劣的时候，飞机便无法飞行。不过，即便如此，每个中队平均每天也要完成两项飞行任务。

远距离侦察有时候也使用目视的办法。1940年5月28日，法国战役期间，两架飞机早早出动。其中一架飞机因为天气恶劣返回，另一架飞机上的侦察员看见从茹安维尔勒蓬到布里埃纳的铁路线上运行着5列火车，当时是清晨6点55分。15分钟后，在第戎的夜圣乔治地区（勃艮第著名的金丘，有世界上最优质的葡萄园）有2列朝北开的火车，还有5列朝南开的火车，后者或许是要离开前线。

在东线战场，及时的侦察飞行能不时看穿敌人的保密措施。

苏联人不想让敌军知道部队抵达时，有时候会让部队在距离前线100英里的地方下火车，以防火车开到主攻地点而泄露信息。随后，整个部队会分成若干个小组，避开大路，在夜间越野行军到前线。但是，当行军距离过长时，往往是黄昏出发，天亮停止。空中侦察在黎明和黄昏时进行，就可能发现这些长途跋涉的部队。即使这个办法行不通，侦察员也不会漏掉他们。苏联士兵夜间露营点燃的篝火，在无风的清晨的天空中，会升起灰色的烟柱，仿佛巨人的手指。

但是，绝大多数的远距离侦察飞行都是通过拍照手段，主要是因为飞机过于深入敌占区，必须在很高的高空飞行才能很好地隐藏自己。驾驶员可以自行选择接近目标的航线，目标通常是一条公路或铁路。照相机的安装与设置，比如自动拍摄的间隔时间设置为 6 秒，由照片需要重叠的比例（通常是 30%）及飞机的飞行速度与高度决定。当驾驶员沿着目标飞行、照相机不断拍照的时候，侦察员同时会用肉眼和望远镜进行观察，这样做可以防止照相机突然发生故障，也能弥补照片的不足。

飞机降落后，照片小组的成员会迅速取出胶卷，直奔移动暗室，花 10 分钟的时间冲洗出胶卷后，就开始进行大致判断。用肉眼或者放大镜观察还潮湿的底片，如果能看到火车和装甲纵队，就表明敌人正在集结。更详细的分析需要等照片出来后才能进行，通常需要使用小型放大镜。照片冲洗至少需要两个小时，一般需要更长的时间。照片分析员从中掌握了可以辨别目标的各种外部特征，比如敌军炮兵阵地、隐蔽的机枪掩体、重型步兵武器（例如反坦克炮）阵地、小型野战防御工事以及雷区等。他们会数火车站里的货运列车和港口里船只的数量。在所携带手册的帮助下，照片分析员能够根据敌人飞机发动机的数量和机尾形状（稳定翼有尖、方、圆等形状），辨别这些飞机的型号及机场上的飞机数量。凭借连续拍摄的照片中火车的位置，还能判断出火车是动是静，以及马匹和马车的位置、敌军纵队前进的方向。从行军纵队的伪装可以看出这支部队的军种，因为大炮的伪装不同于运输车辆的伪装。如果开往前线的铁路平板车上装载的是大炮和坦克，这意味着增援部队即将到达；如果平板车上什么都没有，那么可能意味着换防或撤退；如果客车、货车和平板车都有，那么这些火车很有可能就是军用列车。

照片分析员能够区分苏联 76.2 毫米口径反坦克炮和 125 毫米口径榴弹炮的发射阵地。因为他们了解到，苏联人为不同类型的发射阵地安排了不同的前方安全区、防弹墙、炮弹堆放位置等等，而他们在修筑发射阵地时严格遵照手册。有些照片分析员对苏联伪装技术的细微差别几乎了如指掌，仅看伪装就能知道苏联人准确的进攻时间。苏联一贯喜欢让前线的部队为实际发动进攻的新部队修筑工事。但是，为别人修筑工事，总不如伪装自己的阵地那么上心。经验丰富的德国照片分析员总是可以找出苏联精心伪装中的破绽，因而获知敌人的进攻动向。

每幅照片一般只冲洗一两张，提供给情报参谋和司令官，偶尔也会分发给下级指挥官，方便他们了解部队途经地区的地形，如敌军的防御工事、公路、可能遭到破坏的桥梁等。短短的巴尔干战役，从准备入侵到战役结束，第12集团军的图片小组冲洗了11048张1平方英尺的小照片和20360张2平方英尺的大照片。他们夸张地形容冲洗这些照片大概花了1张2英亩那么大的相纸。

可以说，空中侦察提供给情报官的是最让人满意的材料：直观且能亲眼看到的东西。照片是最让人信服的，因为照片是实物证据。而在所有形式的实物证据中，它的预见性最强，因为它最为深入敌后。

陆军指挥官手册说："一切顺利时，侦察飞行员可在短时间内掌握敌人的全部情况，在最短的时间内汇报侦察结果。"但这种情报来源并不完美，手册说："空中侦察只是拍摄一张一张的快照，并不能不间断地对某个地区进行观察。气候条件、地面的隐蔽和敌人的反应使其具有更大的局限。"

此外，还需要考虑"人会犯错误"这一因素。照片分析员同样如此。旧设施上自然长出的植物、利用伪装网和灌木丛对防御阵地进行的伪装等，都会对照片分析员识别出真正的目标造成困难。比这些更常见也更为严重的错误是，飞行员把一个地方当作另一个地方，结果提供的情报和真实情况差距很大。他们有时会忘记汇报敌军调动的时间和方向，有时还会把地名拼错，以至于指挥官在地图上找不到对应位置。有时他们报告的内容过于宽泛，"大的"或"小的"行军纵队，意思非常模糊，以至于没有价值。他们有时会夸大事实，部队在几天后需要发起进攻的火车站被汇报为"已被摧毁"。他们还常常混淆友军和敌军。

情报分析员会使问题变得更复杂。1944年9月4日黄昏，在罗马尼亚的一个空中侦察小队发现一支苏联先遣部队在向布加勒斯特以西推进，后边紧跟着摩托化部队和坦克部队。德国人在该公路上方150英尺的空中盘旋着，用手持照相机拍摄了一辆坦克的照片。可是司令部里没有人相信侦察员，认为那里不可能出现如此强大的苏联部队。即便有那辆坦克的照片也不能说明问题，他们反而认为这是一辆被缴获的坦克。直到第二天，又一次侦察飞行证实了报告的真实性后，司令部才被迫相信了。

所有这些情况，削弱了一些极难获取情报所带来的价值。情报通常需要加以调整和补充才算完整，情报照片同样如此，只凭借照片难以预测敌人的意图。当然，也有成功的时候，而且结果很有戏剧性。

1943年11月初，苏联军队发起进攻，切断了克里米亚半岛德军同大陆的联系。此后不久，德国空中侦察照片显示，苏联人正在亚速海入海口修筑堤坝，堤坝将把克里米亚半岛和大陆连接起来，为苏联人提供除了地峡之外的第二条进攻路线。分析照片得出，堤坝可在10天之内完工，坝顶的宽度足够通行T-34型坦克。德国人立刻对这座堤坝进行轰炸。直到1944年3月初，这个堤坝才完工，苏联被迫把进攻日期推迟了好几个月。

盟军登陆诺曼底后，戈林在元首形势会议上说，最近的航拍照片显示，盟军正在转移卸货中心，从有雷区的地方转移到没有雷区的地方，建议今后在布雷的时候将这一点变化纳入考虑范畴。1945年2月，邓尼茨说，在泰晤士河上空拍摄的航拍照片表明，泰晤士河的航运繁忙，因此可成为袖珍潜艇的袭击目标。没过几个星期，他确实派遣了一小队袖珍潜艇到达泰晤士河。

与其他形式的情报活动相比，空中侦察效果的好坏，与德国军事力量的盛衰联系最为紧密。因为空中侦察要得到实物证据，更加依赖制空权和飞机的速度，而这是德国实力的体现。在战争的前半段，德国的空中优势使其可以进行空中侦察，空中侦察又反过来帮助各兵种获取胜利。但是，随着德国在地面上和空中节节败退，空中侦察活动日益减少，成果也越来越贫乏。战争结束时，空中侦察基本不复存在了。一名空军军官在1944年12月指出，三年中几乎没有对英国的工业进行空中侦察。德国的空中侦察没有取得巨大的、像同盟军发现V-1火箭发射场一样的成就；不能派出侦察机到伦敦上空，发现双面间谍提供的关于飞弹弹着点的假情报；没有发现从西伯利亚征召的苏联军队，正是这支军队阻挡了德军对莫斯科的进攻。1944年5月22日，当德军无比渴望知道盟军在欧洲的登陆点时，德国海军无奈的话语或许可以作为德国空中侦察的墓志铭："特别是持续的、全面的空中侦察的缺乏，导致无法确定敌人在英吉利海峡沿岸的主要运输活动。"

第 9 章
审问战俘

美国陆军航空队少尉霍华德·G—[1]驾驶着他的派珀"幼兽"[2],盘旋在德国西南部特里尔附近1000英尺的空中。他正在发送无线电信息。突然,他的飞机被一阵并不猛烈的高射炮火击中。霍华德费了好大力气才成功在两军前线之间着陆,用火柴点燃那架小型单翼机后,出发向美军方向走去。他在一处无线电哨所向自己所在部队发出信号后,待在路边等待接他的吉普车。然而,来的是一支不知从什么地方冒出来的德国侦察队,将他抓住并带走了。几天后,这位34岁的得克萨斯少尉被带到空军过渡战俘营,这是德国国防军运行最好、最精巧、迄今为止完成审讯任务最为成功的审讯中心。

法兰克福以北数英里的山区小城上乌瑟尔(Oberursel)有一片低矮的营房,那就是空军过渡战俘营。该战俘营有200个隔音的单间牢房,都配备单独的电暖设备,不采用串联蒸汽供热系统,目的是防止战俘通过供热管道互相传递信息。战争期间,空军过渡战俘营的正式名称是西线评估中心(Evaluation Center West),但战俘都要暂时关押在这里,再送往永久性战俘营,所以人们习惯上称其为空军过渡战俘营。西线评估中心和审讯苏联空军战俘的东线评估中心(Evaluation Center East)一样,隶属于空军下属的对外空军部。西线评估中心在

---

[1] Howard G—,"—"表示人物姓氏隐去,下同。
[2] Piper Cub,美国派珀飞机公司1930年开始设计制造的第一款飞机。

布达佩斯和维罗纳设有分部，但上乌瑟尔的分部是最重要的。

一般情况下，战俘被击落后，几天到几个星期内就会被送到此地。霍华德到达这里时已是被击落后的第18天。一个空军人员，在被击落和俘获后，一般是立即被带回空军基地进行初步的盘查和审讯。对于被捕的战斗机飞行员，德国人更关注荣誉而非情报：战斗机飞行员通过杀戮求得荣誉。然而，审讯轰炸机机组成员，往往能得到有关即将到来的空袭的直接情报。

一旦被俘，俘虏身上和飞机上搜出的文件等物品，都会和俘虏一起被空军过渡战俘营的车辆带到营地，审问的内容一般是广泛而又专业的问题。霍华德被安置在一个单间里，得填写一张上端印着红十字、下端是"瑞士印制"的表格。不过，这并非红十字会的官方表格，而是德国人设下的圈套。历史上曾出现过拒绝填写的战俘，战斗机飞行员 A. P. 克拉克（A. P. Clark）中校就是其中一例。他于1942年在法国北部上空的一场混战中被击落。但他身上没有任何证件，审问者没法从他身上获取线索。他的经历极具代表性：

在我被关进牢房后，他们做的第一件事是拿走我的皮夹克和粉色裤子，说这些不是军装，然后给我一条有吊带的英式战地军裤，裤子的号码有50号，完全不合我的身。我在空军过渡战俘营总共待了大约三周。这期间，我一直请求他们把军服还给我。当然，拿走军服，是他们企图打击我的士气和自尊心而玩弄的把戏。他们还用我的这身军装作为筹码，试图从我这里获取情报。

对于第一轮的正式审问，我早就做好了思想准备。因为事前我就被通知，有一位戴着红十字袖章的矮个子官员会见我，说他不是为德国人工作，而是"服务战俘"。这个小个子对我说，红十字会会通知我的亲属我还活着的消息，然后让我填写一张通用表格。事前我被告知有这样的表格，但需要填写的项目比我们被许可提供的要多很多，包括中队番号等信息。我按照规定说了一遍我们无权填写此表。他却说每个战俘都填写过，而且说填写表格对我来说只会有好处没有坏处，可以确保红十字会的包裹得以迅速邮寄和签收。亲属是否知道他们还活着的消息是战俘最关心的一件事。红十字会的建议，就是在利用战俘的这种心理，只是显得比较拙劣。

这种忧虑确实让人很难过，对每一名战俘来说，最初被关押的那段时间，会过得异常艰难，战俘需要自我调整。我必须让自己接受身为战俘的事实。这种自我认知在很大程度上（并且以各种不同的方式）会影响每一名战俘……

后来，我碰到一些非常成熟的审问者，他们获取情报的方法五花八门。这些专业军官（有军衔的技术人员）中，有一人叫冯·席林（von Schilling），他性格平和，总是试图和战俘建立一种自然的亲密关系。哪怕提问碰了钉子，他也不会发怒，仍然心平气和地为了他的目标努力着。记得有一天，他问我，"波莱罗舞曲"这个名称对我有什么意义。"波莱罗舞曲"是美国首批飞往欧洲的空军的行动代号……我没说话，只是耸了耸肩。但我印象非常深刻，他当时紧紧盯着我，生怕错过我的任何一个反应……

德国人一般不会逼战俘开口。毕竟战俘有那么多，他们总能碰到一个愿意说话的，这比把时间浪费在一个宁死也不愿开口的俘虏身上的效率要高得多。此外，他们不觉得刑讯逼供有多大用处。因此，总的来说，他们遵守了1929年签订的关于战俘的《日内瓦公约》（Geneva Convention）第五条的规定："战俘在受到讯问时，仅有义务告知其真实姓名、军衔或者个人编号……不得胁迫战俘以获取关于战俘所在部队或所属国家的情报。不得对拒绝答复的战俘施加威胁、侮辱，或使之受任何不快或不利之待遇。"德国、英国和美国都签署了该公约。

然而，德国人有时会违反这条规定。他们威胁一些战俘，说会将他们判为间谍枪毙，或连续数日不让吃饭、不让洗漱，还会施以轻微的刑罚。英国的罗伯特·特朗布尔·L—（Robert Trumbull L—）准尉在那份假红十字会表格上画横杠的行为，惹恼了审问人员。审问人员离开后，将罗伯特的牢房加热到难以忍受的温度，罗伯特不得不只穿内衣躺在地板上，脸凑在门口，好呼吸点凉爽的空气。最后，他把中队的番号告诉了审问人员，房间的暖气才被调小。不过，德国人没有采用过比这更残酷的手段。他们有更上台面，也更有用的办法。[1]

---

[1] 原注：*War Crimes Trials*, 9:32-35. 此类例子是战俘营指挥官陆军中校埃里克·基林格（Erich Killinger）以及荣格被判为战犯的原因。基林格和荣格都被判处5年监禁，相比于纽伦堡的判决，这个结果相当重。

情报处处长海因茨·荣格（Heinz Junge）少校负责俘房审问事务，他会根据战俘身上或飞机上的文件，以及填写的假红十字会表格所透露的信息，将战俘安排给他手下的审问人员。情报处的审问人员各具专长，他们有的精通战斗机，有的精通轰炸机，有的是投弹手、机炮手和无线电技师，还有一些专门研究过四引擎飞机，有的则专注于（单引擎或双引擎）战斗机。荣格将专长相同或背景相似或职位一致的审问者配给相应的俘房。空军过渡战俘营的成功，主要归功于荣格规划了异常严密的审问流程。他快50岁了，在下级心中"极富幽默感"。一战时他曾是飞行员，1918年被击落后，先后被法国和英国关押，此后担任德国航空工业驻南美洲代表。战争期间短暂地在布宜诺斯艾利斯担任过空军副武官。1942年应一位司令官好友的邀请，他来到上乌瑟尔。

现在的假红十字会表格上有被击落飞机的编号这一项，战俘填写后，审问人员会拿着表格去伤亡登记处，查看过渡战俘营里是否还有战俘是这架飞机的机组成员，或者寻找其他有价值的情报。之后，他会去证件检验处告知击落飞机的编号并索取有关情报，再然后回到情报室，将查询到的信息和审讯结果进行对照。桌子上是审问结果和分析报告，墙上钉着显示最近空袭情况的图表和敌军空袭机组成员的名单。查阅所有关联情报后，如果审问人员怀疑某个战俘属于某个中队，就可以去中队档案处查询该中队档案中的有关信息，比如历任中队长名字、中队发生过的事故、驻扎过的具体地点，以及其他琐碎的情报，通常是查阅报刊处做的剪报。

每天中午，荣格会向65位审问和情报分析人员通报情况，比如夜间轰炸的情况，还有需要审问的新问题。每天他都会收到约100条电报消息，向他汇报夜间轰炸的情况；也会收到来自空军总司令以及战斗机中队和高射炮部队情报官提出的情报需求，有时还有工业部门的需求。例如，1944年5月11日，西线对外空军处要求上乌瑟尔审问战俘来证实特工报告的情况：位于沃什的英国第85战斗机大队已编入战术空军部队，配备了台风式、喷火式和野马式战斗机。

通报情况后，审问人员会分头去审问战俘。他们对绝大多数战俘都只审问一次。审问通常都是巧妙地从有关这位战俘及其所属中队的大量资料开始。审问人员对战俘个人情况的无比熟悉，总是会让战俘摸不着头脑，在猝不及防之下，承认一些不重要的事实，比如父母的姓名、家庭住址等。一旦战俘开口，后续审问就好办多了。事实上，审问人员一开始只是证实一些自己已经掌握到的信息，再逐步引导战俘透露出新的情报。最后，战俘会为自己的多嘴找到借口，那就是德国人已经什么都知道了。他们很少会反问自己，既然德国人都知道了，为什么还要问这些问题呢？这个办法非常巧妙，在审问无法继续下去时还可以重复使用，能够消除俘虏的戒备心理。此外，被人询问，战俘会产生一种被奉承的暗示心理，还会觉得与敌对阵营里一个懂行的家伙聊聊本行也是一件有意思的事情。尤其是在被强制禁闭几天之后，这种感觉尤为明显。这些手段的效果十分明显。

关于霍华德的报告用单倍行距的打字纸写了 5 页，简要介绍了这位炮兵观察飞行员的个人经历、受训情况和派遣到欧洲的记录，详细介绍了炮兵观察飞行员的建制、职责、无线电设备和飞机的情况。报告还专门用几段文字介绍霍华德对德国野战火炮的评价（在火控方面远远落后于美国野战火炮），及其得克萨斯州老家附近一座战俘营的情况——霍华德刚好了解。审问者对任何事情都不放过："派珀'幼兽'飞机安装的 SCR 600 型军用无线电台采用石英晶体控制，有 B、C、D 三个频道，频率在 40 千赫—50 千赫之间。对于审问人员提出电台是 40 兆赫—50 兆赫而非千赫的异议，这位战俘坚持己见，但又补充说，他只是飞行员，不是无线电专家，不能保证说的话都正确。"

还有一次，审问人员利用霍华德来检测自己推断的正确性。他根据一份文件做出判断："这位战俘供出，每个步兵师配备一个拥有 10 架'幼兽'飞机的联络机中队。在审问人员根据缴获的炮兵观察员手册的分发名单，给出一个暗示（根据名单，每个军只能得到 10 份手册）后，这个战俘仍然坚持每个步兵师配备一个联络机中队，拥有该型飞机 10 架。"这份报告经过复印以后，送到西线外军处，那里有一人阅读后，在"每师配备有 10 架'幼兽'飞机"这句话旁边的空白处批复"正确！"

许多报告的内容都很详细。威廉·F. C—（William F. C—）是一位副排长，他交代了自己所在空降师的作战序列，甚至详细到火箭炮小队的人数和自己所在伞兵营的编制。美国炮兵侦察机用空中动作表示射击修正的方法（仰 1 次机头 =

射程缩短 100 码），在一份报告的摘录中有对这个方法的具体介绍。有一次，一位战俘解开了德国空军困惑已久的奥秘：非洲上空，究竟是什么战斗机武器总是打穿德国飞机的装甲板，造成直径大概 4 厘米的洞孔？而且为什么每次只打穿一个洞？这次审问后德国终于了解到，英国皇家空军为部分飓风式战斗机安装了机翼机炮，但为减轻重量，飞机卸掉了自动装弹机，因此每挺机炮只能射击一次。

空军过渡战俘营每天出具 100 份报告，为空军作战部提供至关重要的情报。从戈林在 1943 年圣诞节对战俘营指挥官的表扬来看，空军对它的工作应该很满意。西线对外空军处的一位军官在备忘录中对空军过渡战俘营审问战俘的价值，做出极其正面的评价：

> 我们了解到的敌人新作战方法、新式飞机和武器的应用，几乎都是来自对战俘的讯问，而且这种了解立刻就会体现在我军的作战行动和防空准备中。这增加了我军成功防守的概率，更节约了部队的人力和物资……一次详尽的讯问能够为空军提供敌军集结和调动变化的可靠情报，借此可以得出敌军改变主要攻击点和攻击准备的意图。在对敌军做出判断的基础上，高层就可为全军领导集团做出决定性的结论。

作为空军的一个重要情报来源，空军过渡战俘营获得了非常显著且不断增多的成功。然而，一个苦涩的反常现象侵蚀着成功的喜悦。在很大程度上，这种成功可反映出以往战俘和文件数量的多少。战俘的数量在不断增加，从 1941 年的 500 人增加到 1942 年的 3000 人，再到 1943 年的 8000 人，1944 年甚至达到 2.9 万人。人数太多，以至于这一年的战俘有一半没有受到审问。与此同时，审问人员的数量也在增加，1941 年只有 4 人，1944 年约有 65 人。由于空中战场已转移到德国领空，如果说空军过渡战俘营得到了更好的情报，则意味着盟军的轰炸机对德国造成了更大的损失。

从多方面看，这种形式都明显不同于前线的审讯结果。在前线，情报质量最高的时期是战争初期，而非后期。那个时候，前进中的德军俘虏了数十万的敌人，也吸引了成百上千的逃兵前来投诚。审问人员不需要费尽心思构想化解

Luftwaffenführungsstab Ic
Fremde Luftwaffen West
Auswertestelle
Br.B.Nr. VE 04935/44 geh.
Wohrs./Kg.

Oberursel, 11.10.1944

Sondervernehmung - Artillerieflieger.

Abschuss-Nr.: KU 1027 - A.

Geheim.

An Verteiler gemäss Entwurf.

Betr.: Vernehmung des 2nd Lt. G   (Flugzeugführer) abgeschossen am 15.9.1944, nachmittags, SW Trier, mit einer "Piper Cub L 4 B" der Kurier- und Artillerieflieger-Staffel Nr. 1090.

Bezug: Br.B.Nr. VE 04665/44 geh.v.22.9.1944. (Artillerieflieger-Vernehmung).

1. Militärischer Werdegang.

2nd Lt. Howard G   (S.-Nr. O-204 501 5) geb.26.3.1910 zu Cullmen (Alab.), verheiratet, Tank-Kontrolleur. Februar 1944 zum Offizier befördert.
Der Kgf. ist im Zivilleben Angestellter bei den Gross-Tank-Anlagen der Standard Oil Comp. in Baytown, 30 km O Houston, Tex., am Kanal Galveston-Houston gelegen. Er ist 34 Jahre alt, aufgeschlossen und natürlich. Er besitzt Erfahrung in fliegerischen Dingen und zeigt ein für amerikanische Verhältnisse überdurchschnittliches Interesse an Fragen des öffentlichen Lebens.
 Im August 1942 meldete er sich freiwillig zur Luftwaffe, da er bereits den Zivil-Fliegerschein für leichte ein-mot.-Flugzeuge besass. Nach kurzer Grundausbildung in R a n d o l p h F i e l d (Tex.) wurde er im November 1942 der Artilleriefliegerschule F o r t S i l l (Okl.), die meist mit L a w t o n bezeichnet wird, überwiesen, wo er bis Januar 1943 verblieb. Seine Einsatzschulung erhielt er darauf bei den Manövern verschiedenster Heeresverbände entlang fast der gesamten Atlantikküste. Am 8.Okt.43 erfolgte die Überfahrt von Boston nach Southampton in stark gesichertem Geleit von 8 grossen Truppentransportern. Dauer der Überfahrt: 11 Tage. Kein U-Boot-Alarm.
 Nachdem die Einheiten der 28. Infanterie-Division eingetroffen waren, wurde Kgf. zusammen mit weiteren 9 Piper-Cub-Besatzungen zur L i a i s o n - S q d. N r. 1 0 9 0 (Kurier- und Beobachtungsstaffel) zusammengefasst und obiger Division zugeteilt. Im Rahmen dieser Einheit wurde die 1090.Sqd. Anfang Juli nach Frankreich überführt. Erste grössere Gefechtshandlung der 28.Division: 30.Juli bei St. Sever, W Vire, Normandie.

2. Kampfauftrag und Abschuss.

Kgf. war am 15.9. als Relais-Flugzeug ohne Beobachter eingesetzt und wurde von leichten Bodenwaffen (FlaMG oder 2-cm) aus 300 m Höhe abgeschossen. Ihm gelang zwischen den Fronten eine Notlandung. Nachdem er sein Flugzeug mit einem Zündholz in Brand gesetzt hatte, lief er zu den USA-Linien, gab bei der nächsten Funkstelle seinen Verbleib an seine Einheit und wartete auf ein Kfz, das ihn abholen oder mitnehmen sollte. Während er am Strassenrand wartete, kam ein deutscher Stosstrupp und nahm ihn gefangen. Nach Durchlaufen mehrerer Gefangenen-Sammelstellen und Heereslager (Limburg) wurde er am 3.10. bei der Auswertestelle West eingeliefert.

空军过渡战俘营详细记录下对一个美军飞行员的审问结果。

俘虏抗拒的巧妙手段，而是依靠威力更为巨大的因素：对死亡的恐惧。通过这种办法获得的情报一般都范围较窄，没有长远或者有背景性的意义，但却可以直接用在当下的战场情况中。逃兵伊万·科茨乔夫（Ivan Kotschy）供出的情报就是其中一个典型。

1942年1月4日晚，他和一个朋友偷偷离开哨所，叛逃德军。武装党卫军第4师1团3营接待并审问了他们。他的朋友只大略说他们属于第296步兵团第4连。科茨乔夫则交代得较为具体，说他们一直驻扎在德国人以前没有发现的一个前方哨所。第3营营长科恩少校派出侦察队去证实科茨乔夫所说哨所的存在，结果证明科茨乔夫没有说谎。第二天上午，在把这两个苏联人带到前线仔细查看苏军前方哨所的情形后，科恩组织了一个摧毁哨所的战斗侦察队。根据科茨乔夫交代的情况，再加上自己的观察，科恩向战斗侦察队指示这些哨所的兵力情况以及最佳靠近路线和攻击办法。晚上11点，战斗侦察队出发，科茨乔夫随行。

他们身着雪地装，悄声行进，经过两个星期前被击毁的苏联坦克，在深入茂盛的灌木丛半英里的地方，找到了苏联人踏出的小径。他们切断了一段电话线，绕到哨所的背后。11点50分，一个苏联机枪岗哨问他们的暗号，科茨乔夫和一个精通俄语的德国士兵用俄语答道："巡逻队！"机枪手们觉得没问题，便不再作声。德国人用刀处理掉毫无反抗的哨兵。在通过之后的三座掩体时，虽然发生短暂的交火，但德国兵迅速结束了战斗，解决了没有防备的苏联人，打死10个，俘虏6个。他们带上缴获的武器和文件，炸毁掩体后返回，人员装备均无损失。

这个插曲显示出来自俘虏和逃兵情报的主要特点：具体详细，却又范围狭窄。绝大多数俘虏寡见少闻，部队的调动、上级指挥官的作战计划、军事工业技术的发展等都超出他们所知的层面。他们只知道自己实际接触到的信息，比如他们的部队、阵地、指挥官、作战经验、武器、到达前线的路线、各自在和平时期的职务和任职地点，以及在家的生活。他们了解的东西并非都是重要、紧急的军情。因此，德国军队对战俘都采取分级审问的方式，每一级获取自己那一级有价值的情报。这一点和其他国家的军队没有区别。

战争期间，德国人认识到，或者说是重新认识到，第一时间审问战俘的重要性。随着翻译员数量的增加，审问工作逐步向基层发展，开始向战场靠近。战前及进攻苏联之前的一些规定，预示了审问工作将主要在集团军司令部一级进行。因为1939年时，真正合格的翻译员只在司令部才有。师一级的翻译员具备基本的语言交流能力，却缺乏军事素养。为弥补这一缺陷，闪击波兰后德军开办了为期3个月的培训班。到对苏战争时，事实证明，师一级的审问产生了更大的效果。主要原因可能是审问距战俘被抓的时间更短，加上这时师一级的翻译力量已足够，还有情报官在一旁进行指导。在整个战争中，最重要的审问发生在师一级。师以下各级指挥部更接近战场，在战争初期，它们由于太忙而经常没时间审问战俘；即便有了空闲，审问也都是仓促进行，团部、营部或连部都是随便派个懂点俄语的人草草了事。但是，1941年对大片土地的征服，稳定了前线战事，也得到了更多的翻译员，德国人开始将水平较低的翻译员分配到师以下各层，同时派驻一位副官或特种任务执行官，负责收缴文件、指导审问和处理审问结果。这些审问当然不如师一级的审问全面有效，但从战俘被抓到受审的时间却缩短了。

之所以对审问战俘的时效如此强调，原因在于恐惧会让战俘开口，而这种恐惧将随着被俘时间的增加而逐渐减少。[1] 刚被俘时，恐惧会笼罩着战俘的整个身心。他害怕自己可能被刺刀当场刺死。几分钟之后，恐惧仍然笼罩着他。他跟跄前行，被刚刚还要杀他的粗暴士兵推搡着。这时他只有一个念头："他们会怎么处置我？"他的命运完全落入敌手。几分钟前，这些敌人还用枪口对着他，将他从睡梦中惊醒，或者用一阵阵炮火轰炸他，或者开着庞大的钢铁怪兽碾过他的战壕，用步枪和机枪向他射击。若他不做他们让他做的事，他们十有八九会马上干之前没有干成的事儿。但是，几个小时过去，他离开硝烟弥漫、炮火纷飞的前线，来到气氛相对平和的司令部，无论怎么做都能活下去的信心会再次占据他的内心，赶紧交代情况以保全自己的念头就会减弱。

迅速审问的好处不止这一点，还有其他方面。第一是情报的有效性，只有第一时间审问才能让战俘供出及时有效的情报。第二是情报的准确性，刚被擒的战俘惊魂未定，意识到自己落到敌人手里，从此和亲友分离，再难相见。一

---

[1] 原注：Manteuffel, interview, 7-8. 我认为这比所有纽伦堡审判之后的说法——德国人的友善让战俘开口（如 P-018a, 10; D-407, 61-62）——都要可信得多，如我在正文中解释的，那种友善是以恐惧做基底的。许多有关被俘后的冲击性资料（如 D-407, Anlage 6）都支持这个观点。

个人在这种境况下很难把持心神，更不能编造谎言。同时，与前线距离极短，他所说的话容易被验证真假，使得虚构事实更加不可能。在意大利战区，师一级审问战俘获取的情报，被情报官认为可靠性达80%。东线战场同样认为战俘的招供非常可靠。

战斗通常会带来战俘和逃兵，从而满足情报的需要。当前线没有战斗、一片寂静时，德国人会通过突击队或宣传手段来获取情报。

战俘一旦被抓，会被立刻解除武装，没收所有文件和证件。军官、军士和士兵会被分开关押，其中极少数会被各级指挥所挑出来进行审问：他们属于哪个部队，反坦克阵地、机枪阵地和雷区在什么位置，有什么样的重炮、重炮的位置在哪里，是否有坦克，以及其他与战场态势有关的问题。这些指挥所不会把审问出的结果完全记录下来，而是只将重要情报通过电话汇报师部，然后把俘虏和缴获的文件都送过去。

到师一级才开始有情报官，全面系统的审问才开始进行。除非是战俘过多导致负担过重的情况，师一级通常会彻底审问所有战俘。根据具体情况和个人喜好，情报官或其助手，更多的时候是翻译员，审问俘虏和逃兵。审问几乎都是单独进行，双方通常坐在师部的一间屋子里。对于审问技巧，每个战区都不相同。

东线最初不用在乎审问的方法，仅凭俘虏的恐惧就可以让他们开口。苏联人清楚，《日内瓦公约》保护不了他们免受侵略者的暴行，纳粹视苏联人为劣等民族，对苏联战俘施以虐待、毒打、酷刑，在战地枪毙，甚至在后方进行个体杀戮和集体屠杀。因此，这个现象不会让人奇怪和惊讶：苏德战争初期，大约97%的战俘会主动交代，争取坦白从宽；同时，另外一部分不认为坦白会有好结局的战俘在被捕初期便拒绝交代，希望拖延不可避免的处决。直到1943年，战争形势发生改变，苏联战俘开始真正保持沉默，德国人才开始讲究起审问技巧来。

在西线战场，因为待遇较为人道，大多数战俘没多久就消除了被俘引起的焦虑。同西方国家种族平等的观点催生了这种待遇。德国人在这里遵守他们曾经签署的规定："战俘有义务告知自己的真实姓名和番号，此外的内容可以拒绝回答。"甚至有个党卫军师部下令，对待战俘"必须严格执行国际公约的规定"。许多盟国战俘除了自己的姓名、军衔和编号外，基本不会再交代其他信息。1942 年 12 月 1 日，英国士兵爱德华·乔治·贝斯特（Edward George Best）在北非告诉德国第 10 装甲师的审问人员，他的编号是 6922109，于 1941 年入伍，但"没有做其他的陈述"。1940 年入伍、编号为 6916635 的步兵戴维·梅尔纳（David Melner），"完全拒绝做任何陈述"。

但也有一些会开口的人。大概是铁拳般的恐惧粉碎了他们抵抗的意志，而审问人员天鹅绒一般的温和消除了他们紧张的情绪，他们最后供出了情报。有时候，审问人员还会给他们食物或香烟，让他们放松一下。虽然审问方法因审问人员和战俘的性情不同而各有差异，但绝大多数审问人员都认为，温和、客观的口吻具有最好的效果。严酷的刑罚会导致战俘不屈不挠，过分的友好则会引发他们的怀疑和警惕。审问人员有时候会玩一些伎俩。有时候，他们陪俘虏散步，一边散步一边聊些"我们不过都是当兵的"，"穷人打仗，富人赚钱"这类话题，再慢慢将话头引到盟军和德军作战方法的比较上。有时候，他们会邀请被俘的军官赴宴，这是让对方开口的精妙手段。有时候，他们会劝告俘虏们，不讲出所在部队番号，就没法通过红十字会向家属传达被俘的消息。这些计策不常奏效，只有直接审问才是常用的方法。为了让俘虏开口说话，审问总是从俘虏的个人问题开始。相对于战俘，审问人员有着绝对的优势地位，他们掌握着战俘的生死，有着更高的心智能力、更广泛的知识以及相对平静的内心。凭借这些，他们足以抓住俘虏的弱点，让他们供出所需的情报。

战争最初几年，师级情报官的审问按标准进行，完全遵照陆军总司令部发布的简单内容。1941 年 10 月，第 50 步兵师有一张一页纸的表格，项目有：姓名、军衔、所属党派、所在团、所在师、以前所在团和师、初次参战地、所在团通往前线的行军路线、所在师的行军路线、装备、战斗任务、士气、物资、服装以及其他问题。然而，这个师从战俘瓦西里·克拉斯尼钦（Vasilli Krasnichin）那里只获知他的军衔（士兵）、所属师（第 2 骑兵师）、团（第 20 骑兵团）、行军路线（来自敖德萨）以及参谋部位置。

在下级参谋机构接手战场初步审问工作后，1942 年夏天，盖伦担任东线外军处处长不久，师一级的审问便在东线外军处的指导下，扩大了审问范围。东线外军处列出一张非常全面的问题单，开头是关于俘虏的家庭生活、工作、入伍、训练和整个作战活动的信息，不仅涉及部队任务、编制、兵力、条件、预备人员、指挥官、指挥系统以及炮兵阵地、火箭炮阵地、雷区、弹药库、燃料库的位置等基本问题，还包括德军火力的效果、每次战斗的伤亡、对毒气战的准备等问题。西线外军处也制作了这样的问题单，但比东线的要粗略很多。此外，许多部队都有他们需要俘虏回答问题的清单。

这些审问要探清的主要是战术和编制情况（编制情况通常是敌军的作战序列），这对于师一级来说非常重要。1943 年夏天，防守奥廖尔的第 56 步兵师，从一个军衔为中尉的苏联逃兵口中得知，第 475 迫击炮团在苏军第 3 集团军下属的第 269 步兵师附近投入战斗。德军第 299 步兵师通过在一次进攻中抓获的 165 名俘虏，证实了第 102 步兵团等部队的存在。1943 年 2 月，在北非，二等兵詹姆斯·S—（James S—，26 岁的田纳西州农民）交代了他们营的编制和装备情况，该营隶属于第 1 装甲团。而他的战友，24 岁的俄亥俄州二等兵罗伯特·D—（Robert D—）则告诉德国人，该团属于第 34 步兵师。这些供词并不真实，这是证明战俘供出信息的可信度只有 80% 的有力例子。不过后者也可能并没有撒谎，因为第 34 步兵师和第 1 装甲团实属的第 1 装甲师分散驻扎在同一地区。要么发生了临时改编，要么第 34 步兵师距离更近，让这名二等兵产生了错误认知。

1943 年 1 月，在北非，第 10 装甲师的情报官报告了一种"美国的新型反坦克武器"。情报来源于 1 月 15 日对一名美国被俘军士的审问。据该战俘交代，1942 年 12 月，在争夺迈贾兹巴卜以北 295 高地的战斗中，他所在防区的美军首次投入使用这种武器。"这明显是一种可由单兵发射的火箭炮，有一根长约 1.2 米、口径 8 厘米的又薄又轻的钢管，据说穿甲能力惊人。"这位情报官不仅做了细致的描述，还画了草图，这就是"巴祖卡"火箭筒。这位俘虏提供的情报，是德国获得有关这个惊艳而强大的美国武器的最早信息之一。

每份审问结果师里都会印制五份，自己保留一份，军和集团军各一份，集团军群则收到两份。师一级深入全面的审问，使得进一步就战术问题进行审问不再有意义。军部极少进行审问，集团军司令部则只审问高级指挥官、总参谋部参谋和专家之类身份特殊的战俘。集团军情报参谋总是亲自参与审问。这个级别配备的翻译员水平高得多，掌握的情报也全面得多，因此审问结果的可靠性提高到 90%。集团军群司令部会分析收到的这些情报，很少亲自进行审问。

然而，指挥着两个集团军群的西线总司令却于诺曼底登陆后，在法国沙隆建立了一个审问所。这个审问所能容纳 6000 名战俘，不过在 1944 年 7 月初的那几天，只关押了 400 名左右。有 30 间用于审问的牢房，审问都是单独进行。审问人员由总司令部情报参谋管理，会先就军事和战术问题进行初步审问。10

德国第 5 步兵师对苏联战俘瓦西里的简要审问记录，内容有所属师和团，以及开往前线的行军路线。

月 12 日于亚琛被俘的中士阿诺德·F. C—（Arnold F. C—，34 岁，农民）详细供述了他所在的第 9 步兵师第 9 侦察队的人员和装备情况：5 名军官、约 150 名士兵、2.5 部履带车、2 辆吉普、1 辆准载 2.5 吨的军用卡车，第 1 侦察排有 9 辆吉普、3 挺口径 0.3 英寸的机关枪、3 门口径 2 英寸的迫击炮、3 支火箭筒，

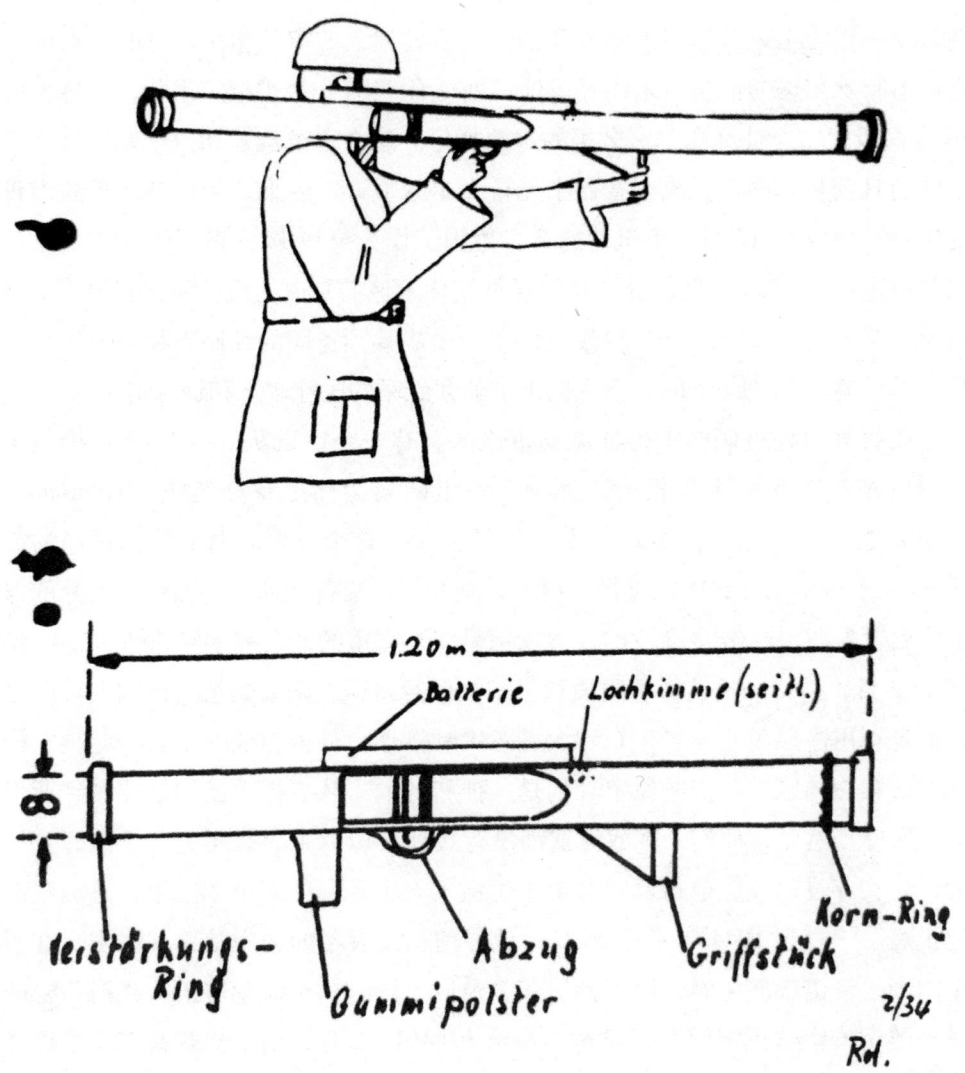

在 1943 年 1 月 15 日对一名美国军士审问所获情报的基础上，在北非的第 10 装甲师画出美国一种新式反坦克武器的素描，这种武器后来被称为"巴祖卡"（火箭筒）。

其他侦察排的装备基本相同。

有专业知识的战俘由专家型审问人员负责审问。专家型审问人员有4名，2名来自外交部，2名来自德国中央保安局的经济情报处。在沙隆战俘营迫于盟军的推进而转移后，西线总司令又在科布伦茨附近的迪茨成立了一个36人的特别审讯队：行政人员和情报分析员10名、翻译员12名、警卫14名。

这一级之上还有东线外军处和西线外军处建立的审问单位，目的是获取对它们有特殊用途的情报。东线外军处三处A组设有一个小型审讯营，关押着约80名高级军官、被降职军官之类的重要战俘。这个审讯营最初位于勒岑（今波兰的吉日茨科）附近，离东普鲁士元首大本营很近，后来迁到柏林附近的卢肯瓦尔德。1944年12月，审讯营的8名德国工作人员和19名苏联工作人员总共对战俘进行了63次审问。部分战俘详细交代了他们知道的情况和德国想了解的情况。谢尼克夫（Senikev）少校提供了一个步兵预备团的编制表和一份情报人员名单。鲍罗丁（Borodin）下士供出了苏联红军的医疗水平和训练情况。

西线外军处更倾向于建立流动审讯队。有一个审讯队，在1943年提供了一份突尼斯英军的士气报告，另一个审讯队名为弗里茨分遣队（Kommando Fritz），提供了关于美国战略情报局[1]的情报。这个分遣队对战略情报局的彼得·S—（Peter S—）中尉进行了审问，获知盟军准备如何从德国在意大利的俘虏营中营救盟军俘虏。32岁的彼得以前是纽瓦克市的一名林木修剪师。1943年10月2日，携带一枚美军中尉徽章、一个假身份证、两卷烟纸（德国人检验过它们是否用隐显墨水写了字）和大量意大利钞票，彼得与他的小队一起被空投到大萨索山地区。他们的原定计划是，他和他的小队要把救出的战俘带到亚得里亚海岸。然而，他们一个战俘营都没有找到。10月底，彼得命令小队分头行动，分头穿过前线。他自己则在山中生活了6个月，住在小茅屋里，只能吃面包土豆。一直到1944年4月26日，他在前往比森蒂的途中被德军俘虏。在盟军刚刚入侵诺曼底之时，除了弗里茨分遣队，还有3个流动审讯队在阿朗松的一个俘虏拘留营里审问盟军俘虏。截至1944年12月，西部战区共有4个这样

---

[1] U.S. Office of Strategic Services，中央情报局的前身，二战期间罗斯福总统下令成立，二战结束后杜鲁门总统将其解散。

的审讯队在活动，由西线外军处处长直接领导，每个集团军司令部配备一个。

战争初期，阿勃韦尔的一项职责是审问战俘以获取作战情报。对法作战期间，德军在埃纳河休整时，阿勃韦尔的一名军官审问了两名战俘，发现法军已经守卫阵地 14 天，一直没有更换防守队伍，早就筋疲力尽。得知这一情报，德军决定立即前进，3 天后便顺利渡过了埃纳河。

后来，审问的目的越来越多的是为了获取经济和技术情报，作战情报逐渐淡出。为此，1943 年，阿勃韦尔在俄国设立了 4 个战俘审讯队（每个集团军群 1 个）和 1 个战俘审讯营。战俘审讯营距离哈内科普（Harnekop）约 1 英里，配备有一个参考资料极其丰富的图书馆，其中包括空军轰炸目标档案，里面有敌对国工厂的详细情况，还有用于撰写审问报告的房间。这些报告被提供给最高统帅部战时经济和军备部的对外情报处。对外情报处在东线也有自己的专家审讯队，其中一个由普林斯·罗伊斯（Prince Reuss）少校领导。罗伊斯是 12 世纪在德国中部拥有领地的一个家族的后裔，传说这个家族的族谱和它小小的领地一样复杂混乱。这位殿下的审讯队和另一个审讯队所得到的情报为战时经济和军备部提供了最有价值的参考信息。

西线通过审问获得的经济情报比较少。战俘被关押一年多，意大利人才首次允许阿勃韦尔经济处军官审问战俘营的战俘。但是，对于那些港口和道路，绝大多数战俘要么没有留意，要么已经忘记，即便对着地图也无法想起来。后来，加普亚战俘营又接收了一批美国战俘，他们在突尼斯被俘，共 108 人。事实证明，这些农民、工人、学生太年轻，太无足轻重，没有能力提供有价值的信息。

战俘提供的情报中，对高层统帅们最有用处的恰恰是最简单的信息：他们所属的部队番号。[1] 孤立地看，这些信息没有太大意义。事实上，在整个战争中，从来没有一次审问为高级指挥官提供过至关重要的情报。但许多孤立信息

---

[1] 原注：我的结论主要依据是，在 1940 年的西线情况汇报 OKH:H2/107b 中反复提到 p.o.w. 识别。

聚集起来，却能帮助情报参谋以及东线和西线的外军处掌握敌军的作战序列。

大多数情况下，这只能让德国人了解敌人刚才在做什么，帮助猜测出敌人可能会干什么。例如，德国从一位战俘那里获知，美军第88步兵师自1944年3月中旬以来都在意大利作战，而非德国人认为的在法属北非地区，这表明美军在意大利的实力比之前预想的要强很多。不过在有些情况下，作战序列情报能够帮助德军得出战略层面的结论。1944年3月，据一位战俘交代，美国第1步兵师在英国。[1]一个久经战斗考验的部队从地中海战区到英国的调动，再次暗示盟军即将反攻。但是，即便在这种情况下，对于高级别指挥官来说，战俘依然是次要的情报来源。1940年在对法作战期间，盟军有123个师的位置被西线外军处确定，其中通过审问战俘确定的只有5个师。在希特勒的形势会议上，战俘的情报相比其他情报来源，被提起的次数少得多。[2]

既然如此，为什么还要花费这么多的精力审问战俘呢？一个原因是，战俘的情报在战术层面具有极大价值。东线的基层指挥官认为，这种方式是最重要的敌军情报来源。另一个原因是，它有着其他情报来源不具备的优点。

所有情报来源的情报数量都受限于敌人。无线电侦听取决于敌人发射的无线电数量，航拍得看敌人伪装得是否足够隐蔽，通过审问战俘得到的情报受到同样的限制，不可能超过战俘的所知范围。但是，审问更加灵活，审问人员可以向敌人提问，这是无线电侦听和航拍无法做到的。

---

[1] 原注：OKH:H2/9:1.4.44. 当战俘说第88步兵师实际是在2月6日抵达意大利，第1步兵师确如那位战俘所说在英国。(OCMH:Order of Battle of the Army of the United States in World War II:Zone of the Interior:Ch. VIII:Troop Directory.)

[2] 原注：我印象中只有一个例子是p.o.w.情报被作为确凿情报引用——对第233师的确认。(*Hitlers Lagebesprechungen*, 689.)

第 10 章
泄密的文件和武器

情报来源中，最可靠、最真实的来源当属缴获的文件，因为纸、打字机和墨水都是可以检验的，它们的物理性保证了它们的真实性。德国人不太会去检验这些东西，因为文件被发现的位置通常足以证明其真实性。但即便文件具有可靠这个特性，它们却从来没被当作情报的主要来源。主要原因在于，这类文件极少包含关于敌人计划的信息。不过，它们有其他的用途，最普遍的用途就是为审讯俘虏提供帮助。

身份证、薪饷簿、命令和报告的分发名单，都能为审讯人员提供有关战俘所属部队及其周边部队的信息。如此一来，审讯人员可以提出一些只需要回答"是"或"不是"的问题，以便于让俘虏开口说话，这也是经常用来核实战俘主动交代的信息是否具有真实性的办法。在空军过渡战俘营中，这类做法达到极致。其文件部门由海德堡的一位汉学教授负责，他们会从俘虏身上或飞机上缴获的文件和照片中提取有价值的信息。

信件暴露了飞行员的大量个人信息，使得审讯人员貌似对他无比了解。信封上经常有飞行员完整的地址及其所属中队的名称。飞行员在长途飞行中随身携带用来阅读的服务性报纸，内容经常是八卦人员，谈论装备、设施和行动，这不仅透露了原部队的名字，也透露了新部队的名字。军官的身份证表明他曾经任职的地方，偶尔还能暴露他曾经受训的地方。弗吉尼亚州兰利空军基地（Langley Field）或佛罗里达州博卡拉顿空军基地（Boca Raton）签发的身份证，表明持证人接受过无差别轰炸训练。一个掠夺者轰炸机小队在从美国飞往英国的途中迷失了方向，在法国上空损失了三架飞机。该小队队长的日记记录了全队队员的名字，以及每架飞机的适用性。

即便没有文字记载的文件也能提供情报。虽然欧洲战区的士兵使用统一的定量供应卡，但空军第100轰炸机大队福利商店的店员，总是喜欢用深黑色铅笔在粗木板柜台上给供应卡画钩，导致供应卡带上了粗木桌面的纹理，这样一来，德国人可以轻易辨认出这个单位的成员。方便飞行员潜逃的伪造身份照片，有时候给敌人带来的帮助更大。第91轰炸机大队的照片泛着独一无二的棕色光泽，而且该大队队员拍照时都穿同样的格子外衣。

在前线，从俘虏身上搜到的文件能产生同样的效果，只是不能像空军过渡战俘营那样仔细核对。随处都能找到文件：俘虏和逃兵、尸体、坦克和坠落的飞机、战壕和野战工事、军队指挥部、广播站、铁路调度室和火车、邮局、电报局和电话局、邮筒、政府机关及报社。他们收集了地图、命令、报告、军事条例、薪饷簿、薪金表、作战日记、私人日记、笔记本、编制装备表、补给清单、休假名单、伤亡人员名单、花名册、传单、报纸、照片、信件、无线电代号和呼号目录以及密码等各类文件。

师和军缴获的一些低级别地图，如雷区分布图和战壕分布图，或者一些对审讯有用处的个人文件，有时会保存起来。但即使是一些重要的文件，他们也只是略读，找出诸如敌人部队番号等作战情报。他们既没有时间，也没有足够多的好翻译，还没有有助于分析情报的关联信息。因此，他们把缴获的文件送到集团军司令部，文件会在那里接受检验，通常还会翻译出来，并在研究后，挑出诸如手册之类能够广泛应用的文件，送到集团军群和东、西线外军处。在那里，文件中的多数会被翻译出来，复印后分发到各个部队。

例如，苏联红军总参谋部1942年1月9日制发的一份《关于滑雪营的使用》的命令被第16集团军翻译后，于16日发到所属各军。滑雪营[1]主要针对敌军侧翼和后方进行纵深的战役侦察，以防敌人奇袭，同时还会袭击敌人的参

---

[1] 苏联滑雪部队最普遍的建制之一，大多为独立营，下辖3个滑雪连、1个反坦克枪排和1个机枪排。

谋部，破坏敌方交通，炸毁敌方桥梁，在敌人后方公路布雷等。某份英国文件透露了"双重用途"的高射炮营，西线外军处发出警告："重型高射炮现也可用作地面火力。"1943年8月13日，西线外军处印发有关《美国第3加强步兵师于1943年7月10日在利卡塔（西西里岛）登陆》的文件。该文件根据该师的部分登陆命令及该师下属步兵加强团的登陆命令撰写，表明该师的任务是夺取港口，列举该师已加强兵力的单位，讲述该师"蓝"、"黄"、"绿"、"红"等战斗群（5个连）的划分及其作战任务，并给出精确的作战时间表：

发起进攻前4天至前1天：夜间轰炸；
发起进攻前30分钟至前4分钟：军舰炮轰海岸炮台和战斗工事；
发起进攻前2分钟：迫击炮掩护登陆舰；
发起进攻前1分钟：空袭海滩；
发起进攻：第1梯队登陆，占领并守住炮兵阵地，随时准备向利卡塔推进；
发起进攻到后3分钟：军舰炮火任意轰击目标，3分钟后有需要才开炮；
发起进攻后10分钟：第2梯队登陆。

该文件的作战安排一直到进攻后7.5小时出现第11梯队才结束。德国人希望通过这份文件告诉部队，盟军登陆进攻时可能用什么方法，以便提前做好思想和物质的双重准备。

有的文件提供了当前所需的情报，更具备即时使用的价值。这类文件通常是在较低一级的指挥部进行分析，绝大多数情况下与部队编制和作战命令有关。1940年5月在法国缴获的一份命令，纠正了德军对法国两个集团军番号混用的错误，西线外军处在地图上对调了"第1集团军"与"第9集团军"的标识。德国人还在战斗中被击毙的俄国近卫第3装甲集团军的炮兵司令员身上，找到了该集团军全体编制的文件。德军根据信号情报，怀疑美国第3集团军在诺曼底。后来，党卫军第18装甲掷弹兵师找到美国第12集团军群各部队的代号名单，发现名单上有第3集团军，从而证实了德军的怀疑。

有些文件包含的战术情报，能够直接用于当前的战斗。不过这类文件的数量极少。1940年5月10日，德国在进攻法国的第一天缴获了一份命令。该命令显示，比利时南部有法军的两个师将一边撤退一边与德军作战，进行运动防御，企图延缓德军对纳沙托－阿尔隆（Neufchateau-Arlon）的进攻。在获知命令后，德军指挥官放心地做出了决定。1941年9月4日，德军击落一架袭击第3装甲师指挥部的苏联飞机。飞行员跳伞后在距离德军指挥部不远处着陆，逃跑未遂，被赶到的士兵击毙。情报参谋也骑了一辆摩托车追过来，从飞行员的口袋里搜出一张前方苏联军队分布的详细地图。地图显示，该师正对着苏联两个集团军的接合部[1]，而这往往是战略部署的薄弱部位。鉴于此，该师指挥官下令次日发动进攻。

在缴获的文件中，最为少见的是暴露敌人未来动向的文件。即便得到，也难以判断其真实性。它可能是骗人的把戏；即便是真实的，敌人具体实施时也可能已改变计划，又或者战术情况和敌军力量发生变化，使得文件失去了意义。1943年1月，苏联近卫第1集团军参谋长驱车到达前线，同行的还有一位将军。他们找不到方向，由于战场形势的变化，撞入了德军的炮兵阵地。结果，将军被杀，参谋长被俘，所带的地图均被缴获，其中有一张作战地图最为关键。[2] 近卫第1集团军是当时驱逐德军主攻部队的一部分，作战地图上标明了苏军各部番号、作战分界线、前进方向以及接下来4天的作战目标。师和集团军指挥部火速将该地图送到集团军群和东线外军处。但是，这些情报对德国人没有任何作用，苏联军队仿佛世界主宰一般，势不可挡地继续向前行进。

文件从来都不是骗局吗？文件从来没有欺骗过德国人吗？

在一次关键事件中，这种情况出现了，变成这种情报来源最重要、最富有戏剧性的案例。

英国反情报部门编造出一系列假文件，并通过一个西班牙人的尸体，让它们落入德国人的手中。[3] 这个西班牙人看上去很像信使，因飞机在海上坠毁而

---

[1] 作战时两个部队战斗队形或阵地相连接的地方，因其容易让人麻痹或被人忽略而成为薄弱部位，作战时往往会成为攻击或被攻击的突破口。

[2] 原注：我印象中出自资料中的陈述，可参见 German Operational Intelligenc, 6。

[3] 原注：Ewen Mongtagu, *The Man Who Never Was* (Philadelphia: Lippincott, 1954); FRUS, The Conferences at Washington, 1941-1942, and at Casablanca, 1943, 584. 参见第25章，先前的情报人员损失或许透露了这个密谋。

丧生，其尸体漂流到岸上。根据装扮得知，这是一名皇家海军少校，身上携带着高级指挥官的来往信件。此事发生在 1943 年 4 月，此时局势已越来越明朗，盟军即将攻克整个北非，随后在地中海发动进一步的攻势。罗斯福和丘吉尔在卡萨布兰卡决定击溃意大利，打通地中海的航道，并将地中海中部的西西里岛确定为下一个进攻目标。这些地点在伪造的文件中都没有被提及。相反，文件拐弯抹角地暗示，在地中海东部（尤其是希腊）以及地中海西部（主要是撒丁岛），即将有作战行动。

数月前，希特勒和最高统帅部就推断，盟军下一步将进攻希腊，威胁整条东线，迫使德国在巴尔干的盟国退出战争，并夺取德国在土耳其的铬矿和在罗马尼亚的石油。这个推断没有多少依据，最多不过是德国人自己的担忧。上述文件的获得，让德国人更加相信他们此前的预见。柏林无法判断文件的真假，部分原因是他们只有文件的照片，[1] 最主要的原因在于，那封主要信件是由签字的指挥官亲自拟定，再由他的秘书使用指挥官的信笺在打字机上打出来。这在避免德国人怀疑文件的同时，促使他们相信文件的真实性，因为文件上说的都是德国人希望听到的话。阿勃韦尔、西线外军处和海军作战指挥部情报处都急不可耐地吞下诱饵，相信文件的真实性，由此推断得出的结果也正是英国人骗局所希望的。几个星期前预言盟军可能进攻西西里岛和撒丁岛的海军上将卡纳里斯，现在却赞同向希腊和撒丁岛推进。西线外军处也发表评论表达出同样的意思。

这些文件加强了希特勒对原有观点的信心。[2] 轴心国军队在非洲投降后的第二天，墨索里尼预言盟军下一步将进攻西西里岛，因为地中海航线的打通可以承担 200 万吨货物的运量。不过，这并没有影响希特勒的信念，他反驳说："已发现的盎格鲁—撒克逊人的命令证实，盟军即将进攻巴尔干。"7 月 9 日，

---

[1] 原注：原文件被西班牙人归还给英国。(Mongtagu, No. 114.) 西线外军处 (OKH:H22/147:12.5.43) 用"原始材料"一词指那些早前来自西班牙报告的照片。(Montagu, 128.)

[2] 原注：在 "Der Mann, Der Nie Gelebt Hat" 中，瓦尔利蒙特认为，这个骗局没有起到效果，因为希特勒深信东部必有一战，而且骗局并没有影响到西西里岛的防御。我认为，正如希特勒自己所言，这些文件坚定了他的看法，他一直认为西西里岛会遭攻击，他的这个观点得到了增强，而非关于东部的看法。

最高统帅部又发出警告，盟军将进攻东西两线。第二天，盟军集中所有力量向西西里岛发动进攻。这次战役并不轻松，不过如果德国人做好准备，盟军可能会更艰难。

不仅纸上的文字会为德国人提供情报，坦克和大炮上的标记也会。

1945 年 2 月，在第 6 集团军驻防区域缴获的武器显示，苏联近卫第 4 机械化军采用动物作为识别符号：鹿表示第 13 旅，马表示第 14 旅，象表示第 15 旅。这种标记和其他情报综合起来，能够帮助德国人确定对峙敌军的数量，辨认出许多从遥远的前线调到此处的部队。对武器序号进行分析，可以获得敌军的构成情况，估算敌军补充兵员的比例，推测某支部队整备的时间，确定武器制造的地点和时间，计算出大致的生产量。许多时候，武器本身就是最重要的情报。在柏林郊区的库默尔斯多夫（Kummersdorf）陆军装备测试场的坦克试验区，德国人在这里检测和驾驶一辆缴获的美制谢尔曼坦克，以便弄清它的优缺点。找出装甲的弱点，德军就可以知道如何击毁它；找出优点，德国军工部门就能借此改进自己的装甲车辆。1942 年，希特勒下令对苏联 T-34 型坦克进行抗弹测试。1943 年 9 月，西线外军处报告，"在苏联缴获了一种地雷，这种地雷显然是英国制造，第一次发现它的存在。"该地雷呈倒立锥形，锥尖可插在地上，直径和高都是约 6 米，里面约有 11 个较小的地雷。这些描述有助于德军识别并避开或排除此种地雷。

由于敌方飞机经常坠毁或降落在帝国境内及其占领区，德国空军在获取其装备方面有着极其有利的条件。德国空军会就地检测严重损毁的飞机。比如，一架苏制 TB-7 飞机在东普鲁士以机腹着陆一个星期后，德国一位空军将领对飞机的零部件进行分析，希望据此写出能提供诸如飞机续航能力等许多细节的详细报告。对于损毁不那么严重的飞机，德国空军总是尽最大努力将其修好，让其能够重新飞起。一架斯特林轰炸机紧急降落在荷兰后，德国空军用一个新发动机替换毁坏的旧发动机将其修好，并将几个战壕填满以修建跑道，然后把飞机开到位于柏林以北雷希林（Rechlin）的一个研究站。这种重要的英国四引擎飞机，还是第一次连同所有设备，完好无损地被德国人缴获。德国人从坠毁的轰炸机残骸中找到诺顿轰炸机瞄准器，在清洁、修复后，对其进行研究。在德国专家的认识中,投弹瞄准器是美国轰炸机投弹精准的原因之一。缴获的同盟国战斗机在修理后被开到德国飞机场,在那里,德国飞行员会驾驶它们飞行,以便弄清楚这些敌机的驾驶方法和操作流程。

工程师迪特里希·H. 施文克(Dietrich H. Schwenke)上校负责处理这些缴获的材料。施文克是空军军备负责人艾尔哈德·米尔希(Erhard Milch)元帅[1]的手下,负责技术情报工作。他是一名长相英俊、能吃苦耐劳的飞行员,有着工程学背景和丰富的国外工作经验,担任过空军驻英国助理武官,并在德国进攻苏联前一天参观过苏联的飞机制造厂。1940年对法作战期间,他将缴获的敌机送到自己在雷希林建立的战利品中心,进行系统化的分类和管理。后来,他又派200名苏联战俘拆解飞机,以便于他的专家团队进行详细研究。他把这些研究结果写成报告,送到部队和对外空军处,并在同米尔希元帅及德国制造商开会时做了口头汇报。

德国人似乎对波音B-17"飞行堡垒"(Flying Fortress)轰炸机特别感兴趣。1942年8月,第一批波音B-17轰炸机中的一架在东线坠毁,为了把它弄到手,德国空军派遣出一个小队。这个小队努力了8天,还是没有成功。因为飞机距离苏联战线太近,在苏联的炮火袭击下,逐渐化为碎片。不过,几个星期之后,德国人成功获得另一架被击落的B-17,并进行了研究。这架飞机上的装备显示,美国人把夜间轰炸改为日间轰炸。施文克亲自驾驶一架B-17,发现它飞起来"特别容易,你可以在飞机座舱里和副驾驶正常交谈"。和早期的B-17 C相比,B-17 F能够多载一吨半的装甲钢板。这个优点,加上德国战斗机长时间射击却不能带来明显毁伤的事实,使得空军专门召开一次军备会议,讨论如何才能最有效地击落B-17等轰炸机。会议上,施文克的详细研究获得了承认。

"如果我能展示的话,"他说,"这就是我针对6架飞机燃油箱的各种装置进行研究所获得的成果。这6架飞机包含英国、美国的四引擎飞机和一架苏联飞机。"米尔希拿起研究报告说道,一种很可能成功的方法,就是攻击飞机的油

---

[1] 仅次于戈林的另一名德国空军高级军官,纳粹德国空军元帅,二战结束后被判处终身监禁,但在1945年1月获释,于1972年逝世。

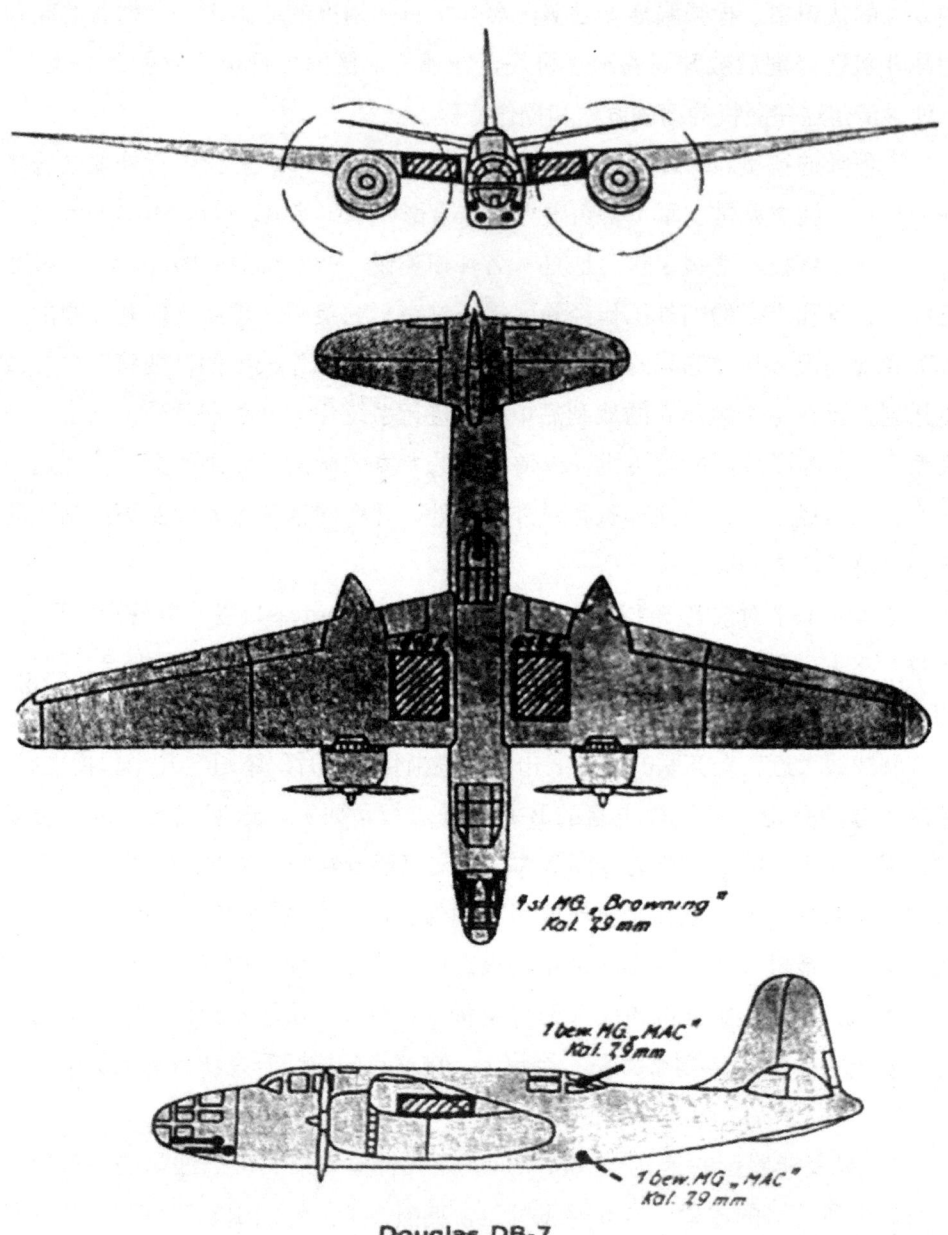

图中用阴影线画出盟军轰炸机燃油箱的位置,告知德军战斗机飞行员应该攻击此处。此类信息来自德国人对击落敌机的详细检查。

箱。"油箱在哪里？现在可以明确得知：四引擎飞机的油箱在两个引擎中间。只有美国的 B-24 '解放者'（Liberator）轰炸机不是在这个位置。"

米尔希还希望了解哪种弹药能打穿 B-17 的装甲。施文克解释说，"根据目前的经验，炮弹的直径越大，射击的惯性就越大，偏转的倾向就越小。弹药直径越大，就越不容易跳弹，击穿的可能性就越大。"

"多大的口径合适呢？"米尔希追问道，"两厘米能打穿吗？"

"不一定，但是两厘米的效果已经很棒了。"

"我想三厘米的口径更有把握一些，会更好，"米尔希说，"我提议，当我们有了足够的装甲板，就邀请战斗机将领们到雷希林战利品中心来，还有他们推荐的飞行员，用各种弹药从不同角度射击飞机的装甲板。我们会得到英国人和美国人使用的装甲板！"

第 11 章
公共传媒

在所有情报来源中，成本最低、内容最丰富的一向是出版物，因此在战前得到广泛应用。总参谋部外军处的军官，总是花费一上午时间浏览目标国家的大众出版物和专业技术报刊。威廉街的外交官们则仔细阅览伦敦《泰晤士报》和巴黎《时报》。纳粹党有不少机构也看外国报纸，寻找所有对上级有用的情报。于是，专门从事出版物情报工作的机构如雨后春笋般涌现。

战争爆发前，这些机构很容易就能获取想要的报纸，收听想听的电台广播。然而，宣传部长约瑟夫·戈培尔博士自1936年开始拥有禁止外国报纸流入德国的权力，指使盖世太保收缴报纸。战争开始后，这位才华横溢却贼眉鼠眼的部长更是经常使用这种权力。同时，德国政府禁止公众收听外国广播。《泰晤士报》暂停向柏林发行，在法国沦陷后，英国更是禁止向欧洲大陆发行任何报纸。

这使得需要国外报刊的官方情报机构不得不付出额外努力，利用特殊机构来获取报刊。外国报刊贸易有限公司就是这样一个机构，它位于科隆施托尔克巷25号，垄断了国外报纸的进口。中立国家的报纸没有什么问题，最高统帅部就有9种报纸共51份，其中《新苏黎世报》17份、《国民日报》10份、《巴塞尔新闻》6份，都来自瑞士。

但是，敌对国家的报纸（通常更为有趣）却很难获得，政府机构不得不走非正式渠道。许多英美报纸来自葡萄牙和荷兰的渔民。这些渔民在海上从英国渔民手中买下这些报纸，回到大陆再转卖，从而赚取大笔外快。一份《纽约时报》一般售价 1.1 英镑（7.5 美元），最高时卖过 100 德国马克（40 美元）。德国驻葡萄牙大使馆设立了购买这些报纸的专门机构。通过这种渠道以及其他方式，英国报纸一般在出版后一个星期到达柏林，美国报纸则需要 4—6 个星期。

年轻的外交部新闻处处长保罗·K. 施密特（Paul K. Schmidt）博士卖力将新闻处办成消息汇集地。他发现一个时间更快、成本更节约的获取美国报纸的方法。美国国务院会为美国驻葡萄牙大使馆提供报纸，但原版报纸体积大、分量重，不便于飞越大西洋的远程快速客机携带。因此，报纸都是被缩微之后带到里斯本，一名当地摄影师受雇负责将它们放大。施密特得知后，买通了这名摄影师，为他另外放大一份。他在柏林收到后，再在部门内复制，然后分发给有关机构和个人。

战争局势日渐对德国不利，为德国制造了各种各样的问题，外国出版物越发难以获取就是其中之一。特工们帮了些忙。他们把各种技术刊物缩成微片后从拉丁美洲送回，比如《钢铁时代》（Iron Age）。法本公司在葡萄牙有一个子公司，这个子公司及其在国外的代理商会搜集各种报纸书刊。为了在节约外汇的同时，为更多人提供数量有限的期刊，汉堡一家新闻机构向授权客户出售外国报纸杂志的影印件。基尔大学世界经济研究所也想尽办法拓展外国出版物的获取范围。最后，德国中央保安局采取动作，在柏林成立德国文献学会（German Society for Documentation）。它为 1939 年 1 月 1 日以来德国收到的各种外国出版物编纂目录，并于 1943 年 12 月发行第 1 期目录，共 29 页，列举出诸如《电子世界》（Electrical World）这类杂志的查阅地址。但是，不会有人愿意透露自己拥有有价值的出版物，这个办法也不可能取代杂志进口的地位。1944 年，盟军进入法国，里斯本对德国的报刊供应被切断，德国人又通过瑞典获取英美报纸。他们如此渴望获取外国报刊，以致最高统帅部不得不成立一个专门机构，去设法搜集这些必不可少的情报物资。

无线电波不同于印刷品，它以光速进行传播，可以自由地跨越各国边界。众多规模不一的官方站点监听着国外的新闻广播，捕捉它们传递的信息。仅陆军就有几十个此种监听站。第三帝国派驻荷兰德占区的长官，在海牙建立了自己的站点。帝国无线电公司（Reich Radio Corporation）在柏林市中心附近一个私人住宅的两间狭小潮湿的屋子里工作，只将监听到的信息提供给本公司的新闻工作者。德国新闻办公室（Deutsche Nachrichten Büro，缩写为 DNB，德国的新闻社）为其客户提供经过删减处理的监听材料的油印版。外交部新闻部门的站点整天都在发送各种报告，这些报告看起来似乎都值得这样做。遇到急报，它还会使用电话向官员们通报：突袭珍珠港的消息，外交部就是从这里最早获知的。研究室（Forschungsamt）和最高统帅部密码处都有监控媒体传播的站点。除此以外，还存在其他的监听站。

1940 年，一个新机构加入，名义上是为了填补以上这些机构的空白。因为上述监听站只监听欧洲语言的广播电台，较容易接收。新机构则收听距离遥远的小语种广播电台，比如汉语、阿拉伯语和印度斯坦语广播电台。但是，隐藏在新机构背后的是其赤裸裸的野心。

最先获益的是这个机构的建立者库特·亚历山大·梅尔（Kurt Alexander Mair）。1935 年，他从奥地利来到斯图加特，成为哈尔瓦格出版社社长。在出版汽车驾驶方面的地图和书籍这个领域，哈尔瓦格出版社颇有名气，梅尔自己也写过两本有关汽车的书。1938 年，他宣称自己为在奥地利（当时还处于非法状态）的纳粹党工作过，因此成了纳粹党员，不久后就加入了外交部无线电办公室。1940 年，他从宣传部的一位官员（打算合并众多监听机构）那里盗取了成立统一的新闻监听机构的主意，将其卖给里宾特洛甫。这位外交部长收获了权力，成为第二个主要获利者，1933 年宣传部成立时，外交部便失去了大量职权，而这正是里宾特洛甫想从戈培尔手里夺回的东西。

梅尔富有魅力、文武双全，还有着组织方面的天赋与开阔的思路。在获得里宾特洛甫的首背后，他立刻着手为新机构寻找办公地点。一批技术人员在柏林市区和市郊四处测试，寻找无线电信号良好的地点，最后在柏林西南万湖（Wannsee，哈弗尔河的一个河湾）边上的一片丛林找到一家废弃的大酒店——瑞典阁（Swedish Pavilion），地址在万湖路 28—30 号。1940 年 7 月，梅尔租下它，用不到 3 周的时间便开始了监听工作。这个新机构根据其所在的位置，被命名为"湖滨楼特别监听所"（Sonderdienst Seehaus），其雇员在几个月内就增至 500 人。

几乎就在湖滨楼特别监听所成立的同时，戈培尔开始抢夺其控制权。官司打到希特勒那里，希特勒命令戈培尔和里宾特洛甫自己处理这场纠纷。1941年10月22日，他们达成一致，决定成立一个联合机构——德国国际对外广播公司（German Foreign Broadcast Company Interradio）。该公司以广播宣传为主业，但湖滨楼作为"部际机构"也被合并在内。可能正是这个缘故，湖滨楼先后将外交部以及帝国无线电公司的监听站收入囊中。

梅尔在湖滨楼总部安装了全向天线，并为其配备特制的放大器。由于对外广播经常要以几种不同的频率同时向外发送信号，以便抵达尽可能多的听众，每个监听者都同时操作两台短波接收机，利用两个不同的波长来收听同一个广播，以此减少静电干扰造成的错漏。

为了覆盖范围更加全面，梅尔建立了许多边区站点。湖滨楼曾先后在巴黎、布加勒斯特、马赛、罗马、格拉茨、普福尔茨海姆和梅拉诺[1]等地设立大型监听站，其他地方则布局小型监听站，还与奥斯陆、哥本哈根、海牙以及上海当局的监听站合作。1942年年初，湖滨楼长期监听的国家有33个，偶尔进行监听的国家有14个，一共涉及37种语言，甚至包括南非语、冰岛语、印度斯坦语、波斯语、盖尔语、马格里布语和拉丁语（面向梵蒂冈）等。1942年2月，湖滨楼监听到5个新电台，例如，2月13日出现了WCBA电台。这家由哥伦比亚广播公司控制的纽约广播站，每晚9点45分至11点与另外两家电台WCBX和WCRC同时用波兰语、法语、德语、英语向欧洲（频率为17825千赫）、南美（频率为6170千赫）播送新闻。同年晚些时候在海牙进行的一次检测表明，短波和中波的耦合发射让湖滨楼监听到英国的全部广播，但北美的海外广播估计漏掉了20%—30%。即便如此，湖滨楼在1942年1月收听到的广播新闻也达到8266条，政治家的演讲和重要评论达到646篇。

监听目标的持续增加，导致监听人员不断增长。湖滨楼的雇员1942年2月为527人，1943年3月增至630人，1944年8月则超过700人。理想的情况是，每名监听人员都懂一门外语，熟悉它通用的表达方式，了解目标国的政治形态和风土人情，还能翻译收听到的东西。因此，湖滨楼尽可能雇用有海外居住经历的德国人。

---

[1] 意大利北部边陲小镇。

北美组有一个名叫弗雷德里克·W. 林格（Frederick W. Linge）的监听人员。他出生在美国泽西城，父母是德国人。他的父母在大萧条期间回到德国，当时希特勒正在借备战解决就业问题。1937年，林格追随父母的脚步回到德国。前美国居民乔治·W. 达施（George W. Dasch）也是一名湖滨楼监听人员，后来阿勃韦尔将他调离岗位，用潜艇将他送到美国从事破坏活动。但他很快在美国被捕，审判后就被处决了。拥有国外经历的德国人毕竟不太多，湖滨楼只好想别的办法解决人员问题。其中一个办法就是雇用外国人。达格玛·盖斯勒（Dagmar Geissler）的录用则是又一种办法。

达格玛太太是一名商业广告设计师，对于为赫尔曼—戈林公司绘制生产图表心生厌倦。她听朋友讲述了他们在湖滨楼的工作，比现在的工作有意思多了，收入也高。有次玩牌时，她见到这个机构的一名官员。达格玛太太一门外语也不会，从未出过国，对政治和外国事务没有兴趣，也没有新闻从业背景。但是她很年轻，才23岁，身段高挑，头发金黄，刚刚同丈夫离婚。因此，这位官员答应为她安排一份工作，主要是为外交部长里宾特洛甫准备湖滨楼的报告。于是，这个没有任何经验的女子，以毫不相干的理由，被湖滨楼这样一个责任重大的机构雇用了。

湖滨楼就像国外广播的热心听众，清楚地知道它们的节目表和播出时间，并据此安排监听人员收听主要节目。然而，需求总是超出其能力范围。当戈培尔要求湖滨楼提供莫斯科的拉脱维亚语广播、立陶宛语广播和爱沙尼亚语广播的报告，后者表示可以提供，但为此必须放弃另外8种广播的收听。控制台的工作人员可以把传入的信号同时分配给数个监听人员，他们通常是两人合用一个旅馆房间，使用各自的设备进行收听。他们实时收听广播并加以记录，遇到重要内容，还会逐字逐句地翻译成德文，或者口述大概内容让打字员整理出来。遇到紧急情报，监听员会电告情报分发中心。据湖滨楼估算，以两条广播信息的口述时间为准，在不耽误新闻时效的情况下，一个监听人员在一天8小时的工作时间里可以报告6档节目的内容。

达格玛·盖斯勒的办公室在这个破旧不堪酒店的二楼，是一个三间互相连接的房间，从窗口可以望见湖水。这里有两样东西能够唤起人们对这座建筑过往用途的记忆：一个是大且漂亮的安乐椅，她总喜欢斜躺在上面休息；另一个是电铃，遇到紧急情报时，楼下的监听人员就通过它召唤情报分析人员去到某一语种监听小组。达格玛连续5天上午9点上班，再休息5天，接着连续5天晚上9点上班，然后休息5天，按照这个规律重复。每天到岗后，她一般会先去餐厅吃点东西，再去办公室看上一个班次的监听记录，以便了解最新情况，避免情报的重复提交。

和达格玛一个班次的还有一名情报分析员，两人互助合作。一个人生病时，工作由另一个人接替。他们的主要工作，是将一张张抄写的乏味、重复、冗长的新闻广播、公告和讲话提炼为简报，呈送里宾特洛甫。他们平均每天要电传3份简报到湖滨楼总部，该总部挨着希特勒在东普鲁士的大本营。主简报篇幅一般是三四页，在早上7点发出，稍短的简报于下午3点和7点分别发出。简报发出时还要抄送外交部高官。

领导们希望在这些简报上突出积极消息。如果有一则消息称"德军还有储备力量，他们还有许多预备队没有动用"，就会成为简报的头条。简报要经过编辑后才能上报。负责编辑的是达格玛的直接上司赫尔穆特·阿尔布雷希特（Helmut Albrecht），一名有过美国生活经历的纳粹分子。和任何地方的编辑一样，他在编辑时总会增加错误。单位其他人会协助情报分析员纠正盟军所攻占岛屿名字的拼写以及其他背景情况。为鼓舞情报分析员的士气，报告组（达格玛太太所在的小组）的负责人马库斯·蒂姆勒（Markus Timmler）博士（里宾特洛甫的手下）会经常讲些正面的话语。

1943年7月25日，报告组迎来了最富戏剧性的时刻。这是一个如往常一样的普通夜晚，突然，电铃响了起来，这是意大利语小组在召唤他们。这让他们感到奇怪，因为这个小组从来没有这样做过。达格玛太太和另一名情报分析员立即赶到意大利语小组的办公室，那里只有一名女监听员，面色苍白。

"墨索里尼辞职了。"她有些结巴地说。

刚开始，两名情报分析员不相信这个消息。要知道，无线电波传递假消息，就和马棚里有苍蝇一样司空见惯。

"消息从哪儿来的？"他们问。

"罗马。"女监听员回答。

两人一时呆住了，过一会儿才反应过来。

"罗马！"两人惊叫着匆忙跑回房间，将这个消息用电传打字机向里宾特洛甫报告。两人都有些得意，因为这是他们第一次抢在通讯社之前获得重要消息，平时他们总是晚通讯社一步。

蒂姆勒小组的报告已是湖滨楼最简短的，而偶尔电告重要官员的急报比它更简要。湖滨楼也出版只有几页厚的每日文摘《电台镜报》（*Radio Mirror*）和《每周电台镜报》（*Weekly Radio Mirror*），提供给不需要全面报道的政府机关，此外还就单项问题出版报告。湖滨楼的基础出版物并不是这些，而是每日出版的《电台截听报告：外国电台的广播》。内容是所有重要截获信息的全译文本或摘译文本，由湖滨楼自己的印刷厂（位于酒店后面）印刷。多数时候，这份刊物一天就有1000多页，分为6个部分，根据不同的来源使用不同颜色的纸张：

卷	标题	内容
I	敌台，第一部分	伦敦英语广播（红色）
II	敌台，第二部分	第 III 卷和第 IV 卷以外的，来自伦敦和其他敌台的各语言广播（红色）
III	敌台，第三部分	苏联广播（蓝色）
IV	敌台，第四部分	美国（绿色）、拉丁美洲广播（黄色）
V	同盟国和中立国的电台	意大利（乳白色）、西班牙、葡萄牙和拉丁美洲（黄色）以及其他国家的广播（白色）
VI	外文原文	外文广播的文字记录（颜色同 I 到 VI 卷）

每一卷都厚达1英寸，按照电台、语言和广播时间的字母顺序来排序报告。报告大多是新闻广播，包括各国广播新闻通讯记者，比如爱德华·R. 默罗[1]和查尔斯·科林伍德[2]向本国发回的报道。

---

[1] Edward R. Murrow，美国电视广播新闻业的先驱，二战时奔赴伦敦报道战况，他的报道成为当时第一手的国际新闻。

[2] Charles Collingwood，哥伦比亚广播公司著名记者。

每天早晨都会有卡车到湖滨楼将报告拉走，送到柏林的各个政府机关。1941年年底，湖滨楼《电台截听报告》的发行量为88套，《电台镜报》和《每周电台镜报》有430家订户。1942年，湖滨楼发生了一系列变化。梅尔升任湖滨楼负责人，不久后因为在申请入党时隐瞒1932年因欺诈被判处两年徒刑的事实，被开除党籍并撤销职务。41岁的律师汉斯·A.维尔姆斯（Hans A. Wilms）接替梅尔的领导职务，不过这名湖滨楼的元老只工作了两年便精神崩溃。阿尔布雷希特接替他成为湖滨楼的负责人。

维尔姆斯接任湖滨楼负责人的同时，希特勒就开始减少有权得到这些外国信息的人员数目。这些外国信息，用戈培尔的话说，就是"失败主义"的根源。外交部原来可以拿到28套完整的《电台截听报告》和204份每日文摘（《电台镜报》），现在分别降为18套和107份。不久之后，戈培尔再次限制发行，将全套报告的政府发行总量下调为13套，并确定了具体发行对象。但是1945年1月，《电台截听报告》的发行数量又回升到50套。发行对象包括海军总司令邓尼茨、情报主管施伦堡和日本大使馆等。

一位订阅者这样总结湖滨楼的报告："它没有德国新闻局的蓝皮报告（该通讯社为可信赖官员提供的机密报告）速度快，但内容更为全面；它没有研究室的报告内容可靠、全面，但速度要快些。湖滨楼的报告不上不下，对分析报刊来说，还是很有用处的。"

许多机构都根据自身需要进行出版物分析。纳粹党的帝国新闻中心订阅了200份报纸和杂志，15人负责在其中搜索"国内外记者对（纳粹）党工作所持的态度"。戈培尔和他的助手们急切地研究国外报刊，想找出它们宣传中的漏洞。无数研究所、政府机关、专业协会和企业，从外国报刊中筛选出海量的经济情报。在外交部，施密特的新闻处第10办公室有10名雇员，成天对着外国报刊不间断剪辑，得到的剪报按照国家和主题编入索引；新闻处第12组拥有125名雇员，为自认为需要剪报的外交部官员们提供贴在专门表格上的剪报，这些剪报通常都以特定形式发送，如它们连同《外国报刊报道》（"Foreign Press Report"）、《政治情报特辑》（"Special Service for Political Information"）、《军事情报特辑》（"Special Service for Military Information"）等，都是根据对外政策的需要来选取内容。有的材料来自驻外使馆新闻专员，他们每天都要寄回报告，有的来自新闻处第 10 办公室，有的是由湖滨楼提供。不过，大部分材料都是来自德国新闻局和其他通讯社，比如越洋通讯社（Transozean）和欧洲新闻社（Europapress），这些通讯社并不是像美国那样用"滴答"（自动收报机），而是以发送油印纸的方式向政府机构提供新闻报道。

有时候，外交部官员会自己去新闻处索取自己需要的情报。1941 年 10 月 6 日，国务秘书恩斯特·冯·魏茨泽克（Ernst von Weizsäcker）询问新闻处是否在外国报刊上看到过"将铀用作爆炸用途"的信息，尤其是美国报刊。因为他的儿子卡尔是一名核物理学家，正在研制德国的原子弹。施密特说现在没有来自美国的这方面信息，只是提供了瑞典发回的相关报告。

军方机构也会利用媒体资料。其中有些机构位于国外，比如武官。驻美武官伯蒂谢尔从美国报纸中获取了大量情报。在国内，卡纳里斯部门里的纳粹党对外组织成立了外国报刊组，其部分职责就是向最高统帅部报告政治军事形势。整个战争期间，外国报刊组都由曾经当过记者的汉斯·冯·希尔勃兰特（Hans von Schierbrandt）中校领导，有 15—20 名翻译和分析人员为他工作。与外交部处理较为宽泛的问题不同，希尔勃兰特的报刊组比较注重速度。[1]

他们每天上午都会收到 30—40 份报纸。英语和法语报纸由希尔勃兰特浏览后画出重点文章，交由组员翻译。其他报刊则由各种语言的专家进行分析。希尔勃兰特还会收到最高统帅部密码处截获的情报。所有这些材料集中起来，做出摘录，就编成了《外国报刊报道》。这份刊物有两个版本。简略版只有两页，几乎都是采用电报文体，最开始注明新闻来源。比如，"《世纪报》：星期一，几百架美国飞机飞过亚速尔群岛。"详细版有 12 页左右，会针对简略版的简明新闻加以说明："这是在为西方各国提供飞机吗？葡萄牙报纸《世纪报》报道：据葡萄牙轮船上的乘客说，星期一早晨，几百架美国飞机在亚速尔群岛上空飞

---

[1] 原注：在战争前半部分，该组名为第五组。(OKW, KTB, 1:917-18, OKH:H3/1560:12.Juni 1942.) 在 1942 年夏 Ausland 由一个分支机构升格为一个部门的时候，它成为二处三组。(OKW:Wi VIII/25:1.10.42, OKW:2165:15.8.43, OKW: 1722: Juni 1944.)

Sonderdienst Seehaus　　　　　　　　　　　**Geheim!**
Dies ist ein geheimzuhaltender Gegenstand!
Weiterleitung an nicht empfangsberechtigte Personen und Herstellung von Abschriften verboten! Empfänger haftet für sichere Aufbewahrung und Vernichtung!

25. Januar 1943 (Tag)				
N e w Y o r k				
von Algier (Sender)	für CBS (Welle)	Tele-Sendung (Sprache)	englisch	23.55 Uhr (Zeit)
HeB-7 AD1-78				

Text:　　　　　　　　　　　　　　　　　　Stichwort:

C O M M E N T A R Y
Charles Collingwood

This is Charles Collingwood in North Africa.　　　Collingwood

The Tunisian front is quieter tonight as it becomes evident that the German offensive southwest of Pont du Fahs have been checked.

I left Allied Headquarters two days ago. At that time the Germans were attacking along the .. Valley running more or less southwest of Pont du Fahs. This German offensive was important because it was so obviously designed to protect the Axis communications in the Sfax coastal belt into which Rommel intends to bring his somewhat dented Africa Corps. When I left there the Germans were at the gate of the .. Valley and close to ... Valley and beginning to occupy the northern ridges (unverständlich) But in the last 2 days their advance has been checked and pushed back. The British Fleet from the north and the Americans from the south had come to the aid of the French who were bearing the brunt of the German attack and they have held, and have in fact pushed back the German spearhead into the ..Valley. Of course the main feature of this African campaign at the moment is the progress of Rommel and the 8th Army towards Tunesia. That is not my story to tell. I could tell you now we ...... Yesterday American forces raided .. down in southern Tunesia and (unverständlich) and captured 80 prisoners and

德国研究外国报刊的主要机构湖滨楼特别监听所分发查尔斯·科林伍德报告的文本。

行。"外国报刊组还推出了下午版。

有一次消息非常重要，希尔勃兰特奉命亲自向希特勒报告。[1]1940年1月，两名德国军官乘坐的飞机在比利时失事，他们身上有针对法国和低地国家[2]的进攻计划。这就出现一个大问题：作战计划是否烧掉了？开始时，报纸上的消息令德国人很放心。比如，飞机失事的第二天，《安特卫普日报》在内页底部发布了一条简短的报道，说两名军官当即烧毁了飞机上的文件。然而次日，在"比利时政府抗议领空被侵犯"这个头条新闻的后面，该报以简讯的方式对前一日的报道进行了更正，说两名军官曾经试图烧掉文件，但被比利时士兵及时阻止，文件只是轻微损坏。

希尔勃兰特将报纸带到总理府，把报上的内容告知元首。希特勒问希尔勃兰特，他是否认为文件被烧毁了。希特勒命人拿来一沓打字纸，用火去点，但点不燃。希特勒感谢希尔勃兰特后，就让他离开了。次日，希特勒发布"第一号基本命令"：任何人不得接触工作以外的情报。这大大限制了第三帝国情报的传播，也为战后众多战犯声称自己不了解内情提供了合理的借口。对法国和低地国家的进攻推迟了，直到5月份才发动，不过战术完全改变了。

希尔勃兰特将自己的工作限制在提供新闻上，不过有时候也附带提供对重要文章的摘录。对丘吉尔要英国做好准备应对意料中入侵的演讲，他就是这么做的。这篇本世纪最伟大的演讲，尤其是慷慨陈词的结尾，深深地印在德国人的脑海中。有证据显示，他们本打算将这篇演讲的结尾全部翻译成德语，但因为某些原因，最终做了一些奇怪的删改和压缩：

---

[1] 原注：Schierbrandt, interview; Gazet van Antwerpen(11 and 12 January 1940). 涉及的报纸是坠毁地的报纸《梅赫伦日报》（*Gazet van Mechelen*），但那一天的报纸副本现已无存，编辑将《安特卫普日报》的照片发给我作为替代。关于梅赫伦事件，参见 Halder, 1:156，别处亦有引用。

[2] 欧洲西北沿海地区，广义上包括荷兰、比利时、卢森堡、法国北部和德国西部，狭义上仅指荷兰、卢森堡、比利时三国。此处为狭义。

原文	德语译文
那么，就让我们振作精神，承担起自己的责任，让我们干出名堂来——若英联邦和英帝国再生存1000年，到那时人们还会说"这是他们最光辉的时刻"。	我们想这样做，如此，当大英帝国存在1000年后，人们可以说：这是最光辉的时刻。

上午和下午版的《外国报刊报道》需要呈送大约30个军事机关，包括最高统帅部和陆、海、空军3个总司令部。然而，它也受到希特勒限制外文报刊发行的影响：1942年后，《外国报刊报道》只呈送少数高官。

外国报刊组的工作有很大一部分与最高统帅部密码处重复。密码处第四组（后来的第二组）有4个监听外国广播的监听站，监听结果浓缩为6页左右的书面材料，即《监听消息》（Chi-Nachrichten），每天分为军事和政治局势两版，分别于上午8点和晚上11点出版。和《外国报刊报道》一样，这份刊物也呈送30个机关。两本刊物有部分重复的受众，还经常刊登相同的新闻。

比如，1942年5月19日，双方都刊登了哈尔科夫战役的苏联官方报道，但对来源有争议。密码处认为该报道来自苏联情报机关，外国报刊组则认为作者是苏联军方。《监听消息》完全依靠电台广播，在时效性和内容的全面性上占优势，《外国报刊报道》则在对单独事件的报道上更为全面、详细。

海军和空军都有集中的报刊广播分析机构。此类机构在陆军中更为普遍。东线外军处三组h小组负责监听苏联广播，三组d小组负责阅读苏联报纸。每次主要战役过后，它们一般都会列出立功的指挥员和部队名单，这对研究敌军作战序列大有用处。但是，西线外军处从中受益最多，这一点不容置疑，因为它总能从"粗心大意的"美国报刊中找到有用情报。美国报刊上充斥着为鼓舞国内民众和作战部队士气的报告。机密内容可能已被审查官员或记者本人删除，比如《纽约时报》刊登的汉森·鲍德温（Hanson Bladwin）关于伞兵训练的报道，《华盛顿邮报》关于3D模型地图的报道，都没有泄露真正的情报。

不过，一些军事细节还是泄露了。比如，机械化登陆艇艇长15米、艇员4名以及机枪手的数量和载重量。战争部长史汀生关于1943年年底美军兵力将达到820万的言论，能帮助西线外军处计算出美军师的数量。后来，英国广播的一系列报道都表明英国正在集结军队，准备登陆作战：护航队到达，蒙哥马利将军从地中海战区调回英国，一位美国官员谈论登陆艇的扩大生产。

集团军群和集团军也在监控外国报刊，有时候确实能对部队起到间接帮助作用。当盟国的报刊报道，英王乔治六世视察卡西诺战场后，在一支加拿大军队的司令部吃午饭，德国人据此准确推断出这个军正在该战场的后方休整。当驻守意大利的第14集团军的情报官从报刊上得知一个黑人师到达，随后又从同一报刊上得知马克·克拉克[1]将军已经视察过这个师，他推断这个师即将开始行动。

希特勒堪称最疯狂的阅读外国报刊情报的人。希特勒不懂任何外语，他要求所有情报都得翻译成德文。他尝试说外语时也总是发音错误而难以听懂。有一次，希特勒和往常一样发音错误，把"美国"（United States）说成了"合众社"（United Press），懂英语的一位下属尴尬地笑了笑。

在所有情报方式中，希特勒最喜欢的是拥有大尺寸照片的杂志，比如《生活》。这些杂志经常刊登关于盟军装备的大幅照片，这些照片有时候也出现在骆驼牌香烟的彩色广告上。希特勒喜欢浏览这些照片，也喜欢对其发表评论。因此，许多人向他提供这些杂志。外交部新闻处处长施密特知道，只要他带着一本《伦敦新闻画报》（London Illustrated News），希特勒肯定会感兴趣。希特勒一般是站着草草翻阅一下，之后找人翻译图片说明。

1945年1月，在一次形势会议上，邓尼茨拿出1944年10月28日的一期英国《图画邮报》（Picture Post），里面有一篇关于大西洋战役的图文结合的文章，其中提到"匆忙建造的"自由轮[2]"在风暴中完全没法前行"。这同时迎合了希特勒喜好读图的兴趣和热衷于听到敌人失败消息的癖好。

外国报刊情报，这个希特勒最重要的情报来源之一，是通过一条单独的渠道——帝国首席新闻发言人奥托·迪特里希（Otto Dietrich）到达希特勒手中

---

[1] Mark Clark（1896—1984），美国四星上将，二战期间美国第5集团军司令。
[2] 二战期间美国大量制造的货轮，建造迅速、价格低廉，被美国舰队用来替代被德国潜艇击沉的商船，以及通过《租借法案》提供给英国使用。

的。在柏林、贝希特斯加登或元首大本营，这些报刊情报都是通过一个非正式机构先汇集到迪特里希手中。

1936 年，迪特里希跟随希特勒出访时，总是随身带着德国新闻局 23 岁的速记员海因茨·洛伦茨（Heinz Lorenz）。洛伦茨的工作是记录德国新闻局电话汇报的新闻，再打印出来呈送元首。战前，洛伦茨所在服务元首的小组只在柏林以外才发挥作用，因为在柏林时由迪特里希负责这项工作。战争爆发后，材料日益增多，在柏林的时候，迪特里希也要求洛伦茨和另外两名工作人员搜集材料交给他。当他和希特勒在元首大本营的时候，洛伦茨通过无线电报和电传打字机向他提供情报。德国新闻局选择情报主要基于正常的新闻判断和迪特里希的要求：政治领袖的政治宣言、议会或国会的重要辩论，以及严肃性报纸[1]的评论。迪特里希阅读后，最终决定需要呈送希特勒的内容。每天早上，他将这些材料交给希特勒的贴身男仆，男仆必须把它们放在元首的卧室门外，方便他一早醒来就能看到。不过，报道通常是在早饭后随报纸一起交给他。这些材料是翻译的文本，有时候被删减过。希特勒整天都要看最新消息。迪特里希不断地将材料递给那个贴身男仆，男仆总是在元首身边，在他需要材料时就递过去。希特勒经常一天要看 100 份材料。

这些新闻报道和图片杂志为希特勒提供了富有趣味性、有时也非常重要的事实。但是，他没办法从这些资料里，比他的下级挖掘出更多的重要军事或政治机密。希特勒，这位严格控制着德国出版业的元首，承认战时报纸的报道是片面的。

"打个比方，这个时候如果我能知道英国反对派的力量，谁是反对派，将非常有用。"他说，"但是呢，我知道的只是报纸上说的那点东西。"

同时，希特勒清楚地知道，过分依赖报刊是有风险的。某天的形势会议谈到意大利战线时，希特勒指着地图上的一个地方说："英国的媒体报道说，在这个地区，他们做好了向这里推进的必要准备。这显然是记者在胡扯。"

---

[1] 相较于廉价报纸而言，以内容的严肃、客观、独立为主要特点，主要面向社会中上层，奠定了现代报刊在社会上的地位。

第 12 章
监听电波

在距离荷兰海岸线约 200 码的地方,有一家经过改造的青年旅舍,里面的技术人员正在维护一件电子设备,这件设备创造了德国二战情报活动中最轰动的成就:成功捕捉到富兰克林·D. 罗斯福和温斯顿·丘吉尔的电讯通话。两人的通话为躲避窃听改变了频率,但被这些设备实时自动地还原出来。这些私密通话的录音被翻译出来后,被立即递交给元首。

这件设备归德国帝国邮电部研究所所有。20 世纪 30 年代,该研究所一直在为德国邮政局进行电话加密研究,因为和多数欧洲国家一样,德国邮政局管理着德国的电话系统。战争开始时,德国邮电部部长指出,对敌人的加密通话进行解扰的技术将对德国有更大的价值。因此,他把 29 岁的工程师库特·E. 费特尔莱因(Kurt E. Vetterlein)从加扰小组调到解扰小组。费特尔莱因把精力集中在英国和美国的无线通信上,因为他觉得通话跨越了大西洋,最为有趣。

为防止通话被短波接收机窃听,美国电话电报公司[1]和英国邮政局在发射无线电信号时故意对声音进行处理,使其无法听清楚,接收时需要使用电子装置 A-3 将声音还原。美国电话电报公司的 A-3 装置,安装在纽约沃克街 47 号一间锁得紧紧的房子里,所有电话在转变为无线电波传送到大西洋彼岸前,都要先经过这所紧闭的房间。

---

[1] 简称 AT&T,目前是美国第二大电信运营商。

因为要与美国进行无线电话通信，德国帝国邮电部也配有 A-3 装置，所以费特尔莱因知道这种装置的原理。但是，他不知道为美国信息加密的那些变量。为攻克这个难题，费特尔莱因和他的助手们在柏林环城大道德国帝国邮电部棕褐色的大楼里，使用示波器、声谱仪、滤波器，耐心地研究在法国德占区波尔多附近拦截到的美国信号。1940 年年底，他们终于还原出 A-3 装置的秘密参数：子频带的宽度、分频点、倒置以及每 12 分钟改变 36 次的频率转换。

为破解日常通话，费特尔莱因希望研发出一种能够实时解扰还原被加密通话的装置。这要求精确的计时标准，也是应付大量加扰通话的唯一办法，因为 A-3 装置在 36 次转换的变频周期中，每 20 秒钟就会改变一次加密模式。费特尔莱因寻找建立侦听站的地点时，发现荷兰海岸线上的诺德韦克周边信号接收效果最好，既能接收英国发射机的地面电波，又能接收它发往美国的无线电波束的后波瓣。费特尔莱因接管了青年旅舍，开始安装设备。设备有三四个单边带接收机、滤波器、调幅器、交换机、磁带录音机和计时器，足足装满了两个卧室。这些设备依据的计时标准是一部石英稳频计时器，使得其解码器与 A-3 装置非常相似，因此，即使一整天没有通话，在通话重新开始后，这些设备也只会损失一个音节的一小部分。

1941 年秋，费特尔莱因的单位（有时被称作研究站），已经开始侦听和解扰通话。1942 年 3 月 6 日，邮电部部长威廉·奥内佐格（Wilhelm Ohnesorge），这个看上去面貌和善、纳粹党党证为 42 号的老先生，向希特勒报告了研究站在荷兰海岸线的成功行动，并呈上一份截听材料。没过多长时间，费特尔莱因手下的十几名技术人员开始 24 小时不间断地监听盟国的电话。这些加扰通话由两个菱形天线截收，由安装的设备实时还原为清晰的通话后，再用磁带录音机记录下来。每日通话多的时候有 60 次，少的时候也不低于 30 次，由五六个水平相当不错的翻译监听，挑选出具有情报价值的通话。最初，他们会现场翻译，再电传到柏林。但是，加扰技术降低了通话质量，加上静电干扰和偶尔翻译得有些模糊，后来就直接把英文原文发往柏林，交给德国中央保安局六处，再由施伦堡转呈希特勒、外交部和最高统帅部。之所以如此，是因为奥内佐格同党卫军戈特洛布·伯格尔（Gottlob Berger）将军交好。此外，研究站还有直通电话线连接元首大本营。

监听的工作并非毫无波澜。一次,美国电话电报公司的技术人员改变了子频带的宽度,使得费特尔莱因不得不重新分析。1943年,海岸线上的雷达被盟国突击队缴获,德国人担心研究站也遭遇类似袭击,于是把它迁到荷兰东南部的一个小镇法尔肯斯瓦德。小镇的北面有一片林地,位于尼尤韦·沃尔雷塞韦格街和德哈兹拉尔街相交的地方,德国人就在此为研究站修建了一个"L"形的砖混结构掩体。工作人员的工作区域有1英寸厚的钢制门板保护,做饭有自己的厨房,睡觉的卧室安装有老虎窗,放松身心的卧室安放有壁炉。掩体四周围着栅栏,栅栏上缠着棘铁丝。1944年秋,研究站撤退到距离敌方发射台很远的巴伐利亚州,截收效果受到很大的影响。

截收的电话,大多数是盟国中层官员讨论中级难度问题,很多是有关要求增派援军、提供飞机或其他军需品的通话。1944年2月28日下午4点50分,英国海外贸易局(British Board of Trade)三位官员之间的通话极具代表性。三位官员分别是:工业供应部的助理部长赫伯特·陶特(Herbert Tout)、商业关系与条约部的助理部长约翰·斯特林(John Stirling)、商业关系与条约部的助理部长拉尔夫·诺埃尔(Ralph Nowell)。前两位同时在华盛顿出差,拉尔夫在伦敦。英文通话的部分内容如下(B表示英国,A表示美国,在美国讲话的显然是斯特林):

A:是我,我给你电话,是因为美国方面在一个月内肯定会认为,英帝国根据《租借法案》估算的援助……是这样的:英帝国各成员估算出自己所需的所有援助,再告知伦敦。伦敦做出美国是否能提供那么多的判断……这样《租借法案》提供的物资就平衡了。听懂了吗?

B:懂了。

A:……我希望你能保证事情不是那么一回事……前不久我们给你发了一封电报,917,关于补助的,收到了吗?

B:嗯,收到了。

A:好吧,你可以忘掉这件事。

……

A:917。现在我要说第二件事,我离开前桑德斯给了我一张便签……讲的是物资委员会分配钢铁的办法。便签底下有莱恩(?)的一句话,嘱咐不要把这事儿告诉对方。好吧，我想不通为什么不能跟对方说……

在给外交部的附信中，施伦堡夸张地将此事描述了一番，"美国方面满是不信任和不满情绪，因为那些国家在要求美国根据《租借法案》提供物资的同时，不愿提交它们自己的产量数据"。但是，即使施伦堡故作夸张，甚至不惜说谎，也难以让截收的情报变得非常重要。

高级官员的通话没能提供更多的情报。研究站截收了许多同盟国高级官员的通话，如丘吉尔、罗斯福、马克·克拉克将军、英国驻美国大使哈利法克斯勋爵等。它窃听到前往莫斯科担任驻苏联大使的 W. 埃夫里尔·哈里曼（W. Averell Harriman）途径伦敦时与刚担任对外经济事务主管的利奥·克罗利（Leo T. Crowley）之间的通话。它还收听到英国外交大臣安东尼·艾登（Anthony Eden）与他的新任国务大臣理查德·劳（Richard Law）在美国讨论货币问题。但是，没有窃听到多少情报。

1943 年 10 月 9 日下午 5 点零 5 分，德国人窃听到罗斯福总统最亲密的顾问哈里·霍普金斯（Harry Hopkins）与丘吉尔的一番通话。丘吉尔用了假名约翰·马丁，不过德国截听人员知道他是谁。那段时间，关于意大利即将对德宣战[1]一事，罗斯福总统和丘吉尔一直在讨论。霍普金斯与丘吉尔谈的可能也是这件事，但没有确切的证据。

B：是我，约翰。
A：有什么事吗？
B：你能给我一个有盼头的答复吗？
A：好的。
B：太棒了。

丘吉尔接着说，有些事情"可以自由谈论，而且……"霍普金斯回应说，

---
[1] 1943 年墨索里尼被迫辞职并被囚禁时，巴多格里奥领导的意大利对英美投降，并向德国宣战，三大轴心国联盟逐步瓦解。

"是的",丘吉尔重复了好几次。接下来:

A:报告(或记录)还没有发出,不过快了。
B:我知道,这样不错。
A:那就这样,再见。
B:再见。

1942 年 7 月 23 日丘吉尔与纽约一位官员的通话,透露的情报最多。通话译成德文后直接呈送希特勒,里面有一句最意味深长的话:"你们要尽最大努力。"[1]

这些谈话都不涉及实质性的内容,可以肯定源于当时人们的普遍认知:电话不安全。越洋线路的接线员会不断提醒通话者注意这一点。一般出现以下几种情况,人们才会不顾安全进行通话:一是需要立马得到某一问题的答复;二是需要通过讨论快速解决某个问题,又不会泄露重要信息;三是想听听对方的声音。

然而,丘吉尔和罗斯福并不总是那么谨慎。事实上,丘吉尔爱打电话,都到了上瘾的程度。他会随时拿起话筒呼叫罗斯福,从来不分什么时候,白天还是晚上,而罗斯福也是言谈随意,令德国非常震惊。不同于那些级别较低的官员,罗斯福、丘吉尔和其他一些高级官员打电话时,并不会被提醒他们的电话不安全。这也成为德国人判断重要人物的一个依据,当没有这样的提醒时,他们知道,"大鱼"来了。这是原因之一,另一个原因是罗斯福与丘吉尔位高权重,两人通话透露出的情况,比从其他电话中截获的内容更重要。两人的某次通话暗指为横跨英吉利海峡登陆欧洲的军事集结,这表明行动日期就快到了。还有一则在 1943 年 7 月 29 日的通话显示,同盟国一直在与墨索里尼被推翻后的意大利新政府来往。[2] 尽管怀疑并不真实,但这一情报坚定了德国人想要尽

---

[1] 原注:BA:EAP 161-b-12/364,这则窃听的第一页提到"约翰向元首提交",复制于 Kahn, 557。"你们要尽最大努力"见副本第二页。Flicke, 233.

[2] 原注:OKW, KTB, 3:854; Colvin, 193. 在对话中,丘吉尔说他要给意大利国王去信,告诉他盟军俘虏并不会交给德国人。在第二天打给罗斯福的一通电话中,他提到这段对话,称已经将信发了出去。(Churchill, 5:60-61.) 德国人的猜测是错误的,参见 Churchill, 5:44; Deakin, 501-502。

快派军队到意大利的决心（事实上，这份决心只存在了3天），不愿意让同盟国从意大利倒戈中获得好处。

然而，这些成果只能作为旁证材料，战争快结束时，这样的材料变得越来越少。[1] 窃听同盟国高级官员通话的技术绝活儿，实际上没有带来任何巨大成果，没能让德国人对同盟国的计划产生多么非凡的洞察力。正如一名大失所望的外交部官员，在一大捆截听材料上的批复所言："通常都找不到多少有用的东西。"

研究站只是德国通信情报活动的一个组成部分。事实上，在二战的高潮时期，德国拥有的此类大型机构不少于9个[2]：

1. 研究站；
2. 研究室，赫尔曼·戈林领导的一个独立机构，从事窃听有线电话、截收无线电报、破译政治经济领域的密码情报等活动；
3. 破译外交电报的外交部人事行政处；
4. 最高统帅部密码处，指导国防军的密码工作，破译绝密的军事和外交密码；
5. 陆军无线电情报机构；
6. 空军无线电情报机构；
7. 海军无线电情报机构；
8. 德国中央保安局六处无线电监察站，负责破译外交电报，于1943年解散；
9. 信件和电报审查机构。

---

[1] 原注：费特尔莱因在采访中说，他有印象，另一条线路在使用。实际上是，新型扰频器已经投入使用了。

[2] 原注：我的列表并不完整，其职责见OKL:3248:15.6.1944。关于内部安全的其他两个机构是：国防军最高统帅部，负责特工的策反（Ibid.;P-041k, 13, 36.）；党卫军的制服警察负责监视特工和其他非法传送。（H. J. Giskes, *London Calling North Pole*[London: Kimber, 1953], 19, 20.）

这个领域的工作为什么有这么多机构在做？首先是因为情报分工。陆军、海军各自破译各自领域的密码；信件和电报的审查需要有专门机构负责，该机构与侦听大西洋越洋无线电话的机构是有区别的。其次则是源于对权力的贪婪。戈林、里宾特洛甫和陆军都牢牢抓住自己的情报机构不放，即便它们获得的情报严重重复。还有一个原因就是希特勒本人的意愿，他不希望自己的情报源被某个机构垄断。情报是否重复，他觉得无所谓。对他来说，情报来自几个相互竞争的机构是再好不过的事。这种重复，让通信情报与间谍活动等其他来源的情报比起来，显得便宜、不费工夫，还非常及时、值得信赖。虽说由于互相竞争和需要清算旧账的原因，这些机构间的关系一直都很冷淡，但在技术性问题方面合作得非常好。

信件和电报审查机构在这些机构中规模最为庞大，但对德国对外情报活动的贡献却最少。它雇用了数以千计的工作人员，有时候设在德国和德占区的检查站达20多个。它们最先由阿勃韦尔领导，后归德国中央保安局管理。法兰克福检查站会拆开德国与瑞士、德国与法国德占区之间来往的信件进行检查。1941年11月，该站有97名军官、120名文职官员和2580名雇员，每天检查的信件多达12万—15万封。但到1944年9月，每天平均检查的信件下降到不足2万封，工作人员的数量也随之下降了。

德国"已审查"的标签

信件和电报审查机构从大量的信件和电报检查中，寻找出琐碎的情报。中立国途经德国的信件，最初只需要进行抽查，到1942年6月改为全部检查。每个检查站会把它认为可能有用的信件和电报送去柏林的中心评估站，被分为政治、军事和经济等类别，再被送去相关机构。1942年9月11日，最高统帅部经济情报处、卡纳里斯的对外情报处和海军情报机构收到中心评估站的汇报：英国战争运输部部长接管了法国轮船"多里斯舰长号"（*Commandant Dorise*）。其他时候，中心评估站还报告过如下新闻：葡萄牙出口甜面包到英国，美国水银并不短缺，同盟国严重缺乏大麻。经济情报处说，每天能收到两三百封信件和电报，可以从中得到"有价值的"情报。

战争爆发3天后，党卫队保安处对外情报组找39岁的约瑟夫·戈特洛布（Josef Gottlob）谈话。戈特洛布十几岁时参加一战，在前线担任电报员，随后在电子公司和其他公司担任出口谈判代表，在工作中同时掌握了技术、外语和外国的相关知识。这样的人才不可多得。党卫军知道这些，是因为戈特洛布自1937年始就在一些纳粹党机构担任翻译员和外语教员。

党卫队保安处希望他建立一个无线电情报站。他做到了。这个情报站一直都被称为无线电观察站，只是因为几个星期后德国中央保安局的成立，登记的名称来回变了好几次。最初是德国中央保安局六处A组六小组，后来相继登记为F组六小组、F组七小组、F组二小组。戈特洛布则从党卫军中尉晋升为党卫军少校。

这个机构的核心成员是一批奥地利密码专家，领导者是安德烈亚斯·菲格尔（Andreas Figl）上校。他被誉为奥地利密码破译元老，早在1911年就创建了奥匈皇家和帝国陆军密码破译局，在该局于一战所取得的成功中发挥了重要作用，随后又为内务部提供同样的服务。元老的称号源自另一名奥地利密码学家阿尔贝特·朗格尔（Albert Langer）博士，他在德奥合并后加入党卫军。最终，戈特洛布的机构共有47名专家和助手，办公地点位于柏林雅戈大街18号。

他们的破译对象（截收材料）来自海牙的一个宣传部监听站。1942年时，这个监听站每天都会提供10页外国的外交信息。无线电观察站在破译一些小国家的密码系统上取得一些成功，尤其是菲格尔，总能在其他人遇到困难去喝咖啡放松时站出来，将他人难以破译的材料搞定。但该站没能取得突破性的成果，瓦尔特·施伦堡只得寻求其他机构的帮助。此外，戈特洛布被许多人认为阴阳怪气，施伦堡也不信任他。所有这些，加上戈特洛布自己缺乏领导才能，该观察站在1943年被解散。戈特洛布去了马德里，密码破译专家则由破译密码改为编制密码。数学家、物理学家朗格尔更是早在1941年前后就被调离该观察站，前去伪造英镑。

戈林的研究室是9个机构中最有钱、最神秘、最纳粹化、最有势力的一个，在二战处于高潮的时候拥有6000名雇员（一半是纳粹党员），在柏林有专门的办公场所，未经处理的截获信息通过数百条线路涌来。然而，1933年它刚创立时，只有五六个人，办公场所在阁楼上。

研究室的创立者是40多岁的戈特弗里德·沙佩（Gottfried Schapper）。他个头不高，有着红色的头发，是个精力十足但容易冲动的人。他一直想为德国建立一个中心通信情报机构，以便如实反映社会情况。一战期间他就有这个想法，那时他接替德国军事无线电情报机构创立者路德维希·福伊特，成为总司令部无线电台和密码破译部门的负责人。他告知鲁登道夫这个想法，建议在战后实施，但德国的失败使这一计划搁浅。沙佩时常失业，不得不把所有的心思用在养活自己上，这样的日子直到1927年被国防部密码中心雇用才结束。他不喜欢密码中心介入政治密码分析，希特勒的上台让他看到实现梦想的机会。沙佩憎恨犹太人，于1920年加入纳粹党，1923年暴动失败后脱党，1931年再次入党。1933年2月，他和纳粹密码中心的两名雇员一起，找到一战时认识的戈林，提出建立中心通信情报机构的建议。他本希望这个机构直属总理府，因为总理府没有这方面的部级机构，但希特勒出于对情报垄断的担心，否决了这个构想。而戈林立即意识到这个建议对他的好处，接受了这个提议，并答应沙佩提出的条件：该机构独立于政府各部门，隶属于戈林本人而非其部长的身份。戈林喜欢将该机构命名为"研究室"的建议，因为它"确实是针对真实情况进行研究"。唯一让沙佩感到失望的是，戈林让他推荐一名负责人。他不好意思毛遂自荐，只好推荐了海军少校汉斯·辛普夫（Hans Schimpf）。他是个开朗又讨人喜欢的人，曾先后担任海军密码机构驻阿勃韦尔的联络员和负责联络德国各情报机构的中心联络官，还是戈林的老熟人。戈林接受了沙佩的提议，于是辛普夫立即从海军退役，加入纳粹党。

1933年4月10日，研究室以戈林空军大楼的阁楼作为办公场所，开始了工作。7月时，工作人员增加到20人左右，有无线电技师、电话技师、密码破译员和情报分析员。它从使用一个邮政无线电台进行无线电讯息监听开始，逐渐把国防部早在1925年就开始的电话窃听工作抢了过来。1933年年底，它不得不搬到一个以前是饭店的地方，1934年和1935年又搬到一排经过改造的公寓——席勒柱廊，地址在席勒大街116—124号，离街道有一段距离。公寓变成了办公室，地下室里堆满了一排排电传打字机和气动导管[1]的装饰彩带。研究室一直在这个地方驻留到办公楼被空袭摧毁了大半，才被迫分散搬迁到其他地方。

研究室有6个处，1941年升级为局：一局负责行政；二局负责人事，三局负责分发收到的请示，筛选收到的报告；四局负责密码破译；五局负责情报评估；六局负责技术设备研制和管护。1935年，研究室负责人辛普夫因为出轨丑闻而自杀，克里斯托夫·冯·黑森亲王（Prince Christoph von Hessen）继任。他是戈林一个老朋友的弟弟，出生自一个最为古老的基督教家族。1939年他自愿参军，由行政处长沙佩担任代理负责人。1943年，克里斯托夫在意大利上空遇袭，沙佩终于实现了抱负，于1944年2月出任研究室负责人。

研究室的情报全部来自无线电通信。（研究室曾短时间冒险从事过间谍活动，但经历了耻辱性的失败后再没做过这方面的尝试。）在新闻或外交无线电报等领域，研究室会尽可能多地收集信息，但是在电话等领域，由于信息量过于庞大，它会基于其他部门的情报需求来挑选目标。有时候，需求会具体到某个人或某个组织，研究室就会监听这个人或组织的通话。有时候，需求比较宽泛，比如1944年6月2日最高统帅部战时经济办公室情报部门对与经济相关的政治军事文件资料的需求。如果情报需求涉及电话窃听，必须得到戈林的许可。一般情况下，他会在一天内予以批准，在文件上签署他名字的首字母"G"，不批准时就会批复"不行"。研究室搜集情报的机构有一些在柏林，更多的则散布于全国各地，以便更好地接收无线电信号或窃听地方上各组织间的通话。

A研究站是研究室执行电话窃听的机构。战争中期，研究室在大德意志[2]

---

[1] 当时德国饭店、夜总会的流行装置。
[2] 德国和奥地利以及周边德语区的统称，在当代常与右翼极端主义相关。

城市和德占区的城市各设有 15 个这样的研究站。仅在德国，这些研究站就拥有 1000 个窃听器，柏林和其他地区各一半。这些窃听器所在的研究站与各邮局的电话通过电线连接在一起。研究站大多是租赁的房屋，也有部分使用邮局的办公场所。柏林的 A 研究站位于席勒街，科隆的 A 研究站则位于康斯坦丁街 1 号，杜塞尔多夫的 A 研究站位于邮局大楼的第二层，但泽[1]的 A 研究站位于警察局的第三层。而在某些德占区城市，研究站直接接管已有的监听机构，比如巴黎和哥本哈根。

每个 A 研究站设有若干监听站，每个监听站窃听的搭线最多达到 20 条。当电话通过窃听搭线时，电灯泡会闪烁，然后监听员（也叫 Z 员）会戴上耳机监听，并记录下通话内容。如果通话太快，监听员会录音。如果遇上外文通话或过于忙碌的情况，监听员可以将通话监听转给另一名监听员。窃听间隙，监听员会将记录整理成监听员报告，报告通常使用间接引语，但对于特别重要或有疑问的内容会采用直接引语。通过电传打字机，这些报告被发往柏林的报告筛选中心，再经由报告筛选中心报送到相应的情报评估单位。晚上、周日和假日的通话会被录音，以便工作人员上班时再次播放。

B 研究站是无线电接收站，所有权和管理权均属于邮局。最初，B 研究站只有 1 个，位于贝利茨，后来发展到 12 个，德国国内 7 个，国外 5 个。它们集中截收 3 种无线电讯：外交电讯（能够识别到的）、新闻电讯（美联社、路透社、哈瓦斯社[2]等通讯社的电讯）以及经济电讯（通常根据具体命令截收）。后期，他们在截收经济电讯时，注意力主要集中在大型国际银行、军工企业、商船和涉及大宗商业合约的企业身上。

C 研究站的无线电截听站主要监听广播，比如重要政治家的讲话。研究速度对于针对公共政策声明的研究来说，尤其重要。有时候，一篇讲话还没有完全接收完，情报分析员就已经着手分析了。

柏林某建筑物地下室的一个大房间里，50 台电传打字机日夜不停地截收着电传消息。它们连接着包括英印电缆（经过德国）在内的专线，并打印出通过

---

[1] 现波兰格但斯克。

[2] 法国新闻社的前身。

专线的每封电报。后来，维也纳和其他一些电话监听机构也建立了功能类似的组织。D1 研究站使用电传打字机截收电报，因为整个过程几乎全部自动化，所需人数最少。D2 研究站大多设置在当地电报局内部，负责截收普通电报，其工作人员需要懂得多门语言，并根据研究室总部提供的一份名单进行工作。电报数量巨大，仅柏林就需要每天检查 34000 封左右的国内电报，以及 8000—9000 封外国电报，目的几乎都是为了进行经济评估分析。

加密过的材料由四局破译，因为四局有着比研究室其他部门都要多的老手。局长格奥尔格·施罗德（Georg Schroeder）[1] 是沙佩最早的两个同事之一，痴迷于让蒙特卡罗大赌场[2]破产这样的数学谜题。四局的主要任务是破译外交电码，其次是私人电码。它拥有 240 名工作人员，这些人员借助霍尔瑞斯机[3]，破译出经手密码的四分之三。这使得他们在战前能够看懂一半经过柏林的外交电报。战争期间，他们每月破译大约 3000 份电报，甚至在某一段时间内，被破译的密码包括法国、意大利和英国的高级外交密码，不过英国的绝密密码未能被破译。在苏联外交电码的破译上，研究室和其他单位一样都没有取得成绩。[4] 不过它破译出乌拉尔各军工中心间使用的一种密码系统，获取了大量有价值的情报，因此这被研究室看作一次巨大的成功。

所有这些材料都被送到三局的大型情报整理中心，该中心先淘汰掉没有用处的情报，再将有价值的情报送到五局的各个处或室进行分析与研究，形成报告。在活动高峰期，十一处（国际政治处）每月会收到 2500 份破译的电报、42000 份明文电报、11000 份广播记录、14000 份 Z 员报告、150 份报纸、路透社和哈瓦斯社的电讯稿，十二处（经济处）每天收到精选的 20000 份电报，占

---

[1] 原注：他 1935 年退出了研究室，成为后来的外交部长里宾特洛甫的办公室人事主管。(Jacobsen, 236, 276.)

[2] 位于摩纳哥，曾有一名巨骗在这里的轮盘赌桌上旷世连胜，用 4000 法郎赢得了 200 万法郎，掏空了 18 位庄家，但突然又输得身无分文。其秘密究竟是骗术老千还是概率计算，至今无人能解。

[3] 赫尔曼·霍尔瑞斯机是 1890 年美国人口普查催生的数据处理机，用穿孔卡片记录数据，用制表机读取。

[4] 原注：Seifert, interview, 9; Kittel, 44. 施伦堡说及研究室可获取斯大林的秘密指令时提过这一点。(*Memorien*, 217.)

截收总量的 1/5 左右。这几个处再加上十三处（国内政治处），每天一共向五局局长瓦尔特·赛费特（Walther Seifert）提供 1000 条左右的情报。瓦尔特·赛费特将这些情报删减编辑成 60—150 篇报告，[1] 用紫色油墨印刷在淡褐色的纸张上，成为研究室有名的褐色活页报告[2]。之所以用褐色，当然是因为这是纳粹党的颜色。这些报告有的就是简短的单项截收材料，有的则是几页长的研究报告，均力求客观，有疑问的地方都在括号里注明，有的报告看起来就像学术报告，附有脚注提示参看以前的报告。

这些报告首先报送戈林，戈林会看几乎所有报告，除去特别长的，就连关于他自己的笑话都会看，虽然这些笑话总是令他不快。然后报告会被送到提出情报需求的机构和其他可能需要这些情报的单位。但报告的发行有时会遇到阻碍，有时候阻力来自戈林本人。德国中央保安局的施伦堡作为纳粹党对外情报的一把手，想用他的情报交换研究室的报告，可是实际上什么也没拿出来。与此同时，沙佩觉得施伦堡尽管年轻，野心却极大，不愿意向他提供情报。此外，每当里宾特洛甫见到戈林的机构提供给希特勒他所没见过的外事报告时，他总是会非常气恼。有时候，里宾特洛甫甚至用白纸重新打印褐色活页报告上的材料，再盖上外交部的章，使资料看起来就像是外交部提供的一样。褐色活页报告的发行受到严格的监督，报告被装在邮袋里锁好，由研究室的信使送给政府各部指定的官员签收，一个月后，材料将送回研究室进行销毁。

这个大型机构收集的大部分是经济情报。空军可以利用那些关于外国工业活动的信息，来更新未来轰炸目标的档案。在空军关于苏联 447 飞机制造厂的档案中，就有一份材料基于研究室的一份报告编写，研究室的报告又源于该厂 1944 年 3 月 21 日的电话，电话是关于要求提供工厂成品零部件的材料。此外，研究室的情报还有助于最高统帅部战时经济部估算敌人的生产能力。

---

[1] 原注：Seifert, interview, 8. 一份基于 N 数字的统计，见 Irving, ed., and in Kahn, 448，确证了这一点，该统计显示，1940 年 2 月 11 日到 1942 年 4 月 13 日，每天有 113 份报告出炉，1942 年 3 月 21 日到 1945 年 3 月 19 日，每天的报告增加到 190 份。沙佩给出一天高达 500 份的数据（2:6）肯定反映的是例外情况。

[2] 原注：Kittel, 63; Seifert, interview, 14, Kittel 称，选择褐色是因为其他颜色都被用了。我不同意这种观点。

经济报告大概是研究室所有情报产品中最受到认可的，但其细节及重要性均不如窃听到的外交情报，沙佩估计两者之比为 9:1。

1938 年捷克危机期间，希特勒要求苏台德地区自治，研究室利用伦敦和布拉格的电话线途经德国这一便利，截听英国和捷克外交官的通话。它经常侦听捷克驻伦敦大使扬·马萨里克（Jan Masaryk）和其总统爱德华·贝奈斯[1]的沟通电话。这是自 1918 年以来最尖锐的国际危机的高潮时刻，研究室窃听到两人之间的谈话，时间是 1938 年 9 月 24 日上午 11 点 24 分：

马萨里克：为了和平，我们已经尽了最大努力，并做好准备为了和平做出任何可以的努力。但在立场这一点上，我们绝对不能让步。

贝奈斯：让步是绝无可能的事情。

谈话结束时，劝告对方注意身体。

贝奈斯：你完全无法想象我都经历了什么。

马萨里克：是啊，情况确实很糟糕。你还能睡好觉吗？

贝奈斯：这倒还好。

马萨里克：最重要的就是良好的睡眠和规律的如厕。

戈林把这份情报交给英国，显然试图造成英国与捷克之间的不和，因为有些片段表明马萨里克正在接触英国执政党的反对派。马萨里克否认这次谈话，但研究室同样监听到英国特使暗示英国已不再支持捷克，将允许德国占领军事重地苏台德地区的评论。希特勒看到马萨里克对记者说"没有任何办法……全完了"的时候，一边对捷克人报以冷笑，一边无比满足。心里有底后，希特勒在巴德－戈德斯伯格（Bad Godesberg）和慕尼黑逼着内维尔·张伯伦[2]施行臭名昭著的绥靖主义，以实现"我们时代的和平"。

1939 年 8 月，针对希特勒对波兰的要求而举行的紧急谈判，为研究室观察

---

[1] Eduard Beneš（1884—1948），捷克斯洛伐克政治家，曾任捷克斯洛伐克外交部长、总理、总统。

[2] Neville Chamberlain（1869—1940），英国政治家，1937 年到 1940 年任英国首相，其对纳粹德国实行的绥靖政策使法西斯气势大增，加速了第二次世界大战的爆发，因而倍受谴责。

英国、法国和波兰的外交手段提供了良好的机会。它对位于柏林的大使馆、高级外交官的住宅以及外国记者实施了监听,获取到英国大使与英国外交部的商谈、与法国大使的争论、与波兰大使接触的迫切,还有法国大使会见希特勒后对和平的悲观,以及向法国总理表达的战斗决心:"如果德国人真的发动进攻,我相信法兰西民族的力量。"

战争爆发后,这样的机会几乎完全消失,不过这处空白被破译电码填补。战争时期,被破译的密码电报数量大幅度增长。然而,富有戏剧性的是,在和平时期的最后时刻才证明研究室在这个领域的能力和效率。

比耶·达莱鲁斯(Birger Dahlerus)是瑞典企业家和非职业外交官,试图就德国与波兰、法国和英国之间的分歧进行斡旋。1939年8月31日下午,他与戈林在卡琳宫——戈林的乡间别墅进行会谈,1点的时候,一名信使拿着一个红信封(用来通报紧急国家大事)匆忙跑进来。戈林拆开信,里面是一封研究室破译的电报。该电报一两个小时前由波兰政府发给驻柏林大使,波兰政府命令其不得进行任何实质性谈判。虽然展示这封信会毁了"一个重要的情报来源",戈林还是让达莱鲁斯看了这封信,以便让他转告英国大使,正如他大骂的那样,波兰人不讲信用,德国人的态度才是公正的,这封信可以证明这些。这件事没有影响到希特勒的计划,反倒提供了一个非常好的宣传噱头。

研究室最重要的破译结果会呈送希特勒。因此,希特勒看到丘吉尔向日本外相呼吁和平的信件,当时是1941年4月12日,就在这一天,这封信也送到它的接收国日本。他阅读了英国驻德黑兰大使就伊朗、英国和苏联结盟的计划,与伊朗首相讨论后所写的报告。他于1942年1月21日看到一份从莫斯科发往土耳其,有关军事形势、苏联的计划与准备的报告。几个月之后,他还看到关于同盟国在中东的外交和军事形势的报告,这个报告根据研究室的秘密来源编写。

研究室有时候能够提供未来行动的线索。"我从研究室收到一份秘密情报,"戈培尔在他1943年4月17日的日记里写道,"这份情报证明了罗斯福正计划在某个地方会见斯大林的猜想。[1] 不得不说,这个情报依然很缺乏事实根据。"这

---

[1] 原注:FRUS, The conferences at Cairo and Tehran, 3. 报告没有具体指出1943年11月和12月的德黑兰会晤,因为关于会晤安排的第一次交流直到戈培尔这次日记的三周后才进行。

个报告也许是基于罗斯福在1942年11月和12月就此种会晤的可能性，与丘吉尔和斯大林进行的没有结果的通信，这或许使德国人更加警惕三巨头会晤的可能性。有时候研究室看问题非常清楚。"我从研究室得到一份材料，与丘吉尔华盛顿之行的目的有关，"1943年5月23日戈培尔写道，当时会谈正在进行，"这份材料显示出，丘吉尔是想在斯大林和罗斯福之间进行调停。"但是，即便以研究室强大的情报能力，也没有可能探得同盟国的战略部署。

研究室信息客观，没有报喜不报忧的做派，比如它告诉戈培尔，在苏联的外交使团对德军在斯大林格勒的惨败深感震惊。但是，接受情报的单位总是固执地挑选他们喜欢阅读的情报。1942年12月8日，同盟国军队进入北非后一个月，戈培尔写道："我阅读了达尔朗事件的综合备忘录，这份备忘录描写了这个法国海军上将通敌的始末。这清楚地表明达尔朗匆忙逃往北非，就是为了叛变。"但这并非事实。达尔朗本身亲纳粹，只是看风向不对，改换门庭。

因此，研究室不管做出什么努力，不管它多么谨慎客观地编写褐色活页情报，不管它多么受到纳粹党的信任，当它的材料与希特勒等纳粹领导人一厢情愿的想法产生冲突时，就会被完全忽视。五局局长瓦尔特·赛费特说："它们（褐色活页情报）确实有人读，但没人根据它们做出合理的推论。"

外交部也破译出外交密码文件。"我可以肯定地说，这些密码文件非常有用。"一位高级官员说。

> 我记得，我们是如何知道一些国家在柏林的大使，表面上总是用各种方式表达着对希特勒和纳粹政权的尊重和美慕，却在向自己政府报告时持完全相反的看法，甚至有的报告都不准确，在一些事情上故意歪曲事实。我们知道他的报告内容，就知道应该对他说什么，还可以据此确定我们的指示。这也有助于我们确定向德国驻该国外交人员发出指示。我们也知道了在同其所在国外交部谈话时，哪些论点需要特别阐明或强调。而且，如果事前知道一个外国代表得到的指示，当他来拜访时，我们已有充分的准备，这自然大为有利。

外交部这项工作，始于德国总理在1918年11月11日德国签署停战协定后不到一个月发布的一项命令。已退役的通信兵上尉、32 岁的柯特·塞尔肖（Curt Selchow），是这项工作的第一个也是唯一一个负责人。同研究室负责人沙佩一样，一战时，他也曾成为福伊特的继任者，担任总参谋部无线电台负责人，具有良好的组织能力。1933 年，他的机构有文职工作人员大约 30 名。1936 年，该机构在外交部的一次改组后改为人事处 Z 组（Z 或许表示机密和密码破译人员同该处其他人员的隔离）。

战争中期，人事处 Z 组在其巅峰时期拥有高达 300 多名工作人员，其办公地点位于柏林西南达勒姆区的一个花园公寓及其附近的一个女子学校。从事密码破译的人员只有 50 人左右，其他都是办事员和后勤人员。后勤人员中有一个由一位牧师领导的情报组，负责收集整理各种来源的资料，比如无线电广播、外交部备忘录、同盟国报纸和人事处自己的情报。如此一来，他们就可以解答密码破译人员向他们提出的问题，比如"哪个名字以 W 开头的人，在星期四与一个名字以 n 结尾的人，在一个类似 po 的地方谈话了？"

人事处 Z 组存在期间，破译出 34 个国家的密码，虽然不是那些国家的全部密码，但它包括英国、法国、日本、意大利、西班牙、美国、梵蒂冈等除苏联以外的所有主要国家。最初它以破译法国的密码电报为主，截至 1940 年法国战败，它破译了 15000 份左右的密码。[1] 虽然后来法国及其在北非的领地依然发挥着重要作用，但对其密码电报的破译工作逐渐放松，重点改为意大利电码的破译。从开始计算破译数量时起到 1940 年 11 月底，人事处 Z 组只破译出意大利密码电报大约 6700 份，但后来的 16 个月中，又破译出 3700 份，耐人寻味地表达出独裁者之间的互不信任。对美国的破译一直处于第 10 位。让人奇怪的是，在珍珠港事件之前 4 个月破译的美国密码电报（540 份），比该事件后的 4 个月（129 份）要多得多。4 个月 129 份，意味着每天只破译一份密码电报，美国国务院每天发出的电报显然不止这个数量。

对土耳其密码电报的破译在数量上处于这两个极端之间，在质量上则显然高于其他密码电报的破译。1941 年 6 月德国入侵苏联后，外交部呈送希特勒的人事处材料中，截收的土耳其电码占了很大一部分。对苏联这个强大又危险的

---

[1] 原注：基于数据的推断，参见 Irving, ed., 133。我不知道编号开始时间。

邻国，土耳其人迫切需要尽可能多地进行了解，在莫斯科派驻了第一流的外交官和武官，这些出色的外交官和武官使土耳其人得以具体又准确地汇报苏联发生的事件。这些电报的破译，为德国人提供了一个了解这个敌对国家的敏锐又相对客观无偏见的渠道。

土耳其人从苏联发回的电报[1]中，被德国人截收后送给希特勒的有：1941年十月革命阅兵式中展出的作战装备；1941年12月德军在进攻莫斯科前受阻，斯大林对前线形势感到满意；斯大林同艾登会谈的结果；苏联要求召开莫斯科会议和在欧洲开辟第二战场；苏联在斯摩棱斯克发动进攻（那场进攻实际上已展开）的计划；美国的坦克和飞机运抵俄国的情况。

1940年，人事处Z组开始破译美国国务院的一种主要密码。到1941年8月，他们已能完全破译美国外交官罗伯特·墨菲（Robert Murphy）拍发的电报，当时墨菲正同法国人在北非进行棘手的谈判。破译后的电报呈送给外交部长里宾特洛甫。有一份电报的内容是，法属北非指挥官马克西姆·魏刚[2]将军的一位副官要求美国承诺提供军事援助。德国人知道魏刚和他们不是同路人，只是苦于没有维希政府要求的"真凭实据"，后来他们拿到魏刚与美国人打交道的确切证据，这才迫使维希政府撤了魏刚的职。由此，人事处Z组的破译结果破坏了美国的外交努力，为德国争取到时间和有利条件。

1941年秋天，人事处Z组破译了两份关于最高等级政治家的美国电报，呈送给希特勒。其中一份电报称，在一次特别会见中，伊朗国王对美国驻伊朗大使说，他"对德国人不抱任何同情"。不过希特勒并不惊讶，因为英国和苏联军队已在几个星期前实际占领了伊朗，使得德国在那里的力量失去了作用。第二封电报是一封发于1941年9月29日的加急机要密码电报，在这封罗斯福致斯大林的"私人电报"中，罗斯福向斯大林保证"会找到向同希特勒战斗的各条战线提供军需和物资的办法"。在希特勒看到其主要敌人间通信后的两天，也就是10月8日，德国新闻机构展开了一场宣传攻势，他们印刷了这封源于"可靠人士"的电报，以揭露"美国总统把整个欧洲，也就是整个欧洲的文化和宗教

---

[1] 原注：在外交部的文件中，我没能找到这些人事处Z组的解决方案。
[2] Maxime Weygand（1867—1965），法国陆军上将，曾任法军总司令和维希法国的国防部长。

信仰都送给布尔什维克的险恶意图"。

这个事件表明，美国的一种机要密码已被德国人破译，但美国国务院并未改变密码系统，人事处 Z 组得以继续窥探美国的外交机密。希特勒向美国宣战之后的第 5 天，1941 年 12 月 16 日，人事处 Z 组向希特勒提供了一封 6 天前的过时电报，这封电报由罗斯福拍发给维希政府首脑亨利·贝当（Henri Pétain）元帅，内容是关于大西洋海战。罗斯福敦促贝当亲自下令，法国船只不得从西半球的任何法国殖民地开出。第二天，时任法国代总理和海军部长的达尔朗同意下达此指示。但后来罗斯福的一次尝试没有获得成功。1942 年 3 月 27 日，罗斯福警告贝当不得接纳亲希特勒的皮埃尔·赖伐尔（Pierre Laval）回归政府，否则美国将"断绝现存的关系"。这封加急电报在华盛顿被盖上"向任何人拍发均须仔细翻译为机要密码"的印章，四天后希特勒读到这封电报。这个威胁既未吓唬住他，也没有吓唬住贝当。赖伐尔几个星期后当上了总理。美国撤回大使，但未与维希政府断交，最后反倒是维希政府在盟军进攻北非后断绝了与美国的关系。赖伐尔大方地告诉美国驻维希代办：美国"暂时还有使用密码的自由"。

临近战争结束，人事处 Z 组的破译数量大幅度下降。Z 组虽然还在破译土耳其的电报，比如从瑞典发出的有关苏军编制的详细报告，但美国人抛弃原来的密码，采用所谓的滑片式密码系统。他们虽然成功破译新系统，但花费的时间太长，破译出来的同时就已过时，美国人再次改变了密码，这次彻底宣告了 Z 组的全面失败。

从某种意义上说，这其实也无所谓。因为纳粹领导人常常无视自己不认可的情报。虽然人事处 Z 组总会在呈送元首的电报上将非常重要的电报标注一个绿色的"F"，但是对于坏消息，里宾特洛甫却不总是全部报上去。即使希特勒看到电报，有时也不会接受。在一封详细介绍苏联农业状况的长电报上，希特勒拦腰潦草地批道："不可信。"情况正如人事处 Z 组一个密码破译人员后来感叹的那样："即使我们有最好的情报，别人也不会当回事。"

第13章
密码破译

一名德国翻译正猫着腰，心无旁骛地听着耳机里苏联人的谈话。谈话从一根电话回路中传出，电话窃听小组的成员在两个星期以前埋设这条回路，目的是截听苏联的战地通话。

这是 1942 年初的一个冬日。德国翻译的周围，是围住黑海主要港口塞瓦斯托波尔的德军。但是，苏联人坚韧而顽强地守卫着克里米亚堡垒，并向德军发动了一系列反攻，就好像熊用两掌猛击那些虐待它的人一样。过去的一个星期，这个翻译所在的第 24 步兵师，就多次遭到苏军的反攻。

在这场阵地战中，电话窃听小组的主要职责是窃听敌人通话，这些通话暴露了苏军的意图，从而避免德军遭到敌人的突然袭击。为此，1 月 7 日，当德军暂停对塞瓦斯托波尔要塞的首次系统性攻势，苏联人即将反攻的时候，电话窃听小组的成员偷爬到苏军前线，埋下一条电话回路。这实际上并没有连接上敌人的电话线，而是探测电话回路在地下产生的电流，就像一战时监听有线电报的阿伦特装置一样。因此，这条电话回路传出的声音是大约 20 个电话相互串音形成的声响，而非一条线路上的清楚谈话。第一个星期，它提供了关于敌军装备、补给、补充兵员、命令、观察活动、士气、伤亡情况和战斗措施等情况的一般情报。这条回路两次保全了德军侦察兵的性命，一次使德军免受苏军的炮火袭击，一次使德军免受包围，因为德军通过它预先知道侦察兵已被苏军发现。

第24步兵师在克里米亚的塞瓦斯托波尔附近、卡马拉南部布设3条电话线回路，并在卡马拉以北布设数条线路，以窃听苏联战壕内的电话。

1月15日，苏军开始为期一周的一系列进攻，以夺取可俯瞰德军后方的观察哨所，同时牵制和削弱德军。德军的这些电话窃听者帮助其所属师部密切监控苏联人的动向。他们听到一个人打电话问"在哪儿可以搞到杜松子酒"，另一个人承诺从机枪掩体里"扫射，疯狂地扫射"。1月21日，苏军凌晨时分发动了进攻。两军在主要战壕沿线展开激烈的肉搏，苏军在一个点上打开了一个突破口，但很快又被德军打退。中午一过，双方暂时停火。步兵们不安地等待着，不知道这一天的战斗是已经结束，还是突然就会迎来苏军的火力覆盖和随之而来的猛烈攻势。

下午4点，这个翻译听到苏军第21号指挥所呼叫各连连长接听电话。最初他听不清楚，可是一会儿后，他清楚地听到第21号指挥所的指挥官喊道：

"还有45分钟。"

10分钟后，一个苏联人问另一个人：

"乌西纳，我们什么时候开始？"

那人回答说："还有35分钟。"

翻译向师部情报官报告了这段谈话，后者准确地判断出敌人将再次发动进攻。德军进入作战状态，在苏军集结的时候，第24步兵师和邻近的第50步兵师配合军部直属炮兵部队将苏军笼罩在炮火之中。当苏军终于以营为单位发起进攻，仅有少数主力部队能够接近德军主阵地，且被德军用轻武器击退。接连发动几次配合得并不协调的进攻并被打退后，苏军终于在下午6点45分放弃进攻，撤回原地，德军牢牢守住了主阵地。

第24师情报官在第二天宣布："电话窃听侦察再次取得重要成果，为1月21日胜利击退敌人的进攻打下了基础。在防守中，电话窃听侦察有着重要控制作用，这一点已得到作战部队的普遍认可。"

和政界不同，军方喜欢通信情报。实际上，通信情报在战地是最重要的敌军情报。

为获取通信情报，陆海空三军和最高统帅部都建立了各自的通信情报机构，来适应自己的需要。其中最古老的是最高统帅部密码处，从理论上说，最高统帅部密码处本应该协调所有同类机构。

一战的结束摧毁了德军的通信情报机构，也将这些机构的工作人员解雇，他们不得不另谋生路。为保存这个有价值的职业，也为了促进人们就业，一位年仅24岁、瘦削、开朗的中尉在自由军内建立了一个无线电情报机构。自由军是一个与德国共产党人和来自俄国的共产党人做斗争的半官方军事机构。这个中尉名叫埃里希·布申哈根（Erich Buschenhagen）。1915年起就担任电报员的他，一战期间在陆军总司令部负责分析通信情报，还与奥地利人一起在意大利前线研究无线电情报。他的志愿者评估站（Volunteer Evaluation Post）创立于1919年初，位于柏林腓特烈大街203号房子的顶层。起初，它只翻译普通文字材料和电台广播，翻译内容截收自俄国、法国、英国和美国。1919年春天，密码分析人员参加进来，到5月时就开始提供密码破译，比如俄国一种野战密码的部分破译。不久后，该机构被防务部门接管。陆军为集中这些搜集情报的机构，做了一次值得肯定的尝试，将这个机构附属于阿勃韦尔三处，即军队部情报处，并为其取名密码中心（Cipher Center），搬入位于班德勒大街的陆军总司令部。

到1925年秋天布申哈根离开时，密码中心已有32名工作人员。除了有限的一两个人，他的继任者都是军事行政管理人员，不太懂通信情报。密码中心长期的专职负责人是威廉·芬纳（Wilhelm Fenner）。他高高的个子，带着刻意的教授范，1891年出生于圣彼得堡，并在此地求学。一战期间，他担任过大本营几个参谋机构的情报官和俄语翻译，后来在近东地区担任特工，但很快就被英国人抓获并关押了1年。凭着与情报机构的联系，他于1922年加入密码中心，并于第二年担任密码分析组的负责人，是一个不错的技术型领导。他富有组织天赋，但却过于重视密码破译工作本身，忽视了对整个机构的管理与服务，从而妨碍了整个机构的运营与发展。他的一个下属把他比作歌德笔下"否定一切的魔鬼靡菲斯特"，认为他态度消极拒绝合作。然而，这个下属同时也把他誉为德国密码分析人员的"灵魂和灵感"。

1928年，一位新任国防部长将阿勃韦尔划归到国防部，并将所有情报机构交由阿勃韦尔领导，以扩大自己的权力。于是，为国防部和陆军破译密码的密码中心，同阿勃韦尔一起从陆军总司令部搬到国防部，成为阿勃韦尔二处。没有部一级职能的海军密码破译机构，只在阿勃韦尔建立了一个联络处。这种安排没持续太久。20世纪30年代，阿勃韦尔改组后废除了与密码中心及海军密码破译机构的联系。密码中心仍然留在国防部，但脱离了阿勃韦尔。海军则保留自己的密码破译机构。这个时候，陆军正在建立自己的通信情报总部，密码中心得以集中精力为国防部工作。1938年，最高统帅部接管国防部，密码中心成为国防军通信机构的一部分，等到战争快爆发时，已扩编为密码处。

提尔皮茨滨河路毗邻两岸树木成荫的兰德韦尔运河，距离最高统帅部不远，大街上的私人住宅大都被军队征用。80号就是一处为密码处征用的办公楼。1943年11月23日的一次大空袭摧毁了这栋楼，密码处不得不搬迁，来到波茨坦大街56号。这是一座半圆形的现代化办公大楼，大楼的名字引发了不少笑话。因为其德文名称Haus des Fremdenverkehrs不仅可以理解为旅游问询处，也可指同外国人发生性关系的地方。

在柏林以外的地方，密码处设立了截收站。有的非常隐秘，比如在马德里、塞维利亚和索非亚，截收站都隐蔽在私人住宅里，每一处都有十几名工作人员。主截收站则设在柏林西南25英里的特罗伊恩布里岑，以及靠近纽伦堡的佩格尼茨河畔劳夫。在这个可爱又美丽的中世纪城镇外的田野上，有一处山坡矗立其间，6个围成圆圈的无线电接收塔耸立其上。绿荫遮蔽的低矮房子里，共有150名工作人员，全天都有人戴着耳机，收听埃及、阿根廷、巴西、法国、意大利、梵蒂冈、瑞士、西班牙和美国等指定国家的广播。特罗伊恩布里岑站负责对英国和俄国的监听，并且帮助劳夫站监听埃及、美国和瑞士。战争期间，在德国和德占区还纷纷建立起辅助截收站。

鼎盛时期的密码处有约3000名雇员，人数是战前计划动员374名的8倍。工作人员主要分布在截收站，也有部分在总部工作。总部的工作人员分为8组。中心组负责行政，一组负责指导，六组负责外国广播和电讯的分析，七组负责分发和归档材料，二组和三组合并为A室，负责德国密码术的研究，四组和五组负责密码破译，其中四组的职责是研究新的破译方法，五组分为22个小组，这些分管不同国家的小组才是真正破译外国密码的力量。四组和五组合并为B室，由芬纳领导。

芬纳一直致力于扩充B室的实力。早在1937年，他就开始使用霍尔瑞斯机（一种穿孔卡分类设备），实现工作的机械化。战争期间，他利用电传打字机和电子零件制作出一种特殊设备，可以在分析电报中的不规则数字时，发出响亮的咔嗒声。他让光线透过半透明的方格纸，方格纸上有着小孔和网格线，最亮和最暗的光点所在位置会显示出一种数量关系，这种数量关系有助于高级加密的破译。他邀请数学家研究新的密码破译技术。拓扑学家沃夫冈·弗朗茨（Wolfgang Franz）根据不规则排列字母表中各字母之间的距离，破译了美国驻伯尔尼大使馆的一种密码。第一份由他破译的电报，内容是请华盛顿再运来一批香烟，伯尔尼没有香烟了。

密码处的职责要求它破译"外国政府、武官和特工"的密码，因此军事密码电报看起来才是它合理的领域，但它还破译外交密码电报。这源于战前密码处同外交部的一项协议。密码处破译外交密码电报的目的是备战，而外交部Z组的目的则是获取当前情报。这项协议背后有两个事实：一是密码处破译人员练习破译需要能够被大量截收的外交密码电报，二是历届国防部长喜欢阅读这些情报。战争期间，有三个因素使得密码处继续破译外交密码：工作习惯、不愿缩小权力范围、希特勒对情报渠道多元化的要求。鉴于优秀密码破译员的极度稀缺，密码处、外交部人事处Z组、研究室之间工作的重复，明显是整个德国情报工作中最为浪费的一种举动。

密码处最大的成功是对美国武官密码的破译。

这种密码被美国人称作"黑密码"，因为其密码本是黑色的。此前意大利人就从美国驻罗马大使馆中偷走了一本，用来破译密码电报，但没有送给他们的轴心国伙伴（虽然有时候会提供破译的密码）。德国人经过自己的努力破译了"黑密码"，反过来也没有送给意大利人。到1941年秋天，他们饶有兴致地读着美国驻开罗武官邦纳·费勒斯（Bonner Fellers）上校发出的消息。

当时，英军正与隆美尔率领的德军在北非沙漠进行激烈的拉锯战。英国迫切希望美国能够为其提供援助。因此，作为美国的代表，费勒斯上校能够知道英国各个方面的作战情况。如同任何一位称职的武官那样，他跑遍了各地，看到了一切，再用长长的电报向美国陆军部进行详细汇报，以便他们学习沙漠战的经验和教训。

但是，当摩斯电码在空中传播时，两位德国监听员将他们记录成文字，并用电传打字机发往位于柏林的最高统帅部密码处。一位监听员位于劳夫绿荫遮蔽的截收站，一位是另一个截收站里为确保拥有重要价值电报不被漏掉的监听员。密码处收到截获的情报后，迅速将其破译成英文再译成德文，然后发往各个情报站。为安全起见，发送的方式非常隐蔽。隆美尔司令部的情报官也在发送之列，这种情报在隆美尔司令部"非常受欢迎"。

这种做法有充分的理由。因为战争期间再没有轴心国指挥官获得如此全面、如此清晰的敌军情况，费勒斯的电报为隆美尔详细解说了英军的活动。1942年1月至2月，当他在沙漠中后撤300英里时，他从费勒斯的电报中得知：

1月23日：270架飞机和大量高射炮从北非撤走，以增援远东的英军。

1月29日：英军装甲部队完整情况，包括正常运转的装甲车辆数目、损坏车辆数目、现有车辆数目和所在地，前线装甲部队和机械化部队的位置和战斗力。

2月1日：即将到来的突击行动及英军各部队的战斗力；美国M3坦克在2月中旬以前暂不能投入使用。

2月6日：第4印度师和第1装甲师的位置与战斗力；英军在阿克鲁马—比尔哈凯姆一线固守的计划。

2月7日：英军在贾扎拉—比尔哈凯姆防线驻守。

5月，隆美尔的装甲部队全力向前推进，准备征服埃及，直扑巴勒斯坦，然后与从苏联挥师南下的德军会师，这时，他从截收的电报中得知了英军建立防线的位置以及随后计划改变的情况。

但是，没有燃料，最勇敢的将军也无法前进。对隆美尔的生命线造成最大威胁的是马耳他。马耳他这个令人棘手的地中海小岛，是英国位于西西里岛与北非之间的一座堡垒。英国的舰船和飞机以此为基地，袭击他的补给船只。轴心国想要日夜不停地进行空袭，使马耳他屈服；英国则致力于加强马耳他的防务与武装。德国人非常清楚这个小岛的重要性，因此当他们看到费勒斯4月底拍发的一份报告时，非常高兴。这份报告说，缺乏弹药导致一半的高射炮不能发射，岛上的居民因为空袭而死伤殆尽，如果德国的空袭继续，护航运输船队难以到达,那么"马耳他的陷落迟早会发生"。

1942年6月,英国决心采取大规模行动以解救该岛。他们计划派遣护航运输船队同时从东面和西面开向这个小岛(这年初春,罗韦尔空中侦察中队的西格弗里德·克内迈尔拍摄了苏伊士运河上船只集结的照片)。为防止轴心国部队袭击这些船只,英国轰炸了一个关键的海军基地,并计划轰炸和突袭德军的空军基地。6月11日,东面的那支护航运输船队驶出亚历山大港,费勒斯起草了他的第11119号电报:

6月12日和6月13日晚,英国突袭分队计划连续投掷炸弹,同时袭击轴心国的9个机场。计划派遣伞兵和远程沙漠巡逻队接近目标。

这种袭击办法有很大可能摧毁目标,同可能取得的成果相比,所冒的风险较小。如果袭击成功,英国将立即动用全部皇家空军,支援陆军的协同进攻。

今天,英国正从叙利亚大量调兵到利比亚。

费勒斯

他把电文译成密码,让位于开罗的埃及电报公司发往华盛顿。6月12日上午8点,劳夫站截获该电报;9点,一位密码破译员开始破译;10点,破译完毕;11点30分,隆美尔收到破译的电报,时间充裕地通知机场戒备。

13日晚上,不出所料,突击队从北非东面轰鸣而来,克里特岛附近的潜艇浮出水面。以逸待劳的德国和意大利部队将他们全部消灭。虽然突击队还是摧毁了一些飞机,但总的来说,行动失败。第二天,那些由于得到及时警告而免遭摧毁的德军飞机,疯狂轰炸护航运输船队,迫使船队调头。通往马耳他的航道依然被德军封锁,隆美尔的燃料补给线依旧畅通。

两三周后,德军几乎到达亚历山大城下。希特勒和墨索里尼下令攻克该城。又过了几天,希特勒在一次晚宴后说:"亚历山大城丢了,所有英国人都会愤怒吧,这可和新加坡丢了不一样,只有富人才关心新加坡。亚历山大城丢了,会让愤怒的英国人要求丘吉尔下台。现在只希望美国驻开罗的武官,继续用他蹩脚的密码电报,向我们报告英国的军事计划。"

但是，这个时候，美国人或多或少已知道费勒斯的电报被轴心国破译，用新密码代替了"黑密码"，密码处做出种种努力后，始终未能破译，隆美尔因此失去了主要的情报来源。情报的缺乏加上补给不足，隆美尔未能赶完到亚历山大城最后的60英里路，被迫转入防御。英军开始秘密集结，隆美尔失去了"吃香的情报"，但他竟然一无所知，回家休息去了。他在家休息时，伯纳德·蒙哥马利[1]将军的上千门大炮朝着一个叫作阿拉曼的铁路枢纽站开火了。这是一场进攻的开始，这场进攻后来被丘吉尔评价为盟军命运的转折点。

这也是密码处的转折点。同盟国密码保密措施的加强，让密码处破译的美国和英国的密码电报越来越少。至于苏联的高级密码，自从30年代初期以来，密码处从未破译过。战争快结束时，密码处破译的情报"VN"（由印在每页上端的两个大写字母得名，意思是"可靠消息"）只是些区区琐事。1944年12月29日的"可靠消息"，可谓琐事的典型，是6天前破译的一封美国国务院的电报。这封印有"秘密"（最低保密级别）字样的电报，不过是一条给美国驻突尼斯领事馆的旅行命令电报，告知该馆工作人员马塞尔·E.马利奇（Marcel E. Malige）被任命为美国驻波兰流亡政府（在伦敦）的经济事务参赞，具体指示该馆如何为他支付旅行费用。密码处将它升级为"绝密"，和所有的"可靠消息"一样，要求情报的接受者看完后立即寄回。

这封电报似乎没有破译的必要，事实证明其他电报可能更有价值。比如墨西哥驻莫斯科大使馆报告，捷克斯洛伐克和南斯拉夫准备承认波兰临时政府；日本外务省通知日本驻莫斯科大使馆有关中国新内阁的情况。不过这些破译结果几乎不可能影响德国战略方针的制定。

《凡尔赛和约》中只有一处提及情报机构，就是其所列的德国步兵师兵力清单，允许建立截收情报的机构。[2] 德国陆军没有让这些人从事原来的低级工作，

---

[1] Bernard Montgomery（1887—1976），英国陆军元帅、军事家，是二战期间盟军最杰出的将领之一，获得了"沙漠跳鼠"的称号。

[2] 原注：Part V, Table II, Estabilishment of an Infantry Division. *Heeres-Verord-nungsblatt*, 3(20. Juni 1921), 257 for its organization. 德国人起初并不知道这是否意味着窃听或无线电拦截；国际军事控制委员会的讨论结论是后者。(Nebel, letter, 28 April 1972, 3-4.)

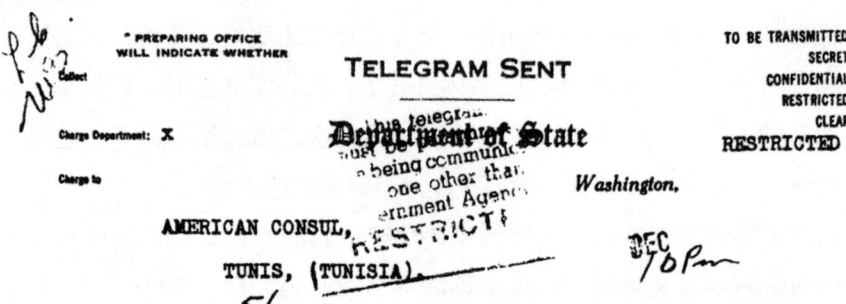

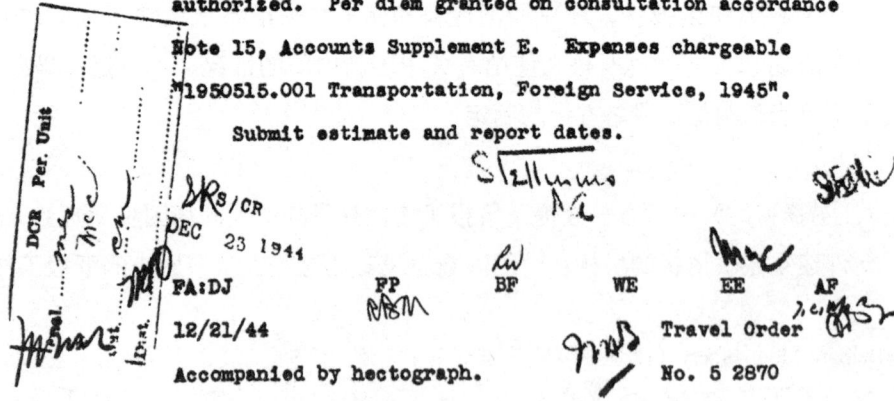

最高统帅部密码处破译的美国国务院密级最低的信息。

```
Geheime Kommandosache

KW/Chi                    VN        Sofort an Chef Chi zurück!
                                    Weitergabe, auch innerhalb des Hauses,
F.Nr. 1482/12.44(USA)               selbst in veränderter Form und mit
24.12.44(wlf-thd2)                  Verschleierung der Quelle, verboten!
Ausg. 27.12.44

                          29.Dezember 1944

Betrifft: GROSSBRITANNIEN – Ernennung eines USA-Beraters für
          die Londoner Polenregierung

Von: Staatsdepartement Washington
An:  USA-Konsulat Tunis
     Nr.56

23.12.    2200 h.
          Marcel E.Malige wird zum Berater für Wirtschaftsangelegen-
heiten bei der jetzt in London aufgestellten polnischen Regie-
rung ernannt. Er hat die Reise bei Eintreffen seines Nachfol-
gers anzutreten und zwecks Rücksprache beim Staatsdepartement
über Washington zu reisen. Diese Versetzung geschieht weder
auf sein Ansuchen hin noch zwecks seiner persönlichen Annehm-
lichkeit.
          Seine Beförderungskosten und Tagegelder von Tunis nach
London und während seines Aufenthalts in Washington D.C. sowie
die direkten Beförderungskosten und Tagegelder für seine Fami-
lie und die Transportkosten für seine Privatsachen werden ent-
sprechend den Reisevorschriften genehmigt. Die Reise wird für
jegliche geeignet erscheinende Route und für jedes verfügbare
Verkehrsmittel einschließlich Militärflugzeug genehmigt. Tage-
gelder werden für die Zeit der Rücksprache gemäß Anmerkung 15,
Abrechnungsausatz E, gewährt. Die Kosten sind unter "1 950 515.
001, Beförderungsgelder für den Auswärtigen Dienst 1945" zu
verbuchen.
          Reichen Sie einen Veranschlag ein, und melden Sie die tat-
sächlichen Daten.
                                        Stettinius.
```

最高统帅部密码处某期 VN（可靠消息）首页的信息，如同其他 VN 一样被标记为"秘密"，同时被要求"看完后立即归还"。

而是把他们分配到陆军的 12 个大型无线电台。随着德国越来越挣脱《凡尔赛和约》的限制，1925 年陆军设立了 6 个截收站，每个截收站配备 3—4 部接收机和 20 名左右的工作人员，日夜不间断地工作。这些截收站由于地点固定，对外国那些可移动的无线电报无能为力，因此，陆军于 1928 年在边界附近架设了流动测向仪，两年后成立流动截收单位，后来发展为流动截收连。最初，密码中心指导这项工作。1936 年，陆军总司令部成立了一个新机构中心截收站（Main Intercept Post）接管此项工作。

截收机构是通信部队的一部分，由埃里希·费尔吉贝尔（Erich Fellgiebel）将军领导，他同时还是国防军通信部部长，所以他也是密码处的上级，战时他则是总参谋长的下属。刚 50 岁出头的费尔吉贝尔是前密码中心负责人，经历了离婚和再婚、戴着眼镜的他为人和气，深受下属爱戴，也博得最高统帅部长官凯特尔的高度赞赏："眼界宽阔，组织能力强，精力充沛，对自己那一行非常精通……在最意外和困难的情况下也能胜任。"只是凯特尔还加了一句，费尔吉贝尔喜欢"胡乱批评"纳粹主义。的确，1944 年谋杀希特勒的行动，费尔吉贝尔也是参与者。只是炸弹爆炸后，他的犹豫不决致使元首大本营的通信联系未被封锁，导致谋杀失败，包括他在内的密谋者均因此丢了性命。该事件后，49 岁的阿尔贝特·普劳恩（Albert Praun）将军接替了他在国防军和武装党卫军的职务。这是一个个头矮小、和蔼又极其能干的通信军官，也曾率领过一个步兵师，同时还是一个"优秀的民族社会主义者"，这一点是总参谋长古德里安的评价。

二战期间，德军通信情报工作在此二人的主持下（尤其是费尔吉贝尔）有了长足的进步。它提供了一个典型案例，即情报组织如何应情报接收单位的需求而发展，并成功满足其需求。

战争开始时，德军通信情报工作分为四级：中心截收站（设在措森）、10 个固定截收站（向措森和各集团军群提供情报）、7 个流动截收连（集团军配备）以及截收排（师一级配备）。但攻打波兰期间，通信情报机构取得的成绩平平。费尔吉贝尔认为，中心截收站距离战场太远是一部分原因。但是，距离前线太近将意味着控制的分散，而历史的经验教训告诉人们，无线电侦察的成功离不开高度集中。费尔吉贝尔不得不在集中和分散间做出平衡，在截收部队中设立指挥官，分别为即将入侵法国的3个集团军群处理通信情报工作。

在对法和对苏作战期间，该机构在更高层面的工作表现良好，但战术层面的成果依然贫乏。因此，费尔吉贝尔在1942年将这项工作集中，将各师的截收排整合成近程通信侦察连，配备给各集团军司令部，各师只保留一个截收班。近程通信侦察连将其所属排分散到集团军的各个防区：两个排截收电报，两个排近距离测向，五个排搭线窃听。整合后，为了名字和事实相符，费尔吉贝尔将其重新命名：集团军截收连称作"远程通信侦察连"，中心截收站称作"通信侦察中心站"，截收部队指挥官称作"通信侦察指挥官"。

于是，每个集团军就配备一个近程通信侦察连，外加一个远程通信侦察连或固定截收站。再度集中为情报截收工作的改善带来希望。1943年12月15日，费尔吉贝尔将每个集团军的通信侦察机构统一组成通信侦察营。现存的17个通信侦察营再整合为8个通信侦察团，每个团由集团军群或战区司令部的通信侦察指挥官领导。最后，唯一没有通信侦察机构的军一级，在1944年年初，建立了只有10人的小单位，分析来自各师和附近近程通信侦察排提供的材料。

1944年秋天，普劳恩让这些工作有了一个合乎逻辑的结果。他任命一名通信侦察将军来协调机构间的工作，调整工作人员的配备，改善设备的条件。受命担任这一职务的是弗里茨·伯策尔（Fritz Boetzel）将军，他富有魅力又兴趣广泛，一度担任过密码中心负责人。这样一来，通信情报机构有了第六级，也是最后一级，完成了演变，成为一个有系统的组织。在二战期间，这个组织卓有成效地服务于各个部队，为德军将领提供有关敌人最有价值的情报。

通信站中许多军官的工作，都可由一名年轻中尉的日常工作得到展示。他尽管级别较低，实际却指挥着通信侦察二团，该团为中央集团军群服务。这名中尉就是弗里茨·内布（Fritz Neeb），一个身材矮壮、脑子活泛的维也纳人。他十几岁时就喜欢上破译密码，并在奥地利国家图书馆里阅读他能找到的所有相关书籍，破译朋友们为他编造的密码。德军的一个草率决定让他遇上他最适合的工作。在波兰战役、法国战役和对苏作战的第一阶段，他在通信机构工作。对苏战争初期，当他还是137通信营的一名普通士兵时，就在敌后20英里俘虏了130名苏联人。有一天，他的少校上级会见身为中央集团军群通信侦察团上校团长的老朋友。上校对少校倾诉了自己碰到的问题，没想到少校回答说，他手下一名年轻的中尉，在自己的通信营内解决了上校碰到的问题。于是，三天后，内布来到中央集团军群通信侦察团化名为"东方海因里希"的团部。团部位于斯摩棱斯克曾经的俄国秘密警察所，拥有 400 名工作人员。起初，内布只是几名能干的情报分析员之一。但是，最先来的一名军官离开，接着又是一名军官离开，最后连领导都被调走，内布成为实际上的指挥官，每天向中央集团军群情报官鲁道夫-克里斯蒂安·巴龙·冯·格斯多夫（Rudolf-Christian Baron von Gersdorff）上校递送报告。

每晚 11 点左右，所属各连的重要报告陆续送达，内布也就在这个时候起床开始一天的工作。他将各连的报告浏览一遍，给出处理意见，然后在凌晨 3 点到 5 点期间综合各方面的材料准备每日报告。他有时口授，有时就简单综合一下各连报告的修改稿。早上 5 点到 7 点，通过电传打字机，这些报告会被传递给通信侦察中心站和下属各通信侦察连。他所属集团军群的情报官和其他军官一共需要五六份报告。如果没有紧急事件，内布可在早晨 6 点或 6 点半左右去睡觉，不然就是 7 点半。他会在响午时分起来，去军官食堂吃点东西，出一份汇集了最重要的新情报的《报告清样》，只有四五页，然后准备去集团军群情报官格斯多夫的办公室参加形势讨论会。会议从下午 4 点开始，有时会持续 3 个小时，会上各专业侦察机构负责人会提交侦察结果，并进行比较。会议讨论一般都很激烈。内布无法求助于其他情报来源，只能完全依靠自己来提供通信情报。大约 6 点或 6 点半，有时 7 点，内布回到家里，随便吃点东西后会试着抽空补觉。

有时候相对于睡觉，内布更愿意去听课或是教课，因为他觉得对他和同一个层级的人来说，天黑就睡觉是不划算的。他还准备了测试题目，用以挑选密码破译人员和分析人员。他在这段时间为了寻找他所需的人才，已经考察了不少于 1500 人。他曾两次在睡梦中打电话报告情报，醒来后却对此一无所知。别人告诉他后，他确定报告的内容正确，这才松了一口气。从此以后，他的电话一直连着一台钢丝录音机。

情报官布置任务后，通信情报才开始着手生产。有时候情报官只是要求笼统的情报，有时要求则比较具体，比如炮兵部队或装甲部队的编制。任务下来后，通信侦察指挥官会要求手下各部门获取完成任务所需的原材料。西线的通信侦察指挥官马克西米利安·巴龙·冯·厄尔（Maximilian Baron von Oer）上校（该上校领导着两个通信侦察团）干脆要求下属尽可能多地收集英美部队的情报。盟军登陆前，他手下的第 12 通信侦察营集中力量收听美国国内及其与其他国家间的无线电通信。盟军登陆后，他让第 3 固定截收站（设在奥伊斯基兴）的 10 部接收机转收英国的无线电通信。他将收听英军无线电通信的任务分配到两个固定截收站：一个是第 2 固定截收站，位于马利港，专门收听 4500—7500 千赫的信号，另外尽可能地收听 7500—10000 千赫的信号；另一个是第 12 截收站，位于卢夫西恩，专门收听 3000—4500 千赫的信号，同时尽可能收听 100—3000 千赫的信号。截收站和通信侦察连的指挥官，大都会把人员分成更小的小组，每个小组负责一台接收机（一般共有 36 台接收机）。监听员上下逐步调整频率，有时同时收听两个频率，听到发报后，立刻通知测向队。如果测向队说这家电台不在截听范围内，监听员就继续寻找其他电台，反之则继续收听。监听员还会留心发报机的语调和发报员的"指法"（发报员发报的习惯手法，和笔迹一样可以分辨），借此辨别发报员。发报员调动的轨迹能够被跟踪，这也就意味着其所在部队的调动能被掌握。监听员在记录截收情报的时候，还会注意发射波长、发射台呼号、接收台呼号、密码识别等其他的细节。

截收到的情报源源不断地从收报室里头顶戴着耳机的监听人员那里传出，送到分析中心。这个分析中心存在于各级部队，由若干小组构成，分别进行通信分析、测向分析、内容分析和综合分析，规模与其工作量和复杂程度相对应。原始材料往往就能透露出很多情报。长波一般代表军以上部队，短波代表军、师两级，超短波是装甲部队。由于敌方各个单位并不会拥有所有密码，因此密码识别可以帮助弄清敌人的通信网，并进一步摸清敌方的指挥机构。

方向的测定起着补充作用。分布广泛的监听员，直至听到敌台最清晰的发报，才停止转动专用接收机的活动天线。敌台的方向被计算出来交给测向分析小组后，测向分析小组会在地图上标出几位监听员提供的方位，标线的交叉点就是敌方发报的位置。

然后，通信分析员会将以下内容全部列在卡片上，用图解法展现出其中关系，看会出现怎样的结果：使用某一频率的所有电台、被某一信号呼叫的所有

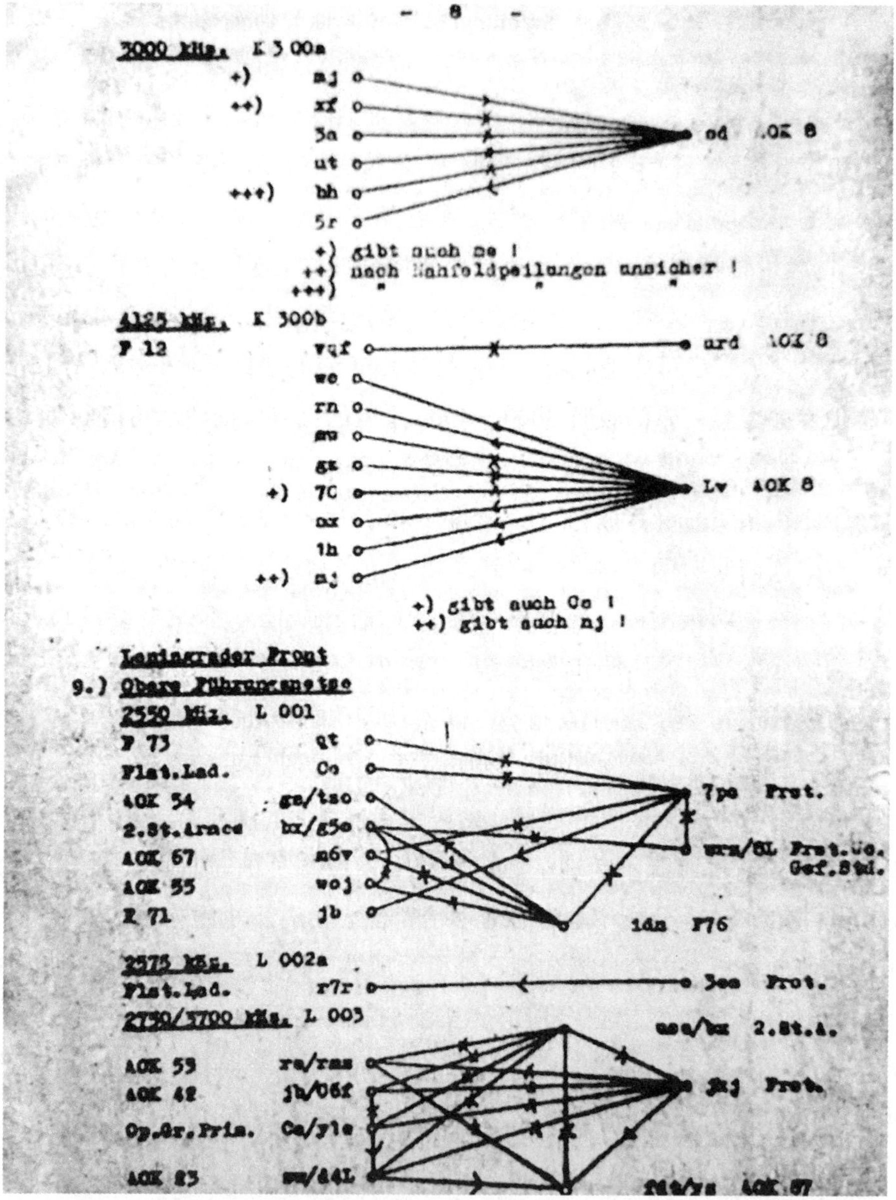

德国无线电侦察使用图解法分析苏联的电台联系。顶部，一个呼号为 *ed* 的电台，在网络 K300a 中，频率 3000 千赫，属于苏联第 8 集团军，正与前线呼号为 *mj*、*xf*、*3a* 等电台联系，但这些电台未回应。底部的电台属于列宁格勒方面军，呼号为 L001，频率 2550 千赫。离它较近的两个电台（*7pc* 和 *wrz/8L*，前线的战地电台）正与它联系，同时也在和诸如 *woj*（属于第 55 集团军）、*bx/g5e*（第 2 突击集团军）等相互联系。

电台以及所有已知电台的位置。如果一部被测向队证实在遥远后方的电台,向很少有过通信的诸多电台拍发电报,分析员们便推断这部电台代表这些部队的上级指挥机构。某条线路突然通信频繁,可能预示着一场进攻或是一次撤退、一次换防,也可能只是一次训练,但几乎可以肯定预示着什么。分析员还能跟踪敌台的动向,结果往往准确。有一次,苏联人调一个装甲集团军到斯大林格勒,该集团军将部分无线电人员留在原地,以营造集团军仍在原地的假象。但是,一名随队的电报员在行进中由于疏忽拍发了电报,被德国人截收,从而被认出并得出结论:这支装甲部队向南行进,很可能是前往斯大林格勒。

从通信网络中得出的推断尽管很有价值,却很少能够像敌方电报的实际内容那样提供敌人的内部情况。这样的电报许多是明文电报,并未译成密码。这最少占通信情报的95%。有时候,它们透露出的敌人态度令人震惊。第17装甲师在苏联于1944年2月17日上午10点30分,在1960千赫的频率上收听到一则谈话:

> 罗克特:我的巡逻队30分钟前从十月镇回来,报告说那儿没有任何人,只发现了我们自己的伤员。
> 托斯卡:为什么向他们开火?你们这群混蛋、叛徒!
> 罗克特:炮兵连长没有得到命令就开火了。
> 托斯卡:把他抓起来,用他自己的手枪枪毙他。
> 罗克特:是。

有时候,明文电报提供的是有用的背景信息。1943年5月,无线电侦察到英国皇家海军陆战队在南安普敦附近的一次登陆演习,清楚地显示出其两栖作战战术。德国人获悉,皇家海军陆战队的一个师,将于黎明时分在10英里宽的海岸线上登陆,以3个旅作为第一梯队发起进攻。尽管遭遇"敌人"的强烈反击,该师仍然在下午5点到达托顿—林伍德防线,完成原定目标2/3的路程。原定目标是突入内地12英里。最难得的是,明文电报透露出敌人的真实意图。1944年11月,在意大利的第26装甲师,截收了一道下达轰炸任务的命令,命令中的目标轰炸村庄是邻近的第278步兵师师部所在。提前接到第26装甲师的警告，第278步兵师只受到轻微伤亡。鉴于在苏联发生的诸多类似事件，1943年年中，一位通信侦察指挥官指出："监听无线电广播（近程情报）产生了价值。"

窃听电话获取的情报少于截收无线电通信，而且除了前线一些价值有限的谈话外，很难听到什么。德国军队从自己的战壕爬到敌人的战壕，把电话线直接接在敌人的电话线上或是埋上电话回路以接收地线的电流，然后放大声音。

对苏战争期间，第72步兵师的电话窃听队深入克里米亚，接上主要道路旁电线杆上的电话线。在德军某次进攻期间，窃听队通过此电话线，窃听到驻防苏军接到的"坚守阵地、援军在路上"的命令，以及苏军大炮和阵地等细节。德军得以迅速派出增援部队，夺取了该阵地。

明文电报的数量很多，数量几乎总是超过密码电报。比如，1944年9月，在意大利的第7通信侦察团团长，截收的明文电报数量为22254份，密码电报14373份。明文电报数量占优势，原因是师一级部队内部有着数量庞大的简短电报。部队级别越高，命令生效时间越长，因而把电报译成密码的时间更充裕，密码电报的数量相应增多。到最高一级，所有电报都是密码电报，显然比明文电报重要得多，因此德国人不得不对他们进行破译来弄清内容。随着敌人在战争期间不断加强保密措施，扩大密码电报的范围，德军的破译力量也随之发展。

战争刚开始时，中心截收站的密码破译员很少，比如负责英国密码电报的只有5人。到1942年，中心截收站的工作人员发展到200人，根据地区分成国家组和各种服务组，比如霍尔瑞斯机分报组和档案组等。它需要破译的不仅有敌方高级指挥系统的密码电报，还有野战部队破译不了的密码电报，因为野战部队只有能力破译敌方同级部队相对简单的密码电报。

最初，德国人在苏联密码的破译上相当成功。1944年，北方集团军群的密码破译员说，被破译的电报"包含战斗报告、有关集结地域和指挥所的陈述、伤亡和补充人员的报告、指挥系统和防守阵地的报告（比如第122装甲旅2月14日和2月17日的电报）"。这些结果仅源于一小部分截收的电报。1943年5月1日至1944年5月31日，北方集团军群共截收苏联密码电报46342份，破译了其中的13312份，不到总数的1/4。关于这种现象的原因，该集团军群的通信侦察指挥官解释了原因：

"获得足够多用同样密码译成的电报，从而破解出当前的密码系统，这非常少见。"后来他又引出其他理由,"……敌人的密码系统越来越复杂……将电文译成密码时更加谨慎……(避免同样的地址和署名,名字与短语连同独特结尾和形式,必须用密码,还得用单个字母或单音节表示,可缩写或是穿插在明文中)。"

换句话说,随着苏联密码的结构日益复杂,保密措施日趋严格,德国成功破译密码的机会越来越少。1943年5月至8月,北方集团军群破译的电报占比总是在34%以上,而1944年1月至5月,尽管截收数量增加,可是破译占比从未超过33%。而且这些破译的电报几乎从来没有苏联最高级指挥系统的密码电报,对西方同盟国同样如此。总之,德国人未能破译出敌方高级指挥网的密码电报。

	3	6	2	9
8		К	Ф	
5	А	Л	Х	
1	Б	М	Ц	
4	В	Н	Ч	
0	Г	О	Ш	
2	Д	П	Щ	
9	Е	Р	Э	Ь
7	Ж	С	Ю	Я
3	З	Т	Я	Ь
6	И	У		
	I	II	III	IV

一份被德国人破译的简单苏联密码,仅1942年3月5日有效,其中的"39"代表字母"E","93"代表"Ь";罗马数字仅起辅助作用。

密码破译员将破译结果交给内容分析员，后者又把他们的成果送给综合分析员。综合分析员将这些结论和通信分析员的结论合并分析，常常得出宝贵的意见。第 7 通信侦察营 3 连的密码分析员为第 11 集团军提供过这样的宝贵意见，时间是在 1942 年 3 月。

为征服克里米亚，第 11 集团军把这个半岛上的苏联部队分割开来，在半岛西部的塞瓦斯托波尔包围了一部分敌军。但半岛东部的敌军还未被消灭。东部是细长的半岛，末端是刻赤城。东部的苏联军队由克里米亚方面军指挥，正在不断集结兵力，准备反攻。第 7 通信侦察营第 3 截收连将大部分力量集中起来确定这些部队的组成，因为这有助于德军计算出击退在他们背后发动进攻的苏联部队所需的部队数量。

以上就是 3 月 13 日早晨 7 点 15 分，该连截收到一份电报时的形势。这份电报发往一个呼号为 SOTÖ、未曾听说过的电台，拍发给"第 44 集团军通信指挥官"。这明显意味着 SOTÖ 电台属于第 44 集团军。同时该连的记录显示，测向队测定 SOTÖ 电台位于刻赤附近。因此，该连在几个小时之后就可以向第 11 集团军情报官报告："第 44 集团军肯定在刻赤半岛。"这让情报官进一步了解了敌军情况。

虽然一系列假设和推理可能经常导致错误，但是，不断观察可以随时纠正大胆的推理，并使推理结果离事实越来越近。在确定第 44 集团军位于刻赤半岛后几天，第 3 截收连同样根据一份电报的地址，断定呼号为 ÖPWCH 的电台属于敌人第 51 集团军空军参谋机构。但是第二天，第 3 截收连"根据通信网的结构、频率通知和监听员的陈述"，辨认出 ÖPWCH 电台所属的通信网实际上属于第 44 集团军，由此断定 ÖPWCH 是第 44 集团军的一个电台，它接收这份电报或许只是为了转发给第 51 集团军。

这些活动细致而令人厌烦，却让德国无线电情报机构为德国的战术情报和作战情报贡献巨大。这些中低级情报预告了敌人的进攻，提供了有关敌军作战序列和弱点的确切情报，同时还识破了无线电静默和无线电欺骗。

比如在苏联，通信侦察中心站每天发布一篇列有确知的所有敌方部队名单的报告，这些部队都是通过通信情报被识别或得到证实。一份典型的报告，有 14 页关于苏联的陆军，2 页关于游击队，2 页关于空军，从南到北介绍了漫长的苏联战线，列出了主要指挥官和最低到师一级的主要部队。"近卫第 5 集团军，根据测向队（1944 年）8 月 24 日的测定，司令部位于斯塔舒夫（波兰）东南地区。8 月 25 日早晨 7 点 30 分的一份电报显示，该司令部正在转移驻地。"报告中某条目如此写道。另一条目列举出 20 个师及其师长的名字、位置和所属部队，根据是莫斯科嘉奖英雄部队的一则广播。这份绝密报告印刷 37 份送到东线外军处，与其他一些情报一起，让东线外军处掌握了德军面对苏联部队的情况。

1944 年在法国，通信侦察部队高级指挥官同样极为准确地确定了美军的作战序列。从盟军发起进攻到 6 月 25 日，美国第 1 集团军、4 个军和 15 个师（或者是这些师的部分部队）的位置被通信侦察部队确定。比如，第 8 军下属的 101 空降师、第 82 空降师和第 90 步兵师的部分部队被正确列出。这些情报很大一部分都写进了西线总司令情报官的作战序列报告。快到 1944 年 6 月底时，德国人破译了一位名叫费里·康特罗尔（Ferry Control）的高级军官使用的密码，这是位于诺曼底的英国第 2 集团军使用的一种后勤密码，由此德国人掌握了英军建立桥头堡所使用的人员和装备的确切数字。比如，他们知道从 7 月 1 日下午 6 点开始的 24 小时内，同盟国卸下了 4371 吨供应品和 1232 辆车辆，另有一支 1700 人的部队到达。

透露敌军下一步行动的通信侦察结果具有更为直接的价值。1944 年 6 月 14 日，在诺曼底的德国通信侦察部队证实美国第 19 军到达，并于第二天得出"该地区将爆发一场大规模进攻"的结论。进攻果然发动了，但由于德军抵抗顽强，进攻于当天就停止，远未达到预期目标。6 月 19 日，通信侦察部队截收了一道命令，该命令要求盟军空军部队最迟 6 月 25 日前在卡昂的西面和西南面进行航拍。这等于是告诉德国人，盟军即将进攻以及进攻的地点。德军做好了戒备。果然，盟军发动进攻，但同样遭遇强烈抵抗。3 个星期后，盟军还停留在他们最初的阵地上。

德军在法国前线部队最欢迎的是预报敌机轰炸的消息。英国要求空军支援地面部队的电报被德国人截收并破译，德国人据此编辑警报信息并用密码播送。每个师的司令部都有一名军士经常守在收音机旁，专门收听这些广播。收听到一则密码广播后，他立即交给一位军官，这位军官会在半小时之内译出，再送给他的指挥官或作战参谋。比如，西部战区司令部于 1944 年 8 月 10 日下午 9 点，向所属部队发出如下警报："苏瓦尼奥莱（法莱斯西北 15 千米处）西南 2 千米的装甲部队即刻会被轰炸。"这样的警报每天广播二三十次，预报的时间通常极为准确，出入最多不超过 1 小时，大大减少了损失和伤亡。事实证明，德国情报的正确性达到 90%。一位通信官从前线报告，"这些广播警报极受重视"，它们"受到由衷的欢迎"。

西线突出部之役期间，通信情报产生了最有价值的作战成果。

1944 年 12 月，希特勒在阿登地区发起进攻。为击退德军进攻，美军紧急调运部队。很大一部分调运工作由美国第 1 集团军的宪兵营负责，根据上级指挥部确定的路线进行。不久，德国人发现，该宪兵营传达路线的方式是用密码向它的所有控制点广播。35 个控制点被德军知道，其中 23 个的位置被确定，它们大多分布在法国两条国家高速的交叉点上。广播会介绍调运部队的名称、出发时间和地点、路线、平均速度、车辆数目、行军纵队数量、目的地和到达时间等。根据通信侦察部队估计，90% 的此类广播已被截收，所有按照预定路线调运的部队几乎都被识别出来，没有预定路线或绕过该地区的部队则未被发现。西线德军司令部由此准确掌握了即将调来的敌军部队以及该部队从何处来的信息，哈索·冯·曼托菲尔[1] 将军得以转移他的第 5 装甲集团军，避开盟军的打击。

但是，通信情报不会总让德国人获胜。有时候情报虽然正确，但如果敌人计划改变又未被察觉，情报就过时了。比如，1943 年，北方集团军群通信侦察指挥官报告："苏军原定于 6 月 25 日 23 点对旧鲁萨进攻的计划被我军于 6 月 25 日察觉，进攻部队包括 6 个装甲营。进攻并未发生，大概由于天气不利而取消。"

决定战斗成败的非情报因素，也经常让通信情报失效。1944 年 8 月 9 日，通信侦察中心站报告："近卫第 11 集团军奉命改善着装，领取新内衣，飞机全部检修做好战斗准备，改善伙食，每日三顿热饭。"第二天，从无线电情报中，

---

[1] Hasso von Manteuffel（1897—1978），德国装甲兵上将，是一名优秀的战术家。

准备突围的德军获悉，近卫第 11 集团军下属两个师，奉命于下午 5 点前做好准备反击敌人。8 月 16 日，当德军发起强攻，和预料的一样，近卫第 11 集团军进行反击。但预先警告未能使德军抵挡住苏军的进攻。战争爆发以来，战火首次被带入第三帝国本土。

有时候，通信情报会完全失败。因为它所依靠的证据仅仅是监听员耳机里的声音，它很可能被封锁，也很可能是虚假的。不过，有时候德国人会识破无线电静默的陷阱：1944 年 11 月，法国第 7 集团军情报官宣布，无线电静默意味着盟军在准备进攻。但是，在北非，英国人成功地在离前线很近的地方隐藏了一个师，方法就是完全停止无线电通信几个星期的时间。无线电静默让盟军多次出其不意地登陆西西里岛和意大利。用来愚弄德军的还有无线电欺骗，几乎隔上几个星期，苏联人就要实施一次，但好像都被德国人识破了。诺曼底战役期间，英国人成功利用无线电欺骗隐藏了三个装甲师在前线两个地方之间的调动。

分析错误或许是最常见的失败。1940 年 11 月，总参谋长约德尔收到一份关于敌军司令部转移的电报，认为这可能意味着爱尔兰将被英国人完全占领，英国人要借此夺取西部港口。然而这个猜测是完全错误的。1943 年 6 月，北方集团军群通信侦察指挥官在列宁格勒前线报告："5 月初的几天，（苏联）第 8 集团军无线电数量极少，不久后完全停止……此外，第 2 突击集团军的无线电通信失去规律、电报隐晦，列宁格勒方面军转移司令部……由此可推测：苏联即将发动大规模进攻。"可是进攻没有发生。

诸多的成功抵消了偶尔的失败。此外，通信情报还提供了大量诸如敌方部队的存在、位置和动向的情报，这些基本的作战序列情报，透露出敌军许多关于力量和意图的情况。因此，野战部队指挥官把通信情报当作最好的情报来源，不过这是 1943 年的事情。1939 年时，他们并不信任通信情报，尤其不信任根据电报数量和来源做出的推测。第 40 装甲军情报官指出，1943 年 2 月的通信情报"非常出色"，该军"几乎始终确切掌握敌人的态势、位置和实力，为全歼波波夫[1]的装甲集团军做出了相当大的贡献"。诺曼底战役期间，西线情报官的

---

[1] 瓦西里·斯捷潘诺维奇·波波夫（1894—1967），苏联上将，在攻克柏林的战斗中表现出

情报 60% 来自无线电情报，其余 40% 来自其他渠道。西部战区参谋长赞赏通信情报是"了解敌人情况最重要的手段"。西线外军处一名负责人称它为"所有情报人员的宠儿"。东线外军处负责人盖伦把它列为最重要的情报来源。哈尔德则直截了当地宣称它为"最丰富也是最好的情报来源"。

实际上，德国空军是在极端机密的情况下发展起来的，它的无线电情报机构参与了这一进程。1934 年 5 月，当空军的存在还是官方机密时，空军已设立通信主任一职，由沃尔夫冈·马蒂尼（Wolfgang Martini）少校担任。他在部门内成立了三处（无线电处），其中由库特·戈特施林（Kurt Gottschling）担任组长的 C 组处理无线电情报。库特·戈特施林的第一项工作就是建立一个无线电情报机构。

战争开始时，10 个流动截收连和 14 个固定截收站已经建立起来。"气象台"是固定截收站的掩护名称，通常位于一栋石头平房里。平房附有汽车库和营房，一层是无线电收报室、测向控制室、资料分析室、通信室和行政管理处；顶楼是会议室、应急厨房、休息室和储藏室；动力和供暖系统安装在地下室里，车间和作坊也在这里。平房顶上高高耸立的木塔，支撑着蛛网天线闪闪发亮。每个固定截收站都有一个指定监听地区，比如德国西南角的特里尔截收站，其指定地区是法国、比利时和荷兰。

空军的作战任务具体由四大机群执行，每个大机群相当于一个集团军群，均配备有一个无线电侦察营和一个支持性的固定截收站。无线电侦察营由两个流动连组成，分布在战地配合大机群作战。无线电情报在战时的价值越来越突出，因此，3 个无线电侦察营扩充为无线电侦察团：侦察苏联的 353 团，侦察地中海的 352 团，侦察盟军西线空军的 351 团。352 团在波涛汹涌的爱琴海上都设立了监听站，具体位于阿蒂卡最南端苏尼翁角的一座破旧海神庙。351 团总是在夜间工作，各个营都有具体的分工，比如 357 营专门监听关于重型轰炸机的无线电情报。

350 营负责指导整个空军无线电情报机构，有两个组成部分：一个是空军

色，1945 年成为苏联英雄。

总司令的密码中心，位于波茨坦新宫的前皇家马厩；一个是无线电侦察战地中心站，位于特罗伊恩布里岑，离空军战斗机第 1 军不远。该营营长，也就是所有 5000 名空军无线电情报人员的负责人，最初是乌尔里希·弗罗伊登费尔德（Ulrich Freudenfeld）少校（曾因作战勇敢获得铁十字勋章和令人垂涎的骑士十字勋章），他在斯大林格勒战死，1942 年由业余时间酷爱打猎的鲁道夫·弗里德里希（Rudolf Friedrich）上校继任。

空军无线电情报机构的基本任务是弄清敌方空军的单位、补给和作战活动，这在西线主要意味着预告盟军空袭。德国人判断盟军是否空袭，通常是依靠监听无线电人员在轰炸机起飞前对仪器的测试。比如，1941 年 6 月 25 日晚上，监听员打开监听设备，在皇家空军轰炸机的频率逐渐听到很多层尖啸声和嘀啾声。德国人很快确定，赫姆斯韦尔将有约 16 架轰炸机起飞，沃丁顿将起飞约 24 架。他们立即将此消息通知夜间战斗机大队。

同盟国有时候会欺骗德国人，在不准备起飞的飞机上调试仪器，但通常都会被德国人识破。有时候是无线电人员的谈话暴露了目标，也因为测向仪每隔两三分钟就会测向一次，连接起来就是敌机的飞行路线。有一个无线电侦察连，安排无线电监听员乘上挪威沿海的远程巡逻机，坐在空中射击员的位置上，及时预报了皇家空军的多次空袭。但这种做法伤亡率很高，必须不断地训练机组人员以补充伤亡。

空军无线电侦察最大的一次成功，发生在美国轰炸罗马尼亚普洛耶什蒂油田期间。1943 年 8 月 1 日，美军 178 架四引擎 B-24 "解放者" 轰炸机在班加西起飞，目标是轰炸普洛耶什蒂油田。这是航程最远、意义最重要的一次空袭，因为它是希特勒战争机器所需石油的主要来源。但是，德国空军位于希腊的一个无线电侦察单位察觉了，警告所有防空部队：一大批轰炸机自凌晨开始在班加西地区相继起飞。由此一来，普洛耶什蒂的防空部队，这支欧洲最强大的防空部队，有了充足的时间准备。当轰炸机贴着油田井架，飞过油田、油井、炼油厂和储油罐的上空时，遭遇了战争期间遇到的最为猛烈的高射炮火。53 架飞机（大约 1/3）被击落，几十名美国飞行员死去，油井照样出油。

德国空军无线电侦察机构预报了盟军的许多次空袭，空军关于敌军的情报 70% 由它们提供，最有价值的敌人情报也是如此。可是德国的高射炮和战斗机威力太弱，根本没法对付潮水一般的盟军轰炸机。空军无线电情报不过再次证明一个道理：没有实力作为支撑，情报将失去所有价值。

高级军官对军事通信情报的夸奖仅限于其战术和作战效果，因为德国通信情报在战略方面遭遇了彻底的失败。同盟国能够破译包括元首所指挥密电在内的德国各级密码电报，德国人却从未能破译同盟国的任何机密和绝密军事密码，最多有时破译出罗斯福和丘吉尔的外交电报。同盟国常常知道德国战争行动的全面计划，德国人却对同盟国的这种计划一无所知。同盟国机密电报被事实证明无法破译。实际上，统计检查所有的机密电报，找出密码员可能犯的一处错误，就有可能借此破译出十几份电报。但这样做势必需要抽调很多密码分析员。而他们正在从事的工作，虽然较为低级，却有比较大的把握取得成效。因此，德国人并不追求破译机密电报，甚至一段时间后放弃此类电报的截收。在秘密战争这个最重要的领域，他们默认了自己的失败。

第 14 章
潜艇战中的密码破译员

如果说德国情报机构曾有那么一个人，掌握过二战胜利的钥匙，这个人必然是威廉·特拉诺（Wilhelm Tranow）。

他是一个海军中级文职人员，精力充沛到似乎无法用完，连走路有时都是一路小跑。他从一战开始一直做着相同的工作，级别不断提升，是官僚机构中少见的对管理与技术都精通的人。他不仅技术过硬，领导能力也很强。他个头高、腰板直、表情严肃、谈吐有力，尤其是其记忆力和头脑总是给人留下最为深刻的印象。对海军工作人员来说，熟悉外国军舰对工作很有帮助。20 世纪 30 年代，特拉诺对世界各国的军舰就非常熟悉，尤其了解英国皇家海军大型舰队，对其每艘主力舰的活动、沿途停靠的港口和目的地都了如指掌。作为德国海军密码破译机构英语组负责人，这对他的事业成功产生了极大的帮助。

他因为打破规则而走上密码破译的道路。1914 年夏天，他还是"波梅恩号"（Pommern）三烟囱战列舰上一个年轻的无线电通信员，值班时收到来自地中海上"布雷斯劳号"（Breslau）巡洋舰的一封密码电报。司令部在收到电报几小时后回应说无法读懂，需要破译出来。在以往几次演习中就对密码术深感兴趣的特拉诺，立即埋头破译。虽然没有这封电报的密钥，他却在两三个小时后就将其破译出来，使司令部能够看懂电报。然而，德国海军对此事的直接反应显示出它的短视。它既未因此修改其高级加密的方式，也未尝试英国的电码是否同样能被破译。相反，它却告诉特拉诺不要插手机密事务。

不过，在一战期间，马丁·布劳内中尉成立了一个海军截收电报和密码破译机构。在布劳内中队服过役的特拉诺，在该机构成立后，立刻被派到中队位于纽蒙斯特的总部。在这里，特拉诺参与破译英国皇家海军的三字密码电报，破译的电报使德国人知道了英国皇家海军主力舰队的舰船在日德兰海战后的位置。潜艇拿到这些情报，却未找到敌舰。

一战战败后，德国公海舰队被扣留在斯卡帕湾，失去舰船的海军用不着密码分析员，密码破译单位解散。不过事情似乎并没有那么糟糕。海军没有忘记这种情报的价值，到1919年春天时，开始召回密码分析员。这时特拉诺尚未退伍，在布劳内的劝说下留了下来。1919年4月28日，拥有8名工作人员的新机构正式在柏林开始工作。

自一战以来，外国无线电通信工作程序已然发生改变，工作不可能从原来中断的地方开始，但他们还是克服困难，成功破解了几个密码系统。这要得益于海军无线电台没有可以联系的舰船，因此可把大量时间用于无线电截收。在该机构几名军官的成功率领下，特拉诺、洛塔尔·弗兰克（Lothar Franke）和保罗·奥古斯特（Paul August）逐渐成长为密码破译的骨干力量，分别负责英语、法语和意大利语材料。

第一个重大成果很快就出人意料地出现了。特拉诺破译了英国大量政府电码。德国人对此感兴趣，是因为英国海军部接收和发出关于国外舰船活动的报告都是使用此种密码。这让德国人得以密切关注20世纪20年代后期，英国炮舰向上海和广州两城反英示威人群开火时扬子江（指中国人）的活动。特拉诺的下一个成就是破译了英国海军的四字密码，德国人由此得以窥探英国皇家海军的演习，特别是在地中海的演习和在大西洋上护航的情况。特拉诺曾于1932年密切观察过英国在大西洋举行的一次护航演习，连编队尾舰的位置都了如指掌。与此同时，三种法国密码被弗兰克破译：一种是所有海军船只使用的密码（Tous Bâtiments Marines，缩写TBM），一种是军舰使用的密码（Bâtiments de Guerre，缩写BDG），一种是战术信号密码（Signaux Tactiques，缩写ST）。

初期的成功使得该机构得以逐渐扩大，成为人们现在称呼的海军电讯监听处。1925年，电讯监听处在德国南部菲林根镇的黑森林建立了一个监听站，以方便更好地截收地中海舰船发出的电报。监听站的工作人员数量逐步增加。监听站的工作人员、曾经是无线电报务员的威廉·施瓦布（Wilhelm Schwabe），借助特拉诺掌握的"杜肯号"（*Duquesne*）防空驱逐舰的活动情况，首次破译出法国高级加密的密码。工作并非一帆风顺。奥古斯特因为上级的不认可而离开，其擅长的意大利文电报的破译工作被废弃了。由于人手不足，重要目标之一的波兰电报不得不送去国防部密码中心破译。当海军被帝国国会坚持要求缩小总司令部的编制后，电讯监听处被撵到位于基尔的鱼雷水雷检查处，连办公地点都是从海军学院讨来的。尽管如此，电讯监听处在1928年以后的10年中，依然保留了一名联络官在国防部情报部。

1933年秋，在外地待了四年的电讯监听处返回柏林，成为海军总司令部通信情报处的三个机构之一，从此与海军总司令部保持着密切联系。1934年，精力旺盛的海因茨·博纳茨（Heinz Bonatz）少校成为电讯监听处的新领导，电讯监听处从此开始增加工作人员和监听站的数目，并将工作人员派遣到出海的船只上。这是德国重新武装的一部分，国际形势的日益紧张使得这种情报活动越发重要。

在德国海军眼中，英国皇家海军作为头号潜在敌人，理所当然是情报的主要目标。但这与希特勒的想法有冲突。希特勒认为，从种族的角度来说，英国是潜在的盟友。因此，他相信他在1935年同意英国的要求，把德国海军力量限制在英国的三分之一，可以消除英国对德国的疑虑和敌对情绪，使他可以放手其他计划。因此，他禁止制订针对英国的作战计划，命令密码破译的主要目标改为法国这个更可能成为敌人的国家。特拉诺对此嘲讽不已，而且未执行该命令。不久之后，他的上级询问目标转移工作的进展。他回答，还没有开始。"但是时间到了！"领导们吼道。

特拉诺答道："先生们，重大战略方针我不过问，我只想说一个事实：英国人用这些密码报告他们的舰船在世界各地的活动。假如他们的地中海舰队开出直布罗陀海峡，进入大西洋、英吉利海峡乃至北海，你们难道不想事先知道吗？"

德国海军的高级指挥官们想到他们的战略可能被破坏，他们装有炮塔的灰色军舰和他们的前程可能因此被毁掉，不由得心生胆怯。再三考虑后，他们不再坚持要求执行元首的命令，并且让特拉诺继续原来的工作。

就在这一年年底，特拉诺取得了重大进展，与其助手一起破译了英国皇家海军的五位数密码，这是使用最广泛的一种海军密码。他们破译的方法是，对比有关商船活动的加密报告和《劳埃德每周航务报告》（*Loyds Weekly Shipping Report*）上刊登的这些船只的航行路线。但是，对于保密性更强的四位数高级加密密码，电讯监听处没有取得什么进展。（高级加密是指对密码文件进行二次加密，极大地增加了破译难度。）现在，英国负责监视意大利入侵埃塞俄比亚动向的一个海军中队在红海上巡逻。为确保电报不泄密，他们也开始对海军电码做高级加密处理。显然，出于逻辑上简便的考虑，他们使用四位数的高级加密方式，对五位数密码进行高级加密。对于已被破译的五位数海军密码，特拉诺可以轻易剥去加在其上的高级加密密码，再借助一些他熟悉的背景要素（比如舰船的名称、在红海的任务等），就能将四位数的高级海军密码破译出来。德国人由此掌握了英国海军部的主要密码系统，得以获知英国皇家海军的术语和航行路线，当然还有舰船部署。

此外，他们还取得其他成功，在1937年破译了另外4种英国密码系统、5种法国密码系统、4种苏联密码系统和3种丹麦密码系统，使得电讯监听处日益扩大。柏林总部的工作人员数量从1936年的30人扩大到1939年夏天的90人。1937年，电讯监听处下属14个截收站一共截收电报25.2万份，平均每天700份。两年后，电讯监听处又增设两个截收站。每个截收站集中截收离它最近舰队的情报。到1939年夏，电讯监听处的工作人员（截收站在内）达到500人以上。

与此同时，特拉诺的影响力不断增强。海军领导人每两年一换，比如博纳茨1936年就已离职，不过特拉诺还留在这里。他的特长的重要性不断增加，自然成为他晋升的主要动力，不过他的性格也在晋升中发挥了作用。另一个小组的主要领导人弗兰克，负责法语和意大利语情报，有些爱慕虚荣、性格孤僻，喜欢一个人把工作揽下来，就像一位教授一样。他的同事觉得，或许是把过多时间花在学习和研究上的原因，他不太懂得人情世故。他是一位很好的密码分析员，却和他的同事变得疏远。特拉诺看起来是一个理想的领导人，有礼貌、会出主意，在要求下属多做工作的同时又给他们留有足够时间。当然，他的技术也是毋庸置疑的。譬如去年夏天横渡大西洋的那艘英国巡洋舰的名字，某位海军将领的指挥经历等，他都了如指掌。所有这些最终使他担负起领导全体密码分析员的责任，他不是纳粹分子，但弗兰克是。

由于特拉诺的出色表现，德国人在二战爆发时能够看懂英国的主要海军电码，从而知道其主力舰队的位置。这项工作的效果立竿见影。1939年9月11日，战争爆发后的一个星期，电讯监听处就破译了一封英国无线电报，得知一支护航运输队在布里斯托海峡的具体集合地点。U-31号潜艇很快发现这支护航运输队，在9月16日用鱼雷击沉"阿维莫尔号"（Aviemore）蒸汽轮船。不久之后，电讯监听处的情报表明，英国人采取了一战时的做法，利用护航来确保航运安全。因此，德国人把潜艇集中在爱尔兰以南航运繁忙的海域，击沉了两三艘大船。后来，当进一步的情报显示该海域的护航运输队已改变航向，德国人将潜艇部署在直布罗陀附近。但警觉的皇家海军驱逐舰击退了德国人的第一次联合进攻。11月中旬的一次进攻却成功了，德国潜艇根据电讯监听处截收的电报，找到了1支护航运输队，击沉了1艘船。1940年2月17日破译的一封电报透露信息，2支护航运输队共计24艘船将在葡萄牙波尔图西边汇合，德国潜艇击沉了其中2艘。8月30日，一份破译的报告说，从加拿大西德尼开来的SC2护航运输队在9月6日正午，将位于北纬57度、西经19度50分的海面上。潜艇根据该情报找到了这支护航运输队，击沉了5艘船。邓尼茨称赞电讯监听处在此次作战中给予了"重大帮助"。

这些成功促使电讯监听处不断扩大，在德军征服的所有地方建立起截收和测向站。最后，从挪威最北端的希尔克内斯到普罗旺斯阳光明媚的蒙彼利埃，从布列塔尼半岛西端的布雷斯特到克里米亚半岛的费奥多西亚，都有电讯监听处的截收和测向站。在大德意志帝国和它的占领区，电讯监听处共有44个站点。它的工作人员因此猛增到5000人，其中柏林大约有1500人。单是特拉诺的英文组就有约700名白班密码分析员和其他工作人员，以及200名夜班人员，占了海军总司令部办公大楼整整一层。海军总司令部位于现在的提尔皮茨滨河路72—76号，刚好在班德勒大街最高统帅部的拐角处。这是一幢古朴的砂岩建筑物，有3个正门，墙体上有代表德皇威廉二世的花体雕刻字母W，表明了这幢建筑物修建的时期。电讯监听处是海军总司令部作战指挥部的下属机构，其归属随着机构的不断改组和重新编号而有所不同：最初它属于海战部三处，后成为二处的一部分，在增加人员后实际上成为海战部四处。[1] 严格来说，它是海军通信机构的无线电侦察处。

1940年初，电讯监听处帮助德军成功袭击了挪威。它紧盯英军动向，使入侵德军得以避开力量强大得多的英军，避免了在海上被炸死的命运，出其不意地成功登陆挪威。在"格奈森瑙号"（*Gneisenau*）上工作的一个截收小分队为德军突击队保持警戒。在这种情况下，特拉诺的无所不晓往往发挥着巨大作用。一般来说，他总是随时掌握每一艘英国战舰的活动情况。某日早晨，工作的耽误让他在10点的形势会议上晚到了一会。大家齐声向他打招呼。

"特拉诺先生，'伊丽莎白女王号'（*Queen Elizabeth*）在哪里？"战争开始时，这艘战舰就在干船坞里大修，没有一份无线电报表明战舰完成修理、重返舰队。但海军总司令部的上级突然听说，有特工报告"伊丽莎白女王号"停泊在直布罗陀。

相较于密码分析员的推断，许多年纪较大的军官往往更愿意相信特工的发现，冲着特拉诺发起火来。

"你们这些人，搞什么密码破译，有什么用？"

特拉诺镇定自若。

"先生们，"他答道，"不管你们的特工说法如何，'伊丽莎白女王号'并不在那里。"

这个问题暂时没有结论。后来，德国人发现一份文件，证实从直布罗陀基地驶出的一艘小渔船也叫"伊丽莎白女王号"。

1940年8月20日，电讯监听处遭遇挫折，英国皇家海军改变了所有密码系统，比如海军密码从五位数变为四位数。或许海军总司令部对入侵英国本土持审慎态度，与密码改变后的情报封锁有关。不过，特拉诺和他的小组迅速跟上英国海军密码改变的脚步。破译第一个密码往往最为困难，但他们仅花7个

---

[1] 原注：改组细节参见 Lohmann, §32, 2, Bonatz, 97-98, and Helmuth Giesser, *Die Marine-Nachrichten- und Ortungsdienst*, Wehrwissenschaftliche Berichte, 10(Munich: Lehmanns, 1971), 48, 许多方面的冲突及信息见 BA: III M 1006/3:55, 58, and in Militärarchiv, letter, 20.7.1973, 并不完全。因此，我避免讨论无线电侦察处下属部门的详细情况。

星期就发现了 850 组密码的含义，其中 450 组是舰船的名字，400 组为普通词汇，这一数量到 1941 年初分别扩大为 700 个和 1200 个。为了便于对照和保密，电讯监听处用德国城市命名英国的密码系统，用"科隆"指代原来的四位数海军密码系统，用"慕尼黑"指代新的四位数海军密码系统，新四位数海军密码又分为"棕色慕尼黑"和"蓝色慕尼黑"两种。

美国的参战在增加电讯监听处工作量的同时，也给了它大展身手的机会。无线电监听的目标地区从 1942 年年初的 136 个增加到年底的 237 个。1943 年，电讯监听处全年共截收电报 3101831 封，平均每天 8500 封，当然有许多电报可能是重复的。仅仅分类挑选这些电报就需要 8—10 人，因此电讯监听处用霍尔瑞斯机和制表机代替了从来不甚准确的最高统帅部战时经济部的机器，以帮助登记、统计和分析上千万的密码组合。1943 年，特拉诺建立了自己的分报小组，到最后一共有 130 人、6 台机器。这些机器能够在 6—8 小时内打印出一份密码数字的目录，这是解开高级密码的第一步。理论上使用几百个人在同样的时间里也能够完成这项工作，但电讯监听处没有这么多的人手，只有使用霍尔瑞斯机才能及时破译截收的情报，提供给海军总司令部。

但是，这些对破译美国的战时密码系统都没有作用。同世界其他地方一样，电讯监听处在美国参战前就在分析美国的密码。战争爆发当天，U-30 号潜艇击沉"雅典娜号"（*Athenia*）客轮致使 28 名美国人丧生。海军元帅雷德尔召见美国驻柏林的海军武官，否认此事是德国所为。9 月 16 日，这位海军武官用密码电报向华盛顿报告该情况。4 天后，这封密码电报被电讯监听处破译，送到雷德尔手中。1941 年 11 月，破译美国密码的希望突然出现，电讯监听处发现了一些重复的电码，或许能够破译美国的另一个密码系统。但希望很快破灭，1942 年 4 月，一个新的密码系统又出现，经过漫长又费时的统计工作后，这种密码被证明是一种机器密码，破译根本赶不上它的变化速度，10 天的截收材料就需要用霍尔瑞斯机处理 4 个星期。直到 1942 年年底，电讯监听处的统计人员都没有获得破译该密码系统所需的足够数量的重复密码。美国的这个主要密码系统，始终未被破译。

这些失败与英国密码破译方面的成功形成了鲜明对比。伦敦发给英国驻外海军武官的电报被电讯监听处破译，德国人从而得知英国海军部统计的英国船只被击沉的数量。尽管"科隆"和"慕尼黑"两套电码在1942年1月1日发生了变化，但"慕尼黑"（不太重要的系统）很快就被再次破译，"科隆"不久后也被破译。不过，英国人在不断加强密码的保密措施。譬如，某些掌握"科隆"密码系统的最高级人士，把唯一一种理论和实践上都无法破译的"一次一密"用作他们的高级加密密码。这缩小了电讯监听处能够破译的"科隆"密码电报的范围，而这些范围自然重要。但随着一种新的英—美四位数密码系统（德国人称之为"法兰克福"）被破译，上述困难便减轻了。1942年1月，电讯监听处投入大量人力破译该密码系统，到3月底已经能看懂使用该密码的大部分电报。这年夏末，同盟国开始在不同地区启用不同的高级加密密码，并频繁更换，进一步增加了破译工作的难度。不过特拉诺小组很快就克服了这些困难，到12月，事实证明他们的破译成果卓有成效，"在潜艇战中尤其如此"，因为"法兰克福"密码系统主要是护航运输队使用。

轴心国和同盟国都清楚控制海上交通线的极端重要性。丘吉尔写道："大西洋海战自始至终是整个战争的主导因素。我们一刻都不能忘记，其他地方，无论是陆上、海上还是空中发生的一切，最终都取决于大西洋海战的结果。我们在忙于其他事务时，始终怀着希望和忧虑，每天都注视着大西洋战局的变化。"情报在这场战役中显得异常重要，德国潜艇需要知道同盟国运输船只的位置才能发动攻击，对此，电讯监听处提供了大量情报。毫无疑问，特拉诺在这个机构中发挥着最重要的作用。希特勒对控制海上交通线的重要性也说过一段话，只是不如丘吉尔的演讲雄辩有力："英国被切断供应线之日，就是它投降之时。"假若英国的供应线被成功切断，这个功劳有很大一部分应该归于特拉诺。

1942年10月30日，电讯监听处提交了一份XB报告（根据密码分析的结果撰写），称SC107护航运输队从纽芬兰岛的开普雷斯往东、沿着45度的方向航行。与此同时，该护航运输队的确切位置被一艘侦察潜艇发现。潜艇司令邓尼茨海军元帅立即派遣一队潜艇，采用狼群战术进行截击，很快击沉15艘船。在后来写给电讯监听处的信中，邓尼茨说，"正是关于该护航运输队航线的无线电侦察报告及时抵达，才有可能使潜艇在发现敌踪后的几小时内及时组成编队"，很快击沉15艘船。由于在此次胜利中起到重大作用，特拉诺受到特别表扬。

谁也不会知道未被破译密码电报的内容。所有"法兰克福"系统的电报几乎都要被破译出来，以保证它到达海军总司令部时能发挥作用。为此，特拉诺增加了一倍破译工作人员。他暂停了"科隆"的破译，因为一种新密码法的应用，使电讯监听处几乎不能从中得到任何有军事价值的情报。"科隆"小组的人员被抽调到"法兰克福"小组。不过人员还是不够用，特拉诺不得不将原有人员增加两倍，并让霍尔瑞斯机承担额外的工作。最终，监听处有360人上白班，200人上夜班，由施瓦布领导。

特拉诺向上级反映情况，以寻求帮助。他和邓尼茨早在战前就认识，当时两人办公室相邻，只是关系不如他和雷德尔那么亲密。邓尼茨担任海军总司令没多久，就听说特拉诺工作不太顺利，便召他开会。

"特拉诺，"邓尼茨说，"具体是什么问题？你随便说，不要有顾忌。"在场的其他军官都全神贯注。

"好吧，元帅先生，"特拉诺回答，"海军能够帮的忙就是让空军多为我们做些侦察。"他解释道，有些护航运输队使用电码报告位置，而知道他们的位置，就能帮助他破译这些密码。

"特拉诺，"邓尼茨答道，"你忘了帝国元帅戈林，他说'空军是我的'。他要是还在度假，我就在元首面前替你说说，但他回来后……"后来，邓尼茨一见到希特勒就谈了这个事情，并且被承诺能够得到一切可能的帮助。

为了从截收的电报中获取尽可能多的情报，特拉诺经常工作到深夜，千方百计地试图从电报中找出新的意思，或是剥去高级密码的外衣。加拿大驱逐舰参与护航帮了他的忙，这些驱逐舰均采用印度名字，而印度名字必须按一个音节来拼写。

在最大的一次袭击护航运输队的战斗中，这样的破译工作起到尤为积极的作用。这次战斗发生在1943年3月，此前不久，罗斯福和丘吉尔在卡萨布兰卡会议上决定，将反潜战作为战争中的头等大事。这时候，邓尼茨终于拥有他认为数量上足以切断英国生命线的潜艇，这时候也是电讯监听处破译"法兰克福"系统最有成果的时候。

3月5日，慢速护航运输队SC122离开纽约港，8日，稍快些的护航运输队HX229也起航。12日和13日，SC122护航运输队的51艘船和HX229护航运输队的 38 艘船，分别分成 13 路纵队和 11 路纵队，驶向北大西洋。这时候，盟军收听到德国潜艇频繁的无线电报通信，判定这些潜艇就在两支护航运输队的航道前方，于是命令两支运输队绕开潜艇的所在。3 月 13 日下午 8 点，SC122 护航运输队在北纬 49 度、东经 40 度的海面上，奉命转向 67 度方向。

这项命令被电讯监听处截收并破译，交到邓尼茨手上。在这个地方，1 经度在陆地上是 70 英里宽，1 纬度在陆地上是 45 英里宽。这意味着，即使护航运输队和潜艇都知道自己的确切位置，潜艇距离袭击目标依然可能有几十英里的距离。邓尼茨命令 17 艘潜艇在 SC122 护航运输队前方、沿南北摆成一条口袋阵线，以方便发现目标。收到电讯监听处关于 HX229 护航运输队的航线情报时，他对 11 艘潜艇下达了同样的命令。

山一样的巨浪在海面肆虐，能见度平均只有 500 米，能否找到敌船很大程度是碰运气。电讯监听处报告 HX229 护航运输队的航向再次改变，不过事实证明这只是破译中犯的小错误。很明显，密码分析就是根据一些很小的可能性来填空，就好像玩纵横填字字谜，尽量先填可能适合的字，到最后可能会发现猜错了。不过这个错误未影响到海上的情况。采用狼群战术的潜艇部队，集合在这个致命的区域。速度较快的护航运输队超过了另一队，船只"散布在一个范围相当有限的海面上"，邓尼茨高兴地说，潜艇"仿佛狼群般恶狠狠地猛扑"向船队。在 3 天的战斗中，鱼雷轰鸣，中弹的运输船突然倾倒，船员掉入冰冷的海水里，凄惨地嚎叫。深水炸弹不时轰隆巨响，掀起冲天水柱，潜艇艇员们非常紧张，浑身冷汗，在万顷波涛之下丧命的事随时都可能发生。最后，德国以损失 1 艘潜艇的代价击沉敌船 21 艘，成为德国潜艇在战争中最了不起的胜利，让同盟国开始担心它们可能要输掉这场战争了。

这个担心是多余的，因为同盟国更多的护航部队、更先进的雷达以及升级的密码工作，在后来的几个月里，逐渐扭转了大西洋海战的局势。与之相对的是电讯监听处的失利。6 月 10 日，"法兰克福"密码系统改变了基本电码，从此再未被破译出来。

其他密码系统的破译情况也好不了太多。"科隆"系统被放弃。1942 年 9 月 14 日，德军在英国试图登陆托布鲁克时，从靠近海岸沉没的"锡克人号"(Sikh) 驱逐舰上，缴获了"蓝色慕尼黑"电码本。电码本于 9 月 29 日送到电讯监听处，密码分析员根据电码本，于第二日上午 10 点 15 分，就几乎确定了所有英国皇家海军军舰和航空母舰当时在海上的位置。特拉诺抽调其他密码系统的工作人员，集中对付这套密码。因此，该套密码即便在 12 月 15 日被英国高级加密，特拉诺依然能够破译。不过，1943 年 4 月 19 日后，英国彻底抛弃了这套密码，电讯监听处不得不花费大量人力，耗时 7 个月去破译新的密码系统。

到 1943 年年底时，虽然德国依然可以轻易破译"棕色慕尼黑"电码，但形势更加严峻。1943 年 11 月的一次大空袭，摧毁了电讯监听处许多价值无比重要的档案。电讯监听处被迫搬迁到柏林东北 25 英里左右的小村庄埃伯斯瓦尔德附近。英国人的密码越来越难破译。他们使用一种特殊的指示方法代替经纬度报告船只的位置。密钥的改变速度越来越快，已从 15 天更换一次缩短为一天一变，越来越多的地区开始使用一次一密的密码。甚至从被击沉在布列塔尼半岛附近的加拿大驱逐舰"阿萨巴斯卡人号"（*Athabaskan*）上缴获的密码电报，都让德国密码破译员无能为力。诺曼底登陆前一个月，希特勒问电讯监听处，哪些英国密码已破译，哪些尚未破译，电讯监听处不得不回答说，破译出的只有一些次要密码和护航运输船掉队船只使用的一种密码，而分别从 1944 年年初和 1943 年 6 月开始使用的两种主要密码系统都没有破译出来。电讯监听处接到集中力量破译瑞典、土耳其和意大利密码系统的命令。这对一场以英美为对手的战争起不到什么作用。到这个时候，特拉诺小组的不少人都被拉到前线去打仗，再也不能坐在海军总司令部的办公桌旁击败敌人了。但是，邓尼茨说，德国海军在二战中使用的情报，一半都来自电讯监听处，第三帝国所有其他情报机构都不能比拟它的功劳。

第 15 章
卡纳里斯和他的阿勃韦尔

现在第 176 步兵师急需一名间谍。因为刚刚被德军予以沉重反击的英军宣称,等到圣诞节时他们就再也守不住锡塔德了。这时是 1944 年 12 月,锡塔德是荷兰边境的一座城镇,地形平坦开阔,不久前才刚被英军占领。当地耸立着一座教堂,教堂塔尖画着红色和白色条纹,十分显眼。守卫第三帝国边界、防御英军进犯的第 176 步兵师需要知道,英军是真的要撤退,还是换班,抑或只是口头上说说而已。只有派间谍去到敌后,他们才能了解到真实的情况。

在希特勒的德国苟延残喘之际,间谍由党卫军来控制。于是,第 176 步兵师紧急向党卫军队长在西线的联络官提出了要求。12 月 20 日,联络官答复说会派出一名代号为"潘"的特工去侦察英军的动向。当晚,一名党卫军队员给了"潘"一个合适的身份证,并将他带到第 176 步兵师。从团部来到锡塔德北面苏斯特伦附近的军营,"潘"消失在黑暗中。

"潘"在路上发现铁路线西面部署了三辆英军的坦克。他住在锡塔德西面的铁路沿线上,这是他一位老朋友的房子。他从这里发现 32 辆中型坦克,此外还有两个轻炮兵连部署在锡塔德至林布里赫特铁路线南面。第二天上午,他骑自行车两次进出锡塔德,在两条铁路线两边总共侦察到中型和重型坦克有 300 辆左右。他观察停在别墅停车场里的众多英国小汽车和卡车,然后藏匿在朋友家中,躲避英军对德国间谍的搜查。当晚,回家路上,他冷静地向一名英军士兵打听部署在城镇北面的一门重炮,得知那是一门 420 毫米口径的榴弹炮[1]。

他向第 176 步兵师报告了自己看到的一切，还画了一张草图。虽然他没有带回显示英军意图的具体情报，但他提供的情况或许对情报参谋判断敌人的计划有所帮助，因为该师"对他的侦察结果非常满意"。

"潘"的故事，从许多方面看，都是二战期间德国军事间谍活动的写照。德国的军事间谍活动，仅在战术层面获得成功，对德国军事指挥的贡献不大，并且最后被其竞争对手的机构所吞并。它的失败，或许继承了其前身普鲁士—德意志总参谋部谍报处的失败。跟其他许多军队机构不同，它继承了这个前身，没有因为《凡尔赛和约》而中断。

1918 年 11 月 11 日，停战后 6 天，陆军总参谋长将 III b（此时称为情报处）转交给柏林的总参谋部管理。从事间谍和反间谍活动的情报处，在军队被解散后，缩编为情报组，隶属于总参谋部对外军队处。原 III b 负责人瓦尔特·尼古拉（Walther Nicolai）中校因为其宣传活动在政治上不被接受，从此被打入冷宫。情报组组长是 III b 的老将弗里德里希·甘普（Friedrich Gempp）少校。《凡尔赛和约》签订后，德国披上层层伪装，总参谋部改为军队部，对外军队处成为军队部三处（T3），情报组则变成军队部三处阿勃韦尔组（Abwehr Group）。

德语 Abwehr 本身其实完全没有情报或消息的含义。-wehr 演变自印欧语系，近似于英语的 weir（堤坝），实际意思是"防守、保护"，用在 Wehrmacht（国防军）这样一些词中。ab- 与英文 of 同一词源，意思是"脱离"，在这里用来加强 -wehr 中拒绝、抵制的含义。因此，Abwehr 一词原本的意思是"避开、防止"，作为反谍报机构的名称合情合理。德国军队使用这个名称，部分原因是阿勃韦尔组确实有防御外国间谍的职责，但更主要的原因是用来掩盖自己的间谍活动。因而这个词一直沿用下来。

这个袖珍机构的 4 名军官，首先试图弄清东方的混乱局势，东方的波兰人、赤俄分子和白俄分子正在混战；其次希望建立一个间谍网，可能会将法国作为第一个活动目标。情报组还指挥密码中心的情报活动，接收它破译的密码，不

---

[1] 原文如此，但 420 毫米口径榴弹炮只有德国和奥匈帝国在一战中使用，确实奇怪。

过不负责其行政管理。甘普一直领导阿勃韦尔，直到 1927 年 6 月 23 日晋升为将官，才由京特·施万特斯（Günther Schwantes）少校接替他的职位。这位少校曾是一名骑兵，一年前才调到阿勃韦尔。

这时候国防部内的争权夺利深刻影响了阿勃韦尔的组织地位。新任国防部长受到下属的蛊惑，他的这位下属就是精力旺盛、充满野心的阴谋家库特·冯·施莱谢尔，两人在一战期间相识。施莱谢尔有觊觎总理职位之心。他怂恿国防部长通过夺取下级机构来巩固权位，通过这种方式施莱谢尔也加强了自己的权力（并非无关紧要）。阿勃韦尔就是这样的下级机构，其情报能够为他们带来额外的好处。于是，阿勃韦尔组和海军谍报单位于 1928 年 4 月 1 日，分别被抽调出军队部三处和海军总司令部，合并为阿勃韦尔处，由国防部长直接领导。后来密码中心也被合并进来。这位部长还命令海军将截收到的情报全部送往阿勃韦尔。情报活动的高度集中使得这位部长能够宣布阿勃韦尔是"国防部唯一的情报搜集站"。但这仍未能满足施莱谢尔对权力的渴望。1929 年 3 月 1 日，这位部长将他直接领导（包括阿勃韦尔在内）的几个机构，合并为部长司，司长毫无疑问是施莱谢尔。这距离阿勃韦尔处成立还不到一年时间。部长司后来逐渐成为国防军最高统帅部。这两项措施使阿勃韦尔处发展为二战时期的超级谍报机构，能够同时为德国陆、海、空三军处理谍报活动。

完全控制情报机构的施莱谢尔感受到由此带来的好处。到年底，他撤掉施万特斯，换上他的密友费迪南德·冯·布雷多（Fredinand von Bredow）中校，一名 1921 年就在阿勃韦尔组工作的校官。但是，这个经历更像是施莱谢尔为任命他负责阿勃韦尔处而给出的借口，并非真正理由。因为布雷多身体健壮、性格活泼，喜欢参加各种聚会，总想炫耀自己的重要身份，这与特务机关负责人本应拥有的寡言和严谨风格迥异。他对阿勃韦尔处进行了改组和扩张，前往法国和比利时招募特工，吸纳许多德国军火企业的代表。但是，他真实的工作是服务于施莱谢尔，据说他通过妻子与报业大亨、右翼政治家阿尔弗雷德·胡根贝格（Alfred Hugenberg）取得联系，并利用这层关系为施莱谢尔效劳。当施莱谢尔终于当上国防部长，布雷多立即被提拔为部长司司长。3 天后，1932 年 6 月 7 日，施莱谢尔将一位海军军官任命为阿勃韦尔负责人，打破了 66 年来的传统。

正直的海军中校康拉德·帕齐格（Conrad Patzig）有着一双蓝色的眼睛，自

1929年起就接替因与布雷多不合而导致海军丧失影响力的海军军官，开始领导阿勃韦尔海军组。海军司令雷德尔上将曾与帕齐格一起在基尔服役，那时就认识了帕齐格，认为他的亲切随和可以消除隔阂。事实很快证明雷德尔上将的看法是对的。虽然帕齐格更喜欢待在海上，但他在阿勃韦尔的工作也很努力。布雷多离开后，帕齐格被认为是6个组负责人（其余5个都是陆军军官）中最适合领导阿勃韦尔的人选。再加上有个职位刚被陆军抢走，施莱谢尔需要用一个职位来安抚海军，加以弥补，于是他就任命帕齐格为阿勃韦尔负责人。然而，在人们看来，阿勃韦尔并不重要，其处长职位也并非要职，不然，在这样一个大陆国家，陆军作为规模最大、影响最深的军种，会把这个职位留给自己人，再分给海军一些残羹冷炙。

帕齐格继续扩张阿勃韦尔。他待人宽厚，使阿勃韦尔像一个亲密的大家庭。只是他每天提供给施莱谢尔的情报，通常不过是密码中心截收的两三条可靠消息，间谍报告的数量日趋减少，价值也越来越低。此外，面对希特勒上台后的普鲁士州秘密警察和帝国保安处，帕齐格的魅力发挥不了作用。权力之争一触即发。帕齐格和秘密警察反谍报处处长起了冲突。对此，由希特勒一手挑选的新任国防部长"橡皮狮子"维尔纳·冯·勃洛姆堡[1]陆军元帅非常不高兴。勃洛姆堡获悉，罗韦尔的高空侦察机根据阿勃韦尔的合同飞行并拍摄了波兰的港口和要塞。此举如果被发现，希特勒最漂亮的外交安抚将有暴露的危险：为了莱茵兰的行动，希特勒出人意料地与背后的仇敌波兰签署了互不侵犯条约。这次空中侦查行动给了勃洛姆堡安抚希姆莱的借口。1934年12月31日，他撤去帕齐格在阿勃韦尔的职务，帕齐格则成了新型袖珍战列舰"斯佩伯爵号"（*Graf Spee*）的舰长。雷德尔任命接替帕齐格的阿勃韦尔新负责人，就是后来的传奇人物，威廉·弗朗茨·卡纳里斯上校。

1887年1月1日，卡纳里斯出生在阿普勒贝克，当时那里是鲁尔河流域多特蒙德市的一个郊区。他后来喜欢说自己是康斯坦丁诺斯·卡纳里斯（Konstantios

---

[1] Werner von Blomberg（1878—1946），德国陆军元帅，国防部长，武装部队总司令。因反对希特勒发动大战而被排挤，后因与一名妓女结婚被希特勒解职。

Kanaris）的后裔，后者是19世纪希腊独立战争中的伟大英雄。但事实上，他的家庭在17世纪就从意大利移居到德国了。他的父亲是铸造厂的厂长，后来搬家到杜伊斯堡，在那里卡纳里斯上了中学。18岁时，卡纳里斯以军校学员的身份加入海军。身高只有5英尺4英寸（约1.63米）的他，有着浅蓝色的眼睛和一头纤细的头发。上级说他"腼腆却讨人喜欢"，"能说一口相当流利的英语"。后来他又学了法语和俄语，而他极为流畅的西班牙语则是在加勒比海巡航期间学会的。

一战爆发时，他正在"德累斯顿号"（Dresden）轻巡洋舰上服役，这是唯一一艘在福克兰群岛海战中未被击毁的德国舰艇。它在太平洋上劫掠商船，直到被一艘英国巡洋舰追得无路可逃，不得不在智利领海里凿舰自沉。舰上人员被扣留在丘里丘纳岛，一个靠近那个豆角形国家海岸的岛屿。大约在5个月后的1915年8月4日，卡纳里斯征得舰长同意后，扮作当地人划船上岸，凭借会讲西班牙语顺利逃脱。他首先南下300英里，来到奥索尔诺，再骑马疾驰300英里越过安第斯山脉到达阿根廷的内乌肯，最后乘坐火车跨越600英里到布宜诺斯艾利斯。他手持名为"雷德·罗萨斯"的假智利护照，搭乘荷兰"弗里西亚号"（Frisia）轮船到达中立港口阿姆斯特丹。这次航行考验了卡纳里斯的气魄，因为到达目的地前最后一个停靠港是敌国的法尔茅斯港。1915年10月4日，整整逃了2个月之后，他终于回到柏林。

第二年，受德国海军部的派遣，他拿着那个假的智利护照返回西班牙。在德国驻西班牙海军武官的监督下，他选择成为特工，前去完成特殊任务。这一年的特务工作不仅使他获得间谍活动的经验，还为20年后德国的谈判打下大为有利的关系基础。但卡纳里斯渴望战斗，他带着假护照大胆经过敌对的法国和意大利返回德国时被捕。他的一位朋友颇有影响力，把他放了出来，让他返回西班牙。下一次他就不敢再冒险从陆路返回德国，改为乘坐海军派出的潜艇。

在一辆从马德里开出的火车上，他甩掉盯梢，潜伏在地中海港口卡塔赫纳。1916年8月底，第一次尝试接他回国的行动失败。第二次，海军派出U-35号潜艇，约定于9月30日晚或10月2日晚在距离蒂诺索海角5英里180度方位的海面上接他。一艘小船载着卡纳里斯和其他几名德国人前往约定地点，未遭遇西班牙巡逻艇的阻拦。半夜，他们携带着获准前往马略卡岛帕尔马的证件，换乘一艘船员都是西班牙人的较大帆船。两个半小时的等待中，他一直用黯淡的灯光向海上发出摩斯信号，但没有回应。U-35 号潜艇这时也靠近蒂诺索海角，在萨利特罗纳湾闪烁的渔火中，发现一艘渔船顶部的灯闪着识别信号。潜艇距离它 300 码，至少发出 10 次摩斯信号作为回应，但卡纳里斯没有看到。10 月 1 日凌晨，卡纳里斯在船上挂起红色三角旗。不久，他报告道：

> 西边有一艘汽船，是敌人的拖网渔船。它先停了一会儿，然后向我们开来。我认出是拖网渔船后，立刻降下红色三角旗，然后，为了显得不那么可疑，缓慢地驶向马萨龙方向。拖网渔船快速靠近，我们躲在甲板下面的压舱内。在靠近船尾时，拖网渔船停下来，只看到船上的西班牙船员，无奈之下只好继续向东南方向一艘出现的船只驶去……拖网渔船上的船员都穿着法国海军制服。

卡纳里斯重新将船开往约定地点。这时候 U-35 号潜艇也从水下来到这里，发现并赶上了这艘帆船。帆船上有人发现一个潜望镜露了出来，就在离左舷船尾不远的海面上。为了不让拖网渔船发现，卡纳里斯把船调到朝西的方向，在船帆的后面亮出红色三角旗，并按照事先约定好的办法，反复升降主帆。这时候出现让人惊叹的场景：在 50 码开外的地方，碧波荡漾的海面上突然冒出一艘潜艇，海水从潜艇的顶上倾泻而下。早晨 6 点 40 分，卡纳里斯等人跳上潜艇，钻进内舱，潜艇下潜，驶向德国。

后来，卡纳里斯奉命指挥 UB-128 号潜艇，只是这艘潜艇在地中海活动，条件太差，他开始指挥的时间也太晚，没能为他赢得任何荣誉。

在德国停战后的混乱中，卡纳里斯坚定地奉行右翼路线。他在一个军事法庭工作过，这个法庭宣判杀害共产党领导人卡尔·李卜克内西（Karl Liebknecht）和罗莎·卢森堡（Rosa Luxemburg）的大部分凶手无罪，并释放了他们。他在这里还帮助了一名被判渎职的犯人逃走。在担任国防部长助手时，他站在国防部长的对立面，支持一场未能成事的军事暴动，这场军事暴动由沃尔夫冈·卡普 [1] 博士领导。为此他被关了几天监狱。当国内局势稳定后，特别

---

[1] Wolfgang Kapp（1858—1922），普鲁士政治人物，曾发动卡普暴动，失败后逃亡瑞典。

是1919年结婚后，他平静下来。但在德国海军重建的过程中，他仍然作为一名秘密特工活动在隐秘的走廊。20世纪20年代末，他的一篇关于鱼雷艇使用的备忘录，引起西班牙国王的兴趣。这位国王用德国的钱在加的斯修建了一个鱼雷艇制造厂，进一步提高了德国人关于这个武器的技术知识。同这位国王和独裁者米格尔·普里莫·德里维拉[1]的私交，为卡纳里斯在加的斯建造一种新型潜水艇打下了基础。后来他访问布宜诺斯艾利斯，试图说服阿根廷为德国实施潜水艇制造计划提供帮助。

他在这些年里不断升职，在海上和陆地交替服役，总是能得到不错的评价："实属罕见的优秀军官，具备肩负要职的各种品质……不知疲倦……判断精准……能力最强"（1921年）；"卓尔不群"（1927年）；"拥有下属的信任"（1928年）；"感觉敏锐，脑筋灵活"（1931年）。1926年，他的一位上级评价他同时具备"海军、陆军和政治方面"的能力，夸奖道，"他具有杰出的语言能力，在洞察外国人的心理上极为敏锐，因此能够快速得到外国人的信任，在同外国人（从社会底层到上层名流）打交道方面堪称楷模。假如他要担负这种责任，不会有任何障碍能够阻挠他，也不会有任何意外能够使他退缩，没有严密封锁到连他都不能接触相关人士的地方。只要他能接触到相关人士，他就可以凭借自己孩童般的天真面孔，在短时间内掌控局面"。然而，包括未来海军总司令卡尔·邓尼茨在内的许多军官并不喜欢他，他们认为卡纳里斯过于狡猾。

1932年10月，他被任命为"西里西亚号"（*Schlesien*）战列舰的舰长。希特勒一上台，他就向舰上人员宣讲纳粹主义的优点。他的上级写道："他非常认真地做足准备，讲解通俗明了，在这方面起到模范的作用。"他不失时机地巴结纳粹新统治集团中的权力掮客：当他的下级，一名军需官，向希姆莱写信时，他顺致问候（这名下级就是后来集中营的头目奥斯瓦尔德·波尔）。卡纳里斯在"西里西亚号"战列舰服役两年后，未能登上他在海军生涯中最重要的台阶——舰队司令。他的上级尽可能弱化了对他的正面评价："应该说卡纳里斯是尽职尽责的。"但下面这条建议使这个正面评价失去了价值："他的才智更适合军事政治方面，而非单纯的军事。"因为卡纳里斯纵然英勇干练，却根本不具备冷酷无

---

[1] Miguel Primo de Rivera（1870—1930），西班牙将军和政治家，1923年到1930年的独裁者。

情的进取个性，而这是高级指挥官必须具有的。何况雷德尔也不喜欢他，舰队司令的职位自然是别人的。卡纳里斯只得到一个等待退休的闲职：波罗的海斯威诺吉茨海军站站长。

但是，他才到任几周，帕齐格就被解职，并推荐卡纳里斯接替他的职务。卡纳里斯的级别相称，服役记录优秀，对外国情况十分熟悉，有间谍工作经验，他的上级还多次强调其在政治军事方面的才能。此外，他亲纳粹的态度有助于消除曾陷帕齐格于困境的摩擦。从任何一方面来说，他都是非常适合这个职务的人选，只是雷德尔不欣赏他。雷德尔拒绝了这个推荐，但帕齐格指出，再没有海军军官可以继任这个职位，不然就得把阿勃韦尔交给陆军，雷德尔这才松口同意。1934年深秋，雷德尔召回卡纳里斯，将他派去柏林熟悉新工作。1935年1月1日，在48岁生日那天，卡纳里斯上校成为这个德国间谍和反间谍机构的负责人。

他因为头发过早花白，被人们称为"白发老头"。他动作轻柔，不引人注目，举止风度不像一个军人。在他的办公室"狐狸窝"里，他总是突然出现，没有人听到他到来的动静。他喜穿便服胜过军装，即使穿军装，也总是穿最旧的那一套。他不注重外在，勋章总是和一些乱七八糟的东西一起随意地扔在抽屉里。他的下级听说他获得过金质德国十字勋章，却无法从他那里得到证实。就连他晋升为海军少将、中将和上将，他的下级也是从别的渠道获知的。他的妻子和两个女儿一样不注重仪容。有个事情典型地说明了他们一家对待这个问题的态度。某晚卡纳里斯参加完一个大型招待会后，穿着一身礼服回到家里，一个女儿见到立刻嚷嚷："瞧您这可怜样子。"不过他很注重礼节，非常客气，约会时总会提前到达。

他似乎总是觉得不暖和，即便在夏天也穿着一件大衣，打网球时则穿一件厚毛衣。他有点儿失眠，还有点疑病症。他每天早晨6点钟起床，在街上碰到邻居、钢琴家赫尔穆特·毛雷尔（Helmut Maurer）时，他总会语带妒忌地问："睡得好吗？"他如果想安静地睡上几个小时，就需要服用大量的巴比妥类和溴异戊酰脲这样的药物。他总是劝别人服用这种安眠药。骑马和打网球是他休息的办法，他打球的制胜秘诀则是出其不意。

他的家庭生活非常和谐——虽然战争期间他每年只能回家探亲两三次，他的妻子带着两个女儿住在巴伐利亚的阿梅尔湖,而他还留在柏林。他性格亲和,对下属也很关心。某个星期天,他请一位年轻的女秘书打出一份备忘录,看着她戴上眼镜打字,他问:"孩子,怎么要戴眼镜呢?"她回答说近视了,他叹息,这么年轻不应该戴眼镜。谈话不长,却让她看到他对下级工作人员的关心,他把他们当成人来看待,而不仅仅是为他卖命干活的劳力。和人打招呼时,他总是会用"您"来称呼对方,更证明了他态度的友好。

他喜欢动物,养了一只鹦鹉和一对小猎狗。小猎狗成天跟着他在办公室里转,他也常和它们说话。他对它们的关心有时似乎胜过对他的下属和工作。有一次,他在意大利打电话到柏林询问一只小狗的病情,他问得那么详细,以致被一些意大利人误认为是在讲暗语。他认为一个不喜欢狗的人是不能信任的,他自己说过,他对动物甚至比对人更为信任。类似的话,希特勒也讲过。

他对生活基本上持悲观的态度,总是一脸忧伤,除了和朋友在一起外很少说话。每到晚上10点整他就会丢开工作不管,这是为了积蓄精神来应付次日极为繁重的工作。某次,他对一位下级解释说:"没人能在晚上10点后说出有用的话。"这位军官轻声回答:"10点前同样如此,上将先生。"卡纳里斯很爱看书,涉猎广泛,尤其喜欢外事方面的东西,但也爱好纯文学。他常常送给同事们一些哲学和史前学方面的书籍。谁都夸他聪明,他讨厌冗长的会议,总是能快速抓住别人的想法。

他也有令人不快的一面,却不伤人感情。在每日的例行会议上,当下级汇报情况时,他免不了要挖苦几句。当和汉斯·奥斯特(Hans Oster)在他家后面那片土质地面的网球场上比赛时,他总喜欢把奥斯特逼到潮湿的角落,直到奥斯特滑到,刚熨过的白色长裤沾上一屁股泥,才罢休。因为这位副手对自己的衣着非常讲究。下级口头汇报时,卡纳里斯有时会对细节不停追问,让下级不得不承认自己并不清楚。

不过他的下级喜欢他,热爱他,觉得他的讥讽挖苦没有尖酸刻薄的意味,反倒带着幽默和善意。他们喜欢听他讲如何对付爱发火、一发火就要骂人的上级。他对付的方法就是重复上级骂人的最后一个词。上级骂:"你们那个舱面军官完全是个蠢猪!""蠢猪!"卡纳里斯答道。"这家伙厚颜无耻!""厚颜无耻!"上级的火气就这样在一骂一答间慢慢消了。

这是纯粹卡纳里斯式的方法。与他本人一样，这种方式是用间接和词义的细微差别，把上级的火气引到上级自己身上。卡纳里斯很少明确说是或不是，回答问题总是以反问的形式。他讲话总是暧昧朦胧，不喜欢强迫。因此，并不奇怪他不适合当一个管理者。他还不善于领导，总是把互相矛盾的指示下达给不同的下级，在视察时总是招致混乱。有一些很糟糕的下属是他自己挑选的，但他却能容忍这些无能之辈，在外人批评他们时，还极力维护。总的来说，他的性格有古怪之处，他的一位直接下属认为，卡纳里斯是他当军人后遇见的最难相处的上级。一位空军情报机构的负责人夸赞他是一个优秀的情报人员，但不是一位好领导。

他接管阿勃韦尔后，需要解决的第一个问题是同纳粹党及其所掌控机构的摩擦，正是该问题使他的前任被撤职。他解决此事的办法很简单，就是同希姆莱的人进行合作。1935 年 1 月 17 日下午 3 点至 6 点，他和 1 名下属在国防部会晤了海德里希及其下属的 3 名军官，并达成协议，确定了阿勃韦尔、盖世太保和党卫队保安处间的分工，这时他上任只不过两个半星期。5 天后，国防部长勃洛姆堡要求内务部长和财政部长采取一些措施安抚海德里希，这大概也是由卡纳里斯促成的。作为回报，海德里希撤掉盖世太保里一位跟阿勃韦尔不和的官员，换上一个处事讲究策略的人，他与卡纳里斯相处得不错。两年后的 1936 年 12 月 21 日，海德里希和卡纳里斯签订《十诫》（"Ten Commandments"），进一步明晰了阿勃韦尔和盖世太保之间反谍报活动的界线。

这几个机构互相竞争，表面上却没有摩擦，这多半跟领导人间的私谊有关系。1923 年和 1924 年，卡纳里斯担任"柏林号"（*Berlin*）巡洋舰的大副时，海德里希是该舰上的军校学员。海德里希一向尊重和亲近卡纳里斯这位长者，至少表面上如此。两家住在柏林西南同一个住宅区里，相隔不远，两人经常共进午餐。海德里希一家常邀请卡纳里斯一家玩门球，卡纳里斯一家常邀请海德里希一家吃饭，由主人亲自烹饪一些罕见的佳肴，例如黑面包屑裹猪肋配红葡萄酒等。卡纳里斯太太会和海德里希一起拉小提琴。两家还曾一块儿在布拉格度假一周。

不过，对于海德里希那不小的野心带来的威胁，卡纳里斯还是有所察觉。有一天，他的邻居毛雷尔在去往车站的途中，一条狗突然从拐角处窜出，猛扑向他，虽然狗被紧随而来的主人一声口哨唤回去，毛雷尔却怒气冲冲地警告那人不要再让这样的事情发生，否则他不但要开枪毙了狗，还要打死主人。几天后，毛雷尔经卡纳里斯介绍认识海德里希，却发现后者刚好就是那条狗的主人。海德里希说他认识毛雷尔，并说这个人曾想打死他。"有这样的事？什么时候？"卡纳里斯立即问道。这位白发苍苍的海军上将似乎缺乏同粗犷的海德里希斗争的个性力量。有一次，海德里希告诉他，卡纳里斯相识的一位新教牧师还在继续反纳粹活动。卡纳里斯本应反问，在集中营里如何能参与这种活动，最后却什么也没说。同样，当海德里希告诉他，自己本来反对水晶之夜[1]针对犹太人的暴力活动，只是遵从他的命令才参加，卡纳里斯还是保持了沉默。

卡纳里斯面临的第二个紧急问题，是阿勃韦尔规模的扩大。卡纳里斯接手阿勃韦尔还不到11个星期，希特勒就宣布恢复征兵并扩大军队规模。军区数目从当时的7个增加到12个，每个军区设1个阿勃韦尔站。阿勃韦尔站的数量和人数都在增加。20世纪20年代，每个阿勃韦尔站只有一两名军官，到1937年，仅慕尼黑阿勃韦尔站的军官就有10名，更不用说还有士兵、文职官员和雇员等。

阿勃韦尔自1928年以来就作为军队"唯一情报搜集站"，但卡纳里斯预见到它将再次变为纯间谍机构。他上任的第一年，这个变化尚未开始，阿勃韦尔共有6个组：一组，陆军谍报组；二组，密码中心；三组，反谍报组；四组，破坏和暴动组；五组，海军谍报组，包括海军电讯监听处联络点；六组，空军谍报组。后来，密码中心和罗韦尔空中侦察中队从阿勃韦尔分离出去，意味着这个机构开始剥除非间谍功能。1936年，通过集中几个谍报组，阿勃韦尔加强了谍报功能。一、五、六组划归一组组长指挥。与此同时，四组重编为七组，驻海军电讯监听处联络点编为四组，二组空缺。[2]1938年6月1日阿勃韦尔再次改组，向谍报活动方向发展的趋势达到顶点，因为这次改组后，阿勃韦尔和最高统帅部其他机构一起提升了级别，此举显然是为了给这个新指挥机构制造

---

[1] 是指1938年11月9日至10日凌晨，希特勒青年团、盖世太保和党卫军袭击德国和奥地利犹太人的事件。"水晶之夜"事件标志着纳粹对犹太人有组织屠杀的开始。

[2] 原注：从阿勃韦尔分离出去的原因尚不确定。尽管有密集采访，但我得不出明确的答案。(Buschenhagen,letter, 26 Novementber 1972; Seifert interview, 3;Tranow, letter, August 1972; Bonatz, letter, August 1977.)

威望。阿勃韦尔一处专门负责国防军的一切间谍活动,陆海空三军的谍报组成为一处的一部分;阿勃韦尔二处是原来的七组,即破坏和少数民族暴动组;阿勃韦尔三处是原来的三组,即反谍报组;原来的二组被取消;四组即海军电讯监听处联络点,并入纳粹党对外情报处,同一天,对外情报处划归阿勃韦尔管理。处理涉及德国国防军的国际法和国际条约是对外情报处最初的职责,后来它的功能逐渐增强,主要向最高统帅部提供涉及军事的外国政局情报。它为最高统帅部分析外国报刊,保持最高统帅部与外交部的联系,还充当德国国防军驻外武官和外国军队驻柏林武官的联络处。海军上校(后来升为海军中将)利奥波德·伯克纳(Leopold Bürkner)从1938年夏天到战争结束为止,都担任该处处长。1939年,卡纳里斯为此次机构改组添上最后一笔:在总部增设了一个中心组。奥斯特上校,那位打网球时坐一屁股泥的副手,成为中心组组长,从此成为卡纳里斯的参谋长,负责处理人事、财政以及其他所有行政问题。比如,它的一个小组集中保管特工档案,每个特工一张档案卡,如果一张卡片填不下档案材料则设立档案袋,这些档案都装在顶部有开口的大型金属桶里。

卡纳里斯不仅管理阿勃韦尔,还要为希特勒收集情报,担任他的私人代表。他同罗马尼亚独裁者在布加勒斯特会谈,同西班牙参谋长和佛朗哥在马德里会晤,在罗马会见墨索里尼,墨索里尼倒台后则是跟意大利情报头子商谈。为维护自己机构的利益,他还要同其他政府机构斗智斗勇。意大利人在法国陷落后企图霸占法国地中海沿岸区域,那里的港口与北非以及世界其他地方的交通最为便利,卡纳里斯敦促德国抢占那片区域,因为特工们需要这样的港口。不过他还是失败了。但他赢了另一场斗争。在一次部际会议上,有人以法国会更抵制德国经济活动为由反对阿勃韦尔特工扮作商人渗入北非,卡纳里斯反驳称收集盟军在德国以南地区活动的情报至关重要,迫使外交部做出让步。

在他自己的领域,阿勃韦尔承担的非情报任务使他不能专心于谍报工作。他与耶路撒冷的大穆夫提[1]商讨破坏活动该如何进行,向陆军总参谋长哈尔德

---

[1] "穆夫提"是阿拉伯语音译,意为"教法解说人",是伊斯兰教教职称谓。此处的耶路撒冷大穆夫提(Grand Mufti)应当是阿明·侯赛尼,二战时期曾与德国合作,招募穆斯林参加党卫军。

报告一位美国高级外交官访问罗马和柏林的情况，亲自承担阿勃韦尔对外情报处在国防军和外交部之间的联络工作。[1] 的确，他做其他事儿似乎比他提供间谍情报还多。他频繁递交给最高统帅部高级军官的报告很少涉及间谍情报，他时常要将总形势报告给哈尔德知晓，几十次会见希特勒，参加过如何攻打比利时要塞的讨论，比如参加一场历时两个半小时的会议，讨论"坚不可摧"的埃本－埃美尔要塞。他还亲自向执行破坏任务的部队介绍荷兰军服的样式。波兰战役期间，他在希特勒询问西线情况时说，法国正准备进攻萨尔布吕肯。希特勒不相信："我不相信法军要进攻萨尔布吕肯地区，我们在那儿的阵地最为坚固。"这回希特勒猜对了。另有一次，卡纳里斯被希特勒臭骂了一顿，因为他透露给意大利人一件本该保密的事情。

卡纳里斯的签名

然而，卡纳里斯觉得"希特勒是讲道理的，可以同他谈论，如果你说得恰当，他能够理解你的观点"。这是因为卡纳里斯在 1938 年以前都是希特勒的拥护者。在那一年发表的一篇文章中，卡纳里斯以半带自传体的口吻写道："正如军官在战前必然拥护君主制度一样……自然可以理解……今天他成为民族社会主义者……德国军队将成为民族社会主义意志的发展工具。"希特勒吞并奥地利

---

[1] 原注：USN:COA:Bürkner interrogation:3; USN, *German Naval Intelligence*, 15. 它后来升格为一个部门，重组和改变了一些职能，当阿勃韦尔被德国中央保安局取代时，它被迁到国防军最高统帅部（OKW）的作战情报部。(OKW:Wi/VIII.25:1. Oktober 1942; NA: RG238; Bürkner interrogation:1-6; Bürkner, interview, 2-3, 7.) 1944 年 7 月 23 日，凯特尔将纳粹德国陆军总司令部（OKH）的武官分支归属于该部门。

前一个月,卡纳里斯略施手段,让人以为德国正为此次入侵认真进行军事准备。几个星期后,他劝诫一群情报参谋,希望他们以纳粹的方式行动,还直白地说,要是他们脱离纳粹党,将会受到惩罚。

但也就在这时,他开始摒弃纳粹主义。他的性格决定了他对侮辱犹太人的反对。他后来大概发现,涉嫌同性恋这一迫使陆军总司令辞职的指控,实际上是纳粹党为了要用亲纳粹的人接替总司令职务而进行的卑劣构陷,卡纳里斯批评党卫军对这位总司令的审问"做法卑鄙"。让他抛弃纳粹主义的决定性因素,或许与他身边四名直接下属中的两个强烈反纳粹军官(奥斯特是其一)有关。在英国对德宣战的那晚,卡纳里斯和三个下属访问了一个盖世太保官员的家庭,这名负责反谍报的官员及其妻子担心战争会持续很长时间,他的三个下属则认为德国很快就会取胜。卡纳里斯一直沉默着。之后的几个星期,他的同事明显感受到他对战争的深切悲观,或许他认为没有做好准备的德国注定失败。这显然更加坚定了他对这场大规模破坏性战争制造者的反对。不久他就成为人们心中反希特勒抵抗运动的成员。

但他在憎恶希特勒的同时热爱着德国,因此他没有做反对希特勒的事。为德国效力也就意味着帮助元首。进退维谷的处境让本来和蔼可亲的他,变得闷闷不乐,开始越来越多地向他的小狗寻求寄托,越来越多地借酒消愁。他的绝望如同他的处事方式,有时都是以间接的方式表现。每当他的下级汇报情况,他的询问经常细致得让下级开始怀疑自己的消息是否可靠。每当这个时候,他总是说:"明白了吧,孩子,当你很仔细地观察时,会发现根本不是那么一回事。"卡纳里斯经常拿自己和对马海战[1]中的俄国将军相比。1905年,这位俄国海军上将明知必败,还是坚决同日本人开战,绕过半个地球来到对马海峡。可是卡纳里斯从来没有勇气正视自己的两难处境,不仅在心里逃避它,人也溜掉了。他抓住每个机会往外走,从一个国家的首都去到另一个国家的首都,从一个前线谍报站去到另一个,跑遍了半个欧洲,即便"长期缺席"这样的批评也没能把他留下。因为只有待在慕尼黑、马德里、威尼

---

[1] 1905年日俄战争,俄国波罗的海舰队绕过好望角前往东亚对马海峡与日军作战。最终日军大获全胜,在只损失3艘鱼雷艇的情况下击沉了俄军三分之二的舰艇。

斯或阿尔赫西拉斯，他才不用天天参加会议，不用经受在帮助希特勒还是祸害德国上进行抉择的痛苦，不用在处理行政问题时碰到同样的麻烦，也不用向元首递送报告，免却无论受到表扬还是训斥都萦绕于心的自我憎恨。当他回到柏林，他依然回避这些问题。1942 年，他让一个下属承担了他向最高统帅部高级军官汇报形势的工作。自战争中期后，他再未见过希特勒，甚至拒绝那些通常必须参加的宴会邀请。他在极力回避希特勒。他遇事就绕道，避免重大决策。一位观察家说"他直到最后还是游移不定。"虽然有相识的人把他比作奥德修斯，也有人把他比作流浪的犹太人，但有一个独具慧眼的人看得更为透彻："他是保守的德国版哈姆雷特。"

他犹豫不决，最终带来事业与生命的双重不幸。事业的失败源于他的迟钝，生命的代价则是别的缘由。

他从未密谋暗杀希特勒，连密谋赶希特勒下台都没有（他最多不过是为一些反希特勒分子提供庇护），尽管他的特务机关为他提供了无数机会。他也从未泄露机密给同盟国。然而只因为同反对派有来往，他就被逮捕。这一天是 1944 年 7 月 23 日，密谋用炸弹炸死希特勒事件发生后的第三天。与那些参与密谋的人即刻丧命不同，他直到几个月后，第三帝国快要崩溃之际，才被希特勒下令杀害。那是 1945 年 4 月 8 日，在慕尼黑北部的弗洛森比格监狱里，卡纳里斯被处决了。在生命的最后几个月，他阅读了霍亨斯陶芬王朝腓特烈二世的传记，这本恩斯特·坎托诺维茨（Ernst Kantorowicz）撰写的传记，描述了这位中世纪最显赫的德国皇帝、反对罗马教皇势力的最坚强斗士威武雄壮的一生。这位皇帝作为那个时代最为博学、最贪恋女色的男子之一，其一生波澜壮阔，与卡纳里斯形成了鲜明的对比。

阿勃韦尔毁于他的麻痹迟钝。1944 年 2 月，德国中央保安局兼并了阿勃韦尔，他被撤职降级，调去打理经济战争特别委员会。卡纳里斯那些在初时显得可贵的品质，从未发挥过作用。他的机变狡诈广受赞赏，却从未用来在敌人领土上策划过一起成功的暴动；他在政治军事方面的才能声名远播，可碍于阿勃韦尔的圈子过小，尤其是处于希特勒的控制下，完全没有发挥作用的余地。阿勃韦尔要成功，需要的是一位有着管理才能又强势霸气的领导，一个能与其他机构争夺人才，而不是利用自己的机构来庇护政治反对派的领导。这个领导需要认识到谍报对象重复带来的资源浪费，从而规定一个地区由一个谍报站来管理；能够检查并革新手下特务的密码；能够督促通信人员把特务用无线电台变得轻小便携，让无线电波能传输得更远。然而，这些事情，卡纳里斯一件也没有做，即使做了，力度也很小。相反，他对自己的机构放任自流。同积极进取的党卫队保安处比较，这一点尤其明显。结果，第三帝国还未覆灭，阿勃韦尔就已失败，第三帝国覆灭时，它已不复存在。

卡纳里斯掌管阿勃韦尔的 8 年时间里，一处处长几乎一直由汉斯·皮肯布罗克（Hans Piekenbrock）上校担任，他直接负责运用间谍为第三帝国搜集军事情报。皮肯布罗克出生于埃森一个信奉天主教的富裕家庭，于一战初期入伍成为一名骑兵，《凡尔赛和约》后依然没有离开军队，1928 年和 1929 年在军队部三处工作。1936 年 10 月 1 日，他来到阿勃韦尔，担任少校级别的原一组组长，这时全部间谍活动开始由一组来领导。一年后，对阿勃韦尔前途态度乐观的皮肯布罗克，由他在骑兵团的老战友、驻贝尔格莱德武官法贝尔·杜·福尔陪同，游览了地中海。战争打响时，离他 46 岁生日只有一个月的时间。这位处长身材高挑、皮肤黝黑，一双耳朵有些突出，头发也不太多。他聪明开朗、世故圆滑、心胸开阔，是卡纳里斯最亲密的合作伙伴，精力的不足为其聪明才智所掩盖。他很可能是卡纳里斯最好的朋友，卡纳里斯会告诉他自己从未对别人讲过的话，他也能第一时间领悟卡纳里斯玩笑中的玄机。他将卡纳里斯称为"阁下"，这个称呼在 1871 年至 1918 年德皇在位期间只有将官才能享有。看起来他把对外联络的事情留给卡纳里斯，自己一门心思地处理阿勃韦尔一处的工作。3 年战争时间里，他只向哈尔德做过一次汇报，鲜有几次参加最高统帅部作战部会议。他偶尔也会接受特殊任务，比如在哥本哈根会晤维德孔·吉斯林[1]，那时是德国入侵挪威的前 5 天。皮肯布罗克 1937 年晋升为中校，1940 年获得上校军衔。但升为将军的必要条件是，要上前线指挥军队。因此，他在还没到 1943 年 3 月底时，就离开阿勃韦尔去到前线，先是指挥一个步兵团，后来是 208 步兵师，同年 8 月就将令人艳

---

[1] Vidkun Quisling（1887—1945），二战时期挪威首相，与纳粹积极合作，被视为卖国贼，二战结束时被处死。

羡的将军头衔收入囊中，此后他一直在东线。

接替他的格奥尔格·汉森（Georg Hansen）上校是一个完全不同类型的人。38岁的汉森瘦高个子，面目清秀，有着一头浅黄色头发。与温和文雅的皮肯布罗克不同，他与士兵们交情非常好。他有时候有些张扬，以自我为中心，声称没有自己不会的事儿。有些人认为他野心勃勃，卡纳里斯的邻居赫尔穆特·毛雷尔就是这种看法，或许是因为有一次毛雷尔被派去皮肯布罗克家里邀请汉森，汉森和司机正坐在一起大口喝酒，突然大吼：“毛雷尔，我要开车撞死你们全部人。”

自1937年开始，汉森一直从事情报工作。他最先是在外军处领导一个研究英联邦、美国及其他国家军队的小组，1939年至1941年领导东线外军处一组，研究大部分巴尔干国家以及近东国家的情况。1941年5、6月发生了很多事：德国空降兵入侵克里特岛，法国维希政权控制的叙利亚遭到英军袭击，伊拉克反英部队起义赢得了希特勒给予支持的诺言等。在这个时节，汉森对叙利亚和伊拉克进行了访问，回来后多次向哈尔德和最高统帅部做直接汇报。1942年，他被调到更为重要的苏联战场，将关于苏军战斗力的各项数字报告给哈尔德。他总是有着冷静的判断，当庆祝德军成功突破斯大林防线的典礼在雅典举行时，他却对阿勃韦尔一位军官说："还得突破多少道斯大林防线？"

他负责阿勃韦尔一处大约有一年时间。在卡纳里斯被撤换，阿勃韦尔要被并入德国中央保安局时，汉森成为阿勃韦尔临时负责人，同时阿勃韦尔一处仍由其主管。1944年6月，阿勃韦尔被德国中央保安局接管后，他被留下来领导阿勃韦尔剩下的那些人。但汉森早就开始密谋要暗杀希特勒。1944年7月16日，他和一些年轻密谋者开会，地点是四天后在希特勒会议桌下安放炸弹的那个人家里。炸弹爆炸了。四天后，汉森接到一封召他立即去卡尔滕布鲁纳办公室的电报，那时他正在维尔茨堡探望怀着第五个孩子的妻子。回去后，他只活了六个半星期。

柏林兰德维尔运河北岸的提尔皮茨大街绿树成荫，阿勃韦尔就位于这条大街上。要进入阿勃韦尔必须先穿过毗连的一座四层砂岩楼房，楼房的门牌号码是72—76号，这就是最高统帅部所在地，也是自从德皇威廉二世即位以来历届国防部的办公地点。后走廊是所有建筑物的必备设施，连接着班德勒大街上国防军总部的凌乱建筑物。阿勃韦尔的楼房里有弯弯曲曲的过道、楼梯、曾经的餐厅、厨房、女佣房、卧室和起居室等，明显不适合办公。然而卡纳里斯从未想过搬走，他的办公室有一个阳台面向护城河，外间还有一个供两名秘书使用的办公室。他自己的那间办公室大小适中，一张办公桌、一个沙发、几个公文柜和一张帆布床稀疏地放置在房间里，墙上挂着一幅世界地图以及他的前任们和弗朗西斯科·佛朗哥的合影，照片上写有题词。墙上还有一幅画着一头凶恶魔鬼的日本油画，这是一位日本武官送给他的。卡纳里斯就在这个房间办公，召开每日例会，有时也在这里午休。后来，越来越频繁的轰炸迫使阿勃韦尔和其他许多机构一样撤离柏林，于1943年4月19日搬到首都以南20英里左右的措森陆军司令部。

1939年10月18日，阿勃韦尔总部终于完成机构重组，成为一个完整的部门，这时战争已经进行一个半月了。它的三个处仍处于卡纳里斯的独立领导之下，但一般合称为阿勃韦尔。

一处（谍报处）规模最大，也最为重要。1943年3月，一处在柏林总部有63名军官，二处（破坏处）34名，三处（反谍报处）43名。一处有7个组，分别负责7个区域的谍报活动：陆军东线组、陆军西线组、陆军技术组、海军组、空军组、空军技术组和经济组。其中陆军东线组和陆军西线组的负责区域以挪威东部至意大利为界线，划分根据是特工活动的国家而非谍报目标国家。除去特殊情况，一处一般负责协调，向阿勃韦尔的下属战地谍报机构传达其他机关的情报需求，再把搜集回来的情报送给需求机关，不具体管理特工，也不指挥谍报机构的战地活动。它一般不分析评估情报，只是把明显无价值的情报扔掉，但可对战地情报机构不能解决的问题做出决定：在间谍网负责人陷入危险后下令改组间谍网，决定一个间谍网能否购买汽车，询问间谍网是否完成某项工作、能否再接受新任务，清查间谍网的账目，确定各战地情报机构特工间用于联络的暗语等。它还负责处理战地情报机构在人员派遣和物品供应方面的要求，一处机密组（制造假证件、隐显墨水、微粒照片和其他间谍活动设备）和一处通信组为此提供支持。

真正从事间谍活动的是战地情报机构。21个军区都有自己的谍报站，通常设在军区司令部大楼，例如在汉堡僻静的哈维斯特胡德住宅区索菲因大街尽头不远处，有一幢灰色的三层小楼，那就是第10军区谍报站的所在地。较大的谍报站下属有谍报分站、前哨站和报告中心。谍报分站是缩小版的谍报站，前哨站的活动范围相当有限，报告中心帮助特工到达活动地区并报告其活动情况，在战争期间才建立起来。这种方式在战时普及到德占区。新型谍报机构如雨后春笋般建立起来，战区谍报站被称为谍报主站，非常小的谍报机构称作"前哨分站"。纳粹德国在1942年春季取得了最辉煌的征服成果，此时阿勃韦尔一共有谍报站33个（包括两个主站）、谍报分站26个、前哨站23个（这个数字不包括东线战区里的阿勃韦尔机构，后者由东线主站领导）。谍报站的级别在战争期间时升时降。瑟堡在1942年只是一个仅有3人的反谍报前哨分站，1944年盟军威胁要进攻时升为前哨站。塞萨洛尼基曾是前哨站，后降为前哨分站。后来这些谍报机构随着德国领土的丧失纷纷被解散。

谍报站和谍报分站的组织结构仿照阿勃韦尔总部的组织架构，都有谍报、破坏和反谍报三个部分，每个部分都有分支机构和阿勃韦尔总部对应。谍报站及其下属机构工作人员人数平均为150名，当然有的多，有的少，像巴黎站多达382人，而瑟堡前哨分站仅3人。

这些谍报站行政上隶属于所在军区，活动却直接由卡纳里斯领导。任何个人都不具备有效监督分布广泛的33个谍报站工作的能力，何况卡纳里斯也不愿如此，这就导致谍报站各自为战。柯尼斯堡、卡塞尔、波森、但泽等谍报站甚至都不往下级派遣特工。其他谍报站发挥的唯一协调作用，就是遵守了各个谍报站间谍活动的目标是它所面对的敌人领土这条松散的原则。捷克斯洛伐克是德累斯顿谍报站的目标地区，法国是斯图加特和威斯巴登谍报站的目标，英国和美国则属于汉堡谍报站的工作范围。但是，个人兴趣的不同把这样松散的原则都打破了。慕尼黑谍报站的军官几乎完全不理会其他情报，只搜集巴尔干半岛地区的经济情报，尽管这种做法没有任何地理和经济上的正当理由。德累斯顿谍报站经济组组长蒂洛·德内（Thilo Daehne）中校精力充沛，从他在西班牙和土耳其的特工那里获取了大量经济情报，借此很快就升职了。这个谍报站的工作在他一离开后就立刻垮掉。

阿勃韦尔谍报站、分站和前哨站
1942 年春

军区	谍报站	谍报分站	前哨站[1]
1	柯尼斯堡[2]		切哈瑙[3] 比亚韦斯托克
2	斯德丁[4]		
3	柏林[5]		
4	德累斯顿		
5	斯图加特	罗拉赫 布雷根茨 斯特拉斯堡	塞京根 康斯坦茨
6	明斯特	科隆	
7	慕尼黑		
8	布雷斯劳[6]	卡托维兹（Kattowitz）[7]	
9	卡塞尔	美因河畔法兰克福	魏玛
10	汉堡	不来梅 弗伦斯堡	
11	汉诺威		
12	威斯巴登	梅斯	凯泽斯劳滕 萨尔布吕肯 卢森堡
13	纽伦堡		
14[8]	维也纳		
15	萨尔茨堡		格拉茨 克拉根福特 因斯布鲁克
16	但泽		布朗伯格
17	波森[9]		利茨曼施塔特[10]
—	基尔[11]	斯维内明德	
—	威廉港[11]		
—	布拉格	布吕恩	

军区	谍报站	谍报分站	前哨站[1]
—	克拉科夫	华沙 伦贝格[12]	
—	哥本哈根	奥胡斯	
—	挪威	卑尔根 特隆赫姆 特罗姆瑟	
—	尼德兰		
—	布鲁塞尔	里尔 布洛涅	
—	巴黎[13]	奥尔良	
—	昂热		布雷斯特
—	—	波尔多[14]	比亚里茨 普瓦捷 昂古莱姆 拉罗谢尔
—	第戎	南锡	
—	里昂	图卢兹	利摩日
—	雅典[13]		克里特岛
—	萨洛尼卡[15]	米蒂利尼（Mytilene）	迪莫蒂卡（Dimotika）[16]
—	贝尔格莱德		
—	爱沙尼亚	雷瓦尔[17]	考恩[18] 明斯克
—	乌克兰	尼古拉耶夫	基辅

1. 可能隶属于谍报站，也可能隶属于谍报分站。
2. 现在的加里宁格勒。
3. 现在的切哈努夫，过去也称 Züchen。
4. 现在的什切青。
5. 与阿勒韦尔总部不是一个机构。
6. 现在的弗罗茨瓦夫。
7. 现在的 Katowice。
8. 不存在 14、15、16 或 19 军区，这些编号战前用于人员训练。
9. 现在的波兹南。
10. 现在的罗兹（Łódź）。
11. 不属于任何军事区，与海军合作。

12. 现在的利沃夫。
13. 阿勃韦尔主站。该谍报站升级为战区的阿勃韦尔主站。这些区域由总司令管理，因而不同于部队司令、集团军群司令、政府机构管理的地区。巴黎是西线总司令所在，雅典是东南总司令所在。在罗马的南线总司令则使用联络官代替阿勃韦尔主站负责意大利军事情报。陆军总司令部管辖的东线战场也有一个阿勃韦尔主站。
14. 明显独立。
15. 当地的名字是塞萨洛尼基。
16. 当地的名字是季季莫蒂霍。
17. 现在的塔林。
18. 现在的考纳斯。

这些起伏变动，再加上几乎完全没有领导中心带来的工作重叠，使各谍报站无法进行有效的协调配合进而形成一个整体。各谍报站各自为政，画地为牢。

柏林站（谍报站，非阿勃韦尔总部）：主要是犹太人和瑞士特务从事军事与经济情报活动，无特定活动地区；活动目标广泛；该站一处处长工作积极进取，整个谍报站的工作在其1944年调到巴黎后，迅速分崩离析。

斯图加特站：在国外的德国人将斯图加特视作"首都"，当地企业界与外国有着密切的商业联系，与能干的军官们一起为谍报站提供了高级间谍。法国沦陷后，在西班牙和葡萄牙建立起一个从事经济和军事情报活动的间谍网。

明斯特站：以陆军和空军技术情报活动为主，有一个谍报分站位于法国和西班牙边界的昂代伊，在西班牙活动的特务要向这个谍报分站提交报告。但其经济情报活动与福克中校领导的科隆分站相比，就显得逊色多了。

布雷斯劳站：捷克斯洛伐克和波兰为其目标区域，还在巴尔干地区和土耳其从事经济情报活动。

汉堡站：目标区域为英国及其海外领地和美国，主要工作是获取海军情报，其次是搜集陆军情报、技术情报和经济情报。该站重视海军情报原因有二：一是所在地汉堡是德国的重要港口，二是该站见多识广的站长赫伯特·维希曼（Herbert Wichmann）上校及其两个分站的领导人都来自海军。盎格鲁—撒克逊人是它进行谍报活动的对象，这源于一战时的传统，也因为海外通信联络是其无线电人员的强项。它的特务不仅在英美活动，还在拉丁美洲、土耳其以及其他区域建立了间谍网。拉美地区间谍网主要报告同盟国的航运情况和战争活动。

土耳其间谍网主要负责侦察英国在近东的军事部署。汉堡站还相继在西班牙、葡萄牙、西属摩洛哥、巴利阿里群岛和法属里维埃拉建立了间谍网。因其活动范围比其他任何谍报站都大，汉堡站的规模远超大部分谍报站。

维也纳站：巴尔干地区和中东为其目标，在土耳其利用烟草公司掩护，在罗马尼亚则通过当地的德国人渗入该国政界和军界。

萨尔茨堡站：几乎不起任何作用。

这个组织体系效率低下、没有指导原则，唯一的优点是安全，即便被敌人打入某个间谍网，也不用担心其会深入组织的心脏。但这样的安全得来不易，需要付出巨大代价。

德占区谍报站的主要任务是为其他谍报站吸收特务，自己几乎不派出特务。它们的工作不如国内谍报站的重要。

名义上独立，实际被德国占领的罗马尼亚是德国盟友中唯一一个建立了谍报站的国家，其领土上驻有 50 万德军（维希政权统治下的法国及其殖民地和海外属地是另一个特殊例子，以北非的情况最为突出。阿勃韦尔利用位于威斯巴登的德国停战委员会内的一个部门以及在法国领土上的前哨分站，在这些地方展开活动）。德国在其他盟友和中立国家未设谍报站和公开的附属军事间谍机构。在这些国家设立的机构叫作战争组织（Kriegsorganisation，缩写为 KO）。西班牙 KO 是第一批成立的，成立时间是 1937 年 2 月 5 日，时值西班牙内战中期，由卡纳里斯去西班牙为设立谍报机构做准备时成立。这一年年底，由于中日战争爆发，德国在上海也建立了一个小 KO。荷兰 KO 在 1938 年设立。但是，大部分 KO 显然建立于大战期间。

截至 1942 年 5 月，阿勃韦尔共设立了 10 个 KO，分别位于葡萄牙、西班牙、瑞士、瑞典、芬兰、保加利亚、萨格勒布（克罗地亚的傀儡国）、北非（卡萨布兰卡）、近东（安卡拉）和远东（上海）。与谍报站一样，KO 也是直接受卡纳里斯领导，其内部架构仿照阿勃韦尔总部，在外地设有分支机构。西班牙 KO 的分支机构共有 30 个，设在西班牙的各个港口，多数比较小，只有少数几个规模较大。

这种机构的重复尤其说明阿勃韦尔的工作像一团乱麻，也导致 KO 不能完全控制所在国家的谍报活动。谍报站经常让特工途经建有 KO 的国家前往目的地，有时候谍报站的军官会陪着他们。许多谍报站和前哨站派出代表常驻建有 KO 的国家，打着商业活动的旗号掩护他们搜集情报的行动，比如科隆站在马德里和里斯本的代表、维也纳站在土耳其的代表就是如此。有些代表同 KO 合作紧密，也有些代表保持独立，同上级谍报站保持联系。此外，谍报站和阿勃韦尔一处（尤其是经济组和空军技术组）都会派遣商人到建有 KO 的国家执行短期间谍任务。KO 大概不会喜欢这种干涉，但还是尽可能按照要求协助他们。然而，到战争后期，KO 与谍报站的冲突越来越多，使得后者不得不减少在中立国的活动。

这是因为，KO 面临一个问题，这个问题阿勃韦尔的其他机构都不曾碰到：它们的存在依赖于所在国的仁慈。在驻外机构里"部署"KO 成员，得到卡纳里斯和外交部的一致赞同。KO 成员因为此种公开身份得以享受外交豁免权和其他特权，比如 KO 可设在驻外使馆。在西班牙的 KO 成员大都居住在享有外交保护的使馆建筑内。KO 里较大的前哨站常设在领事馆，比如西班牙 KO 开展活动的前哨站驻点就在德国驻圣塞瓦斯蒂安、巴塞罗那、塞维利亚、摩洛哥的得土安和西属摩洛哥等地的领事馆。它们的工作人员虽然多半是军人，却总是穿着一身便服。

阿勃韦尔汉堡站人事安排
1942 年 4 月 1 日

	军官	文官	军士	士兵	雇员
指挥部					
站长	1				
办公室主任	1				
军需官		2			
登记官		1			
登记员					4
监察员					2
出纳					2

	军官	文官	军士	士兵	雇员
档案主管					1
档案员					3
技术员（摄影、绘图）					1
摄影助理					1
绘图员					1
话务员					4
电报员					4
普通职员					36
运输军士			1		
司机				7	
机车手				1	
自行车手				2	
一组（间谍）					
组长	1				
副组长	1				
技师	7				
助手	11				
空军工程师		3			
船运调查专员	1				
首席无线电技师			1		
助手					2
经济调查专员					1
翻译兼助手					1
无线电技术员					2
无线电中心					
主任	1				
助手（兼翻译）	1				
通信员（海军）	1				
军士长			1		

	军官	文官	军士	士兵	雇员
首席无线电技师			1		
无线电人员			20	72	
司机				2	
机车手				1	
无线电维修工					1
无二组					
三组（反情报）	26			4	15
不来梅分站					
分站长	1				
技师	4				
助手	5				
军需官		1			
州警官		1			
副官（兼监察）				4	
司机				3	
助手					2
翻译兼助手					1
出纳					1
行政					3
语言助手					1
摄影师					1
电报员					3
职员					10
弗伦斯堡分站					
技师	2				
司机				1	
职员					2
分类汇总	64	8	24	97	105
总计：298					

西班牙 KO 的成员和职责
1944 年 6 月

	人数
军事主管	3
古斯塔夫·莱斯纳（指挥官）	
哈帕小姐（秘书，通信）	
奥伯谬勒夫人（负责卡片目录、秘密文件和接待）	
情报一组	3
埃伯哈德中校（一组负责人，同时负责下属前哨站、情报的初步分配、I 类区域信息的处理）	
预备役尉官威廉（副官，特别事项助手）	
哈帕·迈耶（秘书，通信，注册）	
屈伦塔尔小组	6
专家型上尉卡尔–埃里希·屈伦塔尔（对最重要的 KO 联络——英国、美国、加拿大、葡萄牙、北非、直布罗陀、法国——进行维护和控制）	
古斯塔夫·基特尔下士（办公室管理，首席翻译，口译）	
二等兵克纳佩（对外机构负责人，间谍的招募、准备和控制）	
二等兵兹耶拉斯（处理接收的报告、电报、外部服务）	
曼恩小姐（秘书，隐显墨水的研发，密码工作）	
海因索恩小姐（通信）	
陆军一组	4
预备役中尉舍内医生（对所有敌国间谍的情报及形势地图的分配、分析和转送进行控制）	
专家型上尉康斯坦丁·卡纳里斯（海军上将的侄子，分析和转送来自法国和北非的情报）	
普罗伊塞小姐（登记所有敌军部队和通信）	
斯宾德勒小姐（通信）	
海军一组	10
指挥官巴尔策（海军组的负责人，西班牙港口警戒部队的负责人）	
海军少校加贝尔（作为副手协助指挥官，尤其是在间谍事务和紧急审讯上）	
布格下士（分析评估员，办公室负责人，警卫任务）	

	人数
施特恩布吕根下士（管理在陆地和所有西班牙船只、警卫部队里的间谍卡片目录）	
二等兵奥托（护航和警卫）	
上等兵库特纳（评估情报，警卫）	
二等兵西克（通信，警卫）	
沃尔特小姐（秘书）	
歌尔德小姐（信使储备）	
布鲁姆小姐（职员）	
技术／纳粹德国空军一组	3
空军参谋部工程师魏斯博士（研究美国、英国的空军技术问题，调查在西班牙紧急着陆的敌机）	
技术中尉科尔曼（负责技术间谍的运作）	
巴克夫人（职员）	
空军一组	（隶属空军武官）
冯·温克斯滕空军上校	
通信组	
无线电人员	34
女密码员	10
文件伪造组	3
昆克勒博士（处理文件，准备橡皮图章和模仿）	
雇员兰普雷希特（照片洗印，影印研究，对间谍进行隐显墨水的培训，完善和测试隐显墨水）	
基施纳夫人（在隐显墨水、摄影和复制上进行协助）	
破坏二组	3
反情报三组	5
行政后勤	3
高级军需官弗朗茨巴赫（向KO提供必要的外国货币，核查账目、支出、采购、护照，领导巴塞罗那、得土安、塞维利亚前哨站的行政后勤团队）	
军需官季默（出纳兼副手）	
上等兵普福（核查中心站和30个前哨站的账目，车辆管理）	
	总计：87

在战争初期，这种情况并不会带来困难。即便 KO 在当地几近公开地活动，所在国因为惧怕德国，也不敢公开叫板，而德国驻外使领馆也并不介意这样小小的谍报机构。因此，当皮肯布罗克在 1941 年 12 月指出，特工的活动报告区因为美国的参战而缩小，并提醒外交部阿勃韦尔将安插更多工作人员时，外交部没有想到人员会增加得那么多，一下子就答应了。阿勃韦尔的工作人员随着盟军进攻威胁的不断增长而日益膨胀。后来西班牙 KO 仅在马德里就有 87 人，每人一张外交护照。再加上最高统帅部的无线电截听站、武官处和德国中央保安局等其他机构，在马德里的外交人员数量增加到 315 人，而使馆原本的工作人员只有 171 名，几乎新增了一倍。

这就引起了摩擦，摩擦最开始出现在使领馆内部。1944 年，德国驻瑞典大使抗议在斯德哥尔摩使馆里的阿勃韦尔人员太多，并认为这将威胁到他的工作。他说，KO 的 10 名领导人走掉一半也丝毫不影响情报工作。其他地方使领馆则抱怨，阿勃韦尔从不事先打招呼就直接派人过来，阿勃韦尔在当地安插了多少人，以及阿勃韦尔的报告，他们始终不知情，也没见到过，而这些情况他们本来都有权知道和查阅。

享受外交豁免权的弊端逐渐显现。KO 成员跟特工不一样，他们没有别的身份能用来掩护，所在国可以提出要求，将他们驱逐出境。随着战火蔓延到德国领土，同盟国对中立国施加的压力日益加大，驱逐出境的要求随之增多。KO 在同所在国外交部交涉上花费的时间越来越多，结果却总是不乐观。1944 年 10 月，西班牙把同盟国名单上 149 人中的 82 人驱逐出境。最后，KO 在中立国活动的便利大都消失，也就失去了存在的价值。

除去柏林总部、各谍报站和 KO，阿勃韦尔还在战地设有机构，指挥身处前线的特工在战地及其所负责的地区进行谍报活动。

阿勃韦尔建立这样的战地谍报机构，始于德国对波兰发起进攻期间。它发现这些机构在波兰、法国和南斯拉夫都取得了成效。它们的职能从管理特务发展到收缴敌人的文件、盘问战俘等。但在对苏作战时，阿勃韦尔一般只开展间谍活动。卡纳里斯下令为每个集团军群和集团军配备一个 25 人的特务纵队，该纵队包括近程侦察部队和远程侦察部队两部分。近程侦察部队负责在前线附近搜集战术情报，侦察敌后30英里以内的地区。远程侦察部队主要由波兰人、俄国人和乌克兰人组成，特工们穿着敌军军服，携带无线电设备，开着缴获的车辆行驶在敌后30—200英里的地区来搜集作战情报。

卡纳里斯建立了阿勃韦尔东线主站，以便指挥苏联战线上的全部谍报工作。赫尔曼·鲍恩（Hermann Baun）被任命为主站站长。1897年出生于敖德萨的鲍恩身材不高，身形瘦削，常常烟不离手，曾经当过骑兵。他会说乌克兰语和俄语，来到阿勃韦尔一处时正值战争爆发。准备了数月之后，鲍恩走马上任，工作岗位代号为"瓦利1"（阿勃韦尔东线主站，"瓦利2"和"瓦利3"分别代表阿勃韦尔二处和三处的工作）。他上任3天后，德军进攻了华沙附近的苏雷欧维克村。最初，"瓦利1"随同德军前进，后来驻地固定在绿荫环绕的斯皮丁湖（今波兰希尼亚尔德维湖）湖畔的一栋房子里，这栋房子呈不规则形状，原来是一个假日供膳寄宿处，靠近拉斯滕堡（今波兰肯特申）的元首大本营。"瓦利1"后来有多达500名工作人员，其中包括来自苏联的志愿者。

这时候，战地谍报机构逐步发展为两级结构。每个集团军群都配备有一个谍报指挥部，来领导远程侦察特工的工作。这些特工现在是空降到敌人后方纵深地区搜集集团军群情报官要求的情报，而非驾车驶入。每个集团军配备一个谍报队，负责前线附近的情报搜集活动。它们的番号有三位数，第一位数是"1"，表示该队隶属阿勃韦尔一处（以"2"和"3"开头的分别是阿勃韦尔二处和三处）。

类似的组织后来在意大利（南部战区）和希腊（东南战区）也建立起来。在盟军即将入侵的法国（西部战区），卡纳里斯仿照东线的做法，于1944年2月改固定谍报站和谍报分站为流动谍报站，阿勃韦尔巴黎主站的名称变为阿勃韦尔西线主站，与"瓦利1"的正式名称"阿勃韦尔东线主站"相融合。在法国的谍报站和前哨站分别改称谍报指挥部和谍报队。西线司令部、集团军群和集团军的情报参谋成为从巴黎谍报主站一直往下的谍报机构活动的新指挥。特工分为两部分，法国的谍报机构仍指挥德占区的特工，汉堡、科隆、威斯巴登和斯图加特谍报站则开始指挥在中立国或敌国活动的特工。在法国的谍报机构现在集中精力募集、培训和派遣特工，这些特工将进入敌后纵深地区，在盟军路经其所在地时，用无线电发回情报。5月中旬，盟军进攻在即，情报官要求各谍报机构进入战斗状态。比如，B 集团军群的 130 谍报指挥部就从巴黎以西进入塞纳河畔的芒特拉若利。

1944 年 6 月，阿勃韦尔的机构大都被德国中央保安局兼并。不过各战区的前线谍报机构仍由军队指挥，最高统帅部作战部情报参谋是其行政领导。它们最初属于作战部一处，后来归入一名充满幻想的军官麾下，这名军官负责前线侦察和反谍报活动。夏天盟军发动反攻后，带有防护含义的 Abwehr 改为中性的 "FronttaufkLärungs-"（意为前线侦察），于是 1 个前线侦察主站、5 个前线侦察指挥部和 13 个前线侦察队出现在法国地图上。但是，军队最后拥有的这些谍报机构，也于 1944 年 12 月 1 日和东线前线侦察部队一起转归德国中央保安局领导，成为德国中央保安局军事部六处（原阿勃韦尔）。

约有 9200 名军官和士兵在这些谍报机构里工作，此外阿勃韦尔总部有几百人，KO 有约 1000 人，各个谍报站共约 5000 人（在西线，不到 2000 人从阿勃韦尔人员转为前线侦察人员），阿勃韦尔总计拥有 13000 多人，比一个师稍少一点，却远超间谍的人数。

第16章
谍报机构之争

1934年7月28日，纳粹党对外情报机构吸纳了第一名成员，也是其第一任领导人。这是一个极其普通的人：体重正常，154磅（约70千克）；身材中等，5英尺6英寸（约1.68米）；创造力普通，没有什么野心；性格不突出，含蓄而友好；相貌不讨人喜欢；易受影响，不敢顶撞上级。还有一个局限就是他从未离开过德国。

这个普通人就是海因茨·马里亚·卡尔·约斯特（Heinz Maria Karl Jost），一名30岁的律师，出生在法兰克福以北60英里的霍尔茨豪森村，父亲在那里经营一家药店。一战爆发时，他是个10岁的孩子；德国惨败、梦想破灭时，他14岁，已是思想易受影响的青少年。他后来说过："一战的经历、一战的失败还有战后的艰难岁月，唤醒了我对祖国各种问题的兴趣。"约斯特的政治思想定型于他在法学院的最后一年，这一年他得出结论，工人阶级一直被包括他在内的"孤僻高傲"的资产阶级排除在德国社会之外。他说他从中学时开始逐渐认识了工人阶级。他看到工人阶级与资产阶级裂痕的同时，开始认识德国民族社会主义工人党——纳粹党，并信奉了希特勒极端的、民族主义的、反犹太人的纲领，拒绝接受早已看出德国社会这些弊病的其他政党解决社会问题的温和方案。1928年2月1日，他加入纳粹党，党证号码是75946号，从这看得出来他入党相当早。

他在几个城镇法庭从事法律工作的同时，志愿为纳粹党进行包括派发传单、管理流动资金、解决地方问题、主持当地宣传工作等事务活动。希特勒担任总理时，他考取了律师资格，不过仍然留在黑森当一名文职工作人员。纳粹于6周后夺取了黑森州的权力，约斯特的一名纳粹党员朋友担任黑森州高级警官一职，约斯特被他任命为沃尔姆斯的警察长，那是一座规模不大的历史古城。不久后又被这位朋友调到离他家更近的吉森。但这位高级警官未能斗赢另一名地位高些的纳粹党徒，他和包括约斯特在内的许多朋友，都被撤职了。约斯特被解除职务的借口是，未能镇压纳粹党街头队伍褐衫队（即冲锋队）与警察于1929年发生在吉森的一场冲突。不久，纳粹党为他在柏林的德国劳工阵线找到另一份工作。

这时候，那位被撤职的高级警官来到纳粹党情报组织党卫队保安处工作。当时，这个组织奸诈狠毒的头目莱因哈德·海德里希正如火箭般冲向纳粹权力顶峰，势不可挡。1934年夏，也就是约斯特到柏林后不久，海德里希赢得了纳粹党情报的垄断权，党卫队保安处成为纳粹党唯一的情报机构。下一步，海德里希打算牟取政府中的情报部门。他的首要目标就是反间谍部门，该部门主要工作内容是防止外国情报机关渗透。当时从事这项工作的已经有阿勃韦尔和普鲁士州秘密警察局（属于海德里希），但他并未因此有所顾虑。他在为这项新工作寻觅一位领导人，他从那位前高级警官那里听说过约斯特，知道约斯特上过大学，是名律师，恰好是正在招兵买马、自称国之精粹的党卫队保安处要雇用的前程似锦的年轻人。他还是单身，可以加班加点地工作。他在纳粹党在野时就加入了，惹人喜爱，聪慧过人。但是，约斯特缺乏魄力、缺乏创造力、更缺乏国外工作的经验，海德里希为什么会选中他？原因正是没有这些东西的约斯特，对海德里希不能构成威胁，当时的保安处还未像后来那般权力无限，海德里希不愿意有人威胁到他的控制权，因此得把差事交给一个平庸之辈。1934年7月28日，党卫军少校约斯特加入党卫队保安处，没有丝毫阻碍地开始了一番最重要的事业。

最初，他的公开任务是防止外国情报机构在德国进行谍报活动，而非对外派遣间谍。为此，他需要研究"外国情报机构的历史、组织架构、方法、工作分配以及诸如此类的问题"。最能吸引外国情报机构的目标是工业，需要得到实实在在的保护，以防被假定存在的敌方特工破坏。不过党卫队保安处的工作基础相当薄弱,只能提点建议。这种情况并未妨碍海德里希建立党卫队保安处三处,即对外情报处,由约斯特实际领导,后来他成为正式负责人。那是在1936年前的某个时候。党卫队保安处工作不得力的原因,或许在于它所依赖的纳粹党金库从来不如政府金库那么充盈;这也表明相较于防止外国特务渗透,海德里希的兴趣更多的在于争权夺利。因为他向约斯特分配了更多的任务:他给了约斯特一个政府职务,盖世太保总部反情报处副处长(处长是约斯特那位来自黑森的前高级警官朋友)[1];还任命他以团长的身份带领一个代表团前往西班牙与佛朗哥的警察部门缔结合作协定。后来,他又命令约斯特领导一个为进攻捷克斯洛伐克而成立的组织,该组织由党卫队保安处和盖世太保联合组建。这些职务使得约斯特难以把精力和时间全部放在反间谍活动上,只是为了巩固约斯特的地位,同时巩固海德里希的地位。

内部权力斗争耗去了约斯特的所有精力,使得他在党卫队保安处对外情报部门的最初5年都没有对外国的情报活动花费太多心思,最多不过在靠近德国边界的一些前哨站建立情报通信网,工作由在外国的德国人负责,斯图加特就建立了这样一个通信网。阿尔弗雷德·菲尔贝特(Alfred Filbert)博士负责三处这方面的各种协调工作。菲尔贝特是约斯特的主要助手,也是他在法学院时的同学,还是党卫队保安处的一名青年知识分子。

1939年9月1日,德国闪击波兰。约斯特立即被海德里希派去担任德占区的行政长官,和一个集团军参谋部一起工作。但是,战争的爆发凸显出间谍工作的重要性,也暴露出三处工作上的不足。虽然海德里希应为此负主要责任,但他狠狠地批评了三处。波兰战役期间,他在一次部门负责人会议上,对代表约斯特出席的菲尔贝特说,现在的外国报告不过是一大堆剪报和广播,必须改进这项工作,送交给他的情报必须是通过情报活动搜集的。

当约斯特回到德国时,已经是10月中旬,反情报活动业已停止,他的盖世太保职务也不复存在。三处由海德里希领导,成为德国中央保安局这个半纳粹

---

[1] 原注:BA:R58/840:160; Werner Best, letter 24.11.1974. 约斯特仍在海德里希的帝国保安警察总局做事,后者地位比盖世太保高,他在其中担任V8的负责人,该部门专门与武装部队和防卫部门打交道。(BA:R58/840:137.)

党、半政府机构的第六处。

约斯特在战争中期承担起一项非常艰巨的任务，这样的任务即便在和平时期完成起来都异常困难，那就是建立一个间谍组织，对交战国展开间谍活动。之所以会如此，一是战争的爆发推动了对间谍活动的需求，二是约斯特卸掉了盖世太保的职务，他的地位因为新机构也有所提升，三是希姆莱和里宾特洛甫的协议使他免受外交控制，四是海德里希一直在激励他。他改组了德国中央保安局六处，将它分成并不协调的组和小组，并用第三帝国神秘的数字编号法进行编号。比如 VIGZ 代指美国小组，其中 VI 代表德国中央保安局六处，G 代表西北组，Z 代表西北组中的美国小组。约斯特手下有 5 个地区组，A 组由菲尔贝特领导，进行监督、联络和无线电情报活动，B 组处理通信和假证件制作等技术问题，H 组侦察犹太人、共济会成员、政治教会、马克思主义者和旅外德国人这些"外国假想敌"。

自从成为纳粹党机构以来，六处的支票就由纳粹党财务处签字，比同级政府机构的支票要小。六处中资深的情报负责人，在警察部门中都有政府职务，他们不愿意放弃这些职务去做薪资少的工作。因此，约斯特只好雇用大学毕业生，这些聪明的年轻人受纳粹哲学的迷惑，受党卫队保安处锐意进取的氛围和远大前途的诱惑，愿意为了理想工作，不计较钱多钱少。20 世纪 30 年代，这样的热血青年前赴后继来到党卫队保安处，实际上约斯特就是他们当中的一员，菲尔贝特也是。

然而，他们年轻，没有经验，未受过管理训练，却又恃才傲物，因此对外情报活动做得十分业余，无法满足需求。除了要解决从国外获取符合实际的情报这个难题，党卫队保安处人员还要符合三个条件，这是希姆莱在 1938 年规定的："一、日耳曼或类似血统；二、德国公民；三、政治上绝对可以信赖。"党卫队保安处对客观分析和评估情报的能力未做要求。后来，海德里希更为固执地坚定这个立场，宣布"在言论和行动上坚持党卫军的立场"是训练的首要目的，而"科学的军事训练是次要的"。除了这些障碍外，情报活动还面临着时间不足、人力和资金短缺以及战争引发的边界被封锁、敌国反间谍热潮等不利条件。最后，约斯特本人的个性也成了问题，海德里希最初喜欢的那种消极性格，不可能取得他现在所需要的积极效果，也不可能帮助他在第三帝国内部争权的博弈中取得胜利，尤其是在争夺里宾特洛甫的控制区域时，约斯特没有给予海德里希足够的支持。约斯特那位来自黑森的老同僚刚刚因为故步自封，妨碍到海德里希争夺权力，被扫地出门。现在轮到约斯特了。

当这个情况日益明朗，德国中央保安局的那些秃鹰们开始啄食权力。海因里希·缪勒（Heinrich Müller），这个盖世太保头子、中央保安局四处处长，企图让六处为四处工作，被约斯特以"那不是他的分内事"为由拒绝了。他因此被缪勒指责说，他在"政治上不可靠"，是个"分裂主义者"。1940年6月，约斯特的办公室迎来了德国中央保安局人事处处长，后者前来宣布将停止资金供给。这位缪勒见面总会尊称为"您"的人事处处长采取的打击行动，得到海德里希的支持，因为他想让一个亲信接替约斯特的位置。当约斯特在1941年2、3月依然在岗位上坚守奋战时，海德里希对他说，如果连自己老婆（非纳粹）的政治可靠性都不能保证，那他也不能保证他的部门在政治上靠得住。受到如此攻击的约斯特难以继续展开工作，身体也越来越差。他确实想离开海德里希，但他放不下手中的权力。直到入侵苏联的前几天，海德里希派了一名年轻的心腹充当约斯特的副手和六处代处长，理由是后者的健康状况不能再负担沉重的工作。约斯特还挂着处长的名头，但已经失去实际的权力。后来，他离开柏林前去指挥党卫军的一支特遣队[1]，为德国清洗它在东方占领的土地，消灭了成千上万的犹太人、波兰人和俄国游击队员，这些他们眼中的劣等人。

取代约斯特的那个亲信就是瓦尔特·施伦堡。他31岁就担任纳粹党对外情报机构的负责人，成为德国中央保安局最年轻的处长，也是党卫队保安处的宠儿。他是谁，又是如何取得这样的权力呢？

瓦尔特·施伦堡于1910年1月16日出生于德国西南角的萨尔布吕肯，那里与卢森堡毗邻。他在家中排行第七，父亲是一位钢琴制造商。一战结束时，协约国占领了萨尔布吕肯，他们一家被赶到卢森堡。他父亲的生意也因为经济萧条难以为继，年幼的施伦堡不得不弃医从法，以便在政府中找到一个"铁饭碗"，可以较快地领取固定的薪水。和约斯特以及未来党卫队保安处的年轻一代

---

[1] 原注：*TWC*, 4:13. 他因此被判终身监禁。(4:587.)

一样，他也受到德国在一战中失败和灾难性经济后果的深刻影响；与他们不同的是，他没有在纳粹党掌权前加入，这在后来成为他名声上的一个污点。他在谋求一个政府支持的职业时，才意识到拥有纳粹党员身份是多么重要。于是他一边申请加入纳粹党，一边申请成为党卫军成员，他认为这两者是"上层精英"云集的地方。奇怪的是，他先成为党卫军的一员，才于一个月之后的1933年5月1日被接纳为纳粹党员，党证号码是3504508。

他在波恩大学上学时，经常参加纳粹党会议并发表演讲。有一次，他演讲完毕后，两名身着党卫军制服的教授把他吸收进党卫队保安处。他在大学所作的报告《职业联合会、政治联合会和私人联合会》让海德里希注意到他。1935年，他被海德里希带到柏林党卫队保安处总部，这时他还是希望当一名律师，为鲁尔区一家大型企业处理经济法律问题。认识到获取国外情报无比重要后，他开始收集各种间谍书籍，希望能当上党卫队保安处对外情报机构的负责人。但那个位置在稍长他几岁的约斯特手中，施伦堡只好进入反间谍机构，在这个政府警察机构里当一名中级文职人员。他把这些当作学习和历练。1934年，他被派去巴黎审查一位教授的政治观点，这是他第一个对外情报任务。3年后，他前往意大利执行警察任务，负责墨索里尼即将访问柏林的安全保卫工作。他借此机会搜集了意大利外交政策的情报。墨索里尼访问期间，他负责的安保工作表现突出，吸引了人们的注意力。第二年，他组建了一支部队，在纳粹德国历史上首次将政府人员和纳粹党员联结在一起，在占领捷克斯洛伐克期间供海德里希使用。这个做法启发了海德里希，几个月后他下令大规模推广这种做法，合并党卫队保安处、便衣政治警察和刑事警察为一个中央保安局，必将极大增强他的权力。他让施伦堡提出新机构的组织方案，施伦堡的计划是：先成立一至五处和七处，最后再成立六处。

这项任务让施伦堡得以系统地考虑情报工作。他写道，党卫队保安处的情报活动包括三个方面：搜集情报，由"党卫队保安处前线"的特工执行，要求工作人员具有"能够控制人的特殊本事"；评估情报，要求"政治上成熟且经验丰富"；科学研究，聘请专家调查研究某一领域，必须非常客观，"不能告知他们政治情报活动的意图和目标"。施伦堡的备忘录文笔通顺、结构严谨、文字清新，既没有海德里希和卡纳里斯特有的啰唆，也没有纳粹语言中常见的尖锐激烈，他反犹太人的那些文字看起来不过是敷衍应付。

这时候，施伦堡遭遇了婚姻的困境。21岁时，他还是个大学生，认识了比他年长3岁的凯特·科尔特坎普（Käthe Kortekamp），一个长相甜美的女裁缝。他们同居了，女孩做针线活供他上大学，7年后，两人结婚。可是，飞黄腾达的施伦堡却嫌弃妻子不会交际应酬，帮不上他的忙。他抱怨她不修边幅，写字难看，语法不通，满是拼写错误，还指责她故意轻慢自己，说他同事的妻子因为她而集体反对他。他的妻子也怨气冲天。两人终于在1939年3月3日晚上大吵起来。那天施伦堡对妻子说，他晚上要开会到10点半左右才能回家，让她准备些吃的。可是他回到家后，桌上没有任何东西。当他到厨房打开冰箱拿出一盘西红柿，他的妻子突然用力打他，大叫"你这个混蛋，我和你拼了！"

这个未来的德国情报领头人物沉默地穿上刚脱掉的大衣，准备离开，却被妻子强行关上门。半小时的争论后，他终于让妻子安静下来听他说话。他坐在床边，明确地告诉她两人的婚姻生活不和谐，妻子终于同意离婚。施伦堡在扶手椅上熬了一晚上。可两人第二天早上又起了争执，他的妻子以死相逼。他答应给她买一家服装店，这才算平息了她的怒火，同意离婚。这个店是从犹太人手里抢来归"雅利安人的"。

争吵还在继续，海德里希发现，这位"我最好的……最能推心置腹的支持者"经常由于跟妻子吵架只能上半天班。几个星期后的一个下午，他叫人把施伦堡太太接到办公室，劝她离开柏林，见她根本不听，就说要调走施伦堡。突然她同意离开，为了她的丈夫，她已经做出过各种牺牲，无所谓这一次了。谈话足足持续了50分钟。

她带着哭腔大声说："你们都不了解我的丈夫，他那么自私自利，从来没有说话算话过。"几个月后，她写信给希姆莱，希望和他当面谈谈这个问题，不过希姆莱未曾搭理她。两人离婚了。不久，这位前途光明的小伙子娶了伊雷妮·格罗塞-舍内保克（Irene Grosse-Schönepauck），一个擅于应酬交际的女子，她是一家保险公司董事长的千金。可是麻烦又来了，他不得不中止性生活，他沮丧地对同事说，他的新婚妻子有了身孕。

他的事业蒸蒸日上。德国中央保安局成立后，他负责四处E组，也就是盖世太保对付外国情报机关的部门（约斯特那位前高级警官朋友做过这个工作，约斯特还曾是他的副手)。施伦堡在任期间策划了一次绑架两名英国特务军官的精彩行动,成为他向上爬的过程中前所未有的巨大推动力。

他与这两名军官见了数面,自称是密谋反对希特勒的将军集团中的"舍默尔少校"。这个集团希望推翻元首,与英国讲和。他干脆利索,对他们的问题应对自如,赢得了他们的完全信任,最后安排在巴克斯咖啡馆会晤。这个咖啡馆位于荷兰与德国接壤的文洛镇附近,两国边界线就从咖啡馆的后院穿过。1939年11月9日上午,两名英国军官乘车来到边境,发现"舍默尔"在巴克斯咖啡馆的二层平台上,见他挥手,以为是叫他们上楼,可是突然传来一阵嘈杂和射击声,还有一辆大型绿色汽车闯过边界栅栏,冲向咖啡馆。一队德国士兵从车上冲出,给两名目瞪口呆的英国人戴上了手铐,一边用手枪同其中一名英国军官的副官枪战,一边迅速将这两人和"舍默尔"带离边界,进入德国境内。这次绑架未能粉碎刚刚兴起的反希特勒势力,却几乎让英国在德国的间谍活动陷入停滞。年轻的施伦堡因此名声大噪,数周后获得阿道夫·希特勒亲自授予的一级铁十字勋章。

大概因为施伦堡在文洛镇事件中的成功,里宾特洛甫召见了他,派他前往葡萄牙执行一项类似任务。这项任务的对象是英国前国王爱德华八世,他或许是这个世界上最有名的人物。这位国王"不爱江山爱美人",为娶心爱的女人放弃了王位,现在只有温莎公爵的头衔。

1937年访德期间,这位温莎公爵发表过亲希特勒的讲话,因此在战争爆发后,被英国和德国政府一致认为可能是和平运动的核心人物。对希特勒来说,和平运动是件好事,因为他已然占领波兰;相反,对英国来说,和平运动不算是好事,因为英国正是由于波兰问题才对德宣战。因此,英国政府将公爵派到千里之外的大西洋彼岸去,任命他当巴哈马群岛的总督,德国人却要留他在欧洲。于是,1940年夏天,施伦堡前往伊比利亚半岛阻止公爵前往加勒比,当时公爵正准备取道西班牙和葡萄牙去上任。他提议对公爵实施绑架,这一方法在文洛镇事件中十分奏效,同时用"巧妙的心理手段"影响公爵。据说公爵担心英国情报机关会暗中阻挠,这一忧虑将被德国利用来劝说他,如果他留在欧洲,以后就有机会能够自由进行政治活动。施伦堡的计划是,邀请当时正在葡萄牙的公爵和公爵夫人到靠近西班牙边界的地方打猎。一位曾欠西班牙某位部长人

Personal-Bericht

des **Walter Schellenberg** (Vor- und Zuname)   (Dienststellung und Einheit)   **SS-Oberscharführer** (Dienstgrad)

Mitglied-Nr. der Partei: **3.504.508**   SS-Ausweis Nr. **124.817**

Seit wann in der Dienststellung: ———— Beförderungsdatum zum letzten Dienstgrad: **13.9.36**

Geburtstag, Geburtsort (Kreis): **16.1.1910 zu Saarbrücken**

Beruf: 1. erlernter: **Jurist**   2. jetziger: **Angestellter**

Wohnort: **Berlin SW 68**   Straße: **Wilhelmstr. 102**

Verheiratet? **nein**   Mädchenname der Frau: ————   Kinder? ---   Konfession: **gottgl.**

Wirtschaftliche Verhältnisse: **geordnet**

Vorstrafen: **keine**

Verletzungen, Verfolgungen und Strafen im Kampfe für die Bewegung: ————

Beurteilung:

I. Rassisches Gesamtbild: **Rein nordisch.**

II. 1. Charakter: **Offener, einwandfreier, lauterer Charakter; er ist SD-Mann.**

    2. Wille: **Fest, zäh, besitzt Energie.**

    3. Gesunder Menschenverstand: **Sehr scharf denkend.**

    Wissen und Bildung: **Assessorexamen: gut; überdurchschnittliche Allgemeinbildung.**

    Auffassungsvermögen: **Erfasst überraschend schnell das Kernproblem.**

    Nationalsozialistische Weltanschauung: **Durchaus gefestigt.**

III. Auftreten und Benehmen in und außer Dienst: **Soldatisches Auftreten in und ausser Dienst.**
(Besondere Neigungen, Schwächen und Fehler)

1937年3月27日，党卫军军士长瓦尔特·施伦堡人事档案的第一页。评价下面，"种族"一栏填写的是"纯正的日耳曼人"；他有着"坦率、完美、值得信赖的品格；他是党卫队保安处成员"；他意志"坚定、不屈不挠，充满活力"；他"思维敏锐"；他的民族社会主义哲学"完全稳固"。

情的葡萄牙边境官员将被拉拢过来。公爵夫妇会在"指定的时间和指定的地点"越过边境线进入西班牙。公爵夫妇的安全将由施伦堡的人马来保障，这些德国人会得到西班牙军队的协助。

不过一个星期后，公爵明显已决定不返回西班牙。于是施伦堡想尽各种办法阻止公爵上船前往巴哈马群岛。他列出一张名单，统计了这条船上犹太人和政治流亡者，并让葡萄牙反间谍警察机关证明公爵的安全得不到充分的保障；还请来一位葡萄牙官员的妻子打电话恳请公爵夫人不要离开，因为如果出事，她的丈夫将会被革职。他向公爵夫人寄了带有匿名警告的一束花，并买通公爵的英国司机在公爵面前唠叨船上是多么的危险，甚至说服葡萄牙警方上船搜寻所谓的"定时炸弹"。可惜这一切都没有任何效果。公爵夫妇忠于命令，按时登船启程。

这次事件没能帮上施伦堡，不过也没有什么损害，他还有其他方法来扩张权力。他有意走近海德里希，陪他击剑（俩人都喜欢体育运动），陪他彻夜开怀畅饮，经常登门拜访，和海德里希的妻子讨论文化问题。他替海德里希给约斯特的那位同僚回信，这个同僚的诡辩妨碍了海德里希。他为海德里希处理各种棘手事务，比如同陆军谈判[1]，为党卫军行刑队在后方的屠杀等活动争取到陆军的支持。

他把这些问题处理得很好。他行事从容镇定，不像许多党卫军成员那样咄咄逼人。他讲话斯文中带着几分羞涩，但声音清晰，表述准确，还给人一种稚气未脱的印象。这是他最大的优势之一。他的一名研究者说，这是因为"他不信奉武力，不相信胡说八道，他相信机智、敏锐，他认为自己正是如此"。不过并非所有人都喜欢他。党卫军里一些上了年纪、喜欢街头斗殴的人看不起他，认为他懦弱无能。有些官员则觉得他过于厉害。但的确有许多纳粹高级领导人看好他。大概他轻盈的脚步和活泼的手势，显露出他克制的举止掩盖下的旺盛精力。大概他们喜欢他"纯北欧日耳曼"的血统，欣赏他脸上的伤疤，即便这些因为决斗而留下来的疤痕并不能为他苍白的脸庞增添英气。不过总的来说，

---

[1] 原注：IMT, 32:472-75. 海德里希两年前就做了准备。（Halder, 1:79.）施伦堡在回忆录中完全掩盖了谈判的真实原因。（Labyrinth, 196-97.）

施伦堡的身材很匀称，穿着党卫军的黑色制服显得身高5英尺9英寸（约1.75米）的他很是威武。见过他的人常常留下他为人机智敏锐的印象。他能够通过几个重要事实，就形成对人和事件的明确看法。他勤勉工作，是一个好领导。

然而，海德里希对他的信任和偏爱是施伦堡最大的资本。施伦堡野心勃勃，却从不干涉对内情报活动，把自己的欲望严格局限在对外情报活动方面，从而使海德里希对他一丁点也不担心。与同样值得信任的约斯特相比，这名年轻的新心腹更为出色。跟德国中央保安局其他人比起来，施伦堡更为成熟。他能够与外国人游刃有余地共进午餐，能够同外交部和宣传部的年轻官员们结交私谊。在人们看来，他对外交事务很是熟悉。海德里希的对外情报机构，因为这些焕发出前所未有的光彩。早在1940年年中，海德里希显然就已决定任命施伦堡为德国中央保安局六处处长。

虽然赶走约斯特花了一年时间，党卫军少校瓦尔特·施伦堡还是实现了"为之奋斗多年的目标"。他坐上纳粹党对外情报机构代理的头把交椅，这是1941年6月21日，第二天征服东方的大战爆发了。海德里希把他带到柏林一家上等餐厅与卡纳里斯共进午餐，以便让这位50来岁、态度亲和的海军上将与年纪要小23岁、对人毕恭毕敬却暗藏野心、全神贯注的新对手认识认识。

第二天，1941年6月22日，接受海德里希三分钟的指示后，施伦堡正式上任。约斯特在原职位上逗留了几个月，以便帮助他熟悉新职位。由于他的任务是在战争高潮期间对纳粹党对外谍报机构进行重建，施伦堡没有急着动手。"我决定先摸清该机构的日常工作，再逐步接触更大的问题。当然，我考虑这些问题已有很长一段时间，并找到了理论上清晰的解决办法，但要实践起来并非易事。"

他拜访了正替党卫队保安处统治德国所占领的东方领土的一位老上级，在他的一个波兰大庄园里待了数日，骑骑马、钓钓鱼，思考一些问题，还利用这几天为六处制定了一个"十点规划"。规划的第一条是"有必要对机构和人员进行重大变动，但鉴于战争目前的发展阶段，只能进行有限的重建"。这一条可为将来万一会出现的失败开脱，这源于他在钩心斗角的纳粹党内的生存经验。最后一条是："工作的长远目标是建立一个'统一的'德国秘密情报机构"，这对竞争对手阿勃韦尔来说可不是一个好兆头。中间的几条大都是平常的规定:"(2) 人员的配备十分重要……(3) 行政管理应分为两个部分:(a) 搜集情报……(b) 评估情报……(5) 特务机关应成为国家受尊重、被看重的部门。"

这项规划执行的进度非常缓慢,其中较为简单的第七条就花了一年的时间来实现。这一条是"应当建立档案制度,要同时按照主题类别和人名归档"。他带着条顿人的细致为这一条做出具体规定:为每个特工设立个人档案,并建立一份包括所有特工在内的卡片索引,设立一份重要人物档案,按照人名和活动领域进行排列,并配备一份重要人物卡片索引,以及按主题归档的档案。秘密代号写在每个特工个人档案的开头,其中包括一个代表特工的大写字母"V",及代表特工活动所在国家的编号(根据字母表编排,从1号阿富汗,到182号也门),还有一条斜线和地区小组为特工做的编码。比如,一名活动在英国的特工的秘密代号可能是V45/85。他要求的特工档案包括一份简历、安保审查结论、任务以及该特工提供的报告的概述与该特工的评级。特工共分为五个等级,分别是优秀、良好、一般、较差、没用。档案归档分类的主题有五大类,用大写字母表示,比如A类是外交政策,B类是国内事务;下面更小的类别用罗马数字来表示,比如B大类中,IV类是政治影响;再往下的类别则使用三位阿拉伯数字编号,比如215是军界人士,216是贵族人士。这个繁杂的规划始终未能彻底执行。因为六处的每个组都建立了自己的档案,不过没有按施伦堡的方式来进行分类。

施伦堡还对六处进行了改组,撵走了约斯特留下来监视他的人,并将原来的五个地区组缩编为四个,按字母顺序重新编号。技术组的编号被他再次放得更后,六处的无线电部门也在他的鞭策下扩张为正式的特务通信机构,即哈韦尔研究所,并增设了几个新组:协调第三帝国各研究机构的G组,负责经济情报的WI组。1945年1月,六处的内部机构膨胀到极限,一共有12个组,48个小组。

施伦堡在六处部署了自己的人。有的职位安插起来很容易,因为当时约斯特空出了三个组长的职位。其他职位安插起来则需要很谨慎,约斯特的助手菲尔贝特一直干到1943年,只是他的职责范围后来被施伦堡严格限制在行政方面,这方面显然不是他所擅长的。于是施伦堡调来32岁的马丁·赞德贝格尔

（Martin Sandberger）博士，由他管理 A 组，即行政管理办公室。马丁在一处很有名气，在德国南部有过担任助理法官和行政官的经历，1931 年加入褐衫队，1936 年加入党卫队保安处。德国中央保安局成立后，他在一处负责训练，一年半的时间里他的工作都很出彩。德苏交战后，他前往爱沙尼亚从事特遣队反游击活动，在 1943 年底施伦堡召他回国时，已晋升为爱沙尼亚保安司令和当地党卫队保安处的一把手。既有能力又充满野心的他，对 A 组的改组效果显著。他往往要在与其他组的人事纠纷上占些便宜，他一直管理着资金内外使用的账簿，直到用尽最后一个芬尼[1]。

德国中央保安局六处组织机构
1945 年 1 月

组	小组	职能	领导
A		行政	党卫军中校赞德贝格尔博士
	1	行政	党卫军上尉赖歇特
	2	财务	首席主管维辛格
	3	人事	党卫军上尉布克曼
	4	作训	党卫军上尉詹森
	5	旅行，签证	党卫军中尉盖伯特
	6	督查	党卫军上尉赖歇特
	7	归国人员调查中心	——
B		西欧	党卫军上校施泰姆勒
	1	意大利	党卫军少校沃尔夫
	2	法国、比利时、荷兰	党卫军中校伯恩哈特
	3	瑞士	党卫军少校沃尔夫
	4	西班牙、葡萄牙	党卫军上尉芬德勒
	Vat.	梵蒂冈	党卫军上尉雷斯曼
C		俄国、远东、近东	党卫军中校契尔施基
	1—3	俄国	党卫军少校亨格哈特

---

[1] 芬尼是德国的货币单位，100 芬尼等于 1 马克。

组	小组	职能	领导
	4—6	日本、"伪满洲国"、泰国	党卫军少校魏劳赫
	8—10	中国	同上
	11	印度	同上
	a—c[1]	土耳其、伊朗、阿富汗	党卫军少校舒巴克
	13	叙利亚、外约旦、伊拉克、巴勒斯坦、埃及	——
D		北美洲、南美洲、大不列颠、斯堪的纳维亚	党卫军中校佩夫根
	1	北美	党卫军上尉卡斯滕
	2	大不列颠	党卫军少校舒德科夫
	3	瑞典、芬兰、挪威、丹麦	党卫军上尉格隆赫姆
	4	南美	党卫军上尉格罗斯
E		东南欧	党卫军中校沃尼克
	1	斯洛伐克	——
	2	匈牙利	党卫军上尉弗罗利希
	3	克罗地亚、塞尔维亚	党卫军上尉克勒贝尔
	4	阿尔巴尼亚、黑山共和国	党卫军上尉普拉什
	5	希腊	——
	6	保加利亚	——
	7	罗马尼亚	——
F		技术支持	党卫军少校拉西格
	H[2]	（哈弗尔研究所）无线电	党卫军少校西彭
	3	化学和机械破坏	党卫军少校拉西格
	4	伪造，摄影	党卫军少校克鲁格
	5	技术支持	党卫军上尉魏德林
	6	指导	党卫军少校弗萨博士
	P	人事，行政	党卫军上尉诺腾堡 党卫军上尉福尔哈伯
G		科学研究所	党卫军上尉克拉勒特
Wi/T		经济和技术	党卫军上校施米德
	Wi 1	情报获取	中校德内[3]

组	小组	职能	领导
	Wi 2	情报分析	党卫军少校阿邦卓斯
	Wi 3	人员建设	少校乌尔利希[3]
	Wi 4	人员建设[4]	莱纳德博士
	T	技术	党卫军少校奥希尔维博士
S		破坏	党卫军少校斯科尔兹内
Kult		提供非科学（文化）服务	党卫军上尉卡斯滕斯
Z		军事反间谍和人员审查	中校弗罗因德[3]
反间谍		非军事反间谍和人员审查	党卫军少校奥滕

1. 如题，没有 12 小组。
2. 1 小组和 2 小组，处理无线电事务，后合并入哈韦尔研究所。
3. 军官。
4. 与 Wi3 头衔相同。

相比于菲尔贝特，约斯特其余的手下消失得更快。约斯特的英美组组长、花花公子一样的汉斯·道费尔特（Hans Daufeldt）——他的主要能力是说英语——在约斯特离开后不到一年，就被他的大学老友、32 岁的特奥多尔·佩夫根接替，正是后者吸收了金佩尔和科尔波前往美国执行任务。这位有着"北欧日耳曼血统"的法律博士情绪稳定、十分稳重，善于"有条理"地工作，知识广博"远超一般人"，持"正确"的政治哲学观点。1938 年，他被施伦堡吸收入党卫队保安处，在德国和德占区担任一系列职务时，与施伦堡一直保持着联系。佩夫根的一位上级指出，他在苏联和一个党卫军特遭队执行反游击队任务时，未能"完全完成领导布置的任务"。实际上，他领导六处 D 组的技术，一点不比前任强。但是，施伦堡能找到重用他的合理解释：战前他曾去过三个国家学习，在波尔多和日内瓦待了一年，在爱丁堡待过一个暑期。1942 年 9 月 21 日，施伦堡用佩夫根接替被撵走的道费尔特。

对英国小组人员的挑选显示出，施伦堡对自己欣赏的人可以不按照传统的方式来选拔。有一天，奥托－恩斯特·舒德科夫（Otto-Ernst Schüddekopf）博士在柏林地铁站遇到一位朋友，这位朋友是施伦堡一个主要助手的助手。当时 29 岁的舒德科夫正在波茨坦空军司令部工作，他是一位历史学家，出版过一本论述英国海军政策的书。他既非纳粹党党员，也非党卫军成员，可是履历看起来很棒。于是他的命运被改变了：1942 年 6 月 21 日[1]，他开始为六处工作，并于同一天加入党卫军，被授予少尉军衔，远高于他在空军时的下士军衔。但与盖世太保头子一样，他从未加入纳粹党。不久，舒德科夫就向施伦堡提出了一系列完全合理却又不完全切合实际的建议：建立一个下设有多个小组的中心情报分析组；每月要提交一篇关于英国政局的报告（报告前要有内容摘要）；成立施伦堡秘书处。但他的热情很快就遭受到打击，他开始意识到很多特工的报告没有丝毫价值，还不如公开情报，而且源于浓烈纳粹党派气氛的情报毫无意义，于是他不再理会其他，埋头专注于自己小组的工作。

对另一个人的选拔则是所谓"希特勒的社会革命"的典型体现。这场社会革命，为没有特权的人提供了比以往任何时候都要多得多的晋升机会，他们需要依靠的只是自身才能和政治上的诚实可靠。欧根·施泰姆勒（Eugen Steimle）证明自己是六处最有能力、天资最好的组长之一。和赞德贝格尔一样，他来自德国西南部，父亲只是一个农民。1932 年，正在攻读德文和历史专业的他，加入了纳粹党，那时他只有 20 岁。不久施泰姆勒就成为他所在大学的纳粹学生联盟主席，后来还当上整个省的纳粹学生联盟主席。某天，在斯图加特的一个广场上，他遇见一位纳粹官员，这名官员邀请他加入一个刚成立的组织，称这个组织前景很好。他答应了，从此开始在党卫队保安处的工作。事实证明，施泰姆勒能力极强，他迅速被提拔为斯图加特站站长，升职的速度超乎寻常。这个站靠近法国和瑞士，下设一个对外情报小组。这种小组在战前那些年比较罕见。当时一位上级为他填写的鉴定写道："有着非常坚定的民族社会主义态度……施泰姆勒确实成绩斐然，他（在党卫队保安处中）建立起第一流的部门。他最了解敌人的各种情况，并赢得整个省尤其是省长和老纳粹党员的尊重……希望他尽快得到晋升。"后来对施泰姆勒的其他鉴定与这一份几乎同出一辙。1941 年，他被派去指挥一支党卫军特遣队，因而未去前线服兵役；后来再次返回斯图加特站工作，然后再度前往苏联指挥

---

[1] 原注：BDC. 这个日期让 21.6.43 成为他进入德国中央保安局服役日期，同时也是他在党卫军的排名，这个说法出自舒德科夫的陈述以及他标有日期的笔记，但我认为应该是 1942 年。

一个行刑队。在此期间，他表现出"杰出的领导和管理才能"。1943年2月，施伦堡将自己不满意的六处B组（西欧组）组长撤了职，召唤这位他听说工作能力卓著又曾见过的人回国，让他出任这个职位。施泰姆勒很快获得上司的认可，他的上司评价"他智商出众、谈判灵活、风度无懈可击，凭借良好的政治本能及相应的心理能力，能很快解决秘密情报机构面临的问题，尤其是在搜集情报方面的困难"。不过天底下没有十全十美的人。施伦堡认为他不够客观，有些飞扬跋扈，需要直接监督。不过在施伦堡眼中，他终究是瑕不掩瑜，在34岁时就被破格提升为党卫军上校。如果按照规定，晋升上校的年龄下限应该是36岁。

调动、解职和死亡都会造成人员空缺，这有助于施伦堡在六处安插自己的人手。C组（俄国和近东组）组长死于车祸后，施伦堡理所当然地安排自己的人来接任。将近6年的战争过去，六处的人员大部分都因类似事件被更换。其中组长一级的人事变动远远不如基层来得多，施伦堡撤换了较多的基层工作人员，而组长们是他的直接下级，撤换较少。

这些组长都是党卫军校级军官，年龄大多在35岁左右。他们按照党卫军内部晋级规定获得提拔，这些规定要求被提拔的人"品质没有瑕疵，过着民族社会主义的模范生活"，还必须有前线服役的经历。当然，由于德国中央保安局成员都是必需的工作人员，按照规定可以缓役，服兵役的义务可用完成党卫军特遣队的任务来代替。事实上，包括佩夫根、赞德贝格尔、施泰姆勒在内的许多人为了升职都是这么做的，此外还有阿尔贝特·拉普（Albert Rapp，六处C组二小组组长，一个思维敏锐的人）及其继任者卡尔·契尔施基（Karl Tschierschy）。许多刽子手就这样成为六处的一员，成为纳粹德国获取情报的来源。然而要得出准确的情报，必须要先获取真实客观的信息，这对于那些唯命是从、没有道德观念的人来说，是不可能做到的。

六处的工作人员，并不全在柏林。六处在有些地方的党卫队保安处机构派驻有代表，尤其是在靠近敌人的地区。比如六处驻巴黎的机构就在搜集各方面的情报。负责法国、比利时和荷兰情报活动的B组二小组，是六处中规模最大、最重要的小组，有一个组长、一个副组长主管人事，有一个主编、两个编辑、两个情报分析员和两名办事员负责情报搜集和汇编，还有三名办事员负责情报主题、情报人物和情报档案。

具体的间谍活动由这些前哨站负责执行，柏林总部主要负责处理文件，阅读报告并加以分析和注释，回复信件，研究报纸，审核资金，转达设备需求，招募人员等。战争中期，柏林总部有400—500名工作人员，六处在前哨站工作人员数量与之相当，因此共有1000人为这个纳粹间谍机构工作。

六处单独设在贝尔克街32号，这是一座四层的砖混建筑物，设计是现代派风格。施伦堡的办公室也在这里，据他吹嘘，他的办公桌里藏着两挺机枪，胆敢暗杀他的人当场就会被击毙。（党卫队保安处的其他机构位于市中心威廉街102号和103号，盖世太保位于威廉街拐角的阿尔布雷希特王子大街8号。）

施伦堡在这里昼夜不分地工作，经常每次连续工作20个小时。他每天掌握着收到的大量情报，每一份情报都由自己阅读后附上详细说明，再提供给相关需求方，有时甚至亲自将情报送去。希特勒的军事形势会议上偶尔还能看到他的身影。他经常和组长们以及各个小组的军官一起议事，会趁重要的间谍在德国时找他们谈话，还有各种重要经费开支需要他来审批。他会去巡视斯德哥尔摩、马德里和德国一些城市的前哨站，给那里的工作人员鼓劲加油。他为了牵制常设的特工网，培养了一批自己的特工。他时常接触其他机构，以便对六处的情报工作进行改进。他和德国新闻社的负责人共进午餐，请求空军研究室和密码处为他拦截和破译一些密码电报。他还前往奥斯陆会晤第三帝国驻挪威总督。在一位下级看来，他有着"眼观六路，耳听八方"的能力。

他的时间和精力很大一部分都耗费在机构间和领导间的权力斗争上。他表面上和卡纳里斯非常亲近，常常一块儿骑马，两家也时有来往。他们曾发誓不在这些场合谈及他们的工作，可是未能做到。不过这也没有什么，因为双方都不会把重要的信息提供给对方。对于彼此间的关系，两人在处理时有着截然不同的态度。卡纳里斯像父亲一样关心着年纪较轻的施伦堡，极力把自己常服用的药片推荐给他。但1944年暗杀希特勒失败后，前来逮捕卡纳里斯的人正是施伦堡。

与此同时，施伦堡极力巩固和增强自己在纳粹统治集团内的地位。[1] 他的脑海里总会隐隐浮现约斯特的遭遇，不过施伦堡的日子因为新形势的出现而好过了不少。海德里希在上任几个月之后就为自己争取到波希米亚和摩拉维亚代理总督的职位，从而减少了可用来处理外国情报的时间，加上原本对这方面的工作也不是很感兴趣，他就把越来越多的工作转交给施伦堡。海德里希借助新职位直接与希特勒搭上线，从而亲自递送情报给元首。但他的上司希姆莱很不高兴，因为这本来应该是他的差事。施伦堡趁机利用这一点来巴结希姆莱，将获取的外国情报送给希姆莱而非总是待在布拉格的海德里希，从而帮助希姆莱恢复失去的影响力。这个办法让他成功地赢得希姆莱的信任，且从未丧失。

施伦堡得到权力，也保持住了权力。不过在第三帝国里，真正精通这种权力游戏的高级玩家还是海德里希。希特勒手下那些气势汹汹的部长们，没有一个比得上他在争夺权力时的残酷与无情。党卫队保安处和保安警察都野心勃勃地企图将党卫军扩张为国家最有权势的机构，这个机构也确实展现出希特勒德国的独特形象，比其他任何机构的展示都要好。如果说其他德国领导人或多或少都在为赢得战争胜利努力，海德里希则只把精力放在内部权力斗争上。

他四面出击，尤其针对阿勃韦尔。他对希姆莱和希特勒说，阿勃韦尔和卡纳里斯同反对派沆瀣一气，目前有新的迹象可以证明这一点。阿勃韦尔落入海德里希设下的陷阱。德国在英吉利海峡布鲁内瓦尔的雷达站被英国击毁，从而使前者拥有新式秘密雷达的优势不复存在。希特勒为此勃然大怒，责怪卡纳里斯未能事先提供英国雷达的情报，并要求希姆莱提供，但施伦堡也没有这方面的情报。尽管当时党卫军未能保持优势，但这些事件以及党卫队保安处和阿勃韦尔之间持续不断的摩擦，却被海德里希利用来打击卡纳里斯。1942年3月1日达成的协议让海德里希收获颇丰。不过三个月后，就在他无限接近自己的目

---

[1] 原注：NA:RG238:Ernst Kaltenbrunner:interrogation:19 Septmber 1946:8. 他后来努力巩固与盟军的战后地位，寻求进行和平协商。（Schellenberg, *Labyrinth*, 392-412.）

标时，他被捷克民族主义者暗杀了。

德国中央保安局在希姆莱亲自主管的半年里，放松了对阿勃韦尔的攻击。然而，当恩斯特·卡尔滕布鲁纳于1943年1月30日被希姆莱正式任命为中央保安局局长后，德国中央保安局内部日趋稳定，又像以往一样对阿勃韦尔步步紧逼。[1] 施伦堡也在2月24日接受卡尔滕布鲁纳的任命，正式成为六处处长。阿勃韦尔被中央保安局玩弄于股掌之中。

阿勃韦尔的两名高级官员因非法货币交易被捕。盖世太保调查发现阿勃韦尔有亲反对派的倾向。这导致卡纳里斯的参谋长奥斯特上校和阿勃韦尔另一名工作人员汉斯·冯·多南伊（Hans von Dohnanyi）迫于压力辞职。此外，希特勒听闻阿勃韦尔在土耳其和梵蒂冈进行和平试探的消息。1944年1月，盖世太保称阿勃韦尔的一名军官是反对派集团的成员，并将其逮捕。后来，盖世太保得到消息称，阿勃韦尔对外组织的一名官员和阿勃韦尔三处的一名军官提醒反对派集团，他们的电话正被研究室窃听。其实，这些背叛活动本可被容忍，但阿勃韦尔在预报敌人行动时屡屡出现重大失误，未能预料到同盟国军队在北非、西西里岛、安齐奥的登陆，这些让德国人出乎意料的行动，使阿勃韦尔的声誉受到严重损害。与之相反，党卫队保安处春风得意，因为它取得二战间谍活动的最大一次成功：拍摄了英国驻土耳其大使馆的秘密文件。

1944年年底，党卫队保安处想要看到的决裂发生了。阿勃韦尔伊斯坦布尔谍报站成员埃里希·弗尔梅伦（Erich Vermehren）博士的妻子比他大13岁，是虔诚的天主教徒，在妻子的影响下，他反对纳粹政权，并最终叛逃英国。[2] 此事于2月10日得到英国官方的证实。

希特勒大发雷霆，两天后就签署命令，取消阿勃韦尔的独立资格，让其成为德国中央保安局的一个附属机构。现在，元首实现了纳粹头子们希望完全控

---

[1] 原注：战后，卡尔滕布鲁纳称他一直抵制施伦堡接管阿勃韦尔的压力（NA: RG238:Ernst Kaltenbrunner; interrogation: 19. September 1946:9），并且促成了德国中央保安局六处与阿勃韦尔的合并。(IMT, 11:240.)

[2] 原注：NG-2209; The Times(9 Februray 1944), 4:6, (10 February 1944), 4:5. 据布赫海特（Buchheit）陈述（428-29），希姆莱怂恿弗尔梅伦变节，以掩盖安卡拉党卫队保安处的变节，结果以失败告终：直到4月6日，党卫队保安处的变节并没有发生。

制对外情报机构的梦想。这道命令如下：

> 高级军官绝密军事文件
>
> 仅供军官传阅
>
> 元首大本营
>
> 一九四四年二月十二日
>
> 国防军最高统帅部长官 1/44 号高级军官绝密军事文件
>
> 共 2 份
>
> 第 1 份
>
> 我命令：
>
> 一、成立统一的德国谍报机构。
>
> 二、我将对该机构的指挥权授予党卫军［希姆莱］。
>
> 三、军事情报和反情报机构会因此受到影响，由党卫军首脑和国防军最高统帅部长官［凯特尔］共同磋商，并采取必要措施。
>
> 签字：阿道夫·希特勒

卡纳里斯于 6 天后被撤职，他在这个职位上已待了整整 9 年。解散工作由阿勃韦尔一处处长汉森上校负责。关于阿勃韦尔并入德国中央保安局的谈判于 3 月初在措森举行，最高统帅部长官凯特尔没有出席，由办公室主任奥古斯特·温特尔（August Winter）将军作为他的代表，同行的还有汉森和阿勃韦尔二处处长以及三处处长。德国中央保安局方面的谈判代表是卡尔滕布鲁纳、施伦堡和盖世太保负责人海因里希·缪勒——阿勃韦尔三处（反情报处）将被盖世太保合并。

谈判很快就陷入困境。德国中央保安局六处还不及阿勃韦尔一处的 1/4 大，这就跟老虎想吞下大象一样，六处现在和老虎面临着同样的问题。卡尔滕布鲁纳认为，应立即解散阿勃韦尔一处，将其完全并入六处；施伦堡和汉森则希望一处能暂时作为一个独立机构存续下来。在阿勃韦尔工作的大多都是军官和士兵，他们的军人地位是否会丧失？阿勃韦尔前线机构同作战部队协作紧密，机构的转换是否会对他们的工作造成阻碍？双方花费数月才在这些问题上达成一致。

谈判持续到 5 月中旬终于快要结束了。希姆莱和凯特尔召集德国中央保安局和阿勃韦尔的成员，在萨尔茨堡米拉贝尔宫举行了两天的会议，让他们适应即将到来的一切。中央保安局有 300 名成员出席了会议，阿勃韦尔来了约 400 名。胜利者希姆莱两个半小时的讲话将会议推向高潮。

希姆莱回顾历史，盛赞了情报机构的必要性，他指出，雅利安人如果想要征服远至印度的大片领土，就必须借助这样的机构。他说，苏联的情报机构非常强大，仅次于英国，"德国情报机构取得的进步却非常可怜，与我们不幸的、分裂的、总是自我破坏的德国历史一样，与我们历史的前进步伐一样"。一战和 20 世纪 20 年代就是如此。但时代在改变。"请注意 Abwehr 这个词！它源于 1933 年至 1934 年的形势……当时我们正在保卫自己……将来，这不会是我们的箴言……遵照元首 1944 年 2 月 12 日签发的命令，一个统一的庞大情报机构即将建立，这将是一个适应强大的第三帝国、符合今天的战争要求、有助于实现未来德意志—欧洲伟大和平使命的机构。"

希姆莱重申情报机构的构建理论，"必须基于同一种族、同一血统的民族之上"，然后对出席会议的人员提出"我对这个庞大情报机构的期望"，首要的一点不是如实汇报情况，"而是对元首的无条件忠诚……"，"无条件服从……同心协力……报告精准……清楚……坚信德国的力量，胜利最终属于德国"。他在讲话临近尾声时提出的一些建议还是合乎实际的：对特工要言而有信。他说："言而有信，我们就会拥有最可靠的支持者，这些支持者甚至能在有色人种和劣等民族中找到。"

如此这般强调意识形态必须是新情报机构的基石后，希姆莱公布了他与凯特尔 5 月 14 日签订的协议。在只有 4 页单行打字纸的协议中，最重要的一条是命令阿勃韦尔一处和二处合并为军事部，"逐步并入"德国中央保安局六处，这是"可预见的，要为此做好系统准备"。阿勃韦尔的前线机构仍然属于最高统帅部，具体行动由其作战部情报参谋领导。阿勃韦尔其余的分支机构，比如在德国、德占区和中立国家的谍报站，则一律划归党卫队保安处。两个机构合并以后，军人仍然是国防军成员，文职人员则转归党卫队保安处。阿勃韦尔的预算也转入中央保安局。合并的最后期限由凯特尔确定。

卡尔滕布鲁纳在一个星期后公布了合并的详细规定,第一条就为这个已成立78年的德国军事谍报机构定下了灭亡之日。规定要求阿勃韦尔"于1944年6月1日解散"。它重申:阿勃韦尔一处和二处合并组成军事部,由施伦堡逐步将其并入中央保安局六处。阿勃韦尔下属谍报站因为名字中带有"保卫"的含义,全部以"所在城市+指挥报告区"的形式更名,由党卫军地区监察官和指挥官监督。情报渠道就此建立。普通报告送呈卡尔滕布鲁纳,单独的军事报告直接送军事指挥部,还和以前一样,不过要抄送卡尔滕布鲁纳。两种报告都要经过施伦堡之手。

汉森任军事部部长,但他上任不到两个月就锒铛入狱,罪名是密谋在1944年7月20日谋杀希特勒。他的职位由施伦堡接替。

B处和C处是这个新部门的主要机构,前者约50人,主管西方,后者负责东方。每个处下属数个情报搜集组和情报审查组。军事部B处有4个情报搜集组,分别主管一个地区的情报搜集活动,比如二组负责搜集法国和比利时的情报,渠道是科隆指挥报告区和威斯巴登指挥报告区。B处的情报审查组按军种划分为陆军、海军和空军小组,这些小组将有用的情报挑选出来送给各军事指挥部,还要向情报搜集组转达军事指挥部提出的情报要求。军事部各机构负责人大都是阿勃韦尔以前的工作人员,比如C处处长维尔纳·奥勒茨(Werner Ohletz)中校。不过B处处长是欧根·施泰姆勒,能干的他同时还兼任中央保安局B组(西欧组)组长。军事部还有其他部门:负责组织、计划、人事和训练的A处,负责破坏和颠覆的D处(原阿勃韦尔二处),负责无线电通信的E处(原阿勃韦尔一处i组),负责制造隐显墨水和假证件的G处(原阿勃韦尔一处G组)。

这个新组织在半年之后正式成立,象征着纳粹党最终完成对军事情报机构的征服。根据希姆莱—凯特尔协议的补充条款,前线谍报机构也将脱离最高统帅部指挥,于1944年12月1日并入军事部,成为该部的F处。同一天,这个新处的处长格奥尔格·邦特罗克(Georg Buntrock)上校走马上任,担负起前线侦察的重任。这位青年参谋军官身材修长,在东线工作上的经验非常丰富。

由此,这个新机构形成了一个完整的指挥系统,最上一层是总理、纳粹党领袖、武装部队总司令以及实际上的陆军总司令希特勒；中间一层是党卫军队长、内务部长、德国警察首脑、补充部队指挥官、上莱茵集团军群司令希姆莱，以及纳粹党情报首脑和政府安全警察首脑卡尔滕布鲁纳；下一层是党卫军少校施伦堡，一位不仅领导着纳粹党对外情报机构，还领导着国防军部分成员的政府文职人员。德国间谍机构的改组闹剧至此落幕。